"十二五"职业教育国家规划立项教材

财政部规划中等职业学校财经商贸类教材

会计电算化(T3)

（第二版）

郝晓岚　张松梅　高学礼　主编

中国财经出版传媒集团
中国财政经济出版社

图书在版编目（CIP）数据

会计电算化：T3／郝晓岚，张松梅，高学礼主编
．--2版．--北京：中国财政经济出版社，2021.1（2025.2重印）
“十二五”职业教育国家规划立项教材
ISBN 978-7-5095-9472-8

Ⅰ.①会… Ⅱ.①郝… ②张… ③高… Ⅲ.①会计电算化-中等专业学校-教材 Ⅳ.①F232

中国版本图书馆CIP数据核字（2019）第264333号

责任编辑：樊　闽　　　　责任校对：王佳欣
封面设计：育林华夏

中国财政经济出版社 出版
URL：http：//www.cfeph.cn
E-mail：cfeph@cfeph.cn

社址：北京市海淀区阜成路甲28号　邮政编码：100142
营销中心电话：010-88191522
天猫网店：中国财政经济出版社旗舰店
网址：https：//zgczjjcbs.tmall.com
北京鑫海金澳胶印有限公司印刷　各地新华书店经销
成品尺寸：185mm×260mm　16开　21.25印张　515 000字
2021年1月第2版　2025年2月北京第3次印刷
定价：49.00元
ISBN 978-7-5095-9472-8
（图书出现印装问题，本社负责调换，电话：010-88190548）
本社质量投诉电话：010-88190744

编写 说明

本书系“十二五”职业教育国家规划立项教材，全国中等职业学校学校会计专业适用。

“电算化会计”是会计、会计电算化等财经类专业的必修课程，也是核心课程之一。为满足财经类中职学生的学习需要及教学要求，我们组织具有丰富教学经验的教师，编写了这本教材。

本书从教学出发，力争满足社会对会计电算化人才的需求，因此，本书具有以下特点：

一、与中等职业学校“会计电算化”课程的教学目标相统一

中等职业学校重视会计基本技能的培养，如会计从业资格证的考试及各级职业技能大赛，同时注重培养操作能力强、实用性强的人才。因此，本教材的编写既要符合课堂学习的目标，还要与社会需求密切配合，在教材结构上将学习、考试及竞赛的各个模块合理地结合在一起，力求全面涵盖上述目标。

二、分项目案例式教学

本教材将用一套综合的财务业务一体化案例引领学生巩固已经学过的财务会计方面的知识并完成电算化会计的学习。每个项目都有操作流程介绍，方便学生更好地理解会计处理程序；每个项目都根据业务需要链接相关财会知识，满足取得会计从业资格的要求；实际案例引导任务，由每个具体任务的完成，最终完成项目学习目标。

三、分岗练习贯穿教学始终

本教材的案例根据岗位特点设置了操作员权限，使学生在完成学习之后对企业会计、业务岗位的设置及各岗位的权限责任都能有确切的理解。在这个学习过程中可以让学生在各个任务中进行角色互换，从而把会计知识及会计电算化知识从书本上搬到实践中。

四、真正的立体化教材

“学、练、做三位一体，课上课下方便学习”是我们编写本教材的宗旨。不仅书面教材方便老师与学生使用，而且课件/教案中有实训账的分任务备份数据及教学资源，可检验学生的学习效果，并方便学生通过反复练习扎实掌握财务软件的操作。本书编有配套的《实训与练习》，用书学校任课老师如果需要答案，请以电子邮件的形式索取（请注明学校、全书名），E-mail：caijingjiaocai@163.com。本书还制作了电子课件/教案，任课老师若需要，请登录以下网址下载：http：//jiaocai.cfeph.cn。

本课程总学时为108学时，各模块课时分配仅作参考。

章节		课程内容	课时		
			合计	理论	实训
模块1	项目1	认识会计电算化	2	2	
	项目2	体验会计电算化	2	2	
模块2	项目3	系统管理	6	2	4
	项目4	基础设置	10	4	6
模块3	项目5	总账系统初始化	4	2	2
	项目6	总账系统日常经济业务处理	16	8	8
模块4	项目7	固定资产管理系统的初始设置	2	1	1
	项目8	固定资产管理系统的业务处理	4	2	2
模块5	项目9	购销存管理系统的初始设置	4	2	2
	项目10	购销存管理系统的业务处理	20	10	10
模块6	项目11	工资管理系统的初始设置	4	2	2
	项目12	工资管理系统的业务处理	6	2	4
模块7	项目13	账簿管理	4	2	2
	项目14	总账系统期末处理	8	4	4
模块8	项目15	自定义编制报表	4	2	2
	项目16	调用模板生成会计报表	4	2	2
模块9	项目17	财务分析系统初始设置	2	1	1
	项目18	财务分析系统日常操作	2	1	1
机动			4	2	2
合计			108	53	55

本书由郝晓岚、张松梅、高学礼主编。具体编写分工是：高学礼（河南财政金融学院）编写模块1，张松梅（闽西职业技术学院）编写模块2，徐明仙（北京市商业学校）编写模块3，郝晓岚（河南财政金融学院）编写模块4，林国东（闽西职业技术学院）编写模块5，彭道琼（湖南财经机电职业学院）编写模块6，徐沉（云南省财经职业学院）编写模块7，史红（云南文山州财贸学校）编写模块8，张彩霞（三门峡市财经学校）编写模块9。教材编写大纲由高学礼、张松梅负责；综合案例由高学礼、张松梅、郝晓岚、林国东负责，河南财政金融学院、闽西职业技术学院成员王静玲、郑华兴、钟桥平对教材修改提出了宝贵意见；本教材编写过程中参阅了相关书籍，得到用友公司、用友新道科技公司及中国财政经济出版社编辑的悉心指导和大力支持，在此一并表示感谢！

我们力求完美，但水平有限，疏漏之处在所难免，恳请读者指正。

编　者

2020年9月

目　录

模块 1

会计电算化概述

项目1 认识会计电算化

【知识目标】

- ◆ 理解会计电算化的含义及作用
- ◆ 学习会计信息系统的构成要素
- ◆ 了解会计电算化的实现过程

【技能目标】

- ◆ 了解电算化会计信息系统的应用环境

【项目任务简述】

会计电算化是用计算机代替手工进行会计业务处理，是电子计算机和现代网络通信技术在会计业务处理工作中应用的简称。学习会计电算化，首先要明确会计电算化的含义，理解会计电算化的作用；当我们置身于电算化环境中，我们需要什么样的应用环境，需要做什么，以及如何做才能更好地完成电算化条件下的会计核算工作。

任务1　感受会计电算化

新的学期开始了，我们已经学习了会计理论及实务，当然那是手工条件下的；我们也学会了计算机的基础操作，或许还学习了办公自动化的知识，可能你还是这方面的高手。今天我们要学习的是：会计电算化。同学们，你们准备好了吗？

当我们看到会计电算化实训案例时，你是否感到与我们所学的会计知识有点不同？当我们走进会计电算化实训室时，你对即将处理的会计业务是否感到有点迷茫呢？

把会计处理活动搬到电脑上做就叫会计电算化吗？
基本正确啊！用计算机代替手工进行会计业务处理就叫会计电算化。

从会计核算工作的角度上说，用计算机代替手工进行会计业务处理就叫会计电算化。**会计电算化是电子计算机和现代网络通信技术在会计业务处理工作中应用的简称。**

广义地理解，会计电算化不仅涉及会计信息处理过程，而且还融进了与其相关的所有工作，包括会计电算化的组织与规划、会计电算化的实施、会计电算化的管理、会计电算化人员的培训、会计电算化制度的建立、计算机审计等内容。

1. 会计电算化的基本概念

1.1　会计信息

1.1.1　数据与信息

数据是对客观事物属性的描述，它反映客观事物的形态、结构和特征。数据可以表现为数字，也可以表现为字符、文字或图形等形式。信息是对客观世界中各种事物的特征及其变化的反映，是数据加工后的结果。

信息必然是数据，但数据未必是信息，信息仅是数据的一个子集，经过加工后有用的数据才能成为信息。

1.1.2 会计数据与会计信息

在会计工作中，各种原始会计资料称为“会计数据”，如原始凭证、记账凭证、各种单据等。会计信息是按照一定的要求经过加工处理的会计数据，如原始凭证经过数据处理后变成记账凭证、总账、明细账等。

会计数据只有经过加工生成会计信息后才能满足管理的需要，为管理者所用。在会计处理过程中，经过加工处理后的会计信息，往往又成为后续处理的会计数据。

1.2 会计信息系统

1.2.1 信息系统

信息系统是以搜集、处理和提供信息为目标的系统，该系统可以搜集、输入、处理数据，存储、管理、控制信息并向信息的使用者报告信息。

信息系统具有以下功能：

- 数据的输入。数据的输入功能是指将待处理的原始数据集中起来，转化为信息系统所需要的形式，输入到系统中。
- 数据的处理。信息系统对进入系统的各种数据根据用户的不同需要进行加工处理，包括计算、查询、分类、排序等。
- 信息的存储。数据进入系统后，经过加工或整理，形成了不同用途的信息。信息系统负责把信息按照一定的方法存储起来，并按用户需求进行保管。
- 信息的传输。为了让信息的使用者方便地使用信息，信息系统能够迅速准确地将信息传送到各个使用部门。
- 信息的输出。信息系统可以把信息处理的结果以各种形式提供给信息的使用者。

1.2.2 会计信息系统

会计信息系统是处理会计业务以提供会计信息为目的的系统，它是企业管理信息系统的一个子系统。会计信息系统具有数据量大、数据结构复杂的特征，与其他信息系统相比，会计信息系统更注重数据的真实准确，因此对会计数据的处理方法要求严格。

随着信息技术、通信技术尤其是网络的高速发展，现代社会对会计信息系统提出了更高的要求。网络财务、电子支付、远程报账等新事物的出现，会计信息系统从侧重于会计业务为主转变为财务与业务的一体化，极大地丰富了会计信息系统的内涵。

1.3 电算化会计信息系统

电算化会计信息系统是以计算机信息处理技术为手段的会计信息系统。由于会计信息处理技术的不同，会计信息系统不一定计算机化，只有电子计算机化的会计信息系统才能称为电算化会计信息系统。

知识链接

会计信息处理技术是指对会计数据进行收集、加工、存储、传输和利用等处理过程中运用的技术和方法。它大致经历了三个阶段，即手工处理阶段、机械处理阶段、计算机处理阶段。

电算化会计信息系统的主要特点：

1.3.1 数据处理更加及时准确

电子计算机运算的速度决定了对会计数据的处理几乎是在瞬间完成的，计算机强大的数据处理功能使其可以采用手工条件下无法采用的复杂的、精确的计算方法，可以避免手工处理出现的错误。因此，电算化会计信息系统具有数据处理更及时、更准确的特点。

1.3.2 数据处理的集中化和自动化程度高

大量的会计数据只有集中处理才可以减少差错，在电算化会计信息系统中，各种核算工作都由计算机集中处理。尤其是在网络环境中，信息可以被不同的用户分享，数据处理更具有集中化的特点。

但是会计工作涉及企业的各项业务，数据处理又具有相对分散的特点。因此，在电算化会计信息系统中，数据处理要求自动化，减少人工干预。高度的自动化也相应提高了数据处理的集中化程度。

1.3.3 数据采集要求标准化和规范化

数据处理的集中化和自动化客观上要求数据的采集必须标准、规范，因此，要建立统一的输入格式，规范数据传输标准。特别是在网络环境中，各种会计数据的无纸化传输不仅节约时间和成本，更提高了会计信息的准确性，数据采集的标准化、规范化的要求将会更高。

2. 会计电算化的作用

会计电算化是信息时代的产物，它让我们感受到信息技术的高速、快捷、准确等诸多优点，是传统手工会计无法比拟的。同学们，你能说出会计电算化有什么好处吗？

用电脑做账好处多吗？
好处很多啊！比如对提高核算工作效率、促进核算工作规范化、提高核算工作质量等都有十分重要的作用。

2.1 能够促进会计核算手段的变革，提高工作效率，有利于提供全面、及时、准确的会计信息

计算机数据处理的高度自动化的特点，决定了电算化环境下的会计业务处理有较高的效

率，会计核算手段也不同于手工环境，这就为随时取得全面、准确的会计信息奠定了基础。

2.2 能够促进会计核算工作规范化，提高会计核算工作质量

电算化会计对会计数据的输入、核算方法的应用和数据存储的方式等都提出了一系列规范化的要求。这些要求不仅体现在规章制度方面有更严格的规定，更要将其内嵌在软件中，这样双管齐下可以大大地减少人为差错，极大地提高会计核算工作的质量。

2.3 能够促进会计职能的转变，提高会计人员的业务素质

实现会计电算化，可以将会计人员从繁重的手工记账、算账和报账中解放出来，使会计人员可以有更多的时间接受学习、培训，也有更多的时间强化会计核算基础工作、进行考核控制及分析预测，促进会计职能由核算和监督向分析、预测及决策等职能转变。这就为会计人员业务素质的提高创造了条件。

知识链接

1954 年，美国通用电气公司第一次利用计算机计算职工工资，开创了电子数据处理在会计领域应用的新起点。我国会计电算化工作始于 1979 年，那一年财政部支持并直接参与了长春第一汽车制造厂会计电算化试点工作，这是我国会计电算化发展过程的一个里程碑。1981 年在长春召开的“财务、会计、成本应用计算机问题研讨会”上提出，计算机在会计工作中的应用统称为“会计电算化”。

任务2 学一学 如何实现会计电算化

如今，计算机已经深入到社会生活的方方面面。在会计部门，传统的算盘不见了，计算器也几乎没有人使用了。那么，配备了几台计算机是不是就意味着我们已经实现会计电算化了呢？

当然不是！有了计算机
并不能说明会计业务
就可以电算化了……
计算机是不是就跟过去
的算盘、计算器一样？

1. 电算化会计信息系统的构成

电算化会计信息系统一般由计算机硬件、软件、电算化人员及相关的规章制度组成。

1.1 硬件

计算机硬件是计算机系统中各种设备的总称，硬件的不同组合方式构成了不同的硬件配置结构，硬件配置的好坏直接影响会计电算化的工作质量。目前，构成电算化会计信息系统的硬件结构主要有三种：单机结构、多用户结构、网络结构。

1.2 软件

软件包括系统软件和应用软件。系统软件是保证会计信息系统正常运行的基础软件，系统软件的选择，应考虑操作系统的选择、与所选计算机的兼容性、数据处理能力是否满足本单位需要以及性能价格比等诸多因素。应用软件主要指会计软件，会计软件是专门用于会计核算和管理工作的计算机应用软件的总称。

1.3 电算化人员

电算化人员是指在电算化会计信息系统中从事软件操作、电算化管理及系统维护的人员。电算化会计信息系统的人员不仅要熟练掌握会计知识、管理知识，还要掌握计算机知识、网络知识等。

1.4 规章制度

为保证会计信息系统安全运行，必须建立一整套完整的电算化会计信息系统的规章制度。它既包括政府相关的法令、条例，也包括基层单位在会计电算化过程中的各项具体规定。

2. 会计电算化的实施

学习会计电算化之前，我们已经进行过手工会计实训，你还有印象吗？填制凭证、登记账簿、编制会计报表，那么一大堆数据呀！你算准确了吗？学会了会计电算化，我们就不再受手工计算的束缚了。

企业的会计电算化工作是一个系统工程，除了要配备计算机等硬件、软件之外，还要建立相关制度，调整原有会计部门的内部组织，进行人员培训等。这个工作不是短期内可以完成的，主要包含以下过程：

2.1 组织与规划

在会计电算化的具体实施过程中，必须制订一个详细的实施计划，有计划、有步骤地设置会计电算化机构、配置电算化会计人员、购置计算机设备、开发或选择会计软件等，合理安排人力、物力和财力。

在计算机上装上会计软件，我就可以摆脱手工计算的麻烦了！
没那么简单！会计电算化的实施需要一个过程……

2.2 配备计算机硬件、软件

配备计算机硬件是指会计电算化系统的构成模式，用户根据需求进行选择。软件的选择主要是确定适合本单位需要的会计软件，一般来讲，配备会计软件的方式主要有购买通用商品化会计软件、定点开发、通用商品化会计软件与定点开发相结合三种。

知识链接

商品化软件一般是通用软件。其优点是：成本低，见效快，软件质量高，维护有保障。其缺点是：不能完全适应使用单位的具体情况，初始工作量大。

定点开发会计软件也称为“专用会计软件”，其优缺点与商品化软件正好相反，能够极大地适应本单位的情况，但开发有一定的周期，而且成本较高。因此一般中小型企业实现电算化都是选择购买商品化软件。

2.3 进行人员培训

实现会计电算化，人才是关键。电算化会计信息系统的建设不仅需要会计和计算机方面的专门人才，更需要既懂会计又懂计算机技术的复合型人才。培养会计电算化人才应分层次进行，可分为初级、中级、高级三个层次。

2.4 建立电算化会计制度

主要包括建立电算化条件下的内部控制制度、岗位责任制度、操作管理制度、系统维护制度、会计档案管理制度等。

2.5 实现“甩账”

会计电算化的目的就是用计算机替代手工操作，甩掉手工账。计算机替代手工记账是指用会计软件输入会计数据，由计算机对会计数据进行处理，并打印输出会计账簿和报表。

在计算机替代手工之前应首先进行计算机与手工并行操作。计算机与手工并行是指计算机与人工同时进行会计业务处理的过程，并行时间应为三个月以上。

2.6 进一步实现财务与业务一体化

社会的进步，促使企业会计电算化不断发展，会计电算化的实现不仅是会计核算工作的电算化，更是会计管理的电算化。企业通常会建立以财务核算为核心，涵盖企业物资采购、设备管理、生产管理、销售管理及人力资源管理等内容的企业管理信息系统，实现财务与业务的一体化。

复习巩固

一、填空题

1. 会计信息系统是__________________，它是___________的一个子系统。
2. 会计信息处理技术大致经历了三个阶段，即________、________、________。
3. 一般来讲，配备会计软件的方式主要有________、________、________三种。
4. 培养会计电算化人才应分层次进行，可分为______、______、______三个层次。

二、单项选择题

1. 会计电算化是指（　　）在会计业务处理工作中应用的简称。

A. 电子计算机和专用网络　　B. 电子计算机和人工智能技术

C. 电子计算机和现代网络通信技术　　D. 电子计算机和会计理论

2. 会计信息处理技术是指在对会计数据进行（　　）和利用等处理过程中所运用的方法和技术。

A. 检索 存储 分类 收集　　B. 收集 加工 存储 传输

C. 分类 加工 存储 传输　　D. 收集 分类 加工 传输

3. （　　）年长春第一汽车制造厂大规模信息系统的设计与实施，是我国会计电算化发展过程的一个里程碑。

A. 1954　　B. 1979

C. 1981　　D. 1989

4. 计算机替代手工记账之前，应首先要进行计算机与手工并行操作，并行时间应为（　　）个月以上。

A. 1　　B. 2

C. 3　　D. 4

三、多项选择题

1. 会计信息处理技术的发展大致经历了三个阶段，即（　　　　）。

A. 手工处理阶段　　B. 机械处理阶段

C. 计算机处理阶段　　D. 人工智能处理阶段

2. 系统具有以下特点：（　　　　）。

A. 独立性和目的性　B. 层次性和联系性
C. 运动性和适应性　D. 不稳定性和可变性

3. 商品化会计软件的特点有（　　　）。
A. 成本低　B. 只能在个别单位、一定的时期内使用
C. 见效快　D. 初始化工作量大

4. 定点开发会计软件的特点有（　　　）。
A. 成本高　B. 比较适合使用单位的具体情况
C. 周期长　D. 初始化工作量大

5. 电算化会计信息系统是由（　　　）等要素组成的。
A. 计算机硬件　B. 计算机软件
C. 会计电算化操作人员　D. 会计电算化管理制度

四、思考题

1. 如何实施会计电算化？
2. 讨论会计电算化的发展趋势。
3. 如果要建立一个电算化会计信息系统，你将如何设计？

项目2　体验会计电算化

【知识目标】

◆ 学习电算化会计与手工会计的区别与联系
◆ 了解电算化会计信息系统的功能
◆ 了解如何选择通用财务软件

【技能目标】

◆ 了解用友T3的运行环境及安装方法

【项目任务简述】

与手工会计相比，电算化会计有很大的优势，但这并不表明它们是完全不同的学科，它们之间仍然有很多共同点。认识到这些对我们学习会计电算化将有很大的帮助，我们可以更加深入地学习电算化会计信息系统的功能，合理选择会计软件，更好地完成会计电算化工作。

任务1 比一比 电算化会计与手工会计的异同

同学们对会计电算化已经有了一定的认识，也将开始会计电算化的实际操作，在这之前，我们有必要回顾一下传统手工会计的特点，了解电算化会计的特征，把电算化会计与手工会计作一个比较，以便更好地完成今后的上机实训。

1. 电算化会计与手工会计的比较

1.1 手工会计的特点

经过多年的发展，会计工作形成了一套科学严密的工作规范：

（1）会计行为必须遵守会计法、会计准则、行业会计制度和企业内部会计核算制度。

（2）有一套严密的簿记规则，包括凭证的填制、审核、修改、装订，账簿的设置、登账、对账、结账、改账，报表编制等。

（3）应用复式记账方法进行会计核算。

（4）设置了凭证传递，审核和钱、账、物三分管等内部控制制度。

（5）设置日记账、明细账和总分类账，进行平行登记，相互核对。

（6）定期财产清查，保证账实相符。

这些规范基本上能保证会计信息的客观真实，能基本满足企业内外对会计信息的需求。

同时，我们也可以看出，手工方式下，会计数据的采集、加工是按会计业务和分工不同各自分散进行的，因此需要相当多的环节和大量的人员重复劳动。

1.2 电算化会计的特点

在电算化方式下，会计数据集中收集、统一处理、数据共享。只要输入正确的会计数据，主要账务核算工作可全部由计算机在程序的控制下自动完成。它具有以下特点：

（1）工具电算化。电算化条件下，会计数据处理基本上由电子计算机执行，充分运用了计算机对数据处理的强大优势，减轻了会计人员的工作量，是会计现代化的标志。

（2）处理自动化。电算化条件下，会计数据由系统自动处理，各类账簿也由系统自动生成，还可以完成自动转账、自动对账、自动报销等业务，减少了人工干预，提高了数据的准确性。

（3）信息载体磁性化。会计信息都以电磁或光信号的形式存储在磁介质上，信息存储量大，要求高。

（4）账务处理程序规范化。无论是数据的输入还是输出，会计数据都必须有统一的格式、统一的要求，都必须满足财政部相关规定。只有这样，会计信息才能符合可读性、可比性、相关性等信息质量的要求。

（5）内部控制自动化。通过计算机程序自动完成会计的内部控制，如权限设置、密码设置、数据校验等。

1.3 电算化会计与手工会计的相同点

电算化会计与手工会计虽然具有不同的特征，二者在以下几个方面仍然保持一致：

1.3.1 基本目标一致

无论是手工会计还是电算化会计，其基本目标都是一致的，那就是及时、准确地为企业提供符合要求的会计信息。因此，它们都需要遵守《会计法》及相关会计制度，提高企业经济效益，满足企业管理要求。

1.3.2 基本功能一致

手工会计的基本功能是核算与管理，电算化会计也必须满足会计核算与管理的要求。

1.3.3 基本会计核算方法一致

虽然二者在会计核算方法上有不同的处理方式，但在内容上是一致的，如设置会计科目和账户、复式记账、保存会计档案等。

1.4 电算化会计与手工会计的不同点

电算化会计与手工会计在会计处理技术上有很大差异，主要表现在以下几个方面：

1.4.1 电算化会计中，实现了账务处理程序的规范化

手工会计在进行会计数据处理时，根据会计业务的繁简和管理上的需要，在规定的账务处理程序（记账凭证账务处理程序、科目汇总表账务处理程序、汇总记账凭证账务处理程序等）中选用其中的一种，以确定凭证、账簿、报表之间的关系，以及怎样进行登账。但无论采用哪种方式都避免不了重复转抄的根本弱点。

电算化会计中，整个处理过程分为输入、处理、输出三个环节，控制的重点是输入环节，从输入会计凭证到输出会计报表，一气呵成，一切中间过程都在计算机内操作，不必再根据汇总记账凭证或科目汇总表等凭证派生物重复登记三类账，不存在账务处理程序的选择问题。因此，数据处理的各个环节必须规范。

1.4.2 电算化会计的数据控制重点是输入数据的完整性与真实性

手工会计的核心在于对账。手工方式下，总分类账与明细分类账、日记账平行登记，是为了验证记账的正确性。平行登记的账簿需要定期核对，当不存在数据错位、漏记、串户的时候，其结果应该是相同的，当三类账的数据核对不符时，必然有一方或者双方出现记账错误，因此账账核对对手工会计来说是十分重要的。

电算化会计中，日记账、明细账和总账都是根据相同的机内凭证文件生成的，计算机的输出过程没有非常原因不会出错。总账、明细账和日记账之间失去了传统的牵制与核对关系。以纸张为介质的原有账簿体系在电算化会计中主要起查询作用。

目前一般会计软件都可以设置三类账簿，这主要是为了照顾会计人员的传统习惯。

1.4.3 会计软件中内嵌了一系列控制措施

除了手工会计原有的内部控制制度外，会计软件中一般都设计有很多控制程序。比如，没有操作权限的人员不能进入系统进行操作，制单人员不能进行凭证审核，填制凭证时借贷方金额不等不能保存凭证，会计科目类别错误系统进行提示等。

2. 电算化会计信息系统的功能

电算化会计信息系统的功能是从系统功能的角度分析会计信息系统的构成，即由哪几个子系统（模块）组成。由于企业性质、行业特点以及会计核算和管理的需求不同，会计信息系统所包含的内容不尽相同，其子系统的划分也不尽相同。一般包括会计核算、会计管理、会计决策三大功能，分别由电算化会计核算子系统、电算化会计管理子系统、电算化会计决策支持子系统来实现，每个子系统又进一步分解为若干个子系统。

2.1 电算化会计核算子系统

电算化会计核算子系统是指用计算机代替手工记账、算账、报账这一过程，一般包括账务处理、工资核算、固定资产核算、成本核算、资金管理、会计报表等模块。

2.2 电算化会计管理子系统

电算化会计管理子系统是在电算化会计核算子系统的基础上为实现财务管理而设计的子系统，它通过财务与业务的一体化，为企业提供购销存管理、成本管理、资金管理等功能，从而全面提高企业管理的信息化水平。

2.3 电算化会计决策支持子系统

电算化会计决策支持子系统是在电算化会计核算子系统、会计管理子系统的基础上发展起来的，主要为企业管理决策者提供决策模型和方法，包括采购计划、财务分析、投资管理、领导查询等模块。

任务 2　用友 T3 都能干什么

学习了会计电算化理论，我们即将开始上机实训，经过市场调研，我们决定选择用友 T3 财务软件作为电算化实训平台，那么，用友 T3 是一个什么样的软件呢？好学好用吗？

1. 通用财务软件的选择

通用会计软件一般是指专门对外销售的商品化会计软件。在选择商品化会计软件时，一般应考虑以下因素：

1.1 要购买正版的会计软件

正版会计软件功能完整，维护有保障，加密措施严谨，能有效保证会计工作的正常运行。

1.2 符合本单位实际需求

会计软件的功能应符合行业的特点，满足本单位具体核算与管理的要求。商品化会计软件是通用软件，单位有时会根据自身特点和需要，增加一些特殊功能，或者需要软件的二次开发，这需要会计软件的接口满足连接的要求。

1.3 具备完整的文档资料

财务软件应具有完整的文档资料，最基本的文档资料是用户操作手册，又称使用说明书。主要介绍系统功能和用户的操作步骤，帮助用户熟悉会计软件的使用。文档资料中还应当有会计软件系统运行时产生的凭证、账簿、报表等样本资料。

1.4 良好的售后服务

售后服务是使用商品化会计软件的必要保障。企业在购买会计软件之前，必须得到售后服务的承诺，包括技术支持、用户培训、软件资料、版本升级等方面。

2. 用友T3软件介绍

T3—用友通标准版是一套管理供、产、销、财、税的一体化管理软件，帮助企业实现规范管理、精细理财。可以在企业内部实现精细化业务管理、智能化综合统计分析，帮助管理层科学决策。主要功能有：

（1）系统管理：包括账套管理、操作员管理等。

（2）总账：企业财务人员借助总账系统可以实现日常财务工作的无纸化办公，提高工作效率，满足财务精细化管理要求。主要包括凭证录入、审核、记账、结账等账务处理工作。

（3）报表：预置多行业报表模板、税务局统一申报报表模板，支持新会计准则，支持个性化报表定制。及时准确地出具企业资产负债表、利润表、现金流量表等标准财经报表及企业个性化报表，全方位满足企业报表需求。

（4）工资管理：包括工资录入、工资计算、所得税计提、银行代发、工资分摊处理等，支持一个月内多次发放工资、外部文件导入、银行代发及个人所得税计算。

（5）固定资产：提供固定资产卡片管理、资产增减变动、转移、折旧计提、折旧分配等一系列管理办法，以保证资产的完整和正常使用，提高资产利用率。

（6）采购：可依据销售订货及库存情况，定时定量采购，包括了订单管理、到货入库、开票结算、付款等，同时提供及时准确的统计分析报表，满足企业对采购的管理需求。

（7）销售：包括客户的管理与控制，销售订单、发票、发货单，统计应收数据、客户对账及账龄分析，精细化企业应收管理，全面满足小型企业实际业务管理要求。

（8）库存：库存模块在库存业务、库存状态控制、库存分析方面具有强大的功能，能够有效地跟踪库存的出入库情况，分析库存的各项指标，提供灵活多样的账簿和统计报表，帮助企业及时掌握存货库存情况，为企业决策奠定基础。

（9）核算：主要针对企业商品收发存业务运行核算，掌握商品成本情况，为企业成本核算提供基础数据。

（10）财务分析：通过系统的财务分析对会计数据再加工，为决策者提供及时、准确、客观的决策依据。

我们在上机实训过程中，将选择用友 T3 的 10.8 版本作为实训平台，它包含最新的小企业会计准则，是我们学习的好帮手，也是我们应用于实践的最好选择。

复习巩固

一、填空题

1. 电算化会计与手工会计在________、________、________三个方面保持一致。
2. 电算化会计信息系统一般包括________、________、________三大子系统。

二、思考题

1. 电算化会计与手工会计有什么异同？
2. 如何选择商品化财务软件？

模块 2

系统管理与基础设置

项目 3　系统管理

【知识目标】

◆ 了解系统管理的作用
◆ 理解系统管理的基本功能
◆ 熟悉建立企业核算账套的完整工作流程
◆ 理解操作员及权限的作用和设置方法

【技能目标】

◆ 掌握系统管理、增加操作员、建立企业账套、系统启用、账套备份及恢复、账套修改等操作
◆ 了解有关年度账的基本操作

【项目任务简述】

企业选购用友 T3 作为会计信息化应用平台之后，首先需要在系统中建立企业的基本信息、核算方法和编码规则等，称之为“建账”，这里的“账”在用友 T3 中称为“账套”。在本工作项目中我们要为公司在用友 T3 中建立一个账套。

1. 项目任务分析

1.1 认识系统管理

用友 T3 有多个子系统，各个子系统服务于企业管理的不同层面，为不同的管理需要服务。子系统本身既具有相对独立的功能，彼此之间又具有紧密的联系，它们共用一个企业数据库，拥有公共的基础信息、相同的账套和年度账。

系统管理是用友 T3 为各个子系统提供的一个公共管理平台，用于整个系统的公共任务统一管理，主要内容包括以下几个方面：

1.1.1 账套管理

账套是一组相互关联的数据。在用友 T3 中，可以为多个企业（或企业内多个独立核算的部门）分别立账，每一个企业的数据都存放在数据库中，各账套间相互独立、互不影响，系统最多建立 999 个企业账套。其中［998］账套是系统预置的适用于小企业会计准则的演示账套，［999］账套是系统预置的适用于一般工业企业的演示账套。

账套管理功能包括建立账套、修改账套、删除账套、备份/恢复账套和启用系统。

1.1.2 年度账管理

年度账与账套是两个不同的概念，一个账套中包含企业所有的数据，把企业数据按年度进行划分，称为年度账。年度账可以作为系统操作的基本单位，因此设置年度账主要是考虑到管理上的方便性。

年度账管理包括年度账的建立、备份、恢复、清空年度数据和结转上年数据。

1.1.3 操作员及其操作权限的集中管理

为了保证系统及数据的案例与保密，系统管理提供了操作员及操作权限的集中管理功能。通过对系统操作分工和权限的管理，一方面可以避免与业务无关的人员进入系统，另一方面可以对系统所包含的各个子系统的操作进行协调，以保证各负其责，使流程顺畅。

操作权限的集中管理包括设置操作员和为操作员分配权限。

1.1.4 设立统一的安全机制

对企业来说，系统运行安全、数据存储备份是必需的。为此，用友 T3 提供了强有力的安全保障机制，如设置对整个系统运行过程的监控机制，清除系统运行过程中的异常任务，以及设置系统自动备份计划等。

1.2 企业建账的工作流程

为了帮助企业顺利、快速地完成企业账套的创建过程，我们先给出企业建账的工作流程，如图 3－1 所示。

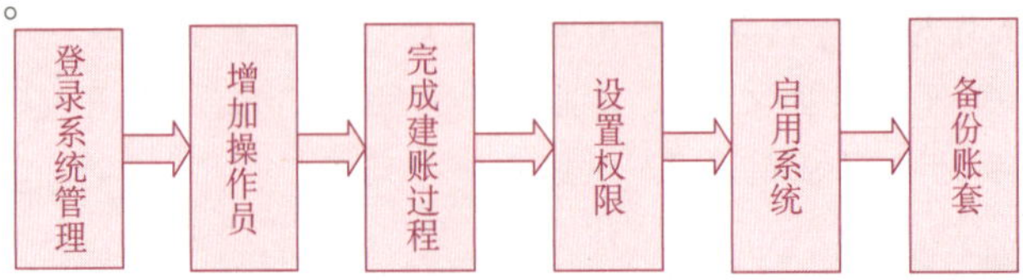

图 3－1

2. 项目任务实施

在本项目中我们要完成以下五个任务：

任务1：组建团队。企业进入电算化会计信息系统进行财务核算，首先要设置系统的操作人员。本任务要求完成增加操作员的操作，为电算化会计系统的运行组建团队。

任务2：创建企业账套。创建账套就是创建使用系统的核算单位，构建一组相互关联的账务数据库文件。本任务完成新建账套的工作，将核算单位的基本信息及核算类型等以创建账套的方式在系统中反映出来。

任务3：修改企业账套。本任务可以将创建账套过程中的差错或不完整信息进行修改、补充或完善。

任务4：岗位设置。为操作员赋予不同的权限是会计岗位责任制及内部控制的要求，本任务完成为团队业务人员赋权的操作。

任务5：账套数据的备份与恢复。学习在电算化环境下账套数据如何保存及恢复，正确进行相关操作。

任务1 组建团队（增加操作员）

案例3－1

【资料】郑龙佳美健身器材有限公司是一家生产、销售健身器材的工业企业，注册资本300万元，企业类型是工业企业，行业性质执行小企业会计准则（2013）。公司决定采用用友畅捷通T3进行会计核算，核算中启用了总账、工资、固定资产、购销存管理、核算模块。参与业务核算的操作人员及其权限如表3－1所示。

表3－1　　操作人员

编号	姓名	口令	所属部门	职务
201	李芳		财务部	主管
202	苏莉兰		财务部	出纳、工资核算员
203	张辉		财务部	会计
301	汤明		供应部	固定资产、购销存核算员

【任务】系统管理员设置操作员

对企业进行会计核算，首先要成立单位的财务部门。学习财务软件，要按照财务软件的要求创建操作员，负责单位的电算化会计核算业务。因此，创建操作员是我们使用财务软件的第一步。在本次任务中，要求：

（1）每4个人组建一个团队，组成该公司的财务部团队。

（2）上机操作：增加操作员。

【操作指导】

(1) 单击“开始”按钮，执行“程序”→“系统管理”命令，或双击桌面上用友系统管理图标，进入“T3—用友通标准版【系统管理】”窗口，如图 3-2 所示。

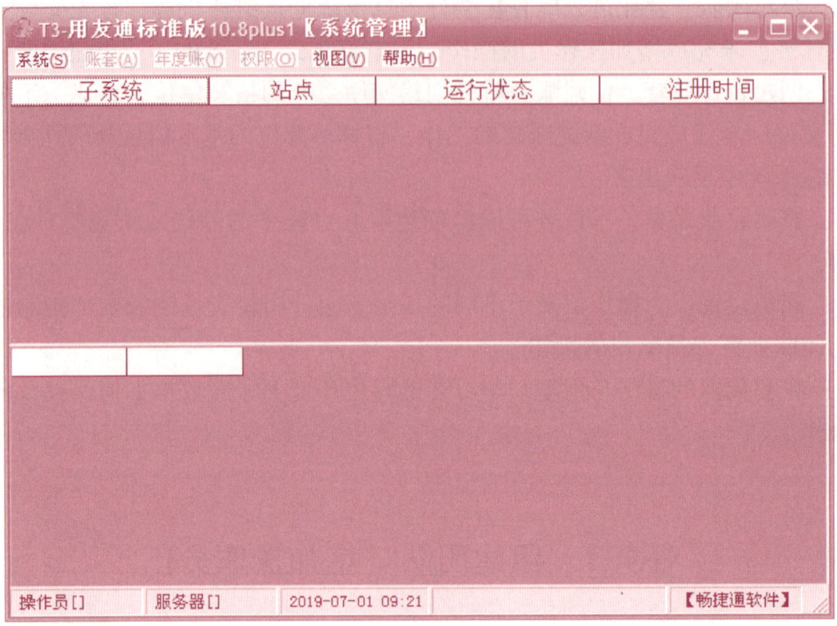

图 3-2

(2) 执行“系统”→“注册”命令，打开“注册〖控制台〗”对话框，如图 3-3 所示。

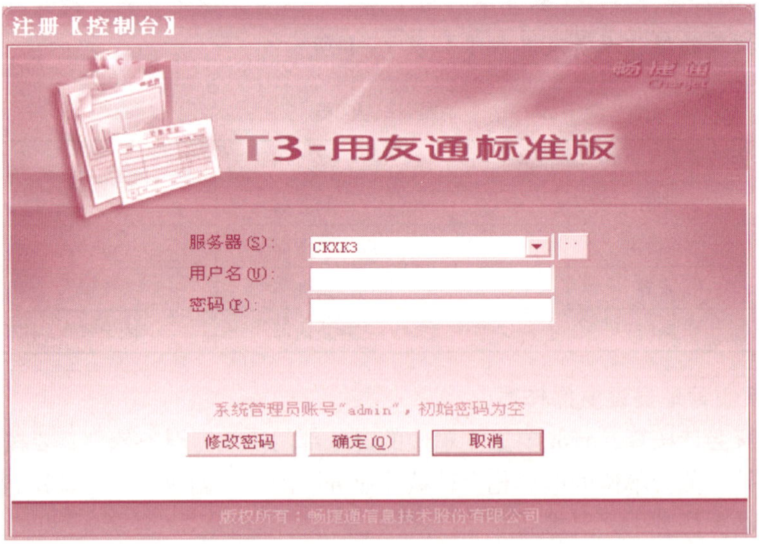

图 3-3

（3）在“用户名”栏录入“admin”，单击“确定”按钮，登录进入“系统管理”窗口，如图3－4所示。

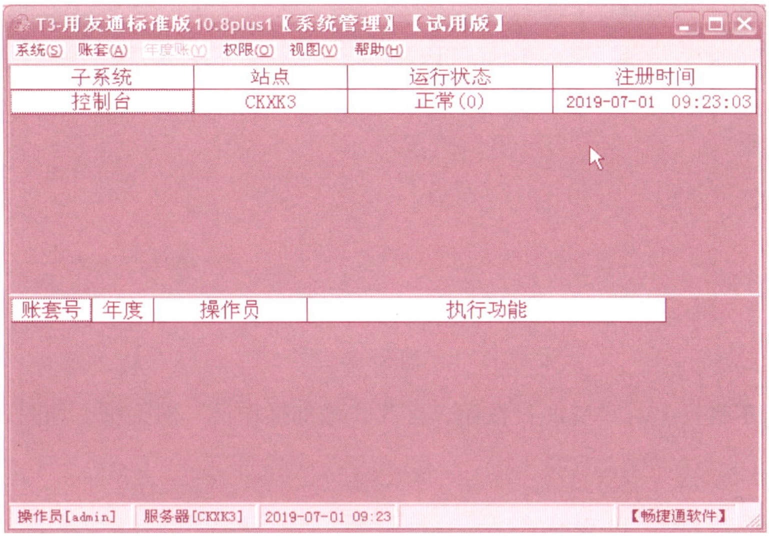

图3－4

贴心提示：

“系统管理员”的账号是“admin”，初始密码为空。为了保证系统的安全性，可以设置或更改系统管理员的密码。设置密码的方法是：单击“修改密码”按钮，打开“设置操作员口令”对话框，在“新口令”和“确认新口令”文本框中输入口令，单击“确定”按钮。考虑实际教学环境，建议不要设置系统管理员密码。

知识链接

系统管理员和账套主管权限

在系统管理中，系统允许以两种身份注册进入系统管理，即系统管理员和账套主管。

系统管理员负责整个系统的总体控制和数据维护工作，他可以管理该系统中所有的账套。以系统管理员的身份注册进入，可以进行账套的建立、备份、恢复和输出，设置操作员，指定账套主管，设置和修改操作员的权限和密码等。

账套主管负责所选账套的维护工作，主要包括对所选账套参数进行修改，对年度账的管理（包括创建、清空、引入、输出以及各子系统的年末结转等），以及该账套操作员权限的设置。

（4）单击“权限”菜单，执行“操作员”命令，进入“操作员管理”窗口，窗口显示系统预设的“［998］演示账套”的三位操作员，如图3－5所示。

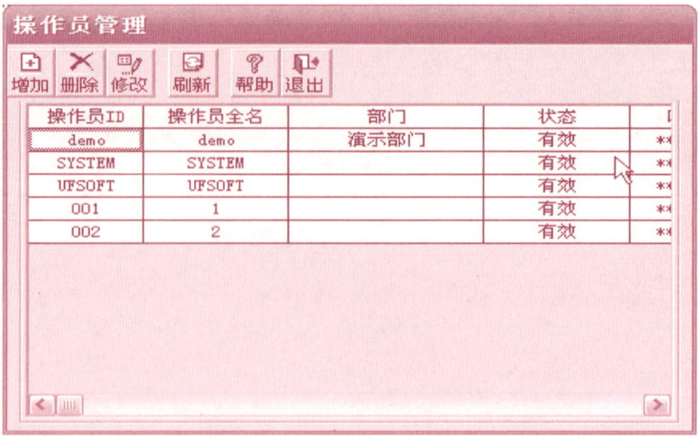

图 3－5

（5）单击工具栏上的“增加”按钮，打开“增加操作员”对话框，如图 3－6 所示。

图 3－6

（6）按表 3－1 所给资料输入操作员。

（7）操作员全部输入完毕之后，单击“退出”按钮，完成操作员设置任务。

知识链接

“系统管理”的意义

一个完整的会计软件都是由多个子系统组成，各个子系统是为同一个主体的不同方面服务的，并且各个子系统之间相互联系，数据共享，完整实现财务、业务一体化管理。因此，要求这些子系统具备如下特点：

（1）具备公共的基础信息；

（2）拥有相同的账套和年度账；

（3）操作员集中管理；

（4）业务数据公用一个数据库。

要满足上述要求，就要设立一个独立的功能模块，也就是系统管理模块来对所属的各个子系统进行统一的操作管理和数据维护。因此，系统管理是财务软件中一个非常特殊的组成部分，其功能主要包括账套管理、操作员管理、账套的备份与恢复等。

任务2 创建企业账套

案例3－2

【资料】 郑龙佳美公司在核算中启用了总账、工资、固定资产、购销存、核算模块。其账套信息如下：

1. 账套及单位信息

账套号：601；账套名称：郑龙佳美健身器材有限公司；单位简称：郑龙佳美；启用日期：2019年7月1日；会计期间：1月1日—12月31日。

2. 核算类型

本币代码：RMB；本币名称：人民币；企业类型：工业；行业性质：小企业会计准则(2013)；账套主管：李芳；建账时按行业性质预置会计科目。

3. 基础信息

需要对存货、客户、供应商进行分类，有外币核算。

4. 业务流程

采购流程、销售流程均为系统默认值，即标准流程。

5. 分类编码方案

科目编码级次：4222；客户编码级次：234；供应商编码级次：234；部门编码级次：122；地区分类编码级次：22；结算方式：12；收发类编码级次：111；其他：默认。

6. 数据精度定义

存货数量、存货单价、开票单价、件数、换算率的小数位均为按默认值设置。

7. 系统启用

郑龙佳美健身器材有限公司在核算中启用了总账、工资、固定资产、购销存、核算模块，启用日期均为2019年7月1日。

【任务】系统管理员创建企业账套

创建操作员之后，就要为企业创建核算账套了。在本次任务中，要求：

（1）每个团队仔细分析佳美公司的账套信息，理解账套的含义。

（2）团队成员共同完成创建账套的操作。

（3）上机操作：根据所给资料创建新账套。

【操作指导】

（1）以系统管理员（admin）的身份注册进入〖系统管理〗窗口，执行“账套”→“建立”命令，打开“创建账套—账套信息”对话框，如图3－7所示。

（2）输入账套号“601”，账套名称“郑龙佳美健身器材有限公司”；在“启用会计期”栏单击“会计期间设置”按钮，打开“会计月历—建账”对话框，如图3－8所示。选择“2019年7月”，单击“确定”按钮，返回“创建账套—账套信息”。

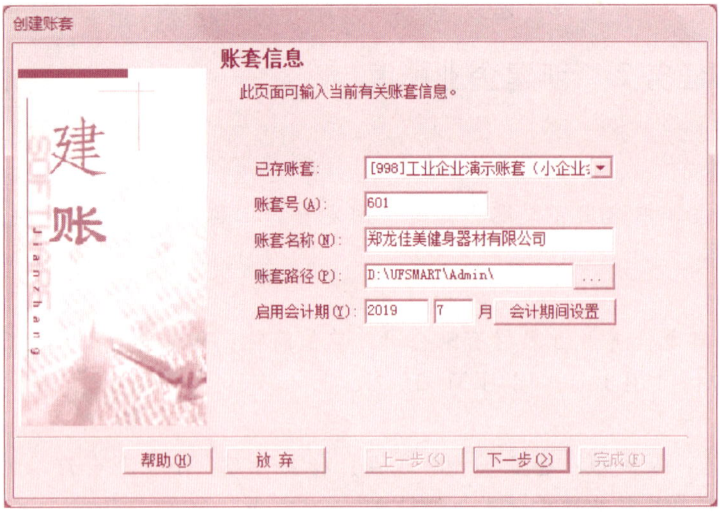

图 3－7

图 3－8

贴心提示：

● 系统将已经存在的账套显示在下拉列表中，用户只能查看，不能输入或修改，新建账套号不能与已存账套号重复。[998] 和 [999] 是系统内置的演示账套。

● 账套路径是用来确定新账套将要被存放的位置，可以修改。

● 账套名称可以是单位全称，也可以是简称。它将显示在正在操作的软件界面上。

● 启用会计期为启用软件处理会计业务的日期，系统默认为计算机的系统日期，设置时不能大于系统日期。

（3）单击“下一步”按钮，进行单位信息设置，在此输入单位名称“郑龙佳美健身器材有限公司”，输入单位简称“郑龙佳美”，如图 3－9 所示。

图 3－9

（4）单击“下一步”按钮，进行核算类型设置，如图 3－10 所示。在此选择企业类型为“工业”，行业性质为“小企业会计准则（2013 年）”，账套主管为“李芳”，将“按行业性质预置科目”设为选定状态。

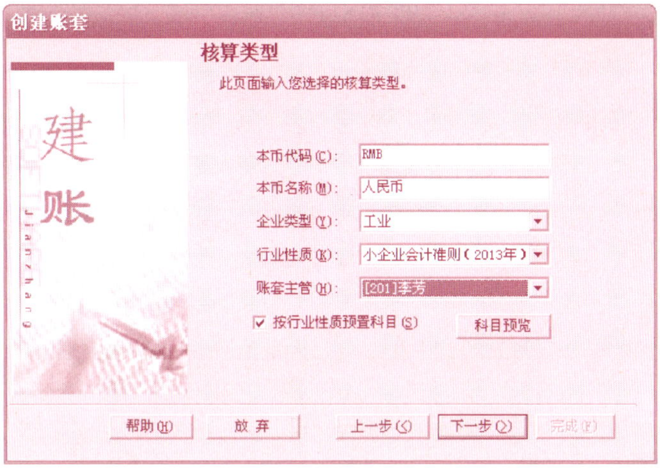

图 3－10

贴心提示：

● 行业性质决定着会计科目体系的设置，小企业会计准则（2013）与其他会计准则有较大的差异，因此要特别注意。

● 账套主管可以在此确定，也可以采用系统默认，之后再在操作员权限设置中重新修改。

● 系统默认按行业性质预置科目，如果用户要自行设置会计科目，可以单击复选框将其取消。

（5）单击“下一步”按钮，设置基础信息，在此单击“存货是否分类”“客户是否分类”“供应商是否分类”“有无外币核算”前的复选框，将其设为选定状态，如图 3－11 所示。

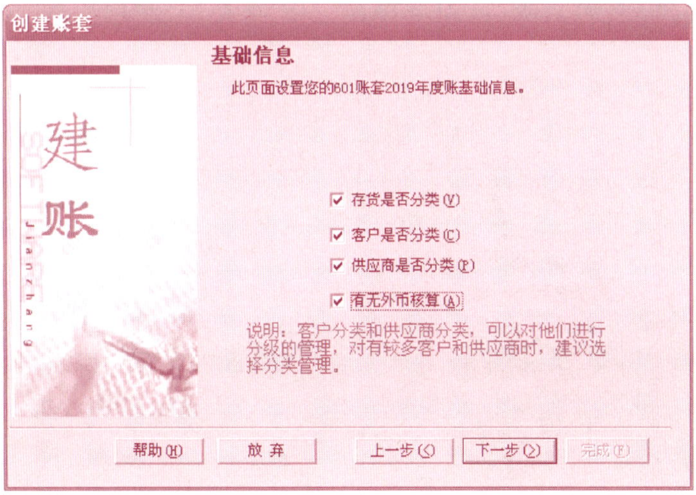

图 3－11

（6）单击“下一步”按钮，设置业务流程，如图 3－12 所示。在此选择系统默认。

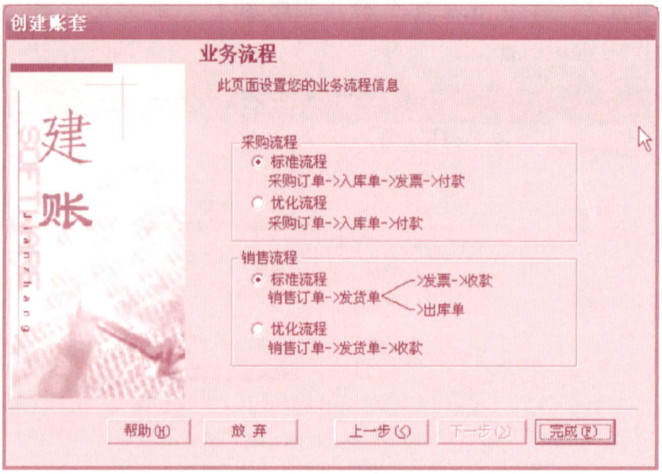

图 3－12

（7）单击“完成”按钮，系统弹出“创建账套”提示框，如图 3－13 所示。

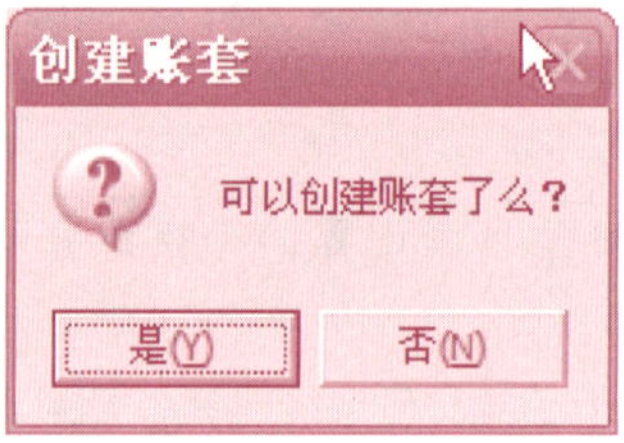

图 3－13

（8）单击“是”按钮，打开“分类编码方案”对话框，如图 3－14 所示。在此设置会计科目编码级次 4222，客户分类编码级次 234，部门编码级次 122，供应商分类编码级次 234，地区分类编码级次 22。结算方式编码级次 12，收发类编码级次 111，其余编码按默认设置。

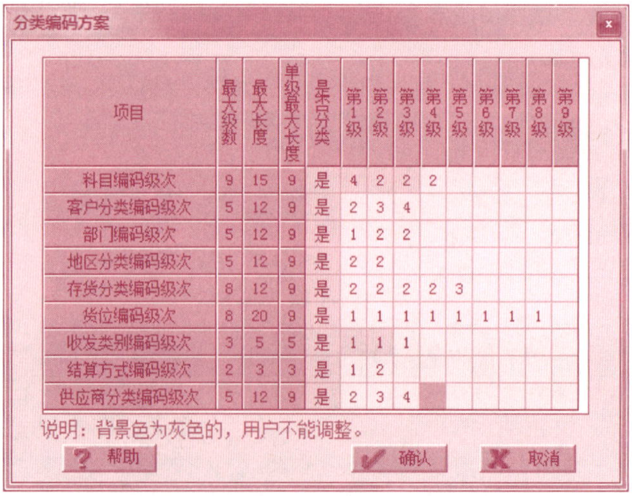
分类编码方案

项目	最大级数	最大长度	单级最大长度	是否分类	第1级	第2级	第3级	第4级	第5级	第6级	第7级	第8级	第9级
科目编码级次	9	15	9	是	4	2	2	2					
客户分类编码级次	5	12	9	是	2	3	4						
部门编码级次	5	12	9	是	1	2	2						
地区分类编码级次	5	12	9	是	2	2							
存货分类编码级次	8	12	9	是	2	2	2	2	3				
货位编码级次	8	20	9	是	1	1	1	1	1	1	1	1	
收发类别编码级次	3	5	5	是	1	1	1						
结算方式编码级次	2	3	3	是	1	2							
供应商分类编码级次	5	12	9	是	2	3	4						

说明：背景色为灰色的，用户不能调整。

帮助　确认　取消

图 3－14

(9) 单击“确认”按钮，打开“数据精度定义”对话框，如图3－15所示。案例设置与默认相同。

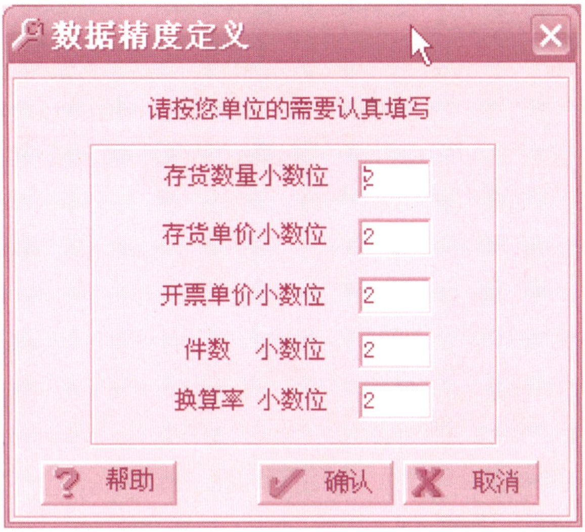

图3－15

(10) 单击“确认”按钮，系统弹出“创建账套”提示框，如图3－16所示，单击“确定”按钮。

图3－16

(11) 单击“确认”按钮，系统弹出“创建账套”提示框，提示“是否立即启用账套”，如图3－17所示。

图3－17

（12）单击“是”按钮，打开“系统启用”窗口，如图 3－18 所示。

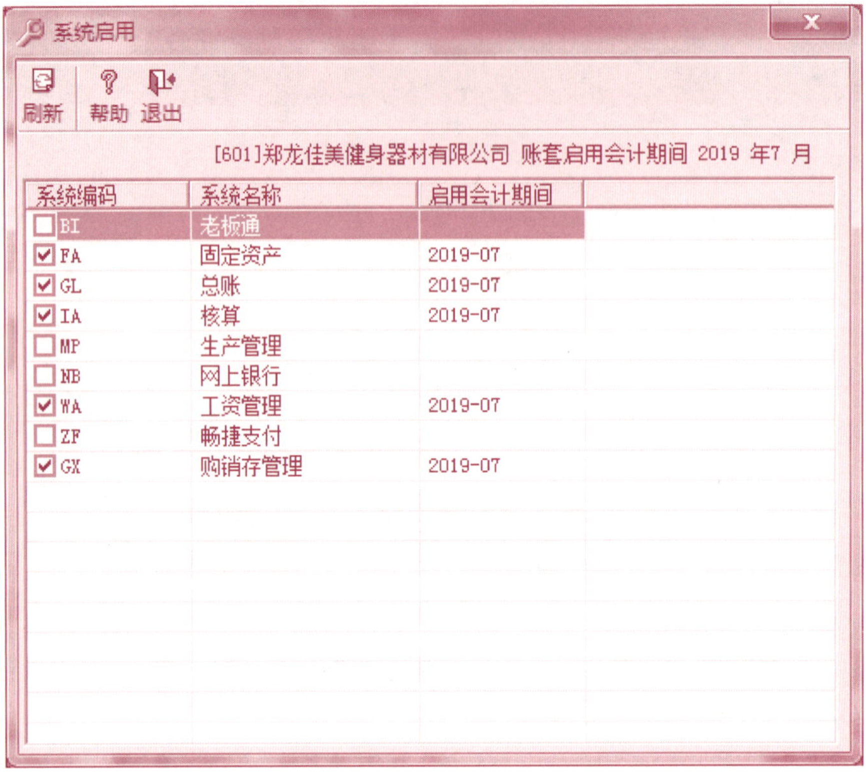

图 3－18

在本案例中，要求启用总账、工资、固定资产、购销存管理、核算模块，因此单击这五个模块的复选框，将它们选中，并将启用会计期间均设为 2019 年 7 月 1 日。

（13）系统启用完毕。单击“系统启用”对话框中的“退出”按钮，返回到“T3—用友通标准版〖系统管理〗”界面，完成创建新账套的设置。

任务 3　修改企业账套

案例 3－3

【资料】郑龙佳美公司详细信息如下：

（1）单位地址：郑龙市中原路 110 号。

（2）法人代表：王立。

（3）邮政编码：450000。

（4）联系电话及传真：0971－68566789。

（5）电子邮件：zljm@163. com。

（6）税号：500106009091000。

【任务】账套主管修改其主管的账套信息

如果在创建账套的过程中，遗漏了一些信息或有些设置存在问题需要修改，就要以账套主管的身份注册进行相应的修改。在本次任务中，要求：

（1）团队成员共同分析新建账套所做设置哪些可以修改，哪些不能修改。

（2）上机操作：根据所给资料修改账套信息。

【操作指导】

（1）以账套主管（201 李芳）的身份注册进入〖系统管理〗，执行“账套”→“修改”命令，如图 3－19 所示。

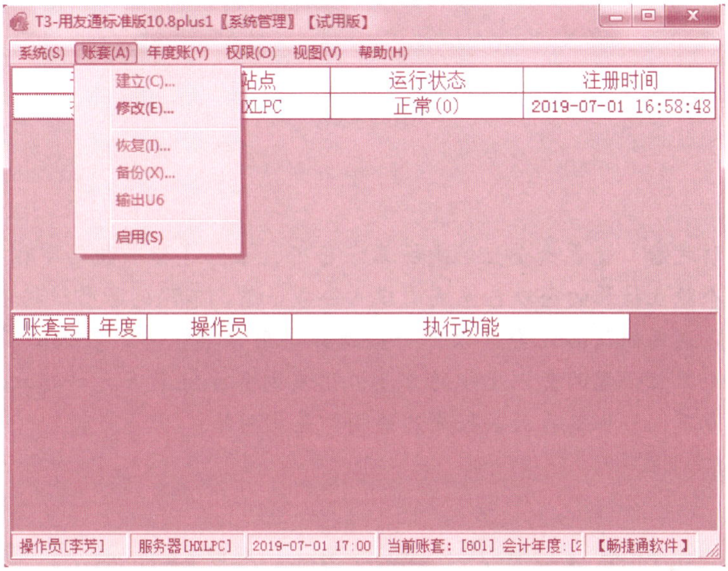

图 3－19

（2）打开“修改账套”对话框，根据补充资料对账套信息进行相应的修改，如图 3－20 所示。

图 3－20

（3）单击“下一步”按钮，根据资料进行相应修改直到完成，系统弹出“修改账套”提示框，单击“确定”按钮，完成操作，如图 3－21 所示。

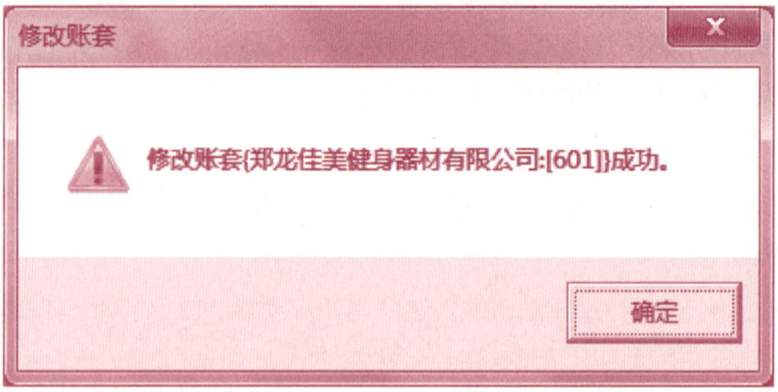

图 3－21

知识链接

创建操作员之后，就要为企业创建核算账套了。账套是指一组紧密相关的数据。一般可以为每一个独立核算的企业在系统中建立一个账套，不同的账套数据之间彼此独立，没有丝毫关联。通用的商品化会计软件一般都提供用户单账套和多账套两种使用选择，以满足那些一个单位设置两套以上账的需要，用友财务系统最多允许建立 999 套账。多账套的核算内容不同，但其存放数据库的结构却是相同的。

任务 4　岗位设置（为操作员赋权限）

案例 3－4

【资料】 郑龙佳美公司为操作员赋予了不同的职责及权限，其财务分工如表 3－2 所示。

表 3－2　操作员权限

编码	姓名	职责	权　限
201	李芳	主管	总账、工资、固定资产初始化及凭证审核工作并编制会计报表
202	苏莉兰	出纳 工资核算	公用目录设置、现金管理、往来管理、工资管理的全部权限及总账管理系统的出纳签字权
203	张辉	会计	公用目录设置，总账管理系统除出纳签字和审核凭证之外的所有权限，具体负责总账系统的凭证处理、记账、月末处理
301	汤明	固定资产 购销存核算	公用目录设置，固定资产管理、采购管理、销售管理、库存管理、核算的全部操作权限，应收管理、应付管理的所有权限，以及总账系统中的现金流量权

【任务】系统管理员或账套主管为本账套操作员赋权

创建核算账套之后，要为操作员进行财务分工。即赋予操作员权限，其目的是通过设置操作权限，保证财务数据安全。

在本次任务中，各个团队要讨论财务分工的具体问题，结合本案例设置操作权限，并在用友 T3 软件操作中上机实现为操作员设置权限。

【操作指导】

（1）以系统管理员（admin）身份进入〖系统管理〗操作窗口，执行“权限”→“权限”命令，打开“操作员权限”对话框。

（2）选择操作员“李芳”所在行，选择账套 601，将“账套主管”前的复选框打勾，为操作员“李芳”赋予账套主管的权限，如图 3 - 22 所示。

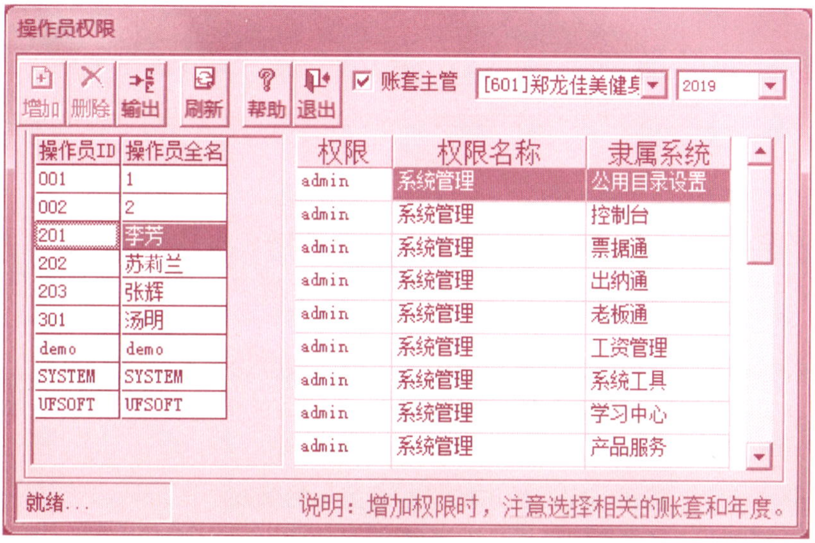

图 3 - 22

贴心提示：

- 如果在建账时已经指定了账套主管，此操作可以省略。
- 一个账套可以设置多个账套主管，一个操作员可以担任多个账套的账套主管。
- 取消账套主管权限，只需单击“账套主管”前的“√”将其取消即可。

（3）单击操作员“［202］苏莉兰”所在行，选择账套 601，单击“增加”按钮，打开“增加权限——［202］”对话框，如图 3 - 23 所示。

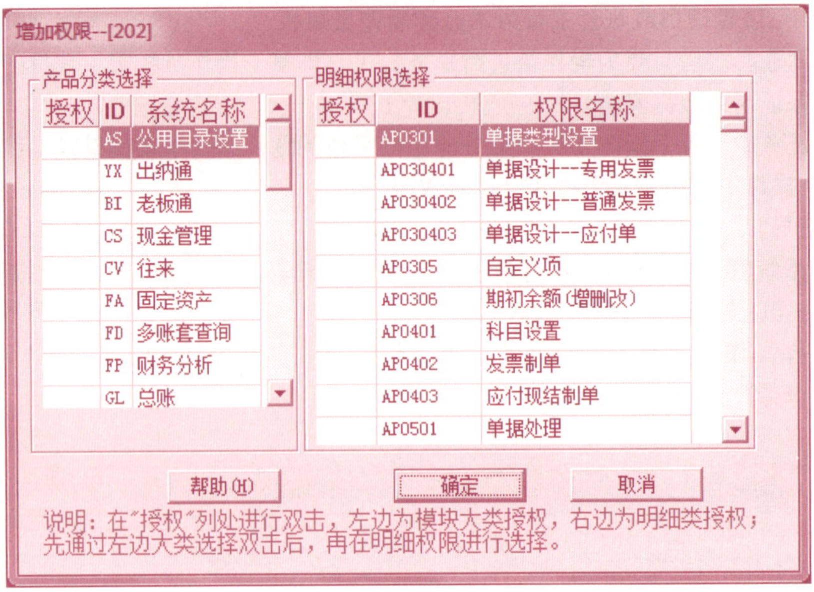

图 3-23

(4) 分别双击窗口左侧“产品分类选择”中的“AS 公用目录设置”“CS 现金管理”“CV 往来”“WA 工资管理”，为其赋予公用目录设置、现金管理、往来管理与工资管理的全部权限。

(5) 单击窗口左侧“产品分类选择”中的“GL 总账”，系统在窗口右侧“明细权限选择”框中显示了总账系统的所有权限，在此双击“GL0203 出纳签字”，赋予其在总账系统中的出纳签字权。

(6) 单击“确定”按钮，完成操作员“苏莉兰”的赋权。

(7) 同样的方法，完成其他操作员的赋权。

知识链接

财务分工的原则是：人尽其能、便于操作、账套安全。

在具体分工授权时，应注意以下问题：

- 不相容的权限必须分开授权，有利于保证账套数据的正确性和合法性。例如，“凭证输入”与“凭证审核”的操作权不要授权给同一操作员。
- 重要的权限应给专人授权。例如，“记账”和“结账”的操作权应授权给专人负责操作。因为“记账”操作要处理大量数据；“结账”操作将进行期末账务处理并关闭日常账务处理的功能。
- 与岗位相关的权限可以同时授权。例如，拥有“凭证输入”权限的操作员应再授权“建立会计科目”和“凭证查询汇总”等权限，以便凭证录入员随时增加所需要的会计科目和查询与汇总机内记账凭证等。
- 工作量较大的权限可以分散授权。例如，“凭证输入”的权限可以分别授权给不同的操作员，以便合理进行财务分工。

任务5 账套数据的备份与恢复

案例3－5

【资料】将郑龙佳美公司的账套数据备份到指定的文件夹中，然后再进行恢复操作。

【任务】系统管理员进行账套数据的备份与恢复

各团队完成系统管理的前四项任务之后，对账套数据进行备份与恢复，以保存财务数据，保证安全。要求在E盘上创建“郑龙佳美账套备份”文件夹，将账套备份到该文件夹中，然后再将其进行恢复操作。

【操作指导】

（1）以系统管理员的身份注册进入〖系统管理〗窗口，执行“账套”→“备份”命令，打开“账套输出”对话框，如图3－24所示。

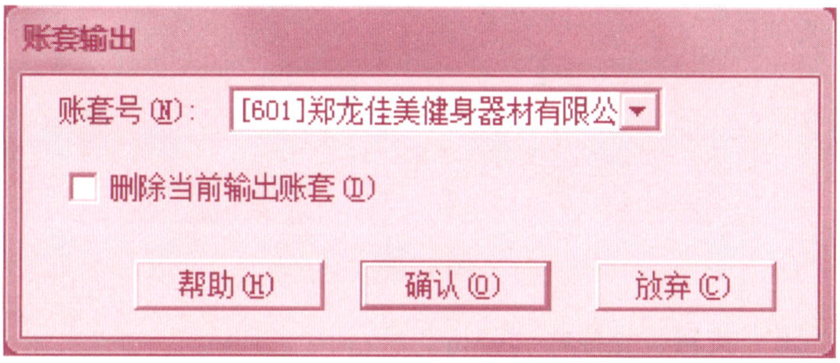

图3－24

（2）在“账套号”栏中选择要备份的账套为“［601］郑龙佳美健身器材有限公司”，单击“确认”按钮，系统开始进行数据压缩及拷贝数据。

（3）压缩进程完成之后，系统打开“选择备份目标”对话框，选择“e：\郑龙佳美账套备份”文件夹，将其处于打开状态，如图3－25所示。

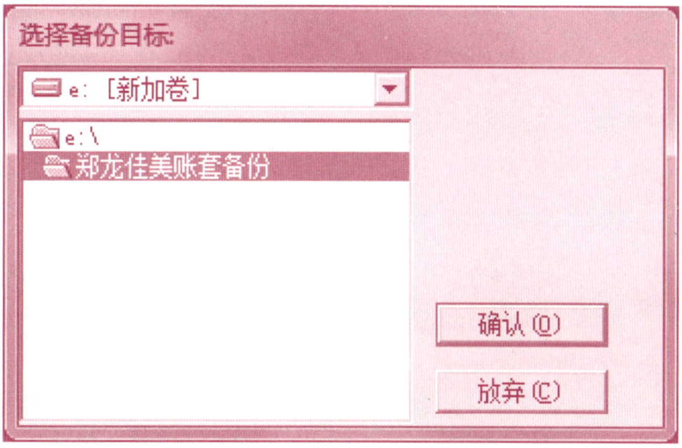

图3－25

(4) 单击"确认"按钮，系统弹出"硬盘备份完毕"提示框，如图 3-26 所示。

图 3-26

(5) 单击"确定"按钮，系统弹出提示信息，如图 3-27 所示。

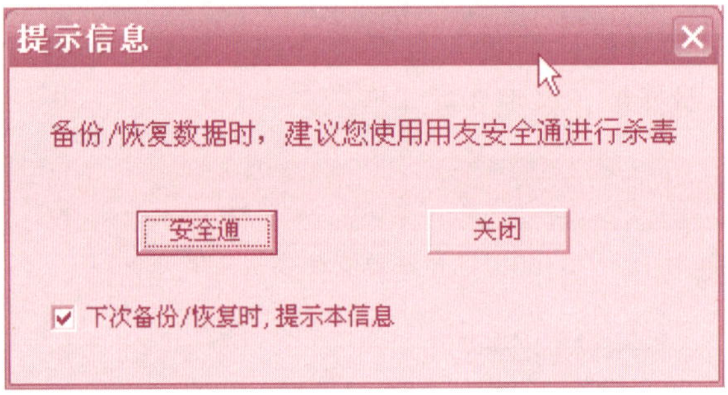

图 3-27

(6) 单击"关闭"按钮，完成账套备份。

(7) 进行恢复操作时，仍以系统管理员身份注册进入〖系统管理〗窗口，执行"账套"→"恢复"命令，出现图 3-27 建议使用安全通的提示，单击"关闭"按钮，打开"恢复账套数据"对话框，如图 3-28 所示。

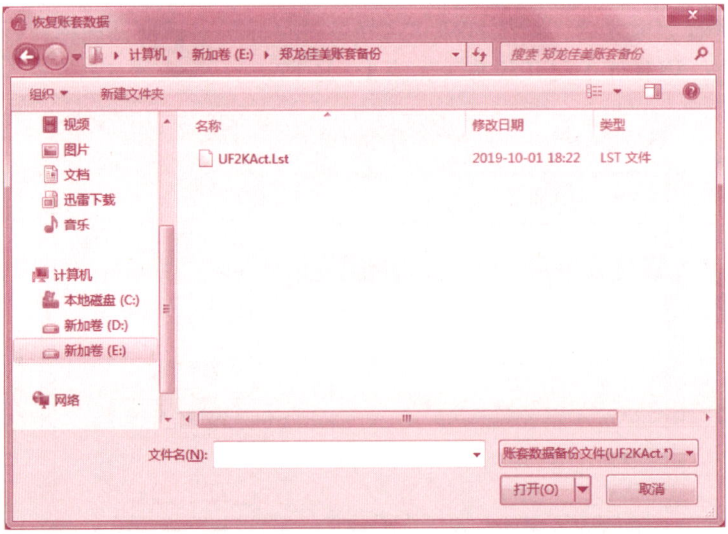

图 3-28

（8）双击打开“E：\ 郑龙佳美账套备份”文件夹，选择“UF2KAct. 1st”文件，单击下方的“打开”按钮，系统弹出“用友通〖系统管理〗”提示框，如图3－29所示。

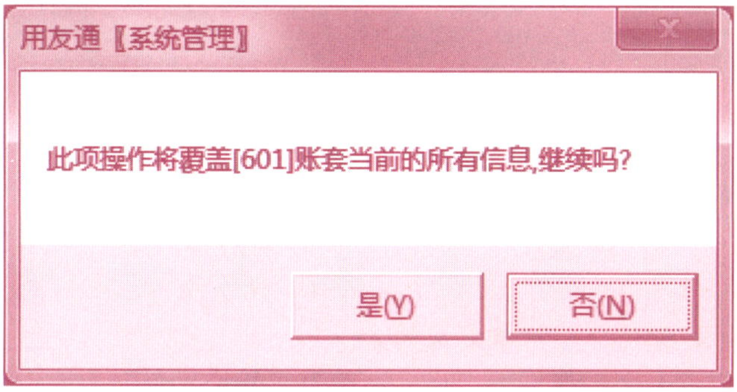

图3－29

（9）单击“是”按钮，经过恢复进程，系统弹出恢复成功提示框，如图3－30所示。

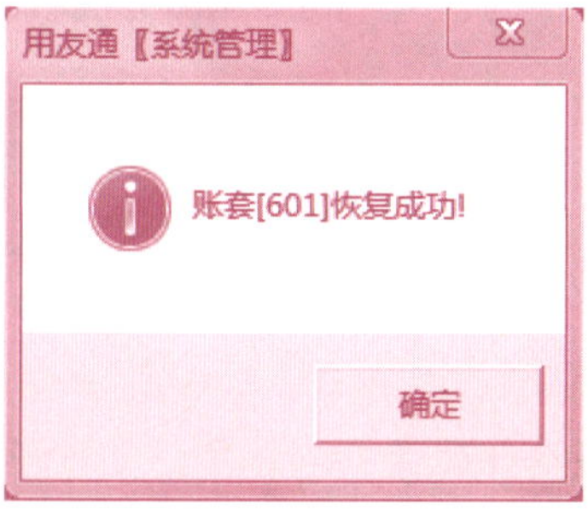

图3－30

（10）单击“确定”按钮，完成账套恢复。

知识链接

“账套数据的备份与恢复”的意义

- **账套备份**，就是将财务软件所产生的数据备份到硬盘或外部存储器中保存起来，以便安全保管。其目的是长期保存，防止意外事故造成的财务数据丢失、非法篡改和破坏，在数据损坏的情况下能够使系统数据得到尽快恢复以保证业务正常进行。
- **账套恢复**，是指把硬盘或外部存储器上的备份数据恢复到软件中，以便继续处理。进行账套恢复的目的是：当财务数据被破坏时，利用最新备份数据恢复系统，将损失减至最小。系统还允许将系统外某账套数据引入本系统，从而有利于集团公司的操作。例如，子公司的账套可以定期引入母公司系统中，以便进行有关账套数据的分析和合并工作。

复习巩固

一、单项选择题

1. 在初始单位信息的输入过程中，必须输入的项目是（　　）。
   A. 单位地址　　B. 法人名称
   C. 单位名称　　D. 税务号
2. 增加操作人员是由（　　）来完成的。
   A. 会计主管　　B. 系统管理员
   C. 操作员自己　　D. 任何人员
3. 操作人员一旦在系统引用，该操作人员（　　）。
   A. 能够被删除　　B. 能够被修改
   C. 不能被删除和修改　　D. 能够被删除也能够被修改
4. 在会计软件中，拥有对所有账套进行管理权限的人员是（　　）。
   A. 操作人员　　B. 会计主管
   C. 系统管理员　　D. 单位领导

二、多项选择题

1. 账套建立后，如果需要修改该账套相关信息，下列哪些资料可以修改？（　　　）。
   A. 账套号和启用会计期间　　B. 账套名称和单位名称
   C. 行业性质　　D. 企业类型
2. 账套设置包括（　　　）。
   A. 账套路径设置　　B. 单位名称设置
   C. 会计科目设置　　D. 科目编码结构设置
3. 在初始化设置中必须输入的项目是（　　　）。
   A. 账套号　　B. 账套名称
   C. 账套路径　　D. 已存账套
4. 在初始化核算类型信息的输入中必须输入或选择的项目是（　　　）。
   A. 本币代码　　B. 本币名称
   C. 企业类型　　D. 行业性质

三、判断题

1. 账套主管可以新增操作员，可以给操作员赋权。（　　）
2. 账套名称就是单位名称。（　　）
3. 只有系统管理员才能够给某一操作人员进行分工和权限设置。（　　）
4. 操作人员的权限一旦被设置后不能更改。（　　）
5. 会计主管既可以给某一操作人员赋予操作权限，也可以在系统使用过程中取消已赋

予操作权限。 （ ）

四、思考题

1. 系统管理员与账套主管的区别是什么？
2. 账套的含义是什么？为什么要建账？
3. 年度账管理包括哪些内容？
4. 操作员权限管理的作用是什么？

项目 4 基础设置

【知识目标】

◆ 了解基础档案设置的主要内容
◆ 掌握各项基础档案的设置方法
◆ 明确基础设置与系统管理的衔接对应关系

【技能目标】

◆ 熟练掌握机构设置、往来单位设置、财务设置、收付结算设置的操作方法
◆ 学习预置项目档案及设置的基本操作

【项目任务简述】

一个账套是由多个子模块构成的，这些子模块共享公用的基础信息。基础信息是系统运行的基石。在启用新账套时，应该根据企业的实际需要，结合系统基础信息设置的要求，事先做好基础数据的准备工作，以便初始建账时使用。

基础设置的内容主要包括机构设置和往来单位设置等内容。基础设置之前应该首先确定基础档案的分类编码方案。基础档案的设置必须遵循分类编码方案中的级次和各级编码长度的设定。

1. 项目任务分析

1.1 认识基础设置

基础档案是指计算机系统运行必需的基础数据。用友通是财务业务一体化管理系统，基

础数据不仅涉及财务部门，还会涉及业务部门，因此数据收集、整理的工作量很大。

计算机信息处理特点主要表现在数据处理速度快、精确度高、分析统计汇总方便等方面，而基础档案是计算机汇总统计的依据。按照用友通的要求，需要准备的基础数据如表4－1所示。

表4－1　　基础档案的整理

基础档案分类	基础档案目录	与系统管理关联内容及前提条件
机构设置	部门档案	先设置部门编码方案
	职员档案	先设置部门档案，才能在其下增加职员
往来单位	客户分类	先对客户分类，然后确定编码方案
	客户档案	先建立客户分类档案
	供应商往来	先对供应商分类，然后确定编码方案
	供应商档案	先建立供应商分类档案
	地区分类	
存货	存货分类	先对存货分类，然后确定编码方案
	存货档案	先确定对存货分类，然后确定编码方案
财务	会计科目	先设置科目编码及外币
	凭证类别	
	外币种类	
	项目目录	可将存货、成本对象、现金流量直接作为核算的项目目录
收付结算	结算方式	
	付款条件	
	开户银行	
业务	仓库档案	
	收发类别	
	采购类型	先设置好收发类别为收的收发类型
	销售类型	先设置好收发类别为发的收发类型
	产品结构	先设置存货、仓库档案

1.2　机构设置

1.2.1　部门档案

这里的部门是指与企业财务核算或业务管理相关的职能单位，不一定与企业设置的现有部门一一对应。设置部门档案的目的在于按部门进行数据汇总和分析。

1.2.2　职员档案

职员档案的作用是设置企业的各个职能部门中需要对其核算和业务管理的职工信息，以便按职员进行记录、查询和统计。

1.3　往来单位

1.3.1　客户分类

对客户进行分类，既可以根据合作时间将客户分为长期客户、中期客户和短期客户，也可以按信用等级分类，还可以按客户所属行业分类。

1.3.2 客户档案

客户是企业的重要资源。客户档案主要包括客户基本信息、联系方式、信用等级和其他补充资料。

1.3.3 供应商分类

当企业的往来供应商较多时，可以按照某种分类标准对供应商进行分类管理，以便分类汇总统计。对供应商可以根据地区、行业、供料性质等进行分类。

1.3.4 供应商档案

供应商档案与客户档案极为相似，包含了与业务处理环节相关的大量信息，分为“基本”“联系”“信用”“其他”四个标签存放。

1.3.5 地区分类

如果需要对客户或供应商按地区进行统计，就应该建立地区分类体系。

1.4 财务

1.4.1 会计科目

（1）设置会计科目的原则。会计科目的设置必须满足会计报表编制的要求，凡是报表所用数据需从系统提取的，必须设立相应科目。会计科目要保持相对稳定。设置会计科目要考虑各子系统的衔接。

在总账系统中，只有末级会计科目才允许有发生额，才能接收各个子系统转入的数据，因此，要将各个子系统中的核算科目设置为末级科目。

（2）增加会计科目。由于系统内已预置了行业一级会计科目，因此企业需要增加的主要是明细科目。增加会计科目时需要输入以下内容：

- 科目编码。科目编码就是按科目编码方案对每一科目进行编码定义。对科目进行编码便于反映上下级会计科目间的逻辑关系；便于计算机识别和处理，将会计科目编码作为数据处理的关键字，便于检索、分类及汇总；减少输入工作量，提高输入速度；促进会计核算的规范化和标准化。设置会计科目编码时应注意：一级会计科目编码要符合会计制度的统一要求，明细科目编码要满足建账时设定的编码规则。
- 科目名称。科目名称分为科目中文名称和科目英文名称，两者不能同时为空。科目中文名称是证、账、表上显示和打印的标志，必须意义明确，用语规范，尽量避免重名。
- 科目类型。按照会计制度规定，科目类型分为五大类，即资产、负债、所有者权益、成本、损益。由于一级科目编码的首位数字与科目类型有直接的对应关系，即科目大类代码“1 = 资产类”，“2 = 负债”，“3 = 共同类”，“4 = 所有者权益类”，“5 = 成本类”，“6 = 损益类”，因此，系统可以根据科目编码自动识别科目类型。
- 账页格式。账页格式一般分为金额式、外币金额式、数量金额式、数量外币式几类。一般情况下，有外币核算的科目可设为外币金额式，有数量核算的科目可设为数量金额式，既有外币又有数量核算的科目可设为外币数量式，既无外币又无数量核算的科目可设为金额式。
- 外币核算。有外币核算的科目，需要选择外币种类。一个科目只能核算一种外币。
- 数量核算。用于设定该科目是否有数量核算，以及数量计量单位。计量单位可以是任何汉字或字符，如千克、件、吨等。

• 汇总打印。在同一张凭证中，当某科目或有同一上级科目的末级科目需要有多笔同方向的分录时，如果希望将这些分录按科目汇总成一笔打印，则需要将该科目设置为“汇总打印”，汇总的科目设置成该科目的本身或其上级科目。

• 封存。被封存的科目在制单时不可以使用。

• 科目性质。增加登记在借方的科目，科目性质为借方；增加登记在贷方的科目，科目性质为贷方。用户只能在一级科目设置科目性质，下级科目的科目性质与其一级科目相同，已有数据的科目不能再修改科目性质。

• 辅助核算。辅助核算也叫辅助账类，用于说明本科目是否有其他核算要求。系统除完成一般的总账、明细账核算外，还提供以下几种专项核算功能：部门核算、个人往来核算、客户往来核算、供应商往来核算、项目核算。

一般而言，收入或费用类科目可设置部门辅助核算。日常运营中，当收入或费用发生时，系统要求实时确认收入或费用的部门归属，记账时同时登记总账、明细账和部门辅助账；与客户的往来科目如应收账款、应收票据、预收账款可设成客户往来核算；应付账款、应付票据、预付账款可设成供应商往来核算；在建工程及收入成本类科目可设成项目核算，用于按项目归集收入或费用。

一个科目可同时设置两种专项核算。个人往来核算不能与其他专项一同设置，客户与供应商核算不能一同设置。辅助账类必须设在末级科目上，但为了查询或出账方便，有些科目也可以在末级科目和上级科目同时设辅助账类。但若只在上级科目设辅助核算，系统将不允许。

贴心提示：

• 银行存款科目要按存款账户设置，需进行数量、外币核算的科目要按不同数量单位、外币单位建立科目。

• 只有在科目修改状态下才能设置汇总打印和封存。只有末级科目才能设置汇总打印，且汇总到的科目必须为该科目本身或上级科目。当将该科目设成汇总打印时，系统登记明细账仍按明细账，而不是按汇总数等级，此设置仅供凭证打印输出。

• 日记账。手工核算下，只对现金和银行存款科目记日记账。而在计算机环境下，突破了记账速度这个瓶颈，企业可以根据管理需要设置对任意科目记日记账。

• 银行账。对银行科目需要设置银行账。

（3）修改和删除会计科目。如果需要对已建立会计科目的某些属性，如账页格式、辅助核算、汇总打印、封存标识等进行修改，可以通过系统提供的“修改”功能来完成。如果会计科目未经使用，也可通过“删除”功能来删除。删除会计科目时应遵循“自下而上”的原则。

（4）指定会计科目。指定会计科目是指定出纳的专管科目，一般指现金科目和银行存款科目。指定科目后，才能执行出纳签字，从而实现现金、银行管理的保密性，才能查看现金、银行存款日记账。

1.4.2 凭证类别

凭证分类不影响记账的结果，一般而言，可分为收款凭证、付款凭证和转账凭证。业务量较少的单位可不分类，即只设置“记账凭证”一种类别。

贴心提示：

- 如果科目已录入期初余额或已制单，则不能删除。
- 非末级会计科目不能删除。
- 被指定为“现金科目”“银行科目”的会计科目不能删除；若想删除，必须先取消指定。
- 科目一经使用，即已输入凭证，则不允许删除，但可以增加统计科目或在该科目增设下级科目（在已使用科目下增加下级科目时，该科目数据有可能会产生错误，因此建议对有重要数据的科目不要增加下级科目处理）。

1.4.3 外币种类

外币设置时需要定义以下项目：

（1）币符及币名：即定义外币的表示符号及其中文名称。

（2）汇率小数位：定义外币的汇率小数位数。

（3）折算方式：分为直接汇率与间接汇率两种。直接汇率即“外币×汇率=本位币”，间接汇率即“外币÷汇率=本位币”。

（4）外币最大误差：在记账时，如果外币×（或÷）汇率本位币>外币最大误差，则系统给予提示，系统默认最大折算误差为0.00001，即不相等时就提示。

（5）固定汇率与浮动汇率：对于使用固定汇率（即使用月初或年初汇率）作为记账汇率的用户，在填制每月的凭证前，应预先在此录入该月的记账汇率，否则在填制该月外币凭证时，将会出现汇率为零的错误。对于使用变动汇率（即使用当日汇率）作为记账汇率的用户，在填制凭证的当天，应预先在此录入该天的记账汇率。

1.4.4 项目目录

（1）定义项目大类。定义项目大类包括指定项目大类名称、定义项目级次和定义项目栏目三项工作。项目级次是确定该项目大类下所管理的项目的级次及每级的位数。项目栏目是针对项目属性的记录。例如，定义项目大类“工程”，工程下又分了一级，设置一位数字即可，工程要记录的必要内容如“工程号”“工程名称”“负责人”“开工日期”“完工日期”等可作为项目栏目。

（2）指定核算科目。指定设置了项目辅助核算的科目具体要核算哪一个项目，建立项目与核算科目之间的对应关系。

（3）定义项目分类。例如，将工程分为“自建工程”和“外包工程”。

（4）定义项目目录。定义项目目录是将每个项目分类中所包含的具体项目录入系统。具体每个项目录入哪些内容取决于项目栏目的定义。

1.5 收付结算

1.5.1 结算方式

设置结算方式的目的，一是提高银行对账的效率，二是根据业务自动生成凭证时可以识别相关的科目。计算机信息系统中需要设置的结算方式与财务结算方式基本一致，如现金结算、支票结算等。如果某种结算方式需要进行票据管理，只需选中“是否票据管理”标志即可。

1.5.2 付款条件

付款条件也叫“现金折扣”，用来设置企业在经营过程中与往来单位协议规定的收、付款折扣优惠方法。这种折扣条件通常可表示为5/10，2/20，n/30，意思是客户在10天内偿还货款，可得到5%的折扣；在20天内偿还货款，可得到2%的折扣；在30天内偿还货款，则按照全额支付货款；在30天以后偿还货款，则不仅要按全额支付货款，还可能要支付延期付款利息或违约金。系统最多同时支持4个时间段的折扣。

1.5.3 开户银行

维护本单位的开户银行信息，并支持多个开户行及账号的情况。

2. 项目任务实施

在本项目中我们要完成以下5个任务：

任务1：机构设置。完成部门档案及职员档案的设置。

任务2：往来单位设置。完成地区分类、客户分类及客户档案、供应商分类及供应商档案的设置。

任务3：财务设置。完成外币及汇率设置、会计科目设置，并指定出纳专管科目。

任务4：收付结算与开户银行设置。完成银行结算方式及企业开户银行信息的设置。

任务5：项目目录设置。这是辅助核算的内容之一，对于企业中多种不同的核算项目，如工程、成本、订单、产品等，在软件中可以相应定义为项目核算。本任务完成现金流量项目的设置。

任务1 机构设置

案例4-1

【资料】2019年7月1日，由601账套的账套主管“201 李芳”在基础设置中设置部门档案。档案资料如表4-2所示。

表4-2 部门档案

部门编码	部门名称	部门属性
1	办公室	综合管理
2	财务部	财务管理
3	供应部	采购管理
4	市场部	销售管理
5	制造部	生产制造

【任务】账套主管设置部门档案

企业建立账套后，应该在账套中输入企业基本信息，如部门信息、职工信息、会计科目等。本次操作的任务是：设置企业部门资料。

【操作指导】

（1）单击“开始”按钮，执行“程序”→“T3系列管理软件”→“T3”命令，打开“注册〖控制台〗”对话框。

（2）输入用户名“201”，在“账套”下拉框中选择“［601］郑龙佳美健身器材有限公司”，修改操作日期为2019年7月1日，如图4－1所示。

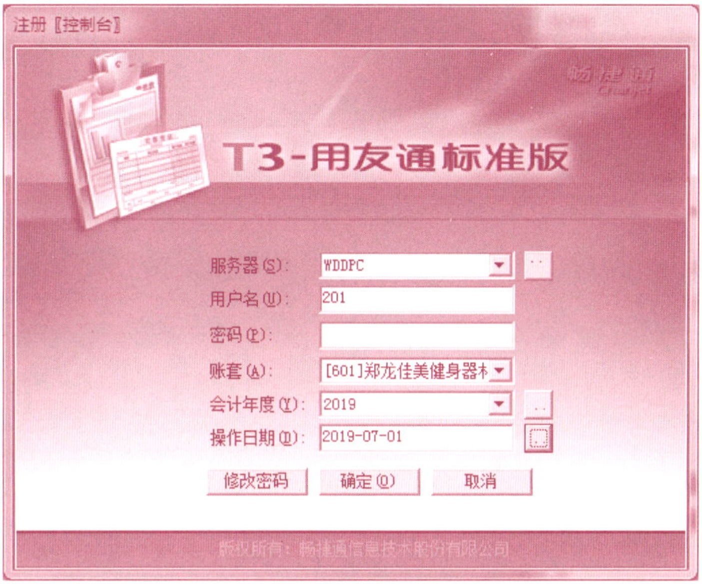

图4－1

（3）单击“确定”按钮，系统进入T3窗口。

（4）在T3窗口中，选择“基础设置”菜单，执行“机构设置”→“部门档案”命令，打开“部门档案”对话框，如图4－2所示。

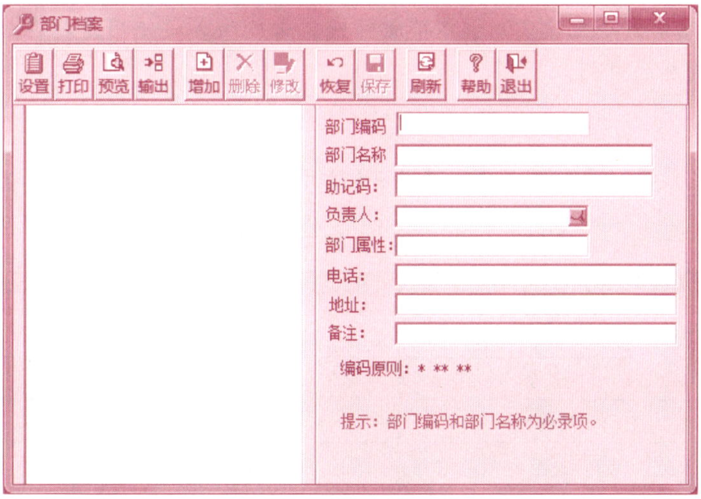

图4－2

（5）单击“增加”按钮，输入部门编码“1”、部门名称“办公室”，单击“保存”按钮。

（6）重复第（5）步骤中的操作继续录入其他部门，系统显示一输入的部门档案，如图4－3所示。

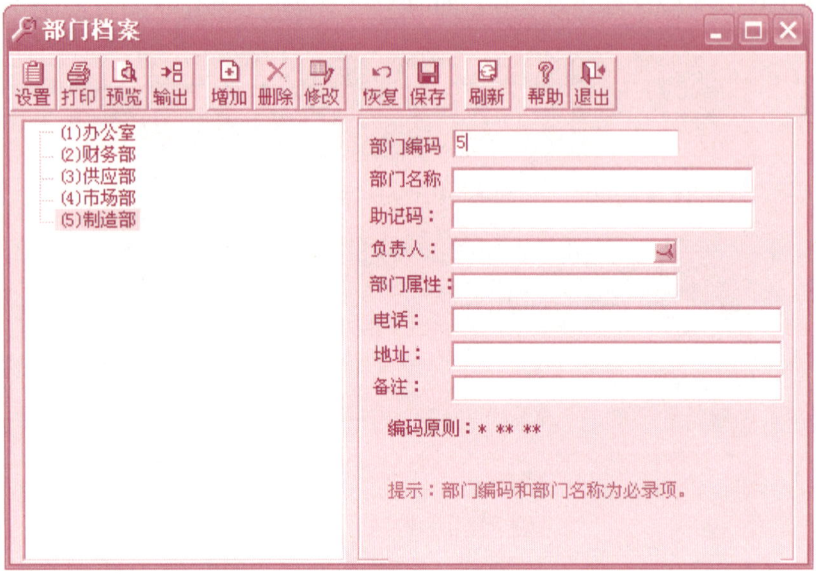

图4－3

（7）所有部门输入完成后，单击“刷新”，确认无误后，单击“退出”按钮。

贴心提示：

● 由于在设置部门档案时还未设置职员档案，因此部门档案中的负责人应在设置职员档案后，再回到部门档案中设置，使用修改功能进行补充设置。

● 部门档案资料一旦被使用就不能被修改或者删除。被使用是指在后续的设置或处理中有用到所增加的部门。

案例4－2

【资料】郑龙佳美公司职员档案如表4－3所示。

表4－3　　职员档案

职员编号	职员名称	所属部门	职员属性
101	杨丽	办公室	主任
201	李芳	财务部	会计主管
202	苏莉兰	财务部	出纳
203	张辉	财务部	会计
301	汤明	供应部	采购主管
401	邱宇	市场部	销售主管

续表

职员编号	职员名称	所属部门	职员属性
402	李光	市场部	销售人员
501	林玉琳	制造部	部门主管
502	赖成吉	制造部	生产人员
503	王顺民	制造部	技术人员
504	翁广生	制造部	技术人员

【任务】账套主管设置职员档案

增加部门档案后，可增加职员档案；在增加职员档案之前，不可设置部门负责人。本操作任务是：设置职员档案和部门负责人。

【操作指导】

（1）在T3窗口中，选择“基础设置”菜单，执行“机构设置”→“职员档案”命令，打开“职员档案”对话框。

（2）输入职员编码“101”、职员名称“杨丽”，双击“所属部门”后再单击参照按钮选择“办公室”，或者输入办公室的部门编码“1”。

（3）单击“增加”按钮，或者按回车键，重复（2）步骤中的操作，完成其他职员的输入后会显示如图4－4所示。全部完成后单击“退出”按钮。

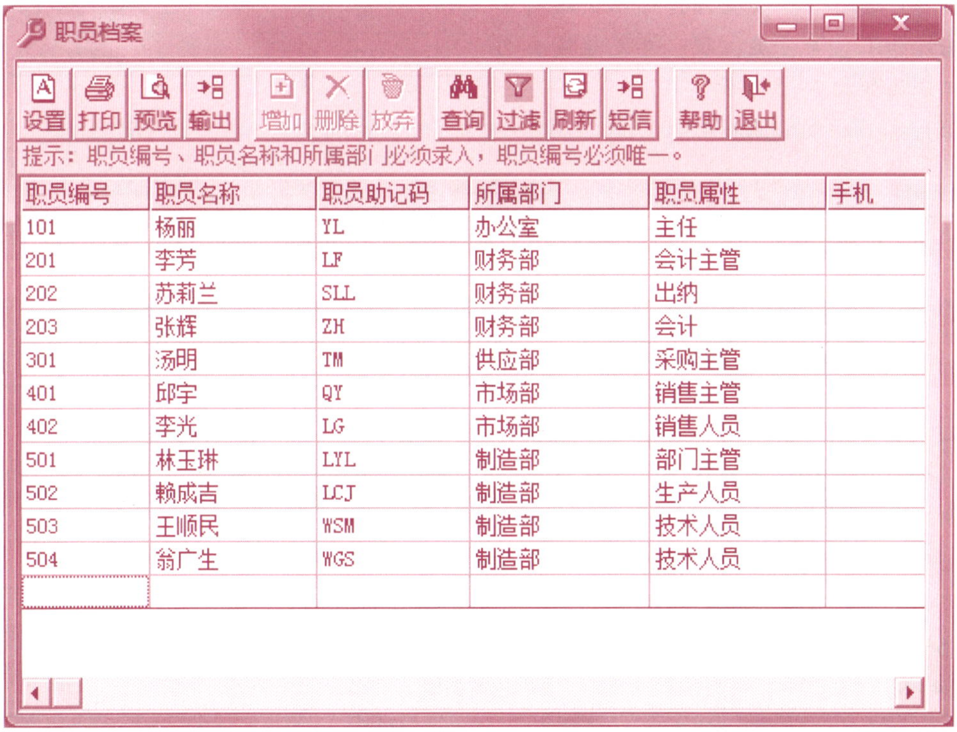

图4－4

（4）再次执行“机构设置”→“部门档案”命令，打开“部门档案”对话框。选中左侧的部门如“1 办公室”，单击“修改”按钮，在右侧“负责人”框单击参照按钮，在打开的“职员”窗口中双击“杨丽”，单击“保存”按钮。

(5) 按照表4-3所示职员属性设置其他部门的负责人。

任务2 往来单位设置

案例4-3

【资料】 往来单位主要包括客户往来和供应商往来的分类及详细档案的设置。

(1) 地区分类。如果企业需要对供应商或客户按地区进行统计，那就应该建立地区分类体系。企业可以根据实际需要进行分类。例如，可以按区、省、市进行分类，也可以按省、市、县进行分类。郑龙佳美公司的地区分类如表4-4所示。

表4-4 地区分类

类别编码	类别名称
01	华东地区
02	中南地区
03	其他地区

(2) 客户分类。当企业的往来客户比较多时，应该对客户进行分类。有了分类便于我们对客户进行管理和查询，可以实现对客户的统计和汇总等分类管理。郑龙佳美公司的客户分类如表4-5所示。

表4-5 客户分类

客户分类编码	客户分类名称
01	批发商
02	零售商

(3) 客户档案。见表4-6。

表4-6 客户档案

客户编号	客户名称	简称	税号	开户行	账号	所属分类	所属地区
001	厦门顺飞公司	厦门顺飞	2052111021	工行	689231025	01	01
002	漳州百货商场	漳州百货	3026303033	工行	603602759	01	01
003	永丰贸易公司	永丰贸易	5052685055	工行	886042201	02	02

(4) 供应商分类。当企业的供应商比较多时，应该对供应商进行分类。有了分类便于我们对供应商进行管理和查询，可以实现对供应商的统计和汇总等分类管理。郑龙佳美公司的供应商分类如表4-7所示。

表4-7 供应商分类

供应商分类编码	供应商分类名称
01	工业园区内
02	工业园区外

(5) 供应商档案。见表4-8。

表4-8 供应商档案

编号	名称	简称	税号	开户银行	账号	所属分类	所属地区
001	伍市机械实业公司	伍市机械	1304325863	工行	5805865436	01	01
002	利平工贸实业公司	利平工贸	1106326542	工行	3808363570	02	02

【任务】账套主管设置往来单位

输入企业部门和职员相关信息后，输入往来单位信息，如客户分类、客户档案、供应商分类、供应商档案。在本次任务中，要求根据资料输入郑龙佳美公司财务核算的相关基础信息。

【操作指导】

地区分类：

（1）在T3窗口中选择“基础设置”菜单，执行“往来单位”→“地区分类”命令，打开“地区分类”对话框。

（2）单击“增加”按钮，输入类别编码“01”，类别名称“华东地区”。

（3）单击“保存”按钮。

（4）重复第（2）、第（3）步骤，继续输入地区分类的其他内容，系统将显示已输入的地区分类，如图4－5所示。

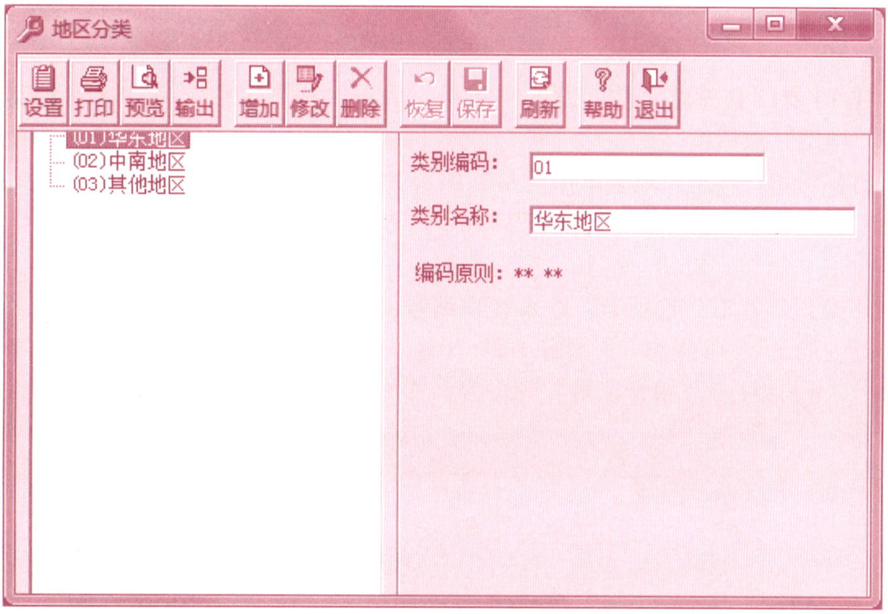

图4－5

（5）单击“退出”按钮，完成地区分类的设置。

客户分类：

（1）在T3窗口中选择“基础设置”菜单，执行“往来单位”→“客户分类”命令，打开“客户分类”对话框。

（2）单击“增加”按钮，输入类别编码“01”，类别名称“批发商”。

（3）单击“保存”按钮。

（4）重复第（2）、第（3）步骤，继续输入客户分类的其他内容，系统将显示已输入的客户分类，如图4－6所示。

（5）单击“退出”按钮，完成客户分类的设置。

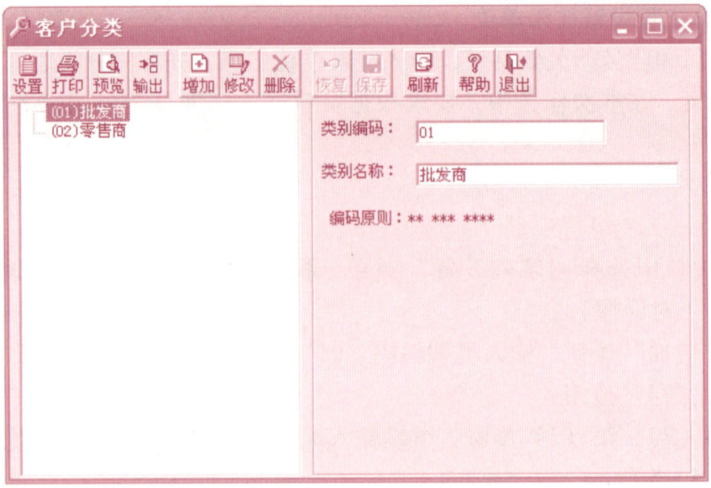

图 4-6

客户档案：

（1）在 T3 窗口中选择“基础设置”菜单，执行“往来单位”→“客户档案”命令，打开“客户档案”对话框。

（2）将鼠标指针移至左列表框中的最末级客户分类处，本案例中第一个客户的客户分类为“批发商”，因此选择“01 批发商”。

（3）单击“增加”按钮，打开“客户档案卡片”对话框。

（4）切换到“基本”选项卡，输入客户编号“001”、客户名称“厦门顺飞公司”、客户简称“厦门顺飞”，参照输入所属分类码“01”、所属地区码“01”，依照表 4-6 资料输入“税号”“开户银行”“银行账号”等内容，如图 4-7 所示。

图 4-7

（5）单击“保存”按钮。

（6）重复以上步骤继续输入其他客户档案，单击“退出”按钮，完成客户档案的设置。

供应商分类：

（1）在T3窗口中选择“基础设置”菜单，执行“往来单位”→“供应商分类”命令，打开“供应商分类”对话框。

（2）单击“增加”按钮，输入类别编码“01”，类别名称“工业园区内”，如图4－8所示。

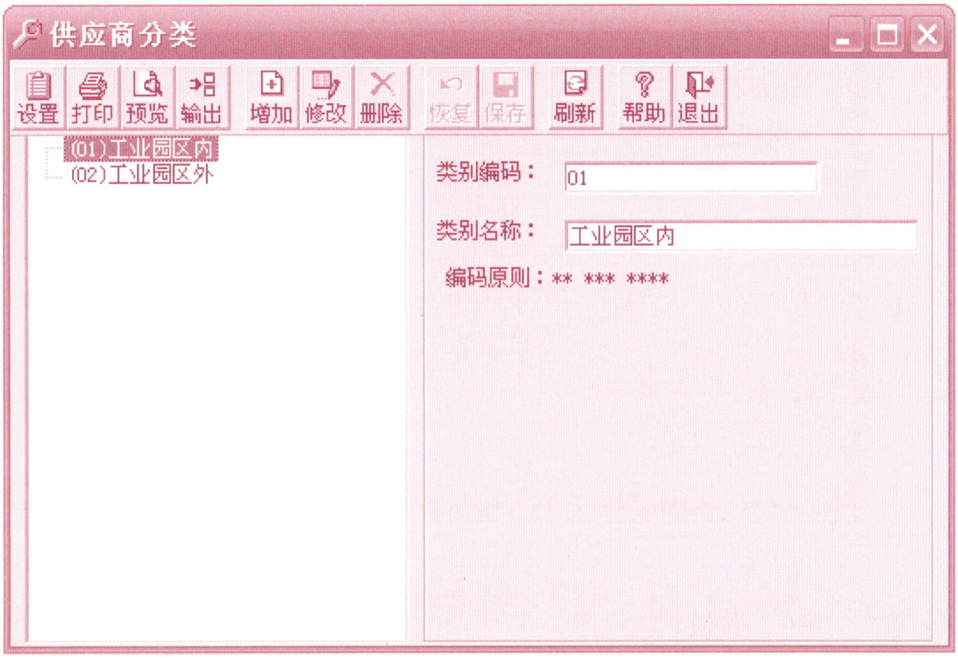

图4－8

（3）单击“保存”按钮。

（4）重复第（2）、第（3）步骤，继续输入供应商分类的其他内容，系统将显示已输入的供应商分类。

（5）单击“退出”按钮，完成供应商分类的设置。

供应商档案：

（1）在T3窗口中选择“基础设置”菜单，执行“往来单位”→“供应商档案”命令，打开“供应商档案”对话框。

（2）将鼠标指针移至左列表框中的最末级供应商分类处，单击“增加”按钮，打开“供应商档案卡片”对话框。

（3）切换到“基本”选项卡，输入供应商编号“001”、供应商名称“伍市机械实业公司”、供应商简称“伍市机械”，参照输入所属分类码“01”、所属地区码“01”，依照表4－8资料输入“税号”“开户银行”“银行账号”等信息，如图4－9所示。

图4－9

（4）单击“保存”按钮。

（5）重复以上步骤继续输入其他供应商档案，单击“退出”按钮，完成供应商档案的设置。

任务3 财务设置

案例4－4

【资料】 郑龙佳美公司有外币业务核算，币符为USD，外币名称是美元，采用固定汇率核算，2019年7月初的汇率为6.8716。

【任务】账套主管设置外币种类及汇率

对于有对外业务的企业，则必须设置外币核算，设置相应外币。本案例任务：设置外币种类。

【操作指导】

（1）在T3窗口中选择“基础设置”菜单，执行“财务”→“外币种类”命令，打开“外币设置”对话框。在下方外币设置中输入币符“USD”，币名“美元”，单击“确认”

按钮。

（2）选择固定汇率，在2019年7月的“记账汇率”栏输入汇率“6.8716”，如图4－10所示。

图4－10

（3）单击“退出”按钮，完成外币设置。

知识链接

汇率管理是专为外币核算服务的，在此可以对本账套所使用的外币进行定义。在“填制凭证”中所用的汇率应先在此进行定义，以便制单时调用，减少录入汇率的次数和差错。当汇率变化时，应预先在此进行定义，否则，制单时不能正确录入汇率，对于使用固定汇率（即使用月初或年初汇率）作为记账汇率的用户，在填制每月的凭证前，应预先在此录入该月的记账汇率，否则在填制该月外币凭证时，将会出现汇率为零的错误，对于使用变动汇率（即使用当日汇率）作为记账汇率的用户，在填制该天的凭证前，应预先在此录入该天的记账汇率。

案例4－5

【资料】郑龙佳美公司在建账时采用系统预置的会计科目，为满足企业的实际核算需要，对相关会计科目进行一些增加和调整，涉及的会计科目如表4－9所示。

表 4－9　　　　会计科目表

科目编码	科目名称	借贷方向	账类
1001	库存现金	借	日记账
1002	银行存款	借	银行账、日记账
100201	工行存款	借	银行账、日记账
100202	中行存款（美元）	借	银行账、日记账
1122	应收账款	借	客户往来
1123	预付账款	借	供应商往来
1221	其他应收款	借	个人往来
1402	在途物资	借	
140201	车架材料	借	数量核算：件
140202	飞轮材料	借	数量核算：件
1403	原材料	借	
140301	车架	借	数量核算：件
140302	飞轮	借	数量核算：件
1405	库存商品	借	
140501	健身车	借	数量核算：辆
2201	应付票据	贷	供应商往来
2202	应付账款	贷	供应商往来
2203	预收账款	贷	客户往来
2221	应交税费	贷	
222101	应交增值税	贷	
22210101	进项税额	贷	
22210103	进项税额转出	贷	
22210106	销项税额	贷	
4001	生产成本	借	
400101	健身车	借	
40010101	直接材料	借	
40010102	直接人工	借	
40010103	制造费用	借	
4101	制造费用	借	
410101	工资	借	
410102	福利费	借	
410103	折旧费	借	
410104	办公费	借	
410105	水电费	借	
410106	修理费	借	
410107	其他	借	

续表

科目编码	科目名称	借贷方向	账类
5001	主营业务收入	贷	
500101	健身车	贷	
5401	主营业务成本	借	
540101	健身车	借	
5601	销售费用	借	
560102	福利费	借	
560103	广告费	借	
560108	折旧费	借	
5602	管理费用	借	
560201	业务招待费	借	部门核算
560202	福利费	借	部门核算
560203	研究费用	借	部门核算
560204	交通费	借	部门核算
560205	通讯费	借	部门核算
560206	水电费	借	部门核算
560207	教育经费	借	部门核算
560208	员工活动费	借	部门核算
560209	员工工资	借	部门核算
560210	折旧	借	部门核算
560211	无形资产摊销	借	部门核算
560212	办公费	借	部门核算
560213	差旅费	借	部门核算
560214	其他	借	部门核算

【任务】账套主管设置会计科目

软件设置了预设会计科目，但是每个企业有各自的特点，因此，应当根据企业特点调整会计科目，使之适合企业实际。在本次操作任务中，要求根据企业实际核算需要增加、修改会计科目。

【操作指导】

(1) 在T3窗口中选择“基础设置”菜单，执行“财务”→“会计科目”命令，打开“会计科目”窗口，如图4－11所示。

图 4－11

（2）单击“增加”按钮，打开“会计科目_ 新增”窗口，如图 4－12 所示，在“科目编码”中输入 100201，“科目中文名称”中输入工行存款，选中“日记账”“银行账”，单击“确定”。

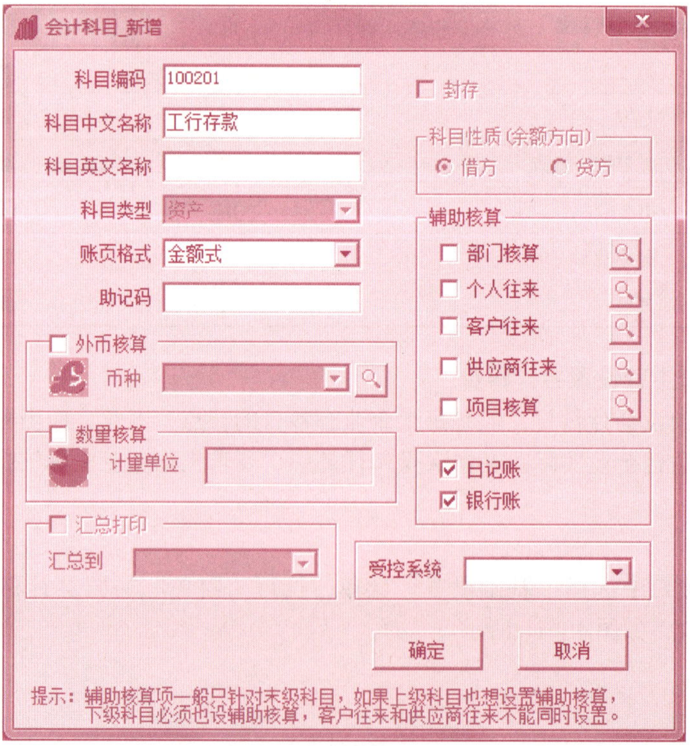

图 4－12

（3）在系统自动弹出来的“会计科目_ 新增”窗口，“科目编码”栏自动显示“100202”，在“科目中文名称”中输入“中行存款”，勾选“外币核算”，选择“美元 USD”，选中“日记账”“银行账”，单击“确定”，如图 4－13 所示。

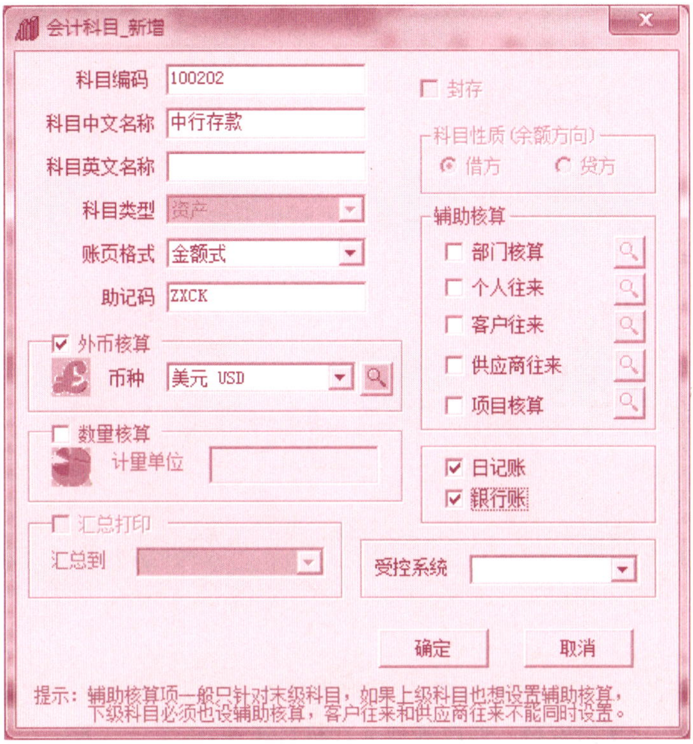

图 4－13

（4）根据表 4－9 所给资料，增加其他会计科目。

贴心提示：

- 科目编码必须唯一，科目编码必须按级次的先后次序建立。
- 科目的中文名称必输。
- 账页格式用于定义该科目在账簿打印时的默认打印格式，系统提供了金额式、外币金额式、数量金额式、外币数量式四种账页格式供选择。
- 外币核算用于设定科目核算是否有外币核算，以及核算的外币名称。一个科目只能核算一种外币，只有有外币核算要求的科目才允许也必须设定外币币名。
- 数量核算用于设定该科目是否有数量核算，以及数量计量单位。

（5）在“会计科目”窗口将光标定位于“1122 应收账款”，单击“修改”按钮，或直接双击该行，打开“会计科目_ 修改”窗口，如图 4－14 所示。

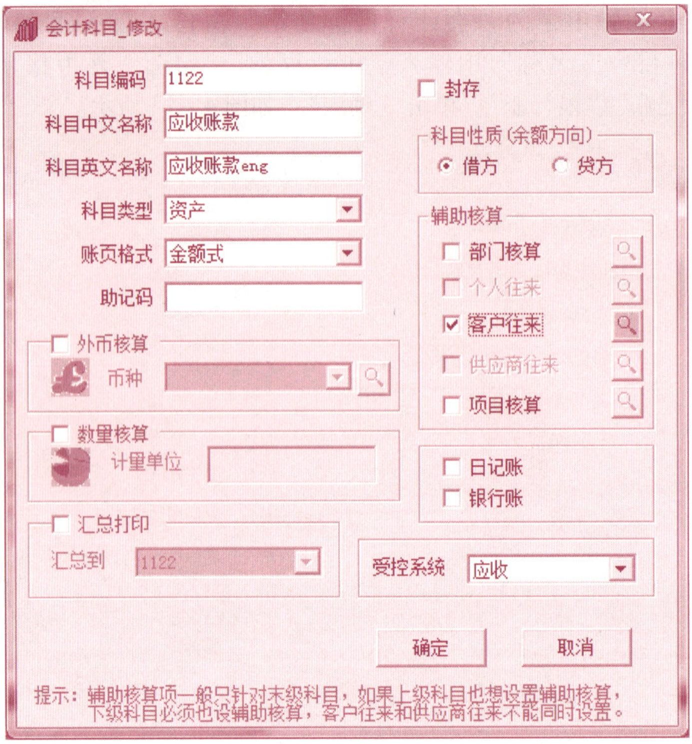

图4－14

（6）单击“修改”按钮，选中辅助核算账类“客户往来”，为其设置辅助账类。

（7）根据表4－9所给资料，修改其他会计科目属性。

知识链接

● 设置辅助账类。系统除完成一般的总账、明细账核算外，提供以下几种专项核算功能供用户选用：部门核算、个人往来核算、客户往来核算、供应商往来核算、项目核算。

● 辅助核算属性可以组合设置。但部门和个人不能组合，客户和供应商不能组合。一个科目可以同时设置两个专项核算。

● 设置辅助核算要慎重，因为，如果您的科目已有数据，而您又对科目的辅助核算进行修改，那么，可能导致总账与辅助账对账不平。

● 该操作是不可逆的，如果完成了，就不可以再返回来。建议最好在建账套的初期完成这项工作。

案例4－6

【资料】郑龙佳美公司部分会计科目如下：

“1001 库存现金”为现金总账科目；

“1002 银行存款、1012 其他货币资金”为银行总账科目；

“1001 库存现金、100201 工行存款、100202 中行存款、1012 其他货币资金”为现金流量科目。

【任务】账套主管指定科目

为了进行出纳签字和查询现金、银行存款日记账，建立现金流量表，必须指定会计科目。本次任务：根据以上资料，指定会计科目。

【操作指导】

（1）在“会计科目”窗口，单击“编辑”菜单下的“指定科目”，显示指定科目窗口，如图4－15所示。

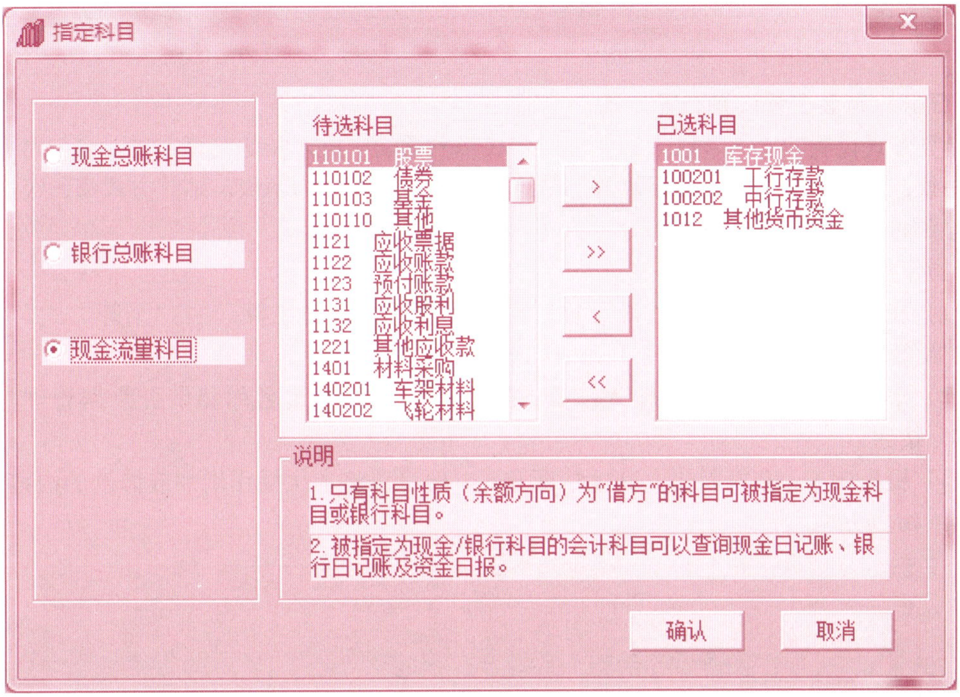

图4－15

（2）在此用单选、全选、单删、全删进行选择后单击“确认”即可。

贴心提示：

- 在查询现金日记账、银行日记账前必须指定科目，否则查询不到。
- 用户选择后，点击“确定”。但用户选择了分类方式后，则进入凭证类别设置，系统将按照所选的分类方式对凭证类别进行预置。

任务4 收付结算与开户银行设置

案例4－7

【资料】郑龙佳美公司会计核算采用的结算方式如表4－10所示。

表4－10　　结算方式

结算方式编码	结算方式名称	票据管理
1	现金结算	否
2	支票结算	否
201	现金支票	是
202	转账支票	是
3	汇票	否
301	银行汇票	是
4	其他	否

【任务】账套主管设置结算方式

结算方式设置功能用来建立和管理用户在经营活动中所涉及的结算方式。它与财务结算方式一致，如现金结算、支票结算等。结算方式最多可以分为两级。结算方式编码级次的设定在建账的编码部分中进行。

【操作指导】

(1) 在T3窗口中选择“基础设置”菜单，执行“收付结算”→“结算方式”命令，打开“结算方式”窗口。

(2) 单击“增加”按钮，输入结算方式编码、结算方式名称和是否票据管理，单击“保存”按钮。

(3) 根据表4－10资料输入其他结算方式，便可以将本次操作增加或修改的内容保存，如图4－16所示。

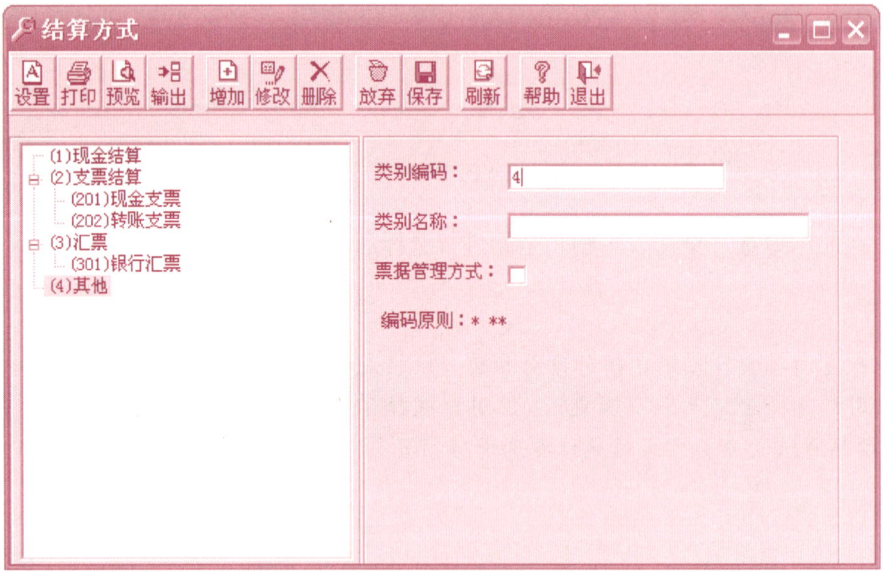

图4－16

案例4－8

【资料】 郑龙佳美公司开户银行为中国工商银行福建省交易城分理处，账号：520855533301，税号：500106009091000。

【任务】账套主管设置开户银行

设置公司开户银行，本系统支持多个开户行及账号的情况。此功能用于维护及查询使用单位的开户银行信息。在本次任务中，要求设置企业开户银行。

【操作指导】

（1）在T3窗口中选择“基础设置”菜单，执行“收付结算”→“开户银行”命令，打开“开户银行”窗口。

（2）单击“增加”按钮，显示区增加一行空白行，输入“编号”“开户银行”“银行账号”等信息。

任务5 项目目录设置

案例4－9

【资料】郑龙佳美公司在会计核算中要求进行项目核算，资料如下：

项目大类名称：“现金流量”。

项目属性：“现金流量项目”，选定“小企业（2013）”。

系统自动设定项目分类及项目目录。

【任务】账套主管设置项目档案

要编制现金流量表，必须先进行项目核算设置，本次操作任务是：根据案例资料，设置项目档案。

【操作指导】

（1）在T3窗口中选择“基础设置”菜单，执行“财务”→“项目目录”命令，打开“项目档案”窗口，如图4－17所示。

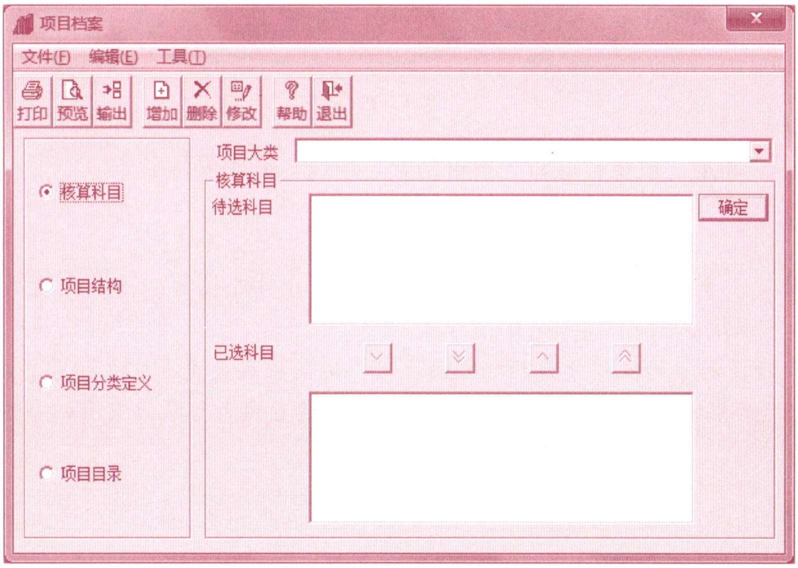

图4－17

（2）单击工具栏上的“增加”按钮，打开“项目大类定义_增加”对话框，勾选“现金流量项目”前的单选按钮，选择“小企业（2013）”，如图4－18所示。

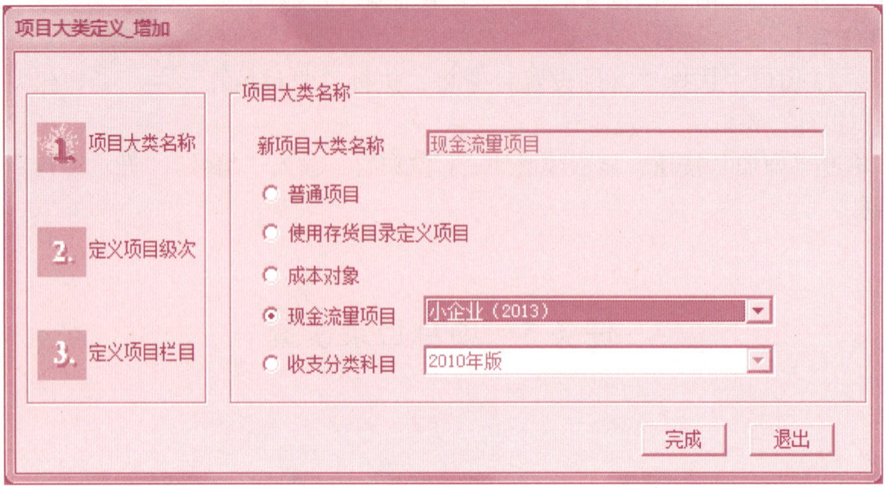

图4－18

（3）单击“完成”按钮，系统弹出“预置完毕”对话框，如图4－19所示。

图4－19

（4）单击“确定”按钮，返回“项目档案”窗口，完成项目定义。

知识链接

● 企业定义多个种类的项目核算，如在建工程、对外投资、技术改造、融资成本、在产品成本、课题、合同订单……

● 定义项目档案的操作分为两个方面，首先定义项目大类，它是向导式操作，包括三个步骤；然后根据“项目档案”窗口左边的内容设置项目目录，它有四个选项。

复习巩固

一、单项选择题

1. 科目编码结构为 4222，正确的说法是（　　）。
A. 每一个会计科目必须设置到 4 级　　B. 一级科目编码不得超过 4 位
C. 总位长为 6　　D. 二级科目的位长必须是 2 位
2. 科目的编码结构一旦定义完成后（　　）。
A. 不能再进行修改　　B. 可以在第二年年初修改
C. 可以任意修改　　D. 可以在日常业务处理中修改
3. 当某一科目设置为个人往来核算时，不能再设置（　　）。
A. 客户往来　　B. 供应商往来
C. 部门核算　　D. 项目核算
4. 在职员档案建立过程中，要求输入唯一值的是（　　）。
A. 职员编号　　B. 职员姓名
C. 所属部门　　D. 职员属性
5. 某一项目核算科目可以对应（　　）。
A. 一个项目大类　　B. 两个项目大类
C. 三个项目大类　　D. 多个项目大类
6. 供应商往来辅助信息必须输入的项目是（　　）。
A. 供应商名称　　B. 业务员
C. 票号　　D. 日期

二、多项选择题

1. 会计科目辅助核算有（　　）。
A. 10 个　　B. 6 级 12 位
C. 9 级 15 位　　D. 15 级 15 位
2. 会计科目的级次是 42222，下面科目编码正确的是（　　）。
A. 12110101　　B. 121101011
C. 12110145　　D. 1211010101
3. 辅助核算包括（　　）。
A. 个人往来　　B. 客户往来
C. 供应商往来　　D. 项目核算
4. 会计核算单位经常使用到的凭证类别有（　　）。
A. 无分类别的记账凭证
B. 收款凭证、付款凭证、转账凭证
C. 现金凭证、银行凭证、转账凭证

D. 现收、现付、银收、银付及转账凭证

5. 会计科目中能够同时设置辅助核算的有（　　）。

A. 个人往来核算与部门核算　　B. 客户往来核算与部门核算

C. 供应商往来核算与部门核算　　D. 项目核算与部门核算

6. 如果某账套的客户分类级次是 234，且只设置有 01、02、03 客户分类编码，下面正确的客户编码是（　　）。

A. 01　　B. 01034

C. 010134　　D. 01000134

7. 在项目目录建立过程中，不能为空的是（　　）。

A. 项目编号　　B. 项目名称

C. 所属分类码　　D. 结算标志

三、判断题

1. 按照现行会计制度的规定，一级科目的位长需设置为 3 位。（　）
2. 科目编码结构为 4233，则四级科目的位长不得超过 4 位长。（　）
3. 某一科目只能设置一种辅助核算。（　）
4. 初始化过程中凭证类别只能由系统设置，不能调整。（　）
5. 票据管理标志必须与出纳的票据登记簿配合使用。（　）
6. 只有建立客户分类的条件下，才能建立客户档案。（　）
7. 项目辅助项录入时，输入的项目必须是项目目录名称或代码，不能是项目大类名称或项目分类名称。（　）

四、思考题

1. 按照财务业务一体化管理软件的要求，企业需要准备哪些基础数据？
2. 为了加强对客户的管理，客户档案中一般需要设置哪些内容？
3. 指定会计科目的作用是什么？
4. 建立项目档案的程序是怎样的？
5. 付款条件的含义是什么？

模块 3

总账系统初始设置与日常处理

项目5　总账系统初始化

【知识目标】

◆ 明确总账选项设置对总账系统日常业务处理的作用
◆ 掌握总账初始设置的内容和方法

【技能目标】

◆ 结合企业会计核算要求，完成总账选项的设置
◆ 正确进行期初余额和辅助信息录入以及试算平衡的操作

【项目任务简述】

企业运用T3财务软件，在系统管理中完成了账套建立、操作员和权限设置，并由账套主管进行了各项基础信息设置工作。在本工作项目中，继续运用T3软件进行总账系统的初始设置工作，为总账系统日常业务核算做好准备。

1. 项目任务分析

1.1　了解总账系统初始设置的工作内容

总账系统初始设置是总账系统在进行日常业务处理前应进行的准备工作，总账初始化主

要内容包括以下几个方面：

1.1.1　设置总账系统选项

在启用总账系统账套后，要根据企业实际工作业务特点，对总账系统的参数进行设置，为总账系统配置相应的功能或设置相应的控制。选项中的控制参数决定了总账系统的输入控制、处理方式、数据流向和输出格式。

1.1.2　录入期初余额并试算平衡

在开始使用总账系统时，应先将各账户的期初余额和借贷方累计发生额计算清楚，与相关账户辅助信息一并输入系统，并进行期初余额的试算平衡和对账工作，为日常业务处理做好准备。

1.2　总账系统初始设置的工作过程

总账系统初始设置工作的工作流程，如图 5－1 所示。

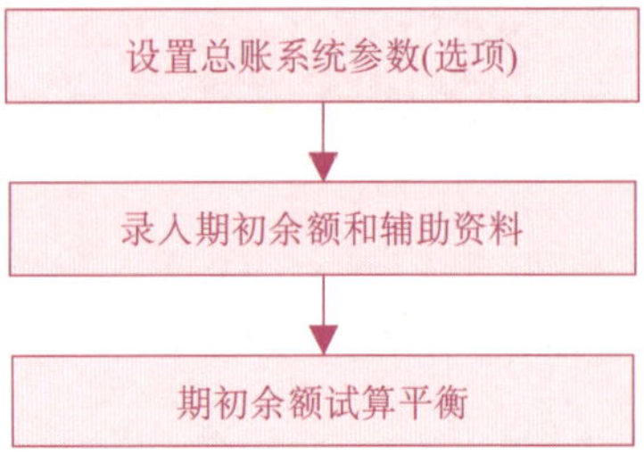

图 5－1

2. 项目任务实施

在本项目中我们要完成以下两个任务：

任务 1：设置总账选项。完成总账系统参数的设置，学习在电算化条件下如何设定总账系统的核算规则。

任务 2：录入期初余额并试算平衡。通过输入期初余额将手工会计数据移植到计算机系统中。

任务 1　设置总账选项

案例 5－1

【资料】 郑龙佳美公司总账系统控制参数是：

制单序时控制；进行支票控制；资金及往来赤字控制；制单权限不控制到科目；不可修改他人填制的凭证；现金流量项目必录。

打印凭证页脚姓名；凭证审核时控制到操作员；出纳凭证必须经由出纳签字。

账簿打印位数、每页打印行数按软件的标准设定；明细账打印按月排页。

其余采用系统默认。

【任务】账套主管设置总账选项

财务部团队完成了系统设置和基础设置，开始运用总账系统完成初始设置工作。因此，本次工作任务是：

（1）财务部团队每个成员熟悉总账的工作流程，明确自己在总账系统中的工作内容和职责，了解总账选项内容和日常业务内容的控制关系。

（2）操作：根据所给资料，账套主管进行总账选项设置。

【操作指导】

（1）账套主管“201 李芳”进入总账系统。单击“开始”按钮，执行“程序”→“T3

系列管理软件”→“T3”命令，或双击桌面上用友图标，进入“T3—用友通标准版—注册〖控制台〗”窗口，输入用户名“201”、密码为空、确定账套“601”、会计操作日期为“2019-07-01”，如图5-2所示。

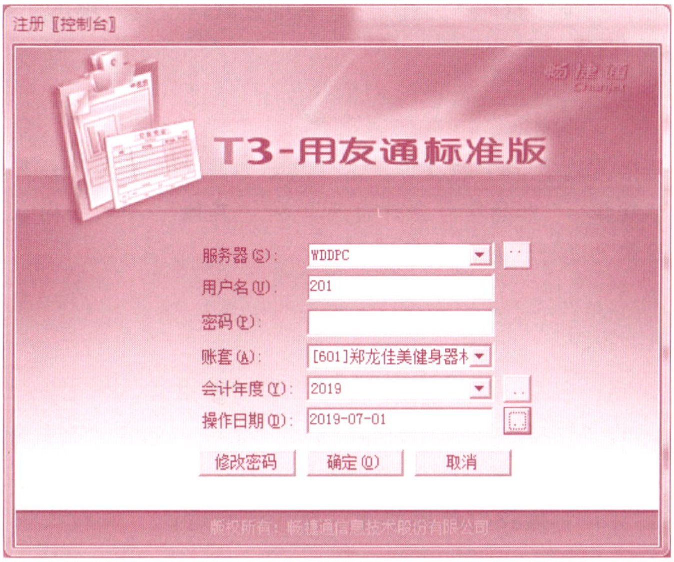

图5-2

（2）单击“确定”按钮，进入“T3—用友通标准版”窗口。单击左侧的“总账系统”，打开“总账系统”操作界面。

（3）执行“总账”→“设置”→“选项”命令，打开“选项”对话框，在“凭证”选项卡中，按照任务要求完成相应操作，如图5-3所示。

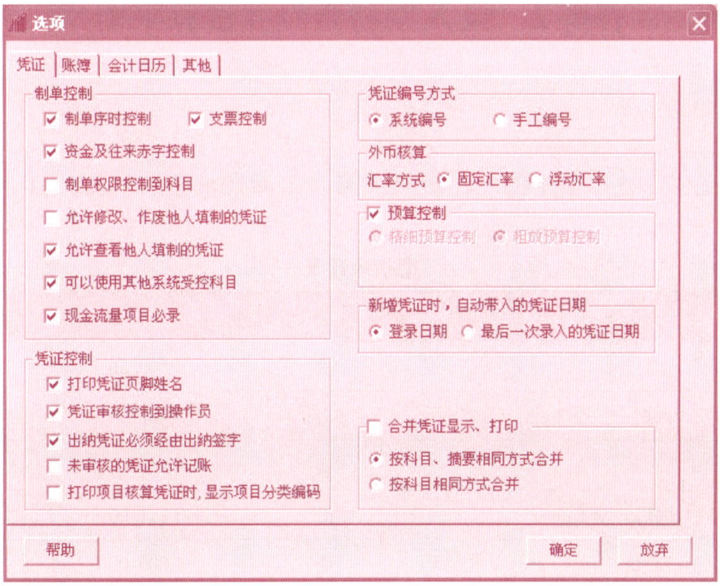

图5-3

总账初始设置选项要求是：凭证制单时，采用序时控制；进行支票控制；资金及往来赤字控制；制单权限不控制到科目；不可修改他人填制的凭证；现金流量项目必录；打印凭证页脚姓名；凭证审核时控制到操作员；出纳凭证必须经由出纳签字。

(4) 在“账簿”选项卡中，确定“账簿打印位数每页打印行数按软件的标准设定；明细账查询控制到科目，明细账打印按月排页”，其他按默认设置。单击“确定”按钮，完成总账系统选项的设置。

贴心提示

总账系统初始化“选项”中的操作，是对总账系统在日常会计核算控制和限制，在选项设置中包括“凭证”“账簿”“会计日历”和“其他”等四项内容，软件操作人员应根据企业的实际需要进行相应的设置。

知识链接

总账系统“选项”设置要求

- 在总账系统的“选项”中设置的各种参数，直接影响日常业务处理，因此必须充分考虑企业业务核算的内容和特点，正确合理地进行设置。
- 如果选择“凭证审核控制到操作员”项，还要通过“明细权限”功能进行明细审核权的设置。
- 选择“出纳凭证必须经由出纳签字”项，还需要通过“会计科目—指定科目”功能设置“现金总账科目”和“银行存款总账科目”对应的科目，才能进行“出纳签字”的操作。

任务2 录入期初余额并试算平衡

案例5－2

【资料】 郑龙佳美公司会计账户2019年7月份期初余额资料如表5－1所示。

表5－1　　期初余额表

科目编码	科目名称	方向	期初余额/元	辅助核算
1001	库存现金	借	2 506.56	
1002	银行存款	借	455 488.00	
100201	工行存款	借	455 488.00	
1122	应收账款	借	40 341.00	客户往来
1221	其他应收款	借	4 000.00	个人往来

续表

科目编码	科目名称	方向	期初余额/元	辅助核算
1403	原材料	借	25 440.00	
140301	车架	借	17 600.00	数量 160 件
140302	飞轮	借	7 840.00	数量 112 件
1405	库存商品	借	102 900.00	
140501	健身车	借	102 900.00	数量 245 辆
1601	固定资产	借	2 330 000.00	
1602	累计折旧	贷	215 658.96	
2001	短期借款	贷	100 000.00	
2202	应付账款	贷	14 599.60	供应商往来
2211	应付职工薪酬	贷	13 475.00	
221102	应付奖金、津贴和补贴	贷	10 475.00	
221103	应付福利费	贷	3 000.00	
2221	应交税费	贷	62.00	
222102	未交增值税	贷	62.00	
3001	实收资本	贷	2 620 000.00	
3104	利润分配	贷	56 935.00	
310415	未分配利润	贷	56 935.00	
4001	生产成本	借	60 055.00	
400101	健身车	借	60 055.00	
40010101	直接材料	借	32 755.00	
40010102	直接人工	借	16 300.00	
40010103	制造费用	借	11 000.00	

【任务】录入基本账户期初余额

总账系统完成选项参数设置后，在进行日常业务处理前，要对总账系统的初始数据进行整理录入。如果是年初建账，可以直接录入年初余额；如果是年度中间建账，则可录入启用当月的期初余额及年初至当月份的借贷方累计发生额，系统自动计算年初余额。在本次任务中，要求：

（1）财务团队对总账系统会计核算期初数据做好整理核对工作，准备好录入的期初余额及辅助资料。

（2）检查财务软件中已设置完成的会计科目是否符合企业需要，做好相应的调整。

（3）根据表5-1所给资料，账套主管录入基本账户期初余额。

【操作指导】

（1）账套主管201李芳执行“总账”→“设置”→“期初余额”命令，打开“期初余额录入”窗口。

（2）根据表5-1中企业基本账户余额表资料，录入数据。以录入“库存现金”为例，单击“1001 库存现金”科目“期初余额”栏，输入期初余额“2506.56”，如图5-4所示。

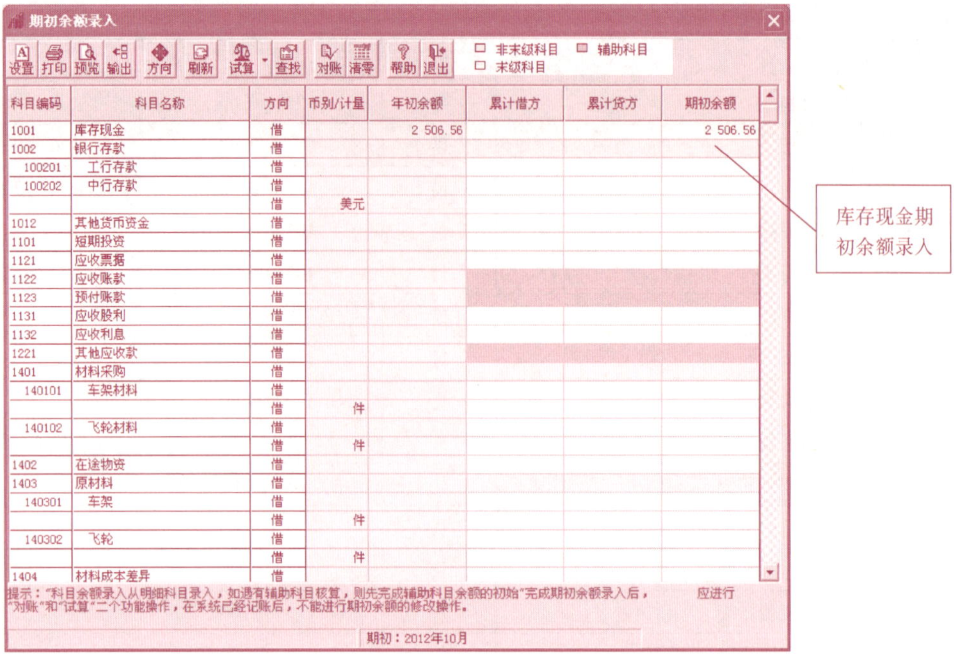

图 5－4

（3）继续录入其他会计科目的期初余额，完成基本账户期初余额录入工作。

贴心提示：

- 期初余额录入中，非末级科目余额不用录入，系统根据其下级科目自动计算形成。
- 错误数据的修改，只需重新输入正确的数据金额即可。凭证记账后，期初余额不能再修改。
- 如果录入的数据还有数量和外币等，要录入期初数量和外币期初余额等资料，外币金额的录入中要先录入本位币，才能录入外币。
- 若录入期初红字金额，只需在金额前录入“－”号。

案例 5－3

【资料】郑龙佳美公司 7 月份期初个人往来账户资料如表 5－2 所示。

表 5－2　　　　其他应收款 1231　余额：借 4 000 元

日期	部门	个人	摘要	方向	金额/元
2019－5－31	办公室	杨丽	出差借款	借	4 000

【任务】录入个人往来账户期初余额

个人往来账户资料内容比较详细，在输入操作中相对于基本账户余额输入复杂，在本次任务中，要求：

（1）团队成员共同分析：什么是个人往来账户？什么原因引起企业和个人之间存在往来业务核算？需要录入个人往来业务的哪些资料？

（2）操作：根据表5－2所给资料，录入“其他应收款”个人往来账户资料。

【操作指导】

（1）在总账系统“期初余额录入”对话框中，将光标移至“1221 其他应收款”科目所在行，系统提示“个人往来”，如图5－5所示。

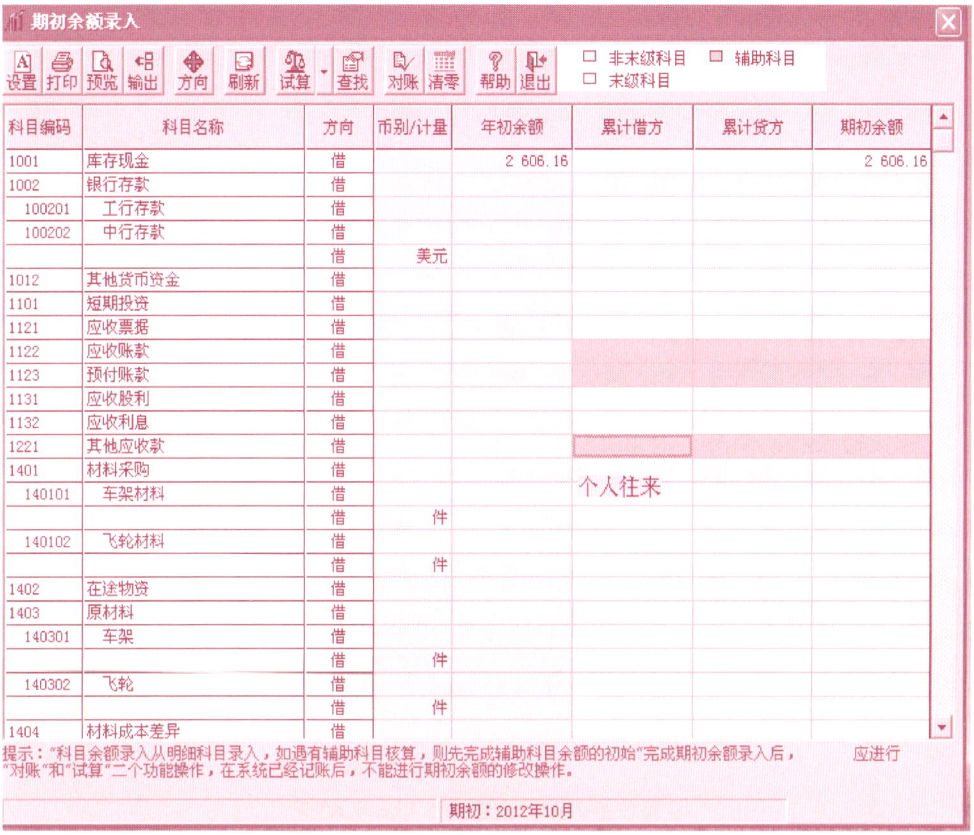

图5－5

（2）双击“其他应收款”科目“期初余额”栏，打开“个人往来期初”对话框。

（3）单击“增加”按钮，将日期修改为“2019－05－31”。

（4）在“部门”栏直接录入“办公室”，或双击后单击“参照”按钮，选择部门为“办公室”。

（5）在“个人”栏直接录入“杨丽”，或双击后单击“参照”按钮，选择“杨丽”。

（6）在“摘要”栏录入“出差借款”。

（7）在“金额”栏输入期初余额“4 000”，如图5－6所示。

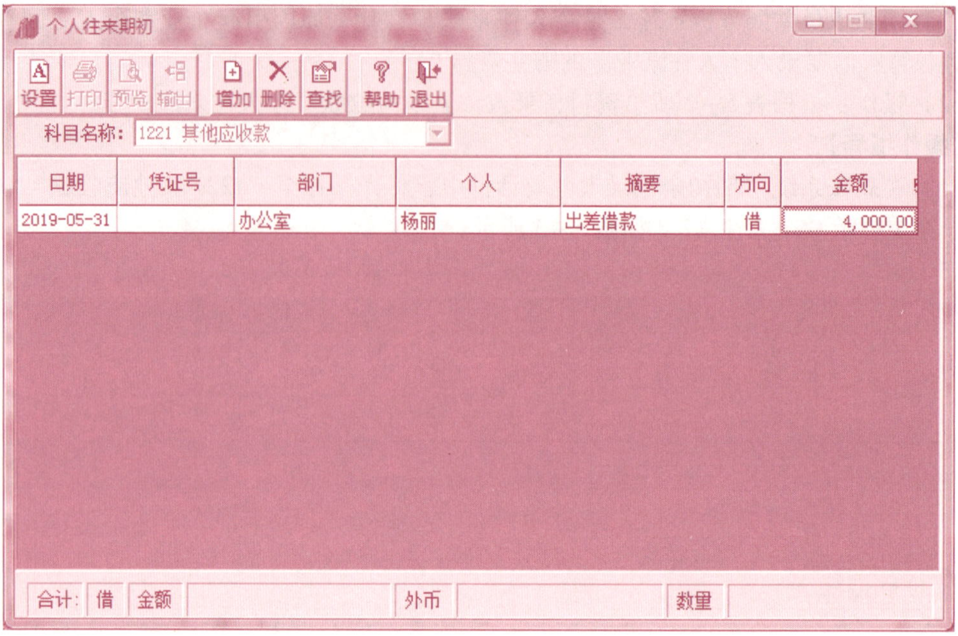

图 5－6

(6) 完成输入后，单击“退出”按钮，退出“个人往来期初”对话框。

案例 5－4

【资料】 郑龙佳美公司 7 月份期初单位往来账户期初余额如表 5－3、表 5－4 所示。

表 5－3　　应收账款 1122　余额：借 40 341 元

日期	客户	摘要	方向	金额/元	业务员	票号	票据日期
2019－1－31	永丰贸易	销售商品	借	40 341	李光	P511	2019－1－23

表 5－4　　应付账款 2202　余额：贷 14 599.60 元

日期	客户	摘要	方向	金额/元	业务员	票号	票据日期
2019－3－30	伍市机械	购材料	贷	14 599.60	汤明	F201	2019－2－25

【任务】录入单位往来账户期初余额

往来单位核算与管理是企业重要的管理内容，必须要对往来单位情况进行详细的记录和反映，在本次任务中，要求：

(1) 团队成员要明确加强对往来账户管理的重要意义。

(2) 操作：根据所给资料，完成企业往来账户期初资料的录入工作。

【操作指导】

(1) 在总账系统“期初余额录入”对话框中，将光标移至“1122 应收账款”科目所在行，系统提示“客户往来”。

(2) 双击“应收账款”科目“期初余额”栏，打开“客户往来期初”对话框。

（3）单击“增加”按钮，将日期修改为“2019－01－31”。

（4）在“客户”栏直接录入“永丰贸易”，或双击后单击“参照”按钮，选择客户为“永丰贸易”。

（5）在“摘要”栏录入“销售商品”。

（6）在“金额”栏输入期初余额“40 341”。

（7）在“业务员”栏直接录入“李光”，或双击后单击“参照”按钮，选择业务员为“李光”。

（8）在“票号”栏输入票号“P511”。

（9）将“票据日期”确定为“2019－01－23”，如图5－7所示。

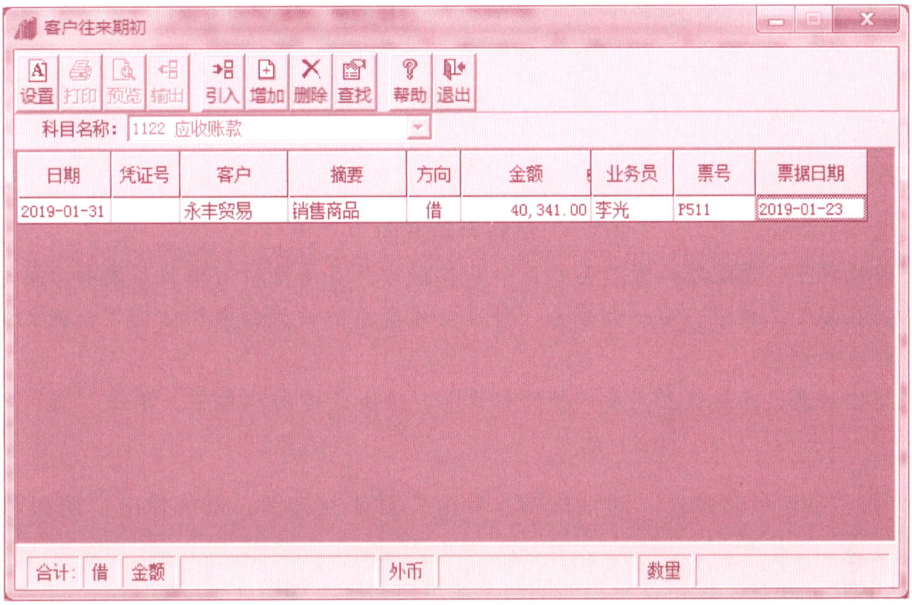

图5－7

（10）按同样方法，继续完成“2202 应付账款”的期初余额录入工作。

案例5－5

【资料】 郑龙佳美公司总账系统期初余额试算平衡。

【任务】总账期初余额试算平衡

完成总账系统各账户期初余额录入工作以后，要检查账户余额的正确性。在本次任务中，要求：

（1）团队成员明确在总账系统中期初余额试算平衡在会计核算工作中的意义和对财务软件日常核算业务的影响。

（2）期初余额全部录入完毕后，完成企业账户期初余额试算及对账工作。

【操作指导】

（1）在总账系统“期初余额录入”对话框中，单击“试算”按钮，系统弹出“期初试算平衡表”提示框，根据系统给出的试算结果，检查余额是否平衡，如图5－8所示。

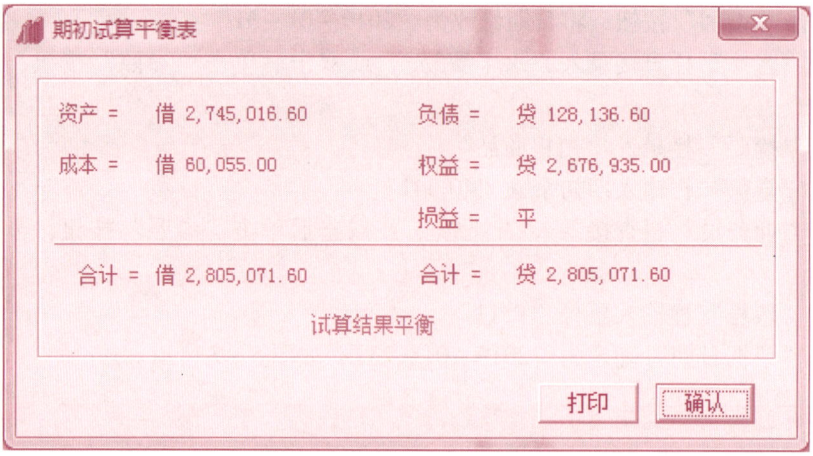

图 5 -8

知识链接

调整余额方向

一般情况下，系统默认资产类科目余额在借方，负债及所有者权益类科目的余额在贷方。但在实际工作中，有一部分会计科目与原有系统设置的余额方向不一致，需要对其进行相应的调整。

调整方法是：光标放在需要调整的科目上，单击“方向”按钮，单击“是”按钮即可。

(2) 在“期初余额录入”对话框中，单击“对账”按钮，系统弹出“期初对账”对话框。

(3) 单击“开始”按钮，对当前期初余额进行对账，如图 5 -9 所示。

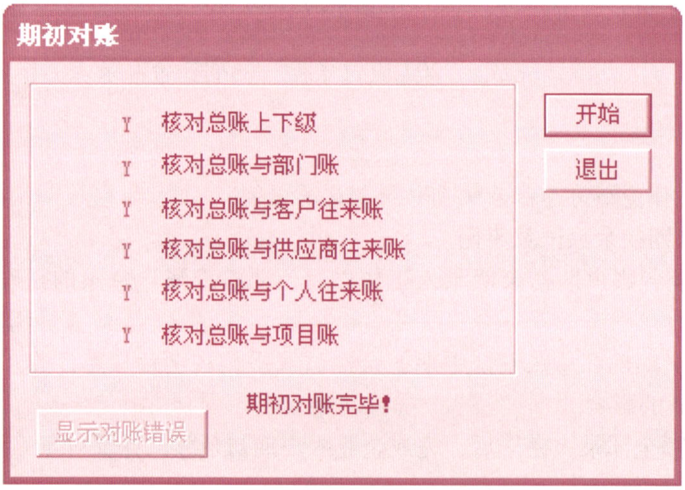

图 5 -9

（4）如果对账后发现有错误，单击“显示对账错误”按钮，系统显示对账中发现的错误。

（5）单击“退出”按钮，退出对账，完成期初余额的试算平衡和期初对账工作。

贴心提示：

- 期初余额试算不平衡，可以填制凭证但不能记账。
- 总账系统业务记过账后，就不能再录入和修改期初余额。

复习巩固

一、填空题

1. 总账系统初始设置中参数设置主要包括：______、______、会计日历和其他四项。
2. 会计核算中，通常作为单位往来核算账户的有________、应收票据、__________、________、应付票据和________。

二、思考题

1. 总账系统初始余额试算不平衡的原因有哪些？
2. 总账期初余额试算不平衡对总账日常业务处理会有哪些影响？

项目6　总账系统日常经济业务处理

【知识目标】

◆ 明确总账系统日常经济业务工作流程
◆ 掌握总账系统凭证编制、凭证审核、出纳签字和记账等软件操作的方法
◆ 掌握总账系统发生错误的更正方法
◆ 明确出纳岗位工作内容，掌握支票登记和日记账查询等操作方法

【技能目标】

◆ 分析企业经济业务，正确完成记账凭证编制，把好数据信息的入口关

◆ 根据岗位职责分工，完成记账凭证的审核和记账工作

◆ 能够对涉及现金和银行存款的记账凭证进行出纳签字，对领用支票进行登记管理，并能根据需要查询日记账和日报表，及时提供信息

◆ 熟悉财务软件功能，对总账业务处理中发生的各种错误，协调各个岗位人员，正确处理

【项目任务简述】

郑龙佳美公司财务部团队在总账系统已完成了系统参数设置和期初余额输入等初始化工作，为日常业务处理做好了准备。在本工作项目中，结合企业7月份发生的经济业务，在总账系统中进行记账凭证编制、审核和记账等日常业务处理，出纳进行出纳签字、票据管理和日记账管理，对于总账日常业务处理中发生的错误，采用正确、合理的方法及时更正。

1. 项目任务分析

1.1 了解总账系统日常经济业务处理工作内容

总账系统日常经济业务处理主要内容包括以下几个方面：

1.1.1 总账会计填制凭证

填制会计凭证是企业实际工作中最基础的工作，记账凭证是登记账簿的依据，在实行计算机处理账务后，电子账簿的准确与完整完全依赖于记账凭证，因而要确保记账凭证输入的准确完整。

1.1.2 凭证审核、出纳签字

凭证审核是指具有凭证审核权限的人和企业出纳人员对会计凭证真实性、合理性和合法性的审核工作，是保证记账凭证数据信息真实准确的重要控制措施。

1.1.3 记账

记账是会计人员的一项主要核算工作，是由具有记账权限的操作员控制计算机，运用程序对数据进行准确性的检验，并自动汇总和登账。总账系统中，经审核的记账凭证才可以登记总账、日记账、明细账和辅助账等账簿。

1.1.4 总账各会计岗位差错更正

在总账日常业务处理工作中，要完成凭证编制、审核和记账等工作，免不了会出现各种错误，对于各岗位出现的差错，以岗位职责要求为原则，采用恰当的更正方法，在各自的工作权限内对错误进行更正，保证业务数据的真实准确。

1.1.5 出纳管理

出纳岗位日常业务主要包括涉及现金和银行存款的收付款凭证的编制，出纳签字、票据管理、查询日记账和资金日报表等。在本案例中，出纳负责日常业务凭证的签字、票据管理、查询日记账和资金日报表工作。

1.2 系统日常经济业务处理工作过程

总账系统日常业务的工作流程，如图6－1所示。

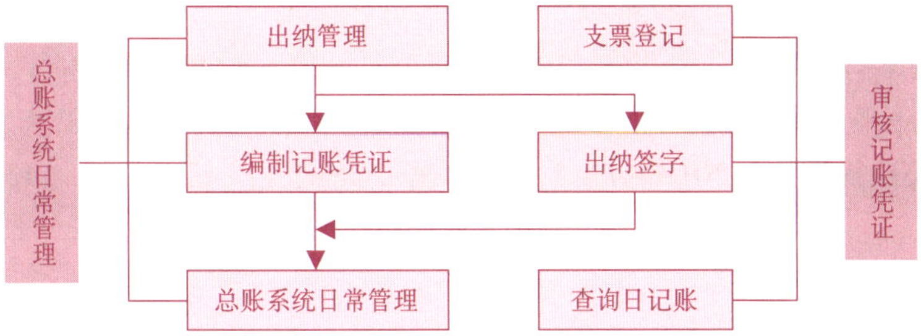

图 6－1

2. 项目任务实施

在本项目中我们要完成以下五个任务：

任务 1：总账会计填制凭证。本任务完成总账系统的日常业务处理，是总账系统的重点操作内容，因为会计凭证的填制是否正确意义重大，它关系到账簿资料的完整准确。

任务 2：凭证审核、出纳签字。这是一个容易忽视的环节，操作简单，在操作过程中要理解其重要性。

任务 3：记账。这是一个由系统自动完成的任务，操作简单，容易忘记。但凭证是否记账，在后续的操作中会有不同的结果。

任务 4：总账各会计岗位差错更正。对于出错的凭证，在本次任务中会让学生学会如何处置。

任务 5：出纳管理。本任务通过出纳员对出纳业务的处理，学习货币资金的核算。

任务 1　总账会计填制凭证

案例 6－1

【资料】 业务 1：7 月 1 日，郑龙佳美公司办公室杨丽出差回来，报销差旅费 3 610 元，交回现金 390 元。

借：管理费用——差旅费（560213）	3 610	
库存现金（1001）	390	
贷：其他应收款——杨丽（1221）		4 000

根据以上经济业务编制记账凭证。

【任务】 总账会计填制报销差旅费的记账凭证

财务部团队已完成总账初始设置工作，现对总账系统发生的经济业务内容分析判断，主管、会计和出纳等岗位各司其责、相互配合完成总账日常业务处理工作。因此，在本次任务中要求会计张辉根据相关资料，完成报销差旅费业务记账凭证的编制。

【操作指导】

（1）单击“开始”按钮，执行“程序”→“T3 系列管理软件”→“T3”命令，或双击桌面上用友图标，进入“T3—用友通标准版—注册〖控制台〗”窗口。

（2）以会计张辉身份进入总账系统。输入用户名“203”、密码为空、确定账套“601”、会计操作日期为“2019－7－31”。单击“确定”按钮，打开“T3—用友通标准版”窗口。

贴心提示：

在财务软件操作中，每个操作员应严格按照其工作权限和职责进行会计核算工作。在本案例总账日常业务处理中，会计张辉具体负责总账系统的凭证填制、记账；出纳苏莉兰负责总账管理系统中出纳签字及现金管理工作；主管李芳负责总账会计凭证审核工作。要注意岗位角色随着工作内容的变化而改变。

（3）单击窗口左侧的“总账系统”，进入“总账系统”操作界面。

（4）执行“总账”→“凭证”→“填制凭证”命令，或者单击操作界面上的填制凭证图标
，打开“填制凭证”窗口。

（5）单击“增加”按钮（或者F5键），显示一张新增空白记账凭证。

（6）选择凭证类别为“记账凭证”，确认凭证日期为“2019－7－1”，在“摘要”栏输入“杨丽报销差旅费”。

贴心提示：

- 凭证类别是在基础设置时已定义的凭证类别代码或名称。本系统为小企业预置记账凭证类别为“记账凭证”。
- 凭证编号方式采用系统编号时，系统自动按月按类别进行连续编号。
- 总账系统初始选项选择“制单序时控制”时，凭证日期应大于或等于启用日期，但不能超过计算机系统日期。
- 凭证一旦保存，其凭证类别、凭证编号均不能修改。

（7）在科目名称栏输入管理费用—差旅费编码“560213”，或者单击参照按钮，选择“560213管理费用—差旅费”科目，弹出“辅助项”对话框。单击参照按钮，选择部门“办公室”，如图6－2所示。

（8）单击“确认”按钮，在“管理费用/差旅费”科目借方输入“3610”，完成该科目内容录入。

（9）按Enter键，光标移到第二行，系统自动带出上一行摘要。在科目名称栏输入库存现金的编码“1001”，或者单击参照按钮，选择“1001库存现金”科目。

（10）在“库存现金”科目借方输入“390”，按Enter键，弹出“现金流量表”对话框。单击“增加”按钮，在“项目编码”栏单击参照按钮，选择“02收到其他与经营活动有关的现金”项，如图6－3所示。

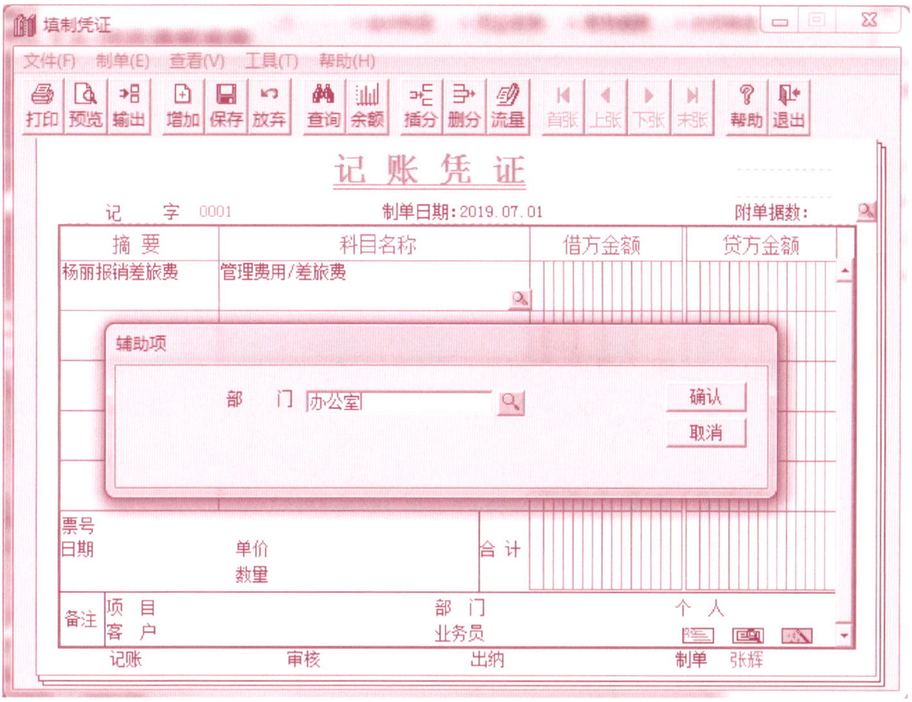

图6－2

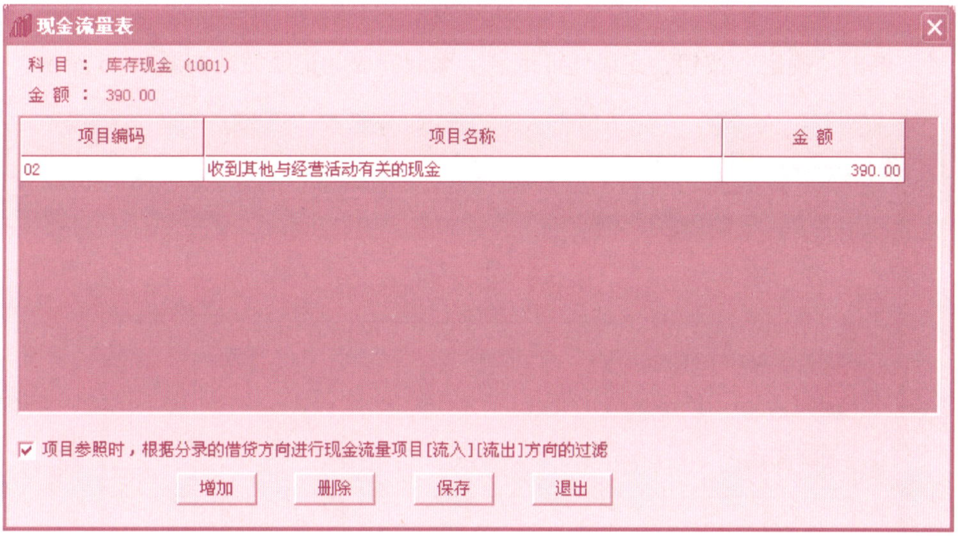

图6－3

（11）单击“保存”按钮退出“现金流量表”对话框。

（12）按 Enter 键确认，光标移到第三行，系统自动带出上一行摘要。在科目名称栏输入其他应收款科目编码“1221”，或者单击参照按钮，选择“1221 其他应收款”科目，按 Enter 键，弹出“辅助项”对话框，部门选择“办公室”，个人选择“杨丽”，发生日期确定为“2019－07－01”，如图6－4所示。

图6-4

（13）单击“确认”按钮，退出“辅助项”对话框。在其他应收款科目贷方金额栏输入“4000”（或者按“=”号），单击“保存”按钮，系统提示凭证成功保存，如图6-5所示。

图6-5

（14）单击“确定”按钮，完成凭证编制。编制完成的记账凭证如图6-6所示。

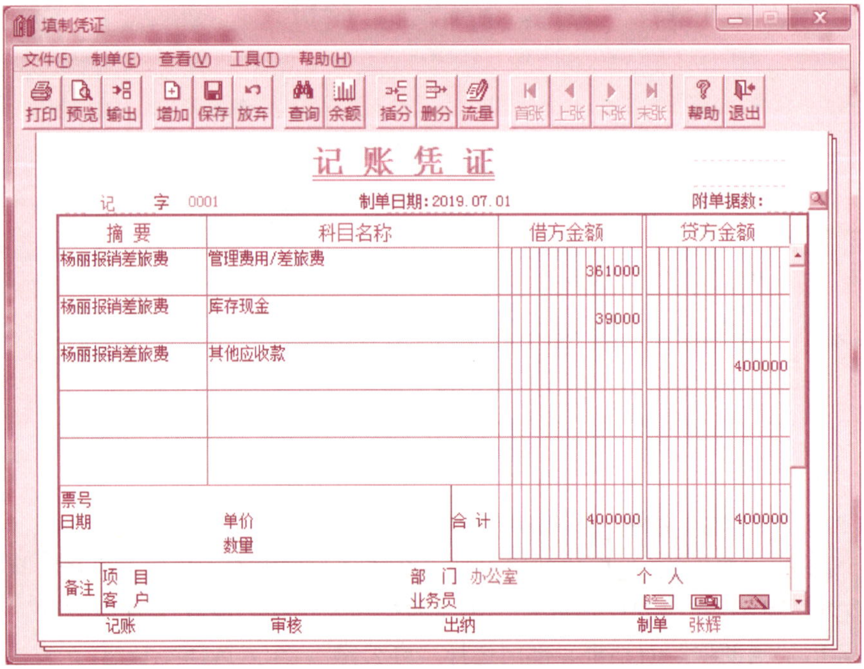

图6-6

贴心提示：

- 凭证中每行必须有摘要，各行摘要可以不同。摘要将在记账时随各行会计科目记录到账簿中去。
- 凭证中科目编码必须输入或者选择末级科目代码。
- 凭证若出现红字金额，在金额前输入“－”号。
- 可按“＝”键取当前凭证借贷方金额的差额到当前光标位置。

知识链接

常用摘要设置

在日常填制凭证的过程中，因为业务的重复性发生，经常会有许多摘要完全相同或大部分相同，如果将这些常用摘要存储起来，在填制会计凭证时可随时调用，必将大大提高业务处理效率。调用常用摘要可以在输入摘要时直接输摘要代码或按F2键或用鼠标单击按钮参照输入。

操作方法是：企业账套主管在总账系统中单击“总账”→“凭证”→“常用摘要”命令，弹出“常用摘要”对话框，设置常用摘要。或者在“填制凭证”窗口，在“摘要栏”单击参照按钮，弹出常用摘要的编辑窗口，单击“编辑”按钮，弹出“常用摘要”对话框，设置常用摘要。

“常用摘要”功能可以录入编号、摘要内容、相关科目，这些信息（数据）可任意设定并在调用后可以修改补充。常用摘要的编码是调用常用摘要的依据，因此，不能重复输入，也不能为空。如果某条常用摘要对应某科目，则可在“相关科目”处输入，那么，在填制凭证时，在调用常用摘要的同时，信息也被调入，可以提高凭证录入的效率。

案例6－2

【资料】业务2：7月2日，公司出纳从工行提取现金6 000元，作为备用金（现金支票号为：XJ001）。

借：库存现金（1001）　　6 000

　　贷：银行存款（100201）　　6 000

根据以上经济业务编制记账凭证。

【任务】总账会计编制提取现金业务记账凭证

会计人员面对企业发生的各种经济业务，必须熟练运用财务软件，处理不同业务记账凭证的编制。本次任务：总账会计编制提取现金业务的记账凭证。

【操作指导】

（1）总账会计张辉，执行“总账”→“凭证”→“填制凭证”命令，或者单击桌面上的填制凭证图标

，打开“填制凭证”窗口，显示已完成的1日杨丽报销差旅费业务的记账凭证。

（2）在“填制凭证”窗口，单击“增加”按钮（或者F5键），显示一张新增凭证。编制“7月2日，出纳从工行提取现金6 000元，作为备用金”业务凭证。

（3）选择凭证类别为“记账凭证”，确认凭证日期为“2019.07.02”，在“摘要”栏输入“提现备用”。

（4）在科目名称栏输入“库存现金”的编码“1001”，借方录入“6 000”。

（5）按Enter键，弹出“现金流量表”对话框，单击“增加”按钮，单击“项目编码”栏参照按钮，在参照内容中选择“02 收到其他与经营活动有关的现金”后返回“现金流量表”对话框，单击“保存”按钮，返回“填制凭证”窗口。

（6）单击Enter键，系统自动复制第一行摘要，在科目名称中输入“100201”，按Enter键，弹出“辅助项”对话框。选择结算方式为“201 现金支票”，票号录入“XJ001”，确定发生日期为“2019.07.02”，如图6－7所示。

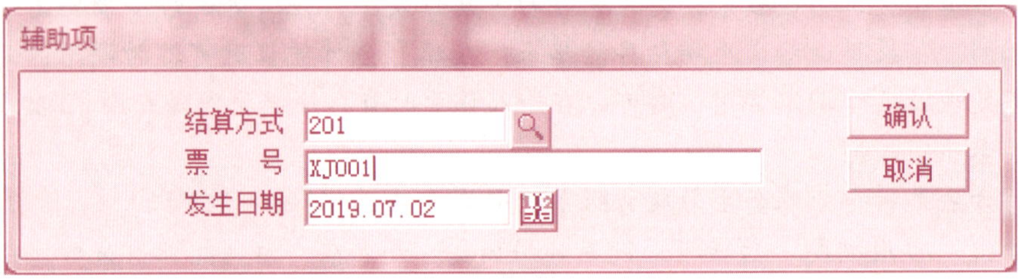

图6－7

（7）在贷方输入“6 000”，按Enter键，弹出“现金流量表”对话框。单击“增加”按钮，单击“项目编码”栏参照按钮，在参照内容中选择“06 支付其他与经营活动有关的现金”后返回“现金流量表”对话框。单击“保存”按钮，返回“填制凭证”窗口。

（8）按Enter键，系统弹出“凭证”提示框，提示“此支票尚未登记，是否登记?”如图6－8所示。

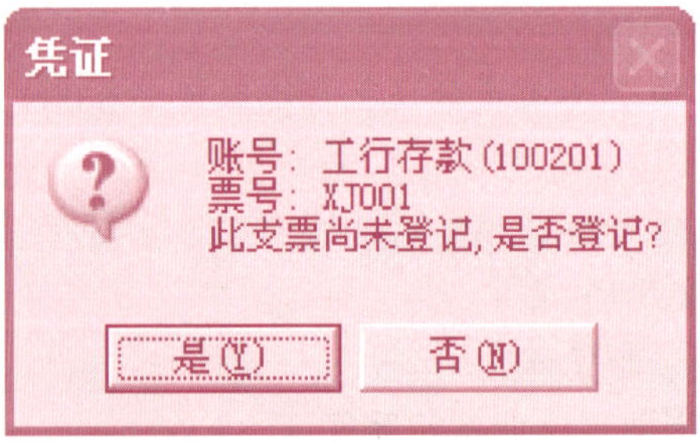

图6－8

贴心提示：

- 如果选择了支票控制，即该种结算方式为支票管理，银行辅助账信息不能为空。
- 该支票结算方式要进行支票登记工作。支票登记工作在本项目“任务5 出纳管理”中有详细说明，此处暂时不做登记。

（9）单击“否”按钮，返回“填制凭证”窗口。单击“保存”按钮，完成记账凭证的编制。编制完成的2日业务记账凭证如图6－9所示。

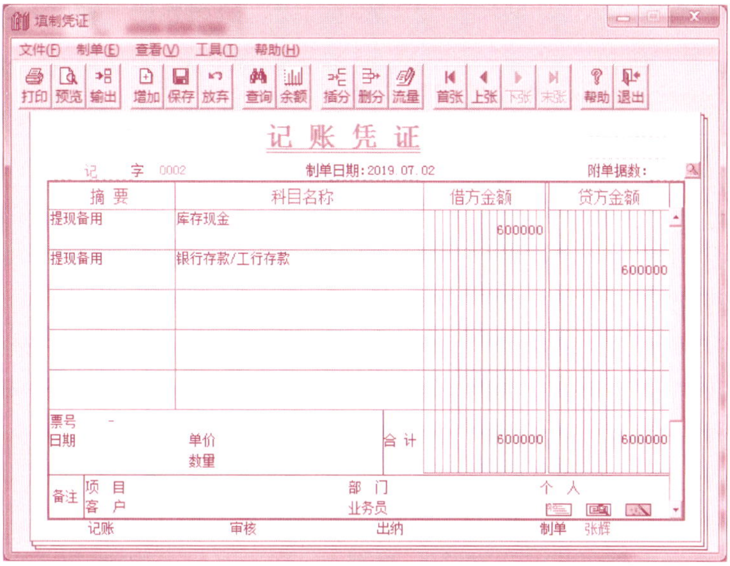

图6－9

案例6－3

【资料】 郑龙佳美公司7月5日至8日其他总账业务资料如下：

业务3：5日，收到新华集团投入的注册资金20万美元，汇率为1：6.8716（转账支票号为Z001）。

借：银行存款——中行存款（100202）　　　　1 374 320（200 000美元）

　　贷：实收资本（3001）　　　　1 374 320

业务4：6日，办公室杨丽买回打印纸等办公用品若干，发票金额为450元，财务人员以现金支付报销。

借：管理费用——办公费（560212）　　　　450

　　贷：库存现金（1001）　　　　450

业务5：7日，市场部邱宇报销业务招待费1 000元，以现金支付。

借：销售费用——业务招待费（560106）　　　　1 000

　　贷：库存现金（1001）　　　　1 000

业务6：8日，以现金支票（支票号XJ002）支付水电费4 600元，其中制造部3 100元，办公室1 500元。

借：制造费用——水电费（410105）　　　　3 100

　　管理费用——水电费（560206）　　　　1 500

　　贷：银行存款——工行存款（100201）　　　　4 600

根据以上经济业务编制记账凭证。

【任务】总账会计编制接受投资等其他业务凭证

总账会计根据案例业务资料，继续完成5日至8日接受投资等4项业务记账凭证编制工作。

【操作指导】

（1）总账会计张辉，执行“总账”→“凭证”→“填制凭证”命令，或者单击桌面上的填制凭证图标 ，打开“填制凭证”窗口。

（2）在“填制凭证”窗口，单击“增加”按钮（或者 F5 键），显示一张新增凭证。编制“5 日，收到新华集团投入的注册资金 20 万美元，汇率为 1∶6.8716（转账支票号为 Z001）”业务记账凭证。

（3）选择凭证类别为“记账凭证”，确认凭证日期为“2019.07.02”，在“摘要”栏输入“收到新华集团投资”。

（4）在科目名称栏输入“银行存款/中行存款”的编码“100202”，按 Enter 键，弹出“辅助项”对话框，在结算方式中选择“202 转账支票”，输入票号“Z001”，如图 6－10 所示。

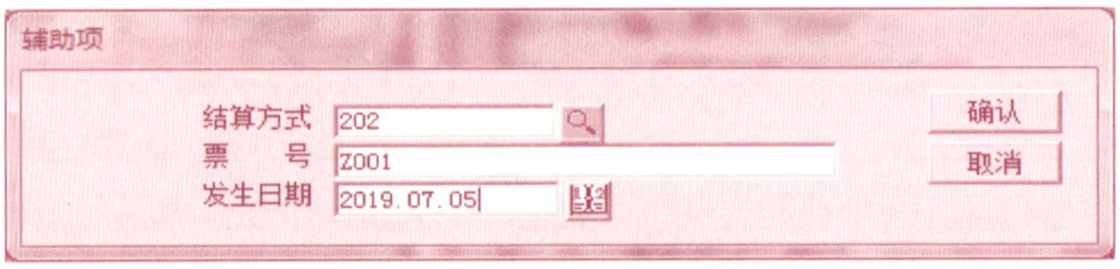

图 6－10

（5）单击“确认”按钮，回到“填制凭证”窗口。在“外币”栏，单击参照按钮，选择汇率，输入外币金额“200 000”。

（6）按 Enter 键，系统自动计算出借方人民币金额“1 374 320”，并弹出“现金流量表”对话框，确定该笔资金为“13 吸收投资者投资收到的现金”，方法同前。

（7）按 Enter 键，光标进入第二行摘要栏，系统自动复制第一行摘要，在科目名称栏录入科目“3001 实收资本”，贷方录入“1 374 320”（或者按“＝”号），单击“保存”按钮，凭证成功保存，如图 6－11 所示。

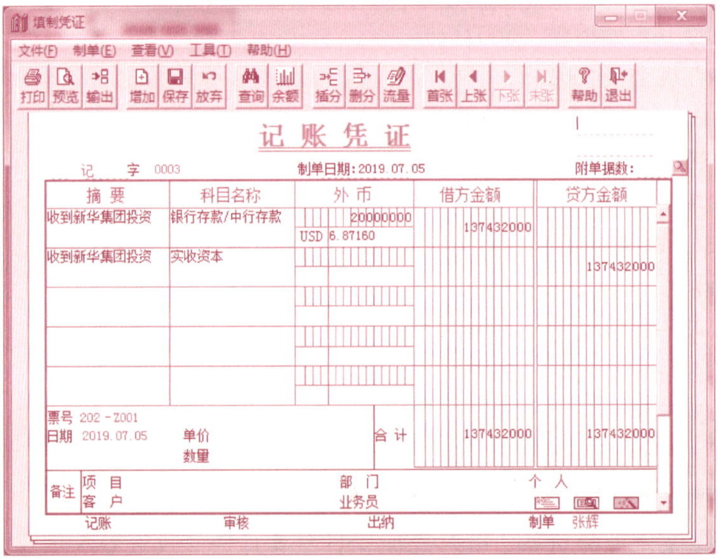

图 6－11

（8）继续完成6日、7日、8日经济业务记账凭证的编制。

知识链接

常用凭证设置

在单位里，会计业务都有其规范性，因而在日常填制凭证的过程中，经常会有许多凭证完全相同或部分相同，如果将这些常用的凭证存储起来，在填制会计凭证时可随时调用，必将提高业务处理的效率。确切地说，“常用凭证”提供的是常用会计凭证的模板，在调用常用凭证后，仍可做修改，使其符合当时会计业务需要。

操作方法是：单击“总账”→“凭证”→“常用凭证”命令，弹出“常用凭证”窗口。单击工具栏中的“增加”按钮，可录入常用凭证的主要信息：编号、说明、凭证类别。录入分录时，必须输入摘要和会计科目，会计科目可以录入非末级科目。若会计科目有辅助核算，则弹出辅助信息录入窗口，供用户录入辅助信息。如果借贷方金额或辅助信息在定义常用凭证时还不能确定，则可不输，可以留到填制凭证时再输入。若要修改辅助信息，则可用鼠标双击凭证下方的辅助信息，在辅助信息录入窗口中修改录入。

注意：（1）编号是调用常用凭证的依据，编号和凭证类别必须输入。（2）编号不能重复。（3）不能只定义凭证主要信息，却不定义凭证具体内容。

任务2　凭证审核、出纳签字

案例6－4

【资料】主管审核总账系统日常经济业务的记账凭证。

【任务】凭证审核

总账系统完成日常业务记账凭证的编制，按照企业工作流程，需要对会计凭证进行审核。在本次任务中，要求：

（1）财务部团队成员明确总账工作流程和各岗位工作职责，会计张辉及时完成日常业务的记账凭证编制，等待主管对记账凭证进行审核。

（2）上机操作：根据要求，主管对总账系统编制完成的会计凭证进行审核。

【操作指导】

（1）以账套主管201李芳的身份进入总账系统，执行“总账”→“凭证”→“审核凭证”命令，或者单击桌面上的审核凭证图标

，打开“凭证审核”对话框，如图6－12所示。

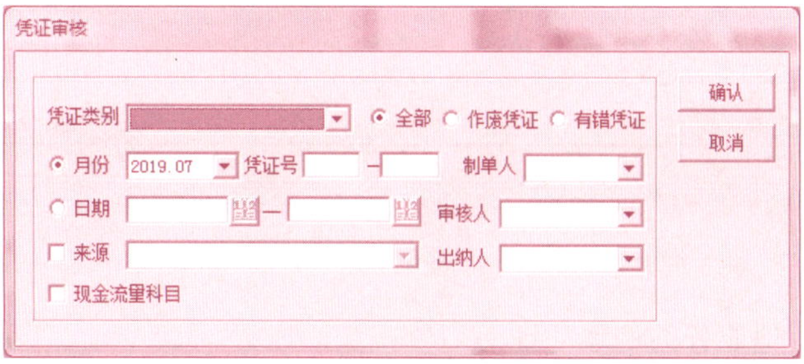

图6－12

（2）单击“确认”按钮，显示全部记账凭证，如图 6－13 所示。

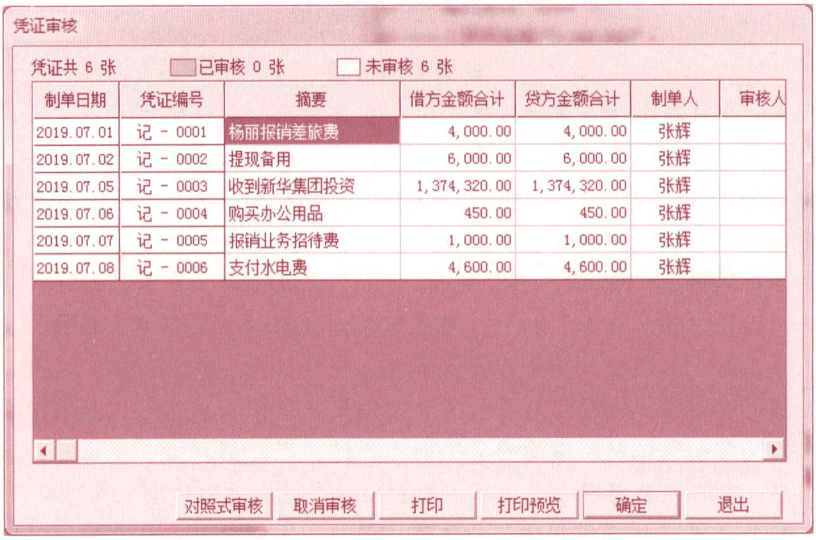

图 6－13

（3）单击“确定”按钮，打开待审核的记账凭证。

（4）审核 1 日杨丽报销差旅费业务，确认无误，单击“审核”按钮，凭证审核处显示审核人“李芳”，系统自动显示下一张未审核记账凭证。已审核完成 1 日业务如图 6－14 所示。

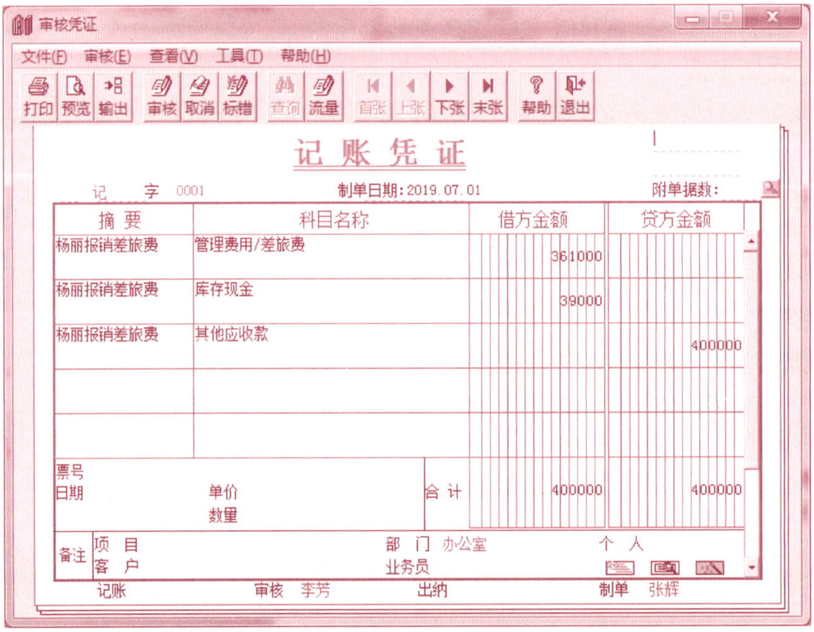

图 6－14

（5）继续审核其他业务的记账凭证。

贴心提示：

- 凭证审核可以采用单张审核，也可以成批审核。
- 凭证编制和审核不能为同一人。
- 作废凭证不能被审核，也不能被标错。
- 已标错的凭证不能被审核，若想审核，需先按“取消”按钮取消标错后才能审核。
- 凭证一经审核，不能修改和删除，只能由原审核人取消审核后，才能进行修改和删除。

知识链接

成批审核凭证的方法

凭证审核时，可以采用成批审核方式。在对所有记账凭证检查无误后，选择菜单“审核”→“成批审核凭证”命令，系统显示“成批审核结果表”，确认无误后单击“确定”按钮，该批凭证审核完毕。

凭证标错和取消审核的方法

若审核人员发现该凭证有错误，可按“标错”按钮，对凭证进行标错，以便制单人可以对其进行修改。

若想对已审核的凭证取消审核，应由原审核人对需要取消审核的记账凭证，单击“取消”按钮，取消审核。若凭证已记账，则先恢复到记账前状态，才能取消审核。

若对一批凭证进行取消审核，在“凭证审核”窗口，单击“审核”菜单下的“成批取消审核”，系统自动对当前范围内的所有已审核凭证执行取消审核。

案例6－5

【资料】 出纳对总账系统的记账凭证进行审核签字。

【任务】凭证出纳签字

出纳凭证由于涉及企业现金的收入与支出，应加强对出纳凭证的管理。出纳人员可通过出纳签字功能对制单员填制的带有库存现金、银行存款科目的凭证进行检查核对，主要核对出纳凭证的出纳科目的金额是否正确，经审查认为错误或有异议的凭证，应交给填制人员修改后再核对。总账系统记账凭证中涉及库存现金和银行存款收付业务需要出纳审核签字。在本次任务中，要求：

（1）财务部团队成员已经完成总账日常业务记账凭证的编制和审核工作，需要出纳员对现金和银行存款的收付业务进行审核，确保业务的正确性。

（2）上机操作：根据要求，出纳对总账系统编制的会计凭证进行审核签字。

【操作指导】

（1）以出纳员202苏莉兰的身份进入总账系统，执行“总账”→“凭证”→“出纳签字”命令，打开选择凭证条件的“出纳签字”窗口，如图6－15所示。

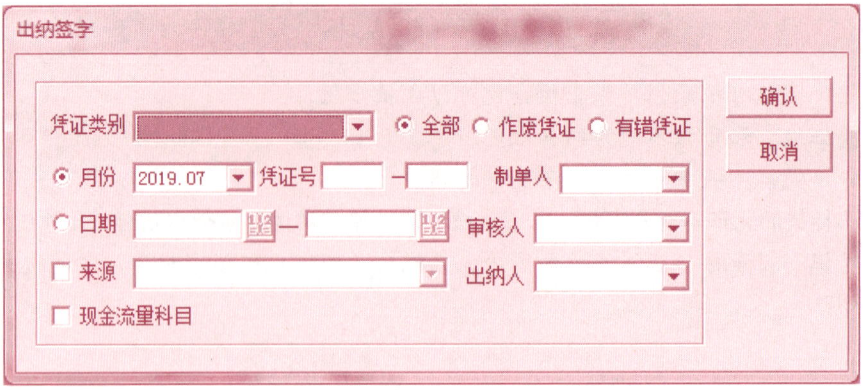

图 6－15

（2）单击“确认”按钮，显示全部记账凭证一览表。若在一览表中双击某张凭证，则屏幕显示此张凭证。

（3）单击“确定”按钮，打开需要进行出纳签字的记账凭证。如果此凭证不是要进行签字的凭证，可单击“首页”“上页”“下页”“末页”按钮翻页查找或单击“查询”按钮按输入条件查找。

（4）出纳审核 1 日杨丽报销差旅费业务，确认无误，单击“签字”按钮，出纳签字处自动签上“苏莉兰”三个字，如图 6－16 所示。

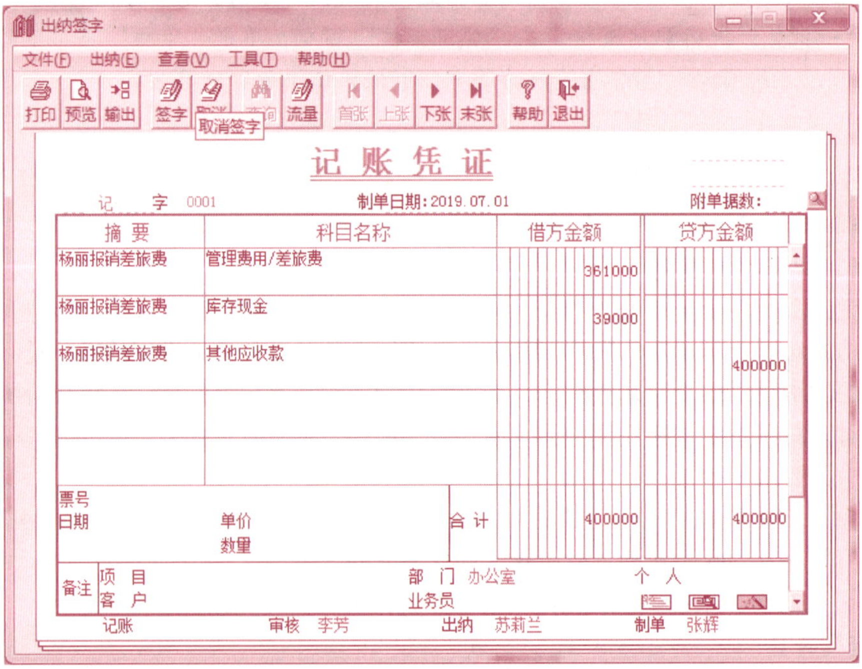

图 6－16

（5）单击“下张”按钮，继续审查其他凭证进行签字，完成全部凭证的出纳签字工作。单击“退出”按钮，显示出纳签字的全部凭证，如图 6－17 所示。

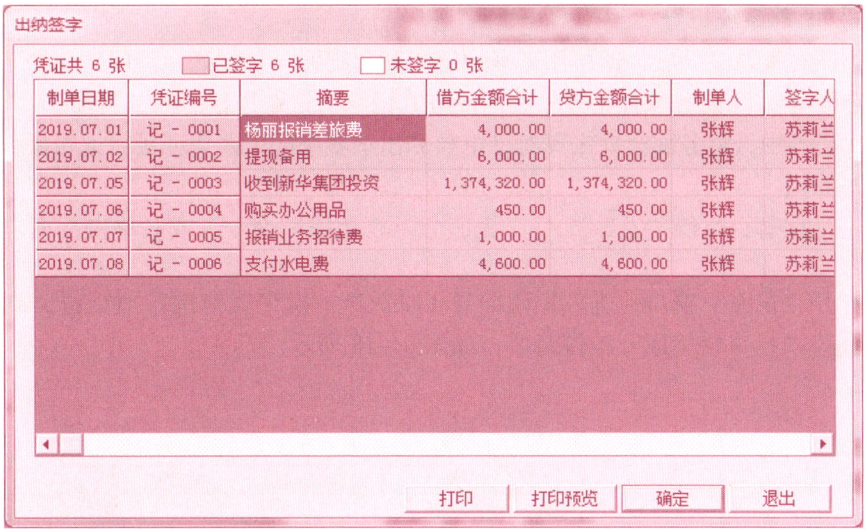
出纳签字

凭证共 6 张　已签字 6 张　未签字 0 张

制单日期	凭证编号	摘要	借方金额合计	贷方金额合计	制单人	签字人
2019.07.01	记 - 0001	杨丽报销差旅费	4,000.00	4,000.00	张辉	苏莉兰
2019.07.02	记 - 0002	提现备用	6,000.00	6,000.00	张辉	苏莉兰
2019.07.05	记 - 0003	收到新华集团投资	1,374,320.00	1,374,320.00	张辉	苏莉兰
2019.07.06	记 - 0004	购买办公用品	450.00	450.00	张辉	苏莉兰
2019.07.07	记 - 0005	报销业务招待费	1,000.00	1,000.00	张辉	苏莉兰
2019.07.08	记 - 0006	支付水电费	4,600.00	4,600.00	张辉	苏莉兰

打印　打印预览　确定　退出

图 6－17

（6）单击“退出”按钮，完成出纳签字操作。

贴心提示

- 企业可根据实际需要决定是否要对出纳凭证进行出纳签字管理，若不需要此功能，可在“账簿选项”中取消“出纳凭证必须经由出纳签字”的设置。
- 若对出纳凭证进行签字操作，必须制定具有“出纳签字”权限的操作员，以及在系统初始化科目设置中指定“库存现金”为“现金总账科目”，“银行存款”为“银行总账科目”。
- 凭证一经签字，就不能被修改、删除，只有被取消签字后才可以进行修改或删除。
- 取消签字只能由出纳员本人进行。

知识链接

取消出纳签字的方法

若想对已签字的凭证取消签字，由出纳本人，打开出纳签字的记账凭证，单击“取消”按钮，取消签字。

任务3　记　　账

案例 6－6

【资料】 郑龙佳美公司总账系统进行记账工作。

【任务】总账系统记账

记账凭证经审核签字后，即可用来登记总账和明细账、日记账、部门账、往来账、项目账以及备查账等。T3 财务软件记账采用向导方式记账，记账过程清晰、明确。

在本次任务中，财务部会计张辉对已审核和出纳签字的记账凭证进行记账操作。

【操作指导】

（1）会计张辉，执行“总账”→“凭证”→“记账”命令，或者单击桌面上的记账图标

，打开“记账”窗口，进入记账向导 1“选择本次记账范围”对话框，列出各期间“未记账凭证”“已审核凭证”范围清单，如图 6－18 所示。

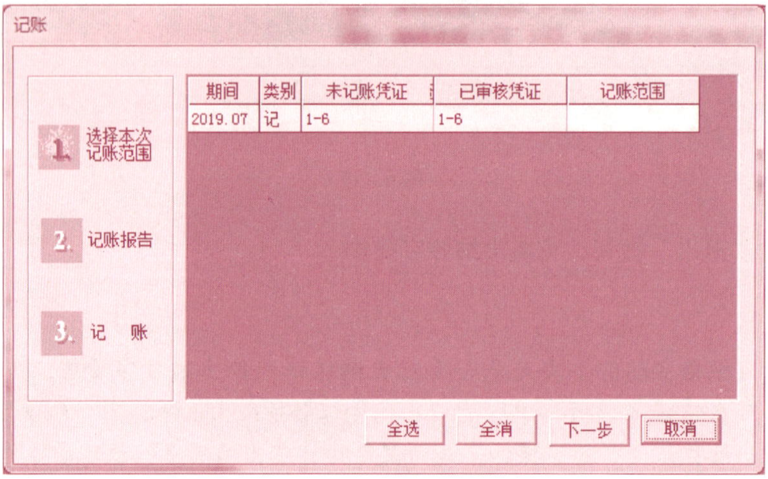

图 6－18

（2）选择记账范围。这里单击“全选”按钮，选择全部已审核的记账凭证。

（3）选择完成后，单击“下一步”按钮，打开记账向导 2“记账报告”对话框，如图 6－19 所示。

图 6－19

系统先对凭证进行合法性检查，如果发现不合法凭证，系统将提示错误；如果未发现不合法凭证，屏幕显示所选凭证的汇总表及凭证的总数，可供核对。如果需要打印汇总表，单击“打印”按钮即可。

（4）核对无误后，单击“下一步”按钮，打开记账向导3“记账”对话框，如图6－20所示。

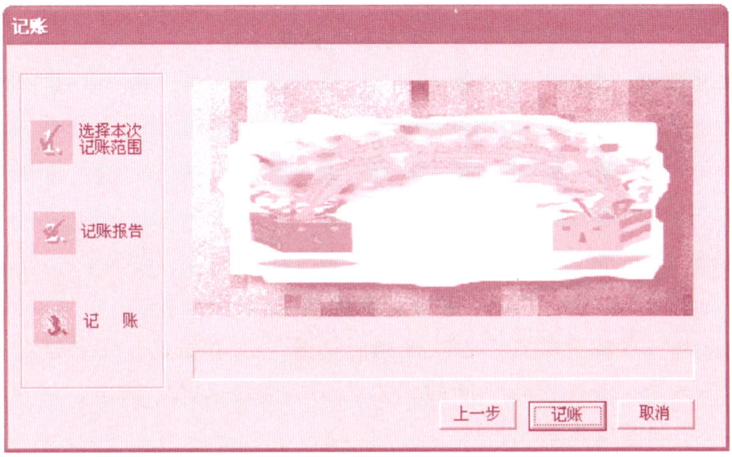

图6－20

（5）单击“记账”按钮，系统显示“期初试算平衡表”对话框，如图6－21所示。

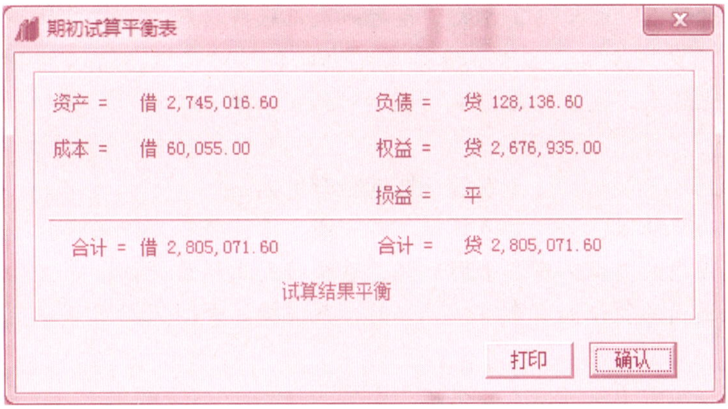

图6－21

（6）单击“确认”按钮，系统登录有关总账、明细账以及辅助账，显示“记账完毕!”提示对话框，如图6－22所示。

图6－22

贴心提示：

记账过程注意事项

● 记账过程一旦断电或由于其他原因造成中断后，系统将自动调用“恢复记账前状态”恢复数据，然后再重新记账。

● 如果发现某一步设置错误，可单击“上一步”返回后进行修改。如果在设置过程中不想再继续记账，可单击“取消”，取消本次记账工作。

● 在记账过程中，不得中断退出。

● 记账属于成批数据处理，记账次数不受限制，但为了打印日记账，至少每天业务完成后进行一次记账工作。

知识链接

取消记账的方法

由于某种原因，事后发现当月已经记账的记账凭证有错误，需要进行修改，可以通过“取消记账”方法，将本月已记账的记账凭证恢复到未记账状态，进行修改后，再审核记账。取消记账的具体方法是：

1. 账套主管在总账系统，单击“期末”→“对账”，打开“对账”对话框，按下 < Ctrl + H >键，激活显示/隐藏菜单中的“恢复记账前状态”功能。

2. 退出“对账”对话框，单击“凭证”→“恢复记账前状态”命令，打开“恢复记账前状态”对话框，选择恢复方式“最近一次记账前状态”和“某年某月月初状态”。

3. 单击“确定”按钮，显示“请输入主管口令”对话框，输入口令后，单击“确认”按钮，系统显示“恢复记账完毕”提示对话框，单击“确定”按钮，完成取消记账操作。

系统记账前检查的内容

1. 在第一次记账时，若期初余额试算不平衡，系统将不允许记账。

2. 所选范围内的凭证如有不平衡凭证，系统将列出错误凭证，并重选记账范围。

3. 所选范围内的凭证如有未审核凭证时，系统提示是否只记已审核凭证或重选记账范围。

4. 作废凭证不需审核可以直接记账。

5. 记账可以多次进行。

任务4 总账各会计岗位差错更正

案例6－7

【资料】郑龙佳美公司总账系统已经完成日常经济业务记账凭证的编制、审核、出纳签字和记账，在复核中发现一笔业务凭证编制错误，即6日办公室杨丽买回打印纸等办公用品

450 元，财务人员以现金支付的业务，应该记入“管理费用”，误记为“销售费用”，应予以更正。

【任务】总账系统更正已审核记账的错误记账凭证

财务部在日常会计工作核算中，由于各种原因，会出现各种错误，如凭证编制中会计科目或者金额发生错误，这些错误必然会影响系统的核算结果。对检查出的差错要及时进行更正。因此，在本次任务中要求：

（1）团队成员明确自己的工作职责，对发现的错误根据职责要求进行修改更正。因为错误凭证已经记账，所以按业务流程从后往前进行修改，先取消记账、取消出纳签字和审核，修改完错误凭证后，再进行审核、出纳签字和记账。

（2）操作：财务部各岗位人员根据相关资料更正错误。

【操作指导】

（1）第一步主管李芳取消记账。以主管李芳身份进入总账系统。

贴心提示：

在本企业总账日常业务处理过程中，记账工作是会计张辉完成的，但他却无权取消记账，只有账套主管才有权限进行取消记账工作。

（2）执行“凭证”→“恢复记账前状态”命令，打开“恢复记账前状态”对话框，选择恢复方式“最近一次记账前状态”，如图 6－23 所示。

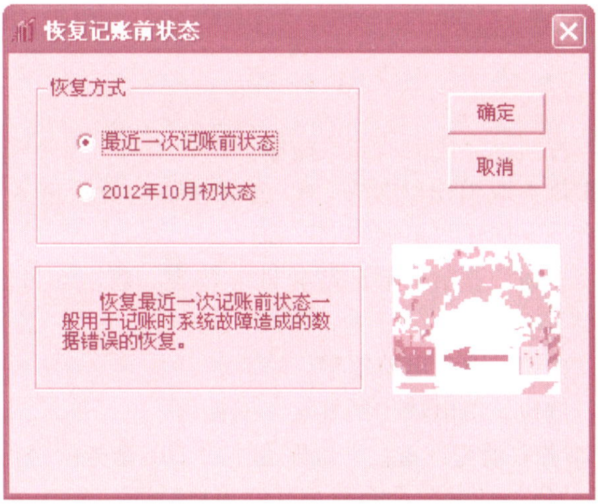

图 6－23

（3）单击“确定”按钮，显示“输入”对话框，输入主管口令（本案例主管口令为空），如图 6－24 所示。

图6－24

（4）单击“确认”按钮，系统显示“恢复记账完毕!”提示对话框，如图6－25所示。

图6－25

（5）单击“确定”按钮，完成取消记账操作。

（6）第二步出纳苏莉兰取消出纳签字。以出纳苏莉兰身份进入总账系统。执行“凭证”→“出纳签字”命令，打开“出纳签字”窗口。

（7）单击“确认”按钮，显示全部记账凭证一览表。双击6日发生业务的记账凭证，显示该张记账凭证。

（8）单击“取消”按钮，取消出纳签字。

（9）单击“退出”按钮，退出“出纳签字”对话框。

（10）第三步主管李芳取消凭证审核。以账套主管201李芳的身份进入总账系统，执行“总账”→“凭证”→“审核凭证”命令，打开“审核凭证”窗口。

（11）单击“确认”按钮，显示全部记账凭证一览表，双击6日发生业务的记账凭证，显示记账凭证。

（12）单击“取消”按钮，取消主管审核。

（13）单击“退出”按钮，退出“审核凭证”对话框。

（14）第四步会计张辉修改错误凭证。以会计203张辉身份进入总账系统，执行“总账”→“凭证”→“填制凭证”命令，打开“填制凭证”窗口。

（15）可单击“首页”“上页”“下页”“末页”按钮翻页查找或单击“查询”按钮按

输入条件查找6日业务的记账凭证。

（16）单击记账凭证中的借方会计科目将“销售费用”改为“560212 管理费用——办公费”，单击“保存”按钮。除了凭证类别和凭证编号不能修改，其他错误均可在凭证上进行修改。

知识链接

修改凭证错误的方法

1. 将光标移到制单日期处，可修改制单日期。

2. 若要修改附单据数、摘要、科目、外币、汇率、金额，可直接将光标移到需修改的地方进行修改即可。

3. 凭证下方显示每条分录的辅助项信息，若要修改某辅助项，则将光标移到要修改的辅助项处，双击鼠标，屏幕显示辅助项录入窗，可直接在上面修改即可。

4. 若要修改金额方向，可在当前金额的相反方向，按空格键。

5. 若要希望当前分录的金额为其他所有分录的借贷方差额，则在金额处按“=”键即可。

6. 按“插行”按钮或按［Ctrl+I］键可在当前分录前插入一条分录。按“删行”按钮或按［Ctrl+D］可删除当前光标所在的分录。

错误凭证修改的方式

对错误的凭证进行修改。分为“无痕迹”修改和“有痕迹”修改两种。

无痕迹修改，是指不留下任何修改的线索和痕迹。对于总账系统本月发生的经济业务编制的记账凭证在当月发现错误的，如果不涉及凭证类别等不可修改项内容的可以进行无痕迹修改。

有痕迹修改，是指在发生错误的原凭证上不能直接修改的内容，需要进行红字冲销或者补充登记的业务的修改。

（17）对修改后的凭证，再重新进行主管审核、出纳签字和记账员记账，完成错误凭证的更正工作。

贴心提示：

- 若您在“选项”中设置了“制单序时”的选项，那么，您在修改制单日期时，不能在上一编号凭证的制单日期之前进行修改。
- 若在“选项”中设置了“不允许修改、作废他人填制的凭证”，则不能修改他人填制的凭证。
- 如果某笔涉及银行科目的分录已录入支票信息，并对该支票做过报销处理，修改该分录，将不影响“支票登记簿”中的内容。
- 外部系统传过来的凭证不能在总账系统中进行修改，只能在生成该凭证的系统中进行修改。

知识链接

冲销凭证方法

如果需要冲销某张已记账的凭证，可以采用这种方法。具体方法是：在总账“填制凭证”窗口，选择“制单”→“冲销凭证”命令，打开“冲销凭证”对话框。输入月份、凭证类别和凭证号，单击“确定”按钮，系统自动生成一张红字冲销凭证。

注意：(1) 进行红字冲销的凭证必须是已记账的凭证；(2) 制作红字冲销凭证，将错误凭证冲销后，需要编制正确的记账凭证进行补充；(3) 通过红字冲销法增加的凭证，视同正常凭证进行管理。

作废及删除凭证的方法

如果需要作废某张已记账的凭证，可以采用“作废/删除”功能。具体方法是：在总账“填制凭证”窗口，找到需要删除的凭证，选择“制单”→“作废/删除”命令，凭证左上角显示“作废”字样，表示该凭证已经作废。

如果要恢复已作废的凭证，可以再选择“制单”→“作废/删除”命令，取消作废标准，当前凭证恢复为有效凭证。

如果不想保留作废凭证，可以通过“制单”→“整理凭证”功能，将其彻底删除，并对作废凭证后面未记账凭证进行重新整理编号。

注意：(1) 作废凭证不能修改和审核，能参与记账，但系统不对作废凭证进行数据处理；(2) 账簿查询不到作废凭证数据。

任务 5 出纳管理

案例 6－8

【资料】郑龙佳美公司总账系统出纳完成下面工作：2 日，出纳签发现金支票（XJ001）金额 6 000 元，用于提取备用。进行支票登记工作。

【任务】出纳填写支票登记簿

出纳岗位负责企业现金和银行存款的收付工作，保管各种票据，企业的支票在领用时要进行支票登记工作。本次任务要求：

(1) 财务部团队成员要遵守企业资金管理制度，支票领用要坚持支票登记制度，出纳员根据业务需要签发支票，并填写支票登记簿。

(2) 操作：根据资料填写支票登记簿。

【操作指导】

(1) 以出纳 202 苏莉兰身份注册进入总账系统。执行“现金”→“票据管理”→“支票登记簿”命令，打开“银行科目选择”对话框，选择“工行存款（100201）”，如图 6－26 所示。

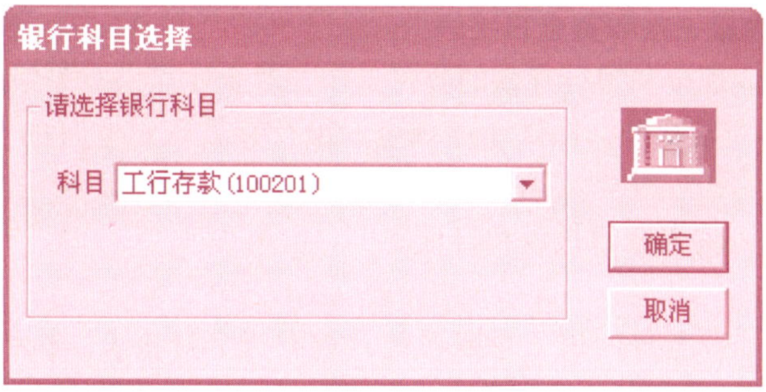

图6－26

（2）单击“确定”按钮，显示“支票登记”窗口。单击“增加”按钮，确定领用日期为“2019.07.02”、领用部门为“财务部”、领用人为“苏莉兰”、支票号“001”、预计金额为“6 000”、用途为“备用金”，单击“保存”按钮，如图6－27所示。

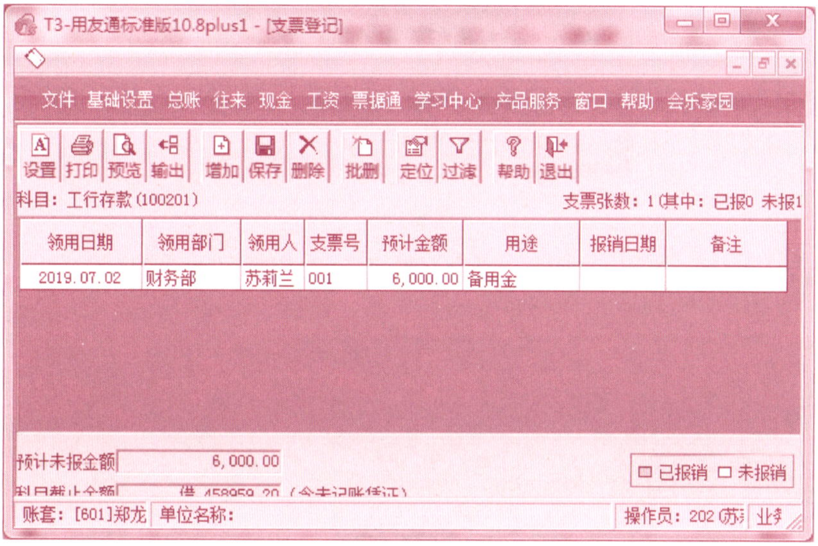

图6－27

（3）当领用支票使用后，要在此处登记报销日期。单击“退出”按钮，退出“支票登记”窗口，完成支票登记工作。

贴心提示：

为了严格企业支票管理，企业应该建立健全支票领用签发制度，保证企业货币资金的安全和完整。

案例6－9

【资料】 郑龙佳美公司总账系统出纳现金日常管理工作：

（1）查询6日资金日报表；

（2）查询7月份现金日记账、银行存款日记账。

【任务】出纳查询日记账和资金日报表

出纳岗位负责企业现金和银行存款的收付工作，对企业提供有关信息。本次任务要求：

（1）出纳员根据领导要求，提供库存现金、银行存款账户本月的变动使用情况，提供资金日报表的情况。

（2）操作：出纳查询资金日报表和日记账。

【操作指导】

（1）以出纳 202 苏莉兰身份进入总账系统，查询资金日报表。执行“现金”→“现金管理”→“日记账”→“资金日报”命令，打开“资金日报表查询条件”对话框，确定查询日期为“2019.07.06”，其他条件默认，如图 6－28 所示。

图 6－28

（2）单击“确认”按钮，打开“资金日报表”窗口，显示当日资金变化情况，如图 6－29 所示。

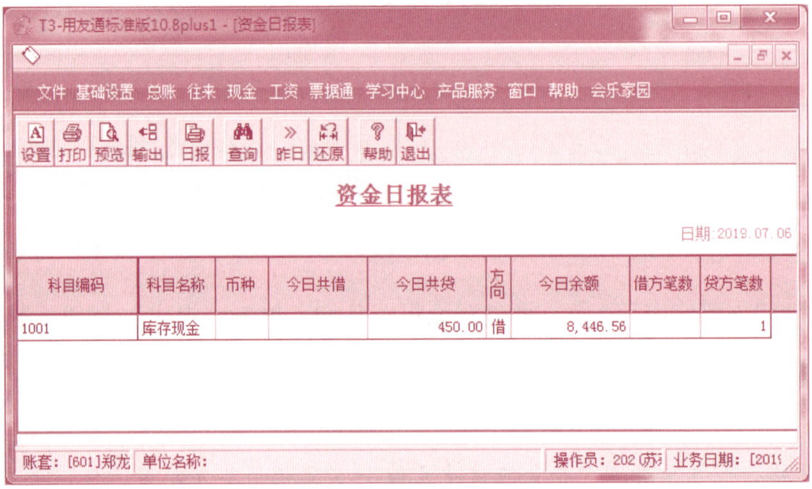

图 6－29

（3）查询现金日记账。执行“现金”→“现金管理”→“日记账”→“银行现金日记账”命令，打开“现金日记账查询条件”对话框，查询条件默认，如图 6－30 所示。

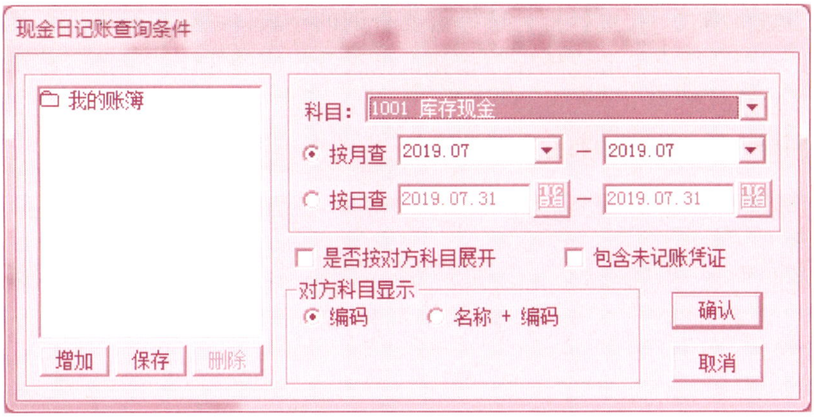

图 6－30

贴心提示：

查询现金日记账和银行日记账，现金科目和银行科目必须在“会计科目”功能下的“指定科目”中预先指定。

（4）在这里可以选择查询条件。默认系统设置，单击“确认”按钮，显示现金日记账查询结果，如图 6－31 所示。

2019年 月	日	凭证号数	摘要	对方科目	借方	贷方	方向	余额
			月初余额				借	2,506.56
07	01	记-0001	杨丽报销差旅费	1221	390.00		借	2,896.56
07	01		本日合计		390.00		借	2,896.56
07	02	记-0002	提现备用	100201	6,000.00		借	8,896.56
07	02		本日合计		6,000.00		借	8,896.56
07	06	记-0004	购买办公用品	560212		450.00	借	8,446.56
07	06		本日合计			450.00	借	8,446.56
07	07	记-0005	报销业务招待费	560106		1,000.00	借	7,446.56
07	07		本日合计			1,000.00	借	7,446.56
07			当前合计		6,390.00	1,450.00	借	7,446.56
07			当前累计		6,390.00	1,450.00	借	7,446.56

图 6－31

（5）单击账页格式下拉选择框，选择需要查询的格式，系统自动根据科目的性质列出可选择选项。双击某行或单击“凭证”按钮，可查看相应的凭证，单击“总账”按钮可查看此科目的三栏式总账。

（6）以同样方法查询“银行存款日记账”，如图 6－32 所示。

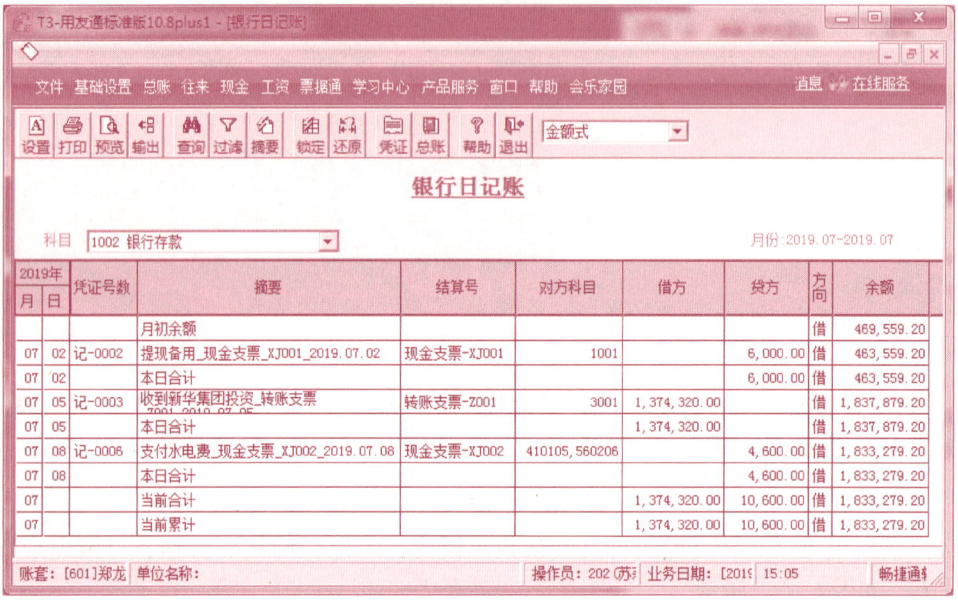

2019年		凭证号数	摘要	结算号	对方科目	借方	贷方	方向	余额
月	日								
			月初余额					借	469,559.20
07	02	记-0002	提现备用_现金支票_XJ001_2019.07.02	现金支票-XJ001	1001		6,000.00	借	463,559.20
07	02		本日合计				6,000.00	借	463,559.20
07	05	记-0003	收到新华集团投资_转账支票	转账支票-Z001	3001	1,374,320.00		借	1,837,879.20
07	05		本日合计			1,374,320.00		借	1,837,879.20
07	08	记-0006	支付水电费_现金支票_XJ002_2019.07.08	现金支票-XJ002	410105,560206		4,600.00	借	1,833,279.20
07	08		本日合计				4,600.00	借	1,833,279.20
07			当前合计			1,374,320.00	10,600.00	借	1,833,279.20
07			当前累计			1,374,320.00	10,600.00	借	1,833,279.20

图 6－32

复习巩固

一、填空题

1. 总账系统日常业务主要包括：________、________、________等工作。
2. 记账凭证编制涉及外币业务时，必须输入______和______两种币别的金额。
3. __________和__________都是为了提高业务处理效率的方法。
4. 出纳的工作一般包括__________、__________和__________工作。

二、判断题

1. 凭证一经审核，不能修改和删除，由会计主管取消审核后，才能进行修改和删除。（　　）
2. 凭证一旦保存，其凭证类别、凭证编号均不能修改。（　　）
3. 凭证编号方式采用系统编号时，系统自动按月按类别进行连续编号。（　　）
4. 编制记账凭证输入会计科目代码时既可以输入总账科目也可以输入明细科目。（　　）

5. 编制记账凭证时，需要对库存现金和银行存款科目确定资金增减的来源的主要目的是编制现金流量表。 ( )

6. 凭证中每行必须有摘要，各行摘要可以不同。摘要将在记账时随各行会计科目记录到账簿中去。 ( )

7. 凭证若出现红字金额，在金额前输入“-”号。 ( )

8. 凭证审核可以采用单张审核，也可以成批审核。 ( )

9. 凭证编制和审核不能为同一人。 ( )

10. 取消签字只能由出纳本人和账套主管进行。 ( )

11. 企业日常所有的记账凭证均需要进行审核才能记账。 ( )

12. 在总账系统初始选项“账簿选项”中选择“出纳凭证必须经由出纳签字”的设置后，企业所有记账凭证均需要进行出纳签字后才能记账。 ( )

13. 凭证一经签字，就不能被修改、删除，只有被取消签字后才可以进行修改或删除。 ( )

14. 记账工作是在全部凭证审核完毕后，在月末进行一次。 ( )

15. 在总账系统中，若期初余额试算不平衡，系统将不允许记账。 ( )

三、思考题

1. 简单描述总账系统日常业务主要工作流程。

2. 如果发现已经审核尚未记账的记账凭证有错误，应该如何修改，说明修改过程。

3. 举例说明采用红字冲销错误凭证形式通常适合什么错误情况？

模块4

固定资产管理系统

项目7 固定资产管理系统的初始设置

【知识目标】

◆ 了解固定资产管理系统的任务
◆ 学习固定资产管理系统的基本功能
◆ 熟悉固定资产管理系统的操作流程
◆ 掌握固定资产管理系统的初始设置方法

【技能目标】

◆ 掌握建立固定资产账套、设置资产类别、设置与固定资产有关的会计科目等操作
◆ 正确输入固定资产原始卡片

【项目任务简述】

企业必须首先启用固定资产系统，根据企业的核算要求进行固定资产初始设置。在本工作项目中我们要为企业在用友T3中建立一个固定资产账套，设置企业固定资产核算的规则，正确输入固定资产原始卡片，保证固定资产的日常核算完整、准确。

1. 项目任务分析

固定资产核算是企业财务核算的重要组成部分，是每一个单位进行生产经营活动的物资

基础。固定资产具有使用年限长、单位价值高的特点，加强固定资产核算与管理，可以有效利用资源，提高企业经济效益。

1.1 固定资产管理系统的任务

用友 T3 的固定资产管理系统是一套用于企事业单位固定资产核算和管理的软件，主要面向中小企业，帮助企业的财务部门进行固定资产、累计折旧数据的动态管理，为总账系统提供相关凭证，协助企业进行成本核算，同时还为设备管理部门提供固定资产的各项管理指标。固定资产管理系统的任务是：

1.1.1 管理固定资产卡片

固定资产管理系统以“固定资产卡片”为主线，通过对固定资产卡片的管理，按月汇总出“分部门、分类别”的固定资产汇总数据，打印卡片汇总表。

1.1.2 管理固定资产的增减变动情况

对固定资产增减等日常业务，通过更新固定资产卡片，反映固定资产的增加、减少、转移、价值变动以及清理活动，并按月汇总数据，打印输出增减变动汇总表和增减变动明细表。

1.1.3 计算折旧和净值

正确计算固定资产折旧是固定资产管理的重要任务，系统具有按月自动计提折旧、自动计算折旧和固定资产净值、生成折旧分配凭证等功能，同时输出同设备管理相关的报表和账簿。

1.1.4 分析固定资产利用效果，提高固定资产投资效益

系统自动生成各种汇总表，为企业资产管理提供及时、准确、完整的信息，提高资产的经济效益。

1.2 固定资产数据处理流程

企业固定资产核算的数据处理流程如图 7－1 所示。

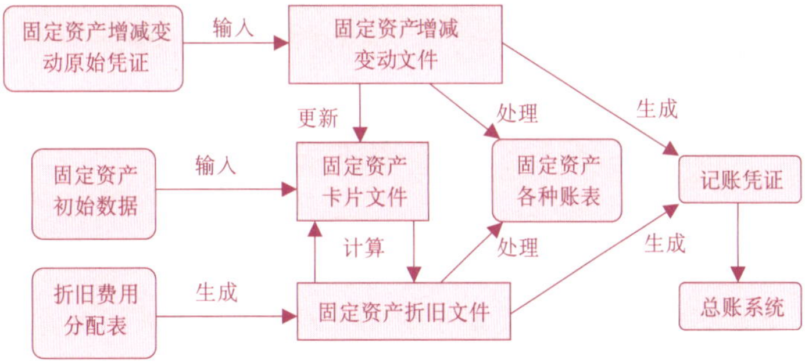

图 7－1

1.3 固定资产管理系统的基本功能

固定资产管理系统提供固定资产管理、折旧管理、统计分析等功能，实现固定资产原始设备管理、资产增减变动管理、资产评估、固定资产折旧计算与计提等处理；可以按一定期间自动计算折旧，根据业务要求生成相关凭证，输出有关的账簿和报表；还可以进行固定资产总值、累计折旧数据的动态管理，进行固定资产各项指标的分析工作。

固定资产管理系统的基本功能如图 7－2 所示。

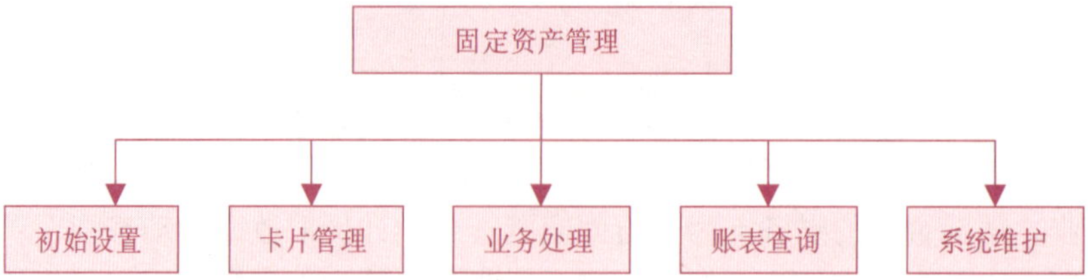

图 7－2

1.4 固定资产管理系统的业务处理流程

固定资产管理系统的业务处理流程包括：初始设置，日常处理，期末处理。

1.4.1 初始设置

主要包括建立固定资产账套、设置固定资产核算规则、输入固定资产原始卡片等工作内容。

1.4.2 日常处理

日常处理主要包括资产增减、资产变动、折旧处理、生成凭证和账簿管理等。

1.4.3 期末处理

固定资产期末处理工作主要包括转账、对账和结账。

2. 项目任务实施

在本项目中我们要完成两个任务：

任务 1：固定资产初始设置：主要完成建立固定资产账套、设置固定资产类别、设置固定资产相关的会计科目等。

任务 2：录入固定资产原始卡片：将固定资产期初数据以原始卡片的形式录入到系统内，将手工会计数据移植到电算化系统中，完成固定资产系统的初始设置。

任务 1 固定资产初始设置

案例 7－1

【资料】 郑龙佳美公司 2019 年 7 月启用固定资产系统。有关固定资产的账套参数如表 7－1 所示。

表 7－1 **固定资产账套参数**

控制参数	参数设置
约定与说明	我同意
启用月份	2019 年 7 月
折旧信息	• 本账套计提折旧，折旧方法：平均年限法（一） • 折旧汇总分配周期：1 个月 • 当“月初已计提月份＝可使用月份－1”时，将剩余折旧全部提足

续表

控制参数	参数设置
编码方式	• 资产类别编码方式：2 1 1 2 • 固定资产编码方式：按“类别编码 + 部门编码 + 序号”自动编码 • 卡片序号长度为 3
财务接口	• 与总账系统进行对账 • 对账科目： 固定资产对账科目：1601 固定资产 累计折旧对账科目：1602 累计折旧
补充参数	• 业务发生后立即制单 • 月末结账前一定要完成制单登账业务 • 可纳税调整的增加方式：直接购入 • 固定资产默认入账科目：1601 • 累计折旧默认入账科目：1602 • 可抵扣税额入账科目：22210101

【任务】建立固定资产账套

财务部决定在启用总账系统的同时也启用固定资产系统，便于企业进行资产的管理。首先在“系统管理”中以账套主管的身份检查是否已经启用了“固定资产”系统，如果没有启用，必须启用该系统，启用日期为 2019 年 7 月 1 日。然后进入用友 T3，以“301 汤明”的身份建立固定资产账套。

在本次任务中，要求：

（1）启用固定资产系统。

（2）建立固定资产账套。

【操作指导】

（1）“201 李芳”注册进入“T3—用友通标准版〖系统管理〗”窗口，执行“账套”→“启用”命令，启用“固定资产”系统，退出。

如果在建账时已经启用了固定资产系统，此步骤可以省略。

（2）“301 汤明”注册进入“T3—用友通标准版”，在“T3—用友通标准版”窗口中，选择“固定资产”模块，系统弹出提示框，如图 7－3 所示。

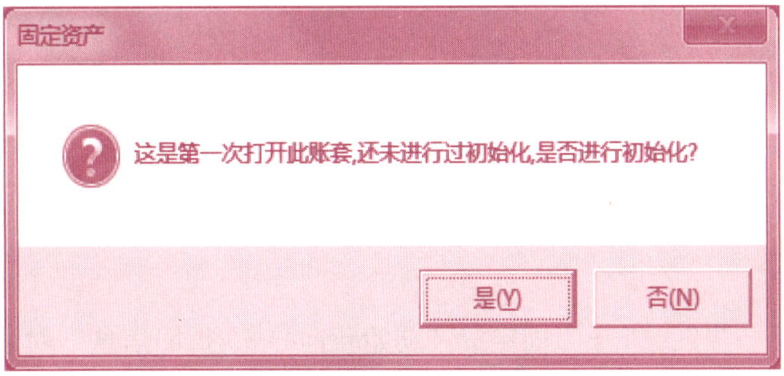
固定资产
这是第一次打开此账套,还未进行过初始化,是否进行初始化?
是(Y)
否(N)

图 7－3

单击“是”按钮，打开“固定资产初始化向导 1. 约定及说明”对话框，如图 7－4 所示。

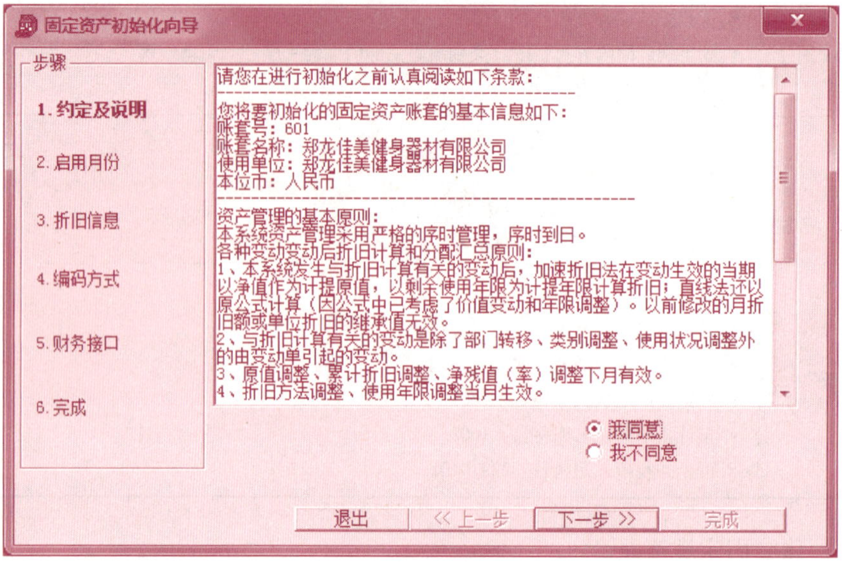
固定资产初始化向导
步骤
1. 约定及说明
2. 启用月份
3. 折旧信息
4. 编码方式
5. 财务接口
6. 完成
请您在进行初始化之前认真阅读如下条款：
您将要初始化的固定资产账套的基本信息如下：
账套号：601
账套名称：郑龙佳美健身器材有限公司
使用单位：郑龙佳美健身器材有限公司
本位币：人民币
资产管理的基本原则：
本系统资产管理采用严格的序时管理，序时到日。
各种变动变动后折旧计算和分配汇总原则：
1、本系统发生与折旧计算有关的变动后，加速折旧法在变动生效的当期以净值作为计提原值，以剩余使用年限为计提年限计算折旧；直线法还以原公式计算（因公式中已考虑了价值变动和年限调整）。以前修改的月折旧额或单位折旧的继承值无效。
2、与折旧计算有关的变动是除了部门转移、类别调整、使用状况调整外的由变动单引起的变动。
3、原值调整、累计折旧调整、净残值（率）调整下月有效。
4、折旧方法调整、使用年限调整当月生效。
我同意
我不同意
退出
<< 上一步
下一步 >>
完成

图 7－4

（3）选择“我同意”单选按钮，单击“下一步”，打开“固定资产初始化向导 2. 启用月份”对话框，如图 7－5 所示。根据案例选择账套启用月份“2019. 07”。

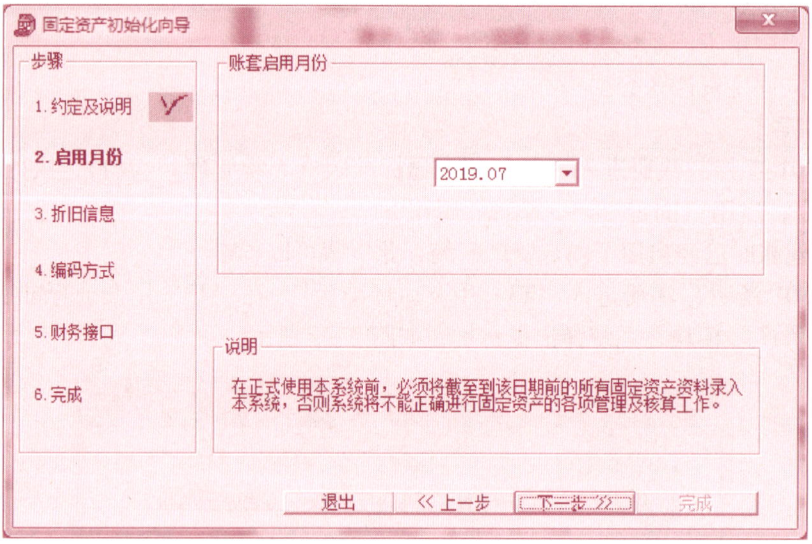
固定资产初始化向导
步骤
1. 约定及说明
2. 启用月份
3. 折旧信息
4. 编码方式
5. 财务接口
6. 完成
账套启用月份
2019.07
说明
在正式使用本系统前，必须将截至到该日期前的所有固定资产资料录入本系统，否则系统将不能正确进行固定资产的各项管理及核算工作。
退出
<< 上一步
下一步 >>
完成

图 7－5

（4）单击“下一步”，打开“固定资产初始化向导 3. 折旧信息”对话框，如图 7－6 所示。根据案例选择“平均年限法（一）”及折旧周期“1 个月”。

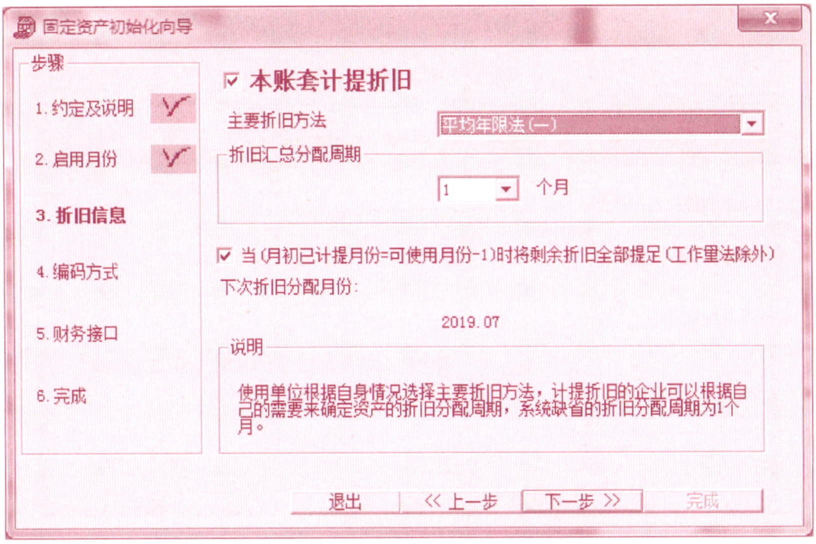

图 7－6

（5）单击“下一步”，打开“固定资产初始化向导 4. 编码方式”对话框，如图 7－7 所示。根据案例选择固定资产编码方式“自动编码”，并选定自动编码方式为“类别编码＋部门编码＋序号”，序号长度为 3。

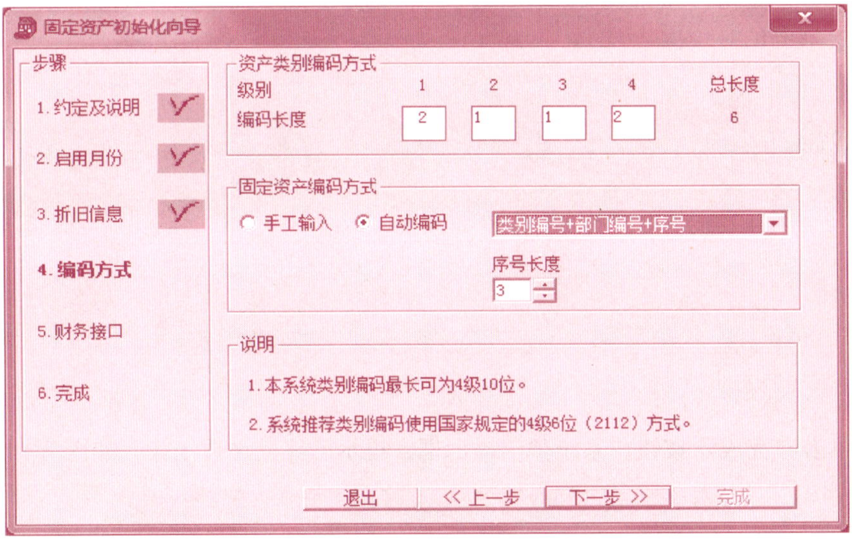

图 7－7

（6）单击“下一步”，打开“固定资产初始化向导 5. 财务接口”对话框，如图 7－8 所示。根据案例进行选择。

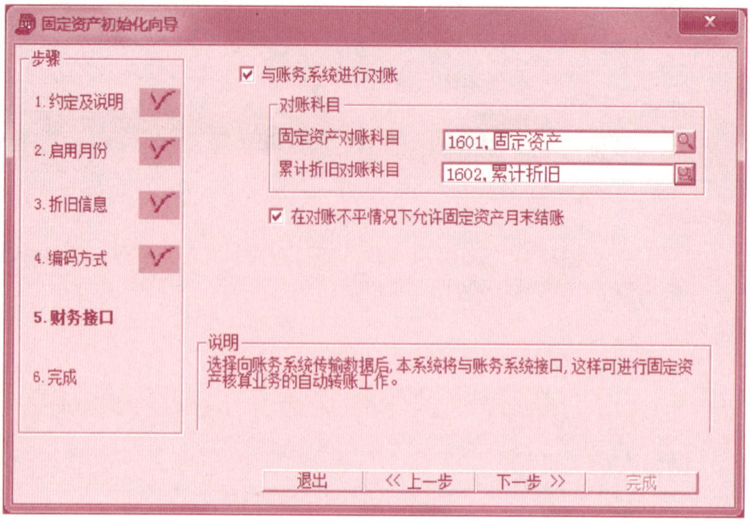

图 7－8

（7）单击“下一步”，打开“固定资产初始化向导 6. 完成”对话框，如图 7－9 所示。在这个界面将显示已经完成的固定资产账套信息。

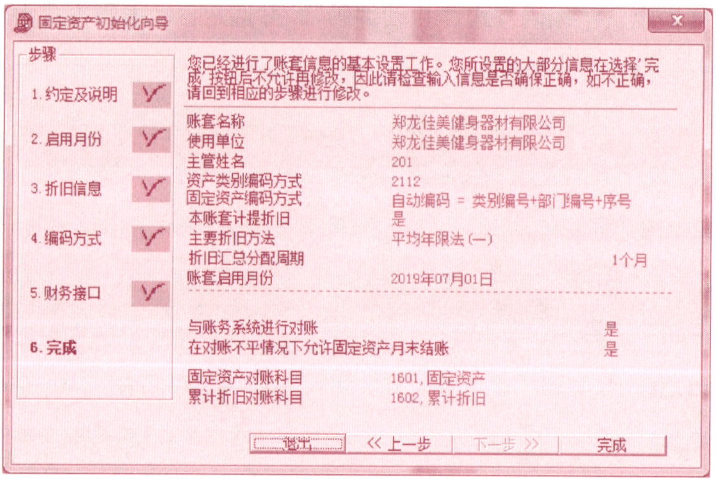

图 7－9

（8）单击“完成”按钮，系统弹出提示框，提示已完成设置工作，如图 7－10 所示。

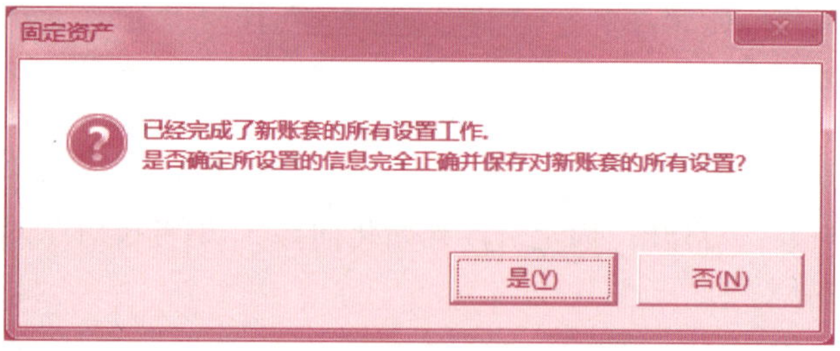

图 7－10

（9）单击“是”按钮，系统弹出“已成功初始化本固定资产账套!”，如图7－11所示。

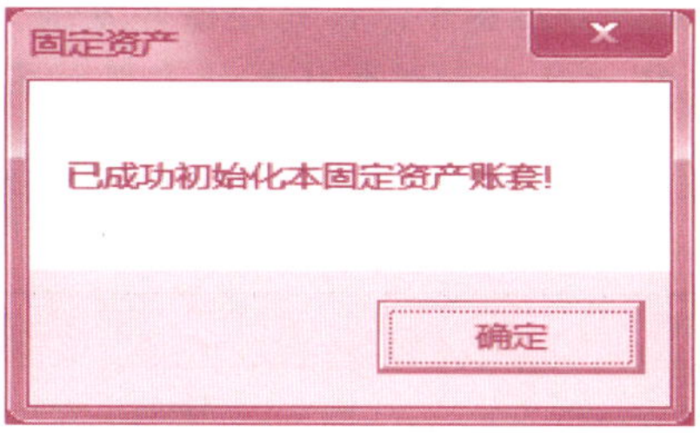

图7－11

（10）单击“确定”按钮，系统完成固定资产账套的设置，进入“固定资产”窗口。

（11）补充参数的设置：执行“固定资产”→“设置”→“选项”命令，打开“选项”窗口，如图7－12所示。在“与财务系统接口”选项卡中选中“业务发生后立即制单”选项和“月末结账前一定要完成制单登账业务”，输入固定资产默认入账科目1601，输入累计折旧默认入账科目1602，输入可纳税调整的增加方式为“直接购入”，输入可抵扣税额入账科目为“22210101”。

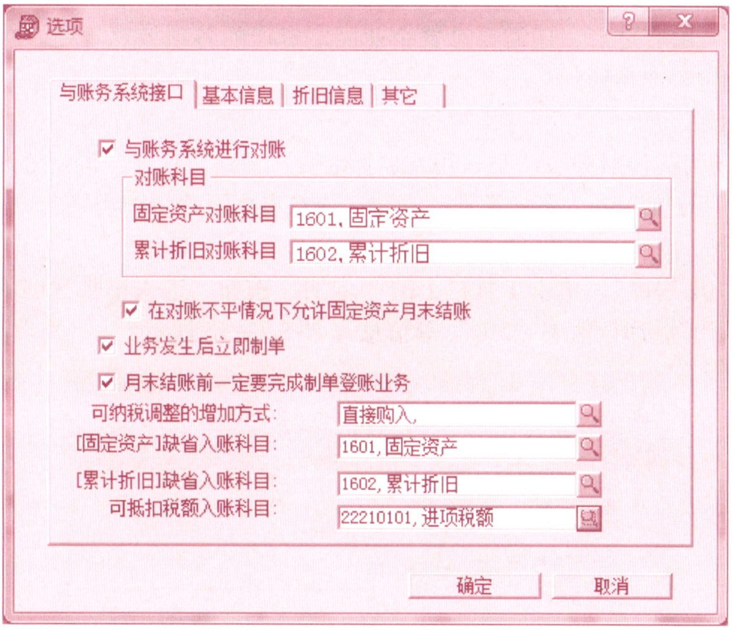

图7－12

（12）单击“确定”按钮，完成补充参数设置任务。

贴心提示：

如果在初始化操作中发生差错，系统不允许修改的内容必须修改时，可以选择“固定资产”→“维护”，执行“重新初始化账套”命令，该操作将清空对该固定资产账套所进行的一切工作。

案例 7－2

【资料】固定资产种类较多，形态各异，在会计核算方法上也不尽相同，因此需要按类别进行固定资产核算与管理。经过整理，郑龙佳美健身器材有限公司的固定资产类别如表 7－2 所示。

表 7－2　　固定资产类别

编码	类别名称	净残值率	单位	计提属性	卡片样式
01	房屋及建筑物	5%	栋	正常计提	通用样式
011	生产经营用	5%	栋	正常计提	通用样式
012	非生产经营用	5%	栋	正常计提	通用样式
05	运输工具	4%	辆	正常计提	通用样式
051	生产经营用	4%	辆	正常计提	通用样式
052	非生产经营用	4%	辆	正常计提	通用样式
06	设备	5%	台	正常计提	通用样式
061	生产设备	5%	台	正常计提	通用样式
062	电子设备	5%	台	正常计提	通用样式

【任务】设置固定资产类别

建立固定资产账套之后，还需要设置企业固定资产的各项核算规则。在本次任务中要求：正确设置固定资产类别。

【操作指导】

（1）“301 汤明”注册进入“T3—用友通标准版”窗口，选择“固定资产”模块，执行“固定资产”→“设置”→“资产类别”命令，或双击桌面“资产类别”，打开“类别编码表”窗口。

（2）选择“01 房屋”，单击工具栏上的“增加”按钮，进入单张视图界面，输入类别名称“生产经营用”，净残值率“5%”等信息，如图 7－13 所示。

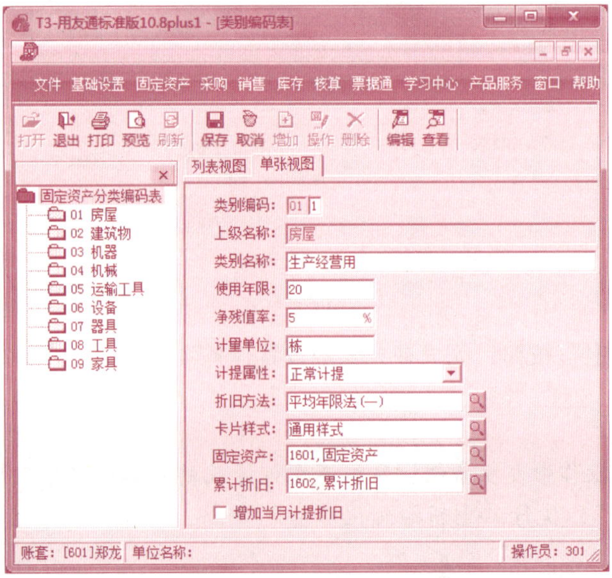

图 7－13

(3) 单击“保存”按钮，系统自动进入“01 房屋”类的下一个子类“012”，输入类别名称“非生产经营用”，净残值率“5%”。

(4) 单击“保存”按钮，系统自动进入“01 房屋”类的下一个子类“013”视图，单击“取消”按钮，退出“01 房屋”类的设置。

(5) 根据表7-2资料，按照上述步骤依次输入其他资产类别。

贴心提示：

- 因为系统已经设置好了一级资产类别，在此只需增加下一级类别即可。增加时要先选择左侧的一级类别名称，再单击“增加”按钮。
- 如果需要修改已存在的类别，单击工具栏上的“操作”按钮。
- 如果要放弃当前的操作，单击工具栏上的“取消”按钮。
- 资产类别编码不能重复，同一级的类别名称不能相同。
- 已使用过的类别不能新增下级。

(6) 资产类别全部输入完毕之后，单击“退出”按钮，完成资产类别设置任务。

案例7-3

【资料】在固定资产业务中，要按部门计提固定资产折旧费用，不同部门的折旧费用分配计入不同的会计科目。郑龙佳美公司的部门对应折旧科目设置如表7-3所示。

表7-3 部门对应折旧科目

部门	对应折旧科目
办公室、财务部、供应部	管理费用/折旧费 560210
市场部	销售费用/折旧费 560108
制造部	制造费用/折旧费 410103

【任务】设置部门对应折旧科目

对应折旧科目是指折旧费用的入账科目。资产计提折旧后必须把折旧归入成本或费用，一般情况下，某一部门内的资产的折旧费用将归集到一个比较固定的科目，所以部门折旧科目的设置就是给部门选择一个折旧科目，录入卡片时，该科目自动缺省在卡片中，不必一个一个输入。在本次任务中要求：正确设置部门对应折旧科目。

【操作指导】

(1) 在“T3—用友通标准版”窗口中，执行“固定资产”→“设置”→“部门对应折旧科目”命令，打开“部门编码表”窗口。

(2) 选择“1 办公室”，单击工具栏上的“操作”按钮，进入单张视图界面，参照输入折旧科目“管理费用/折旧（560210）”，如图7-14所示。

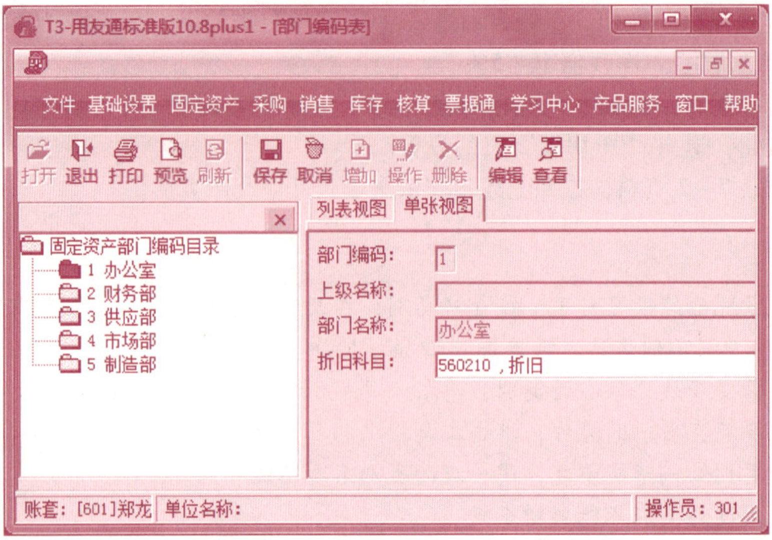

图 7－14

（3）单击“保存”按钮，按照表 7－3 资料，依次输入其他部门的对应折旧科目，如图 7－15 所示。

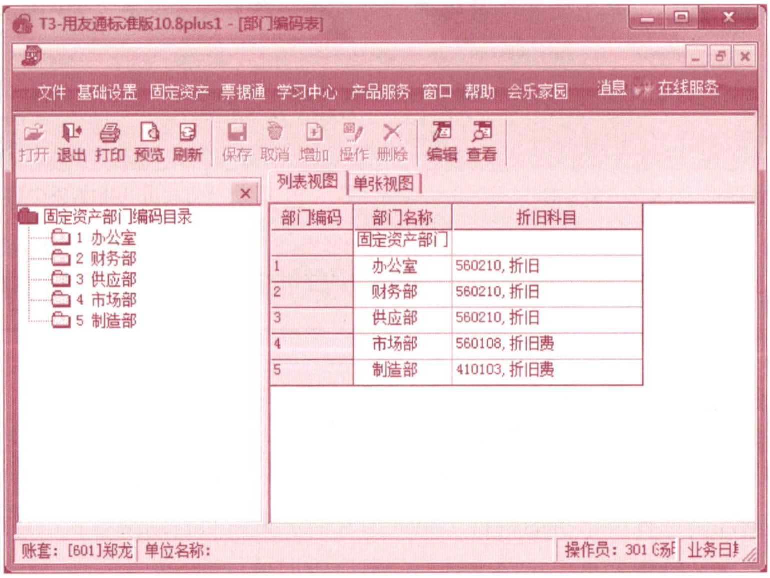

图 7－15

贴心提示：

- 如果下级部门的对应折旧科目与上级部门对应折旧科目相同，则在上级部门设置完成保存之后单击“刷新”按钮即可。
- 如果下级部门的折旧科目不同，则先选中下级部门再分别设置。

（4）全部输入完毕之后，单击“退出”按钮，完成部门对应折旧科目设置任务。

案例 7－4

【资料】在固定资产核算中，除了部门对应折旧科目之外，与固定资产核算有关的会计科目还包括固定资产增加、减少所对应的科目。郑龙佳美健身器材有限公司固定资产增减方式对应科目设置如表 7－4 所示。

表 7－4 增减方式对应入账科目

增减方式	对应入账科目
增加方式：直接购入	100201，工行存款
减少方式：损毁	1606，固定资产清理

【任务】设置增减方式对应入账科目

资产增加或减少方式影响着资产的计价和处理原则，不同的增减方式需要计入不同的会计科目。在本次任务中，要求设置部分增减方式所对应的会计科目。

【操作指导】

（1）在“T3—用友通标准版”窗口中，选择“固定资产”模块，执行“固定资产”→“设置”→“增减方式”命令，或双击桌面“增减方式”，打开“增减方式”窗口。

（2）选择“直接购入”，单击工具栏上的“操作”按钮，进入单张视图界面，参照输入对应入账科目“银行存款/工行存款（100201）”，如图 7－16 所示。

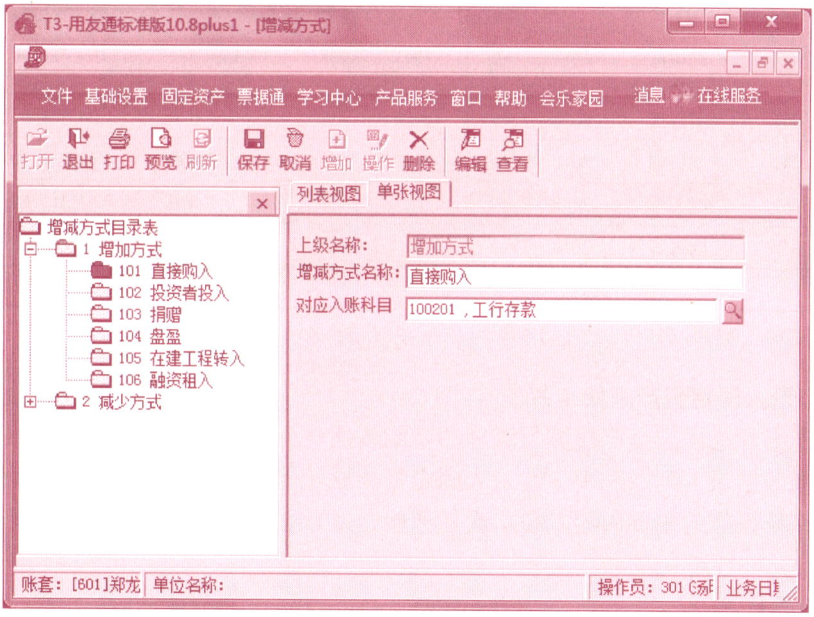

图 7－16

（3）单击“保存”按钮，按照表 7－4 资料，输入减少方式“毁损”的对应入账科目“1601 固定资产清理”，保存。

（4）单击“退出”按钮，完成增减方式对应入账科目设置任务。

知识链接

固定资产增加的方式主要有：直接购买、投资者投入、捐赠、盘盈、在建工程转入、融资租入。减少的方式主要有：出售、盘亏、投资转出、捐赠转出、报废、毁损、融资租出等。用户也可以自行设置增减方式。

固定资产的核算规则还包括折旧方法的定义、使用状况的设置等内容。

任务2　录入固定资产原始卡片

案例7-5

【资料】郑龙佳美公司2019年7月初将固定资产的期初数据进行分类整理，形成固定资产原始卡片资料，如表7-5所示。

表7-5　　固定资产原始卡片

名称	类别编号	使用部门	开始使用日期	使用年限	净残值率	原值（元）	累计折旧（元）	增加方式
厂房	011	制造部	2018-3-6	15	5%	2 072 800	164 787.60	在建工程转入
新龙马货车	051	制造部	2018-5-9	5	4%	166 000	34 528.00	直接购入
机床	061	制造部	2018-7-6	5	5%	80 000	13 904.00	
HP台式电脑	062	财务部	2018-7-9	4	5%	5 600	1 219.68	
HP台式电脑	062	财务部	2018-7-9	4	5%	5 600	1 219.68	
合计						2 330 000	215 658.96	

注：以上固定资产的折旧方法均为“平均年限法（一）”，使用状态均为“在用”。

【任务】录入固定资产原始卡片

固定资产卡片是固定资产核算与管理的基础依据，为保持历史资料的连续性，必须将建账日期以前的数据录入到系统中，即录入固定资产原始卡片。卡片是本系统处理的起点，卡片操作是本系统操作的主要内容。在本次任务中，要求按照表7-5资料正确录入固定资产原始卡片。

【操作指导】

（1）“301 汤明”注册进入“T3—用友通标准版”，选择“固定资产”模块，执行“固定资产”→“卡片”→“录入原始卡片”命令，或双击桌面“原始卡片录入”，打开“资产类别参照”对话框，如图7-17所示。

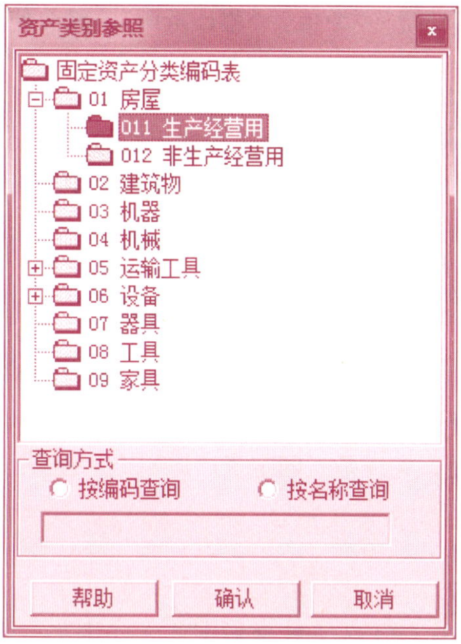

图 7－17

（2）打开“01 房屋”文件夹，选择“011 生产经营用”，单击“确认”按钮，进入“固定资产卡片［录入原始卡片：00001 号卡片］”窗口，如图 7－18 所示。

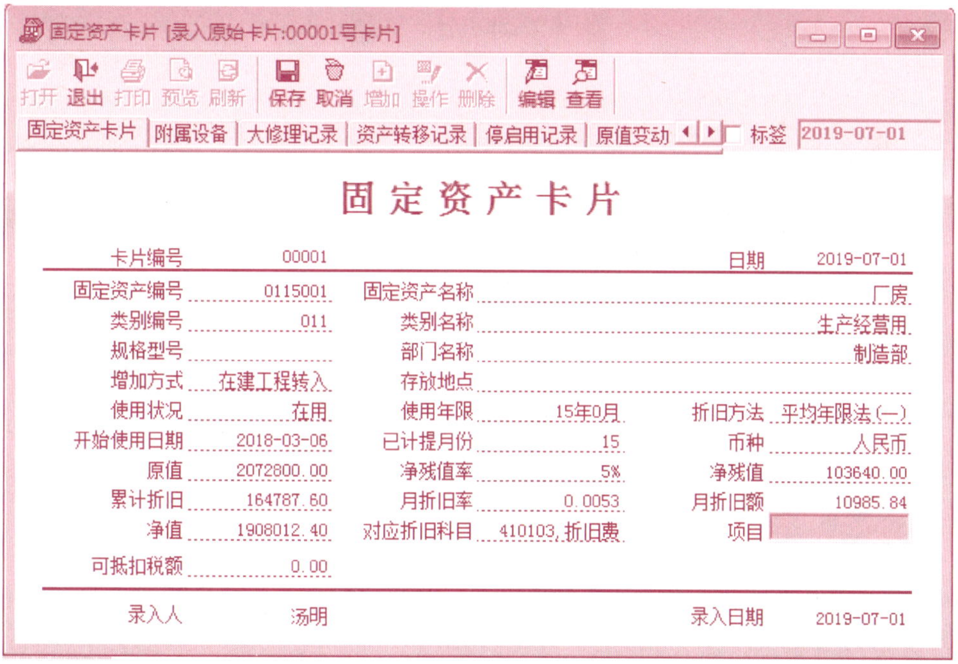

图 7－18

（3）根据表 7－5 所给资料输入固定资产名称“厂房”；双击“部门名称”，选择“制造部”；双击“增加方式”，选择“在建工程转入”；双击“使用状况”，选择“在用”；根据案例资料输入“开始使用日期”“原值”“累计折旧”，修改使用年限。

知识链接

固定资产卡片上自动生成的项目

- 固定资产编号：系统根据初始化时定义的编码方案自动设定，不能由用户自行设置或修改。
- 已计提月份：系统根据开始使用日期自动算出，但可以修改。
- 月折旧率、月折旧额：系统根据已经录入的相关数据自动计算。

（4）单击“保存”按钮，系统弹出“数据成功保存！”提示框，单击“确定”按钮，依次录入其他固定资产原始卡片。

（5）单击“退出”按钮，完成录入固定资产原始卡片任务。

贴心提示：

录入的卡片哪里去了？

卡片录入完毕之后，我们可以随时查询卡片，方法是：执行“固定资产”→“卡片”→“卡片管理”命令，打开“卡片管理”窗口。在这个窗口还可以修改或删除卡片。删除卡片时，如果不是最后一张，系统将保留空号。

复习巩固

一、填空题

1. 固定资产管理系统以____________为主线，按月汇总出____________的固定资产汇总数据，打印卡片汇总表。

2. 固定资产初始设置主要包括__________、__________、__________等内容。

二、单项选择题

1. 创建完固定资产账套后，如果发现系统不允许修改的内容有错，必须改正，只能通过（　　）实现，该操作将清空对该子账套所做的一切工作。

A. “设置” | “重新初始化账套功能”　B. “设置” | “选项”

C. “维护” | “重新初始化账套功能”　D. “工具” | “选项”

2. 在固定资产系统初始化设置完成后，以下哪些控制参数不需要在“选项”中补充完整？（　　）。

A. 本账套业务发生后是否立即制单　B. 缺省入账科目

C. 月末结账前是否要完成制单登账业务　D. 主要折旧方法

3. 固定资产系统的基础设置主要不包括（　　）。

A. 部门档案　B. 存货档案

C. 折旧方法　　D. 部门对应折旧科目

4. 当固定资产类别编号级次为2112时，以下哪个是正确的资产类别设置结果？（　　）。

A. 5 运输工具　　B. 06 设备

C. 50101 经营用　　D. 0610101 非经营用

5. 以下哪个部门的对应折旧科目可以设置为销售费用？（　　）。

A. 财务部　　B. 管理部

C. 生产部　　D. 市场部

6. 录入固定资产原始卡片时，以下哪些项目无需录入？（　　）。

A. 固定资产名称　　B. 固定资产原值

C. 月折旧额　　D. 累计折旧

三、判断题

1. 设定资产类别编码方式以后，一旦某一级设置了类别，则其长度不能修改。（　　）

2. 固定资产系统设定每个月均计提折旧，因此折旧的汇总分配也必须每个月进行。（　　）

3. 资产类别编码不能重复，不同级的类别名称不能相同。（　　）

4. 未使用过的固定资产类别不能新增下级。（　　）

5. 设置了对应科目，在发生该增减方式的固定资产变动时，系统自动转账将默认采用这些科目。（　　）

6. 固定资产编号由系统根据初始化时定义的编码方案自动设定，但可以修改。（　　）

7. 固定资产折旧已计提月份由系统将根据开始使用日期自动算出，不可以修改。（　　）

项目8　固定资产管理系统的业务处理

【知识目标】

◆ 了解固定资产系统业务处理的主要内容

◆ 熟悉固定资产业务处理流程

◆ 理解固定资产折旧处理的原理

◆ 掌握固定资产的业务处理方法

【技能目标】

- 掌握固定资产增减变动的处理方法
- 正确计算与计提固定资产折旧
- 正确生成并处理相关凭证

【项目任务简述】

完成固定资产管理系统初始设置任务之后，我们要进行固定资产业务处理，包括日常业务处理和期末业务处理。日常处理工作主要包括资产增减、资产变动、折旧处理、生成凭证和账簿管理。期末处理工作主要包括转账、对账和结账。

1. 项目任务分析

1.1 固定资产日常处理

固定资产日常业务处理主要包括以下几个方面：

1.1.1 固定资产增加

固定资产增加是指在系统日常使用过程中购进或通过其他方式增加企业固定资产，在用友 T3 财务软件中，资产增加需要输入一张新的固定资产卡片，这项操作也称为“新卡片录入”，与固定资产期初“原始卡片录入”相对应。

1.1.2 固定资产减少

固定资产减少是指固定资产在使用过程中，由于各种原因退出企业，如报废、毁损、出售、盘亏等。在用友 T3 财务软件中，当固定资产因“出售、报废、毁损、盘亏”等原因减少时，应在相关的固定资产卡片上进行减少登记。

1.1.3 固定资产变动

资产变动的原因有多种，包括原值变动、部门转移、使用状况变动、使用年限调整、折旧方法调整、净残值（率）调整、工作总量调整、累计折旧调整、资产类别调整、变动单管理等。需要注意的是，有关资产项目的修改，如名称、编号、自定义项目的变动等不属于资产变动，可直接在卡片上操作。

在用友 T3 财务软件中，资产变动要求输入相应的“变动单”来记录资产调整结果。

1.1.4 计算与计提固定资产折旧

自动计提固定资产折旧是固定资产系统的主要功能之一。在每个折旧计提周期中，系统根据审核后的固定资产变动资料和更新后的固定资产卡片，利用系统提供的“折旧计提”功能，对各项资产计提一次折旧，自动计算出每项资产的本期折旧额，并自动生成本期折旧费用分配表，然后制作记账凭证，将本期的折旧费用自动登记入账。

1.1.5 生成凭证

固定资产系统通过记账凭证向总账系统自动传递有关数据。日常业务中资产增加、减少、累计折旧调整以及折旧分配等业务均需生成记账凭证。在用友 T3 财务软件中，制作固定资产记账凭证可以采取“立即制单”或“批量制单”的方法实现。

1.1.6 账簿管理

固定资产系统根据相关业务数据自动生成各种账表，用户通过系统提供的账表管理功能，及时掌握资产的统计、汇总和其他各方面信息。在用友 T3 财务软件中，账表包括分析表、统计表、账簿、折旧表四类。系统还提供了自定义报表功能，最大限度满足用户对资产的管理要求。

1.2 固定资产期末处理

1.2.1 期末转账

在每个会计期末，系统根据用户的设定，生成与固定资产核算相关的机制记账凭证，并将其自动传递到总账系统。在总账系统中，这些凭证经过汇总和审核后即可记账。因此，从固定资产系统来说，资产的变化最终是以记账凭证的形式通过总账系统体现出来的。

1.2.2 对账

固定资产系统和总账系统之间存在着数据的传递关系，为保证固定资产系统的资产价值与总账系统中固定资产科目的数值相等，可随时使用对账功能对两个系统进行审查。需要注意的是，在期初固定资产的参数设置或选项中的参数设置选择了“与账务系统对账”参数，才可使用本系统的对账功能。

1.2.3 月末结账

当本月固定资产的变动资料全都输入系统，卡片进行了更新，折旧计算正确，完成了本月全部制单业务后，可以进行月末结账。只有本月结账后方可进入下月进行业务处理。

2. 项目任务实施

在本项目中我们要完成三个任务：

任务1：固定资产变动处理。主要完成固定资产增加业务的处理。

任务2：计提固定资产折旧、生成凭证。主要完成计算与计提固定资产折旧，生成本月固定资产相关业务的记账凭证等业务。

任务3：固定资产月末处理。所有固定资产业务完成后，进行月末对账、结账处理。

任务4：固定资产其他业务处理。主要完成固定资产原值增加、固定资产内部转移、固定资产报废毁损等业务的处理。

任务1 固定资产变动处理

案例8-1

【资料】7月13日，郑龙佳美公司购买激光打印机一台，收到维明公司专用发票一张，价款8 200元，税率13%，税额1 066元。该固定资产的净残值率为4%，预计使用年限为5年。财务部开出转账支票（票号为Z002）支付款项9 266元，打印机已收到并交付办公室投入使用。

【任务】增加固定资产

固定资产增加的途径很多，但大多是由于外购引起的，在本次任务中要求：增加固定资产卡片，形成记账凭证，完成固定资产增加的会计处理。

【操作指导】

（1）2019 年 7 月 13 日，“301 汤明”注册进入“T3—用友通标准版”窗口，执行“固定资产”→“卡片”→“资产增加”命令，或单击桌面“资产增加”，打开“资产类别参照”对话框。

（2）双击打开“06 设备”文件夹，选择“062 电子设备”，单击“确认”按钮，进入“固定资产卡片［新增资产：00006 号卡片］”窗口，如图 8－1 所示。

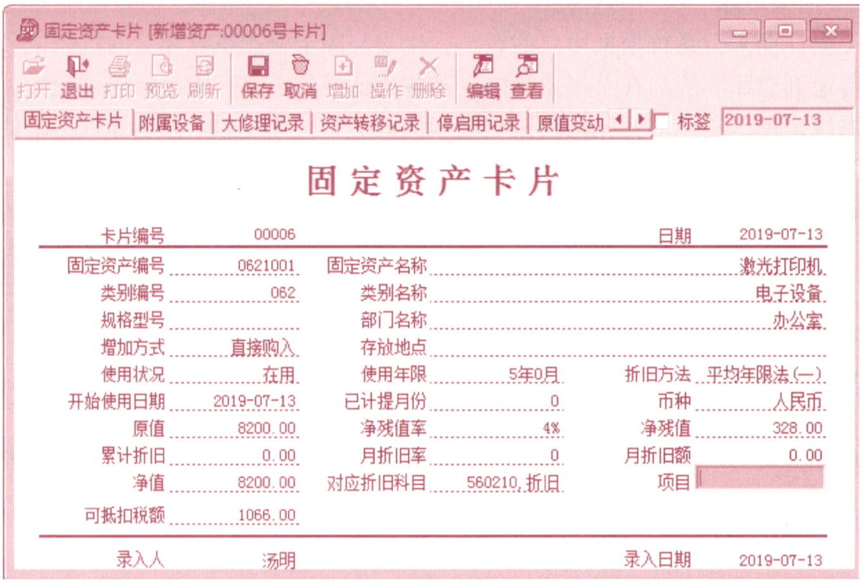

图 8－1

（3）输入固定资产名称“激光打印机”；双击“部门名称”，选择“办公室”；双击“增加方式”，选择“直接购入”；双击“使用状况”，选择“在用”；在“开始使用日期”栏输入 2019－07－13，“原值”为 8200，“可抵扣税额”输入 1066，修改使用年限为“5 年”、净残值率为“4%”。

贴心提示：

- 系统默认“开始使用日期”为登录日期，系统默认该类别资产的使用年限为 3 年，可以根据实际情况修改。
- 新卡片第一个月不提折旧，累计折旧为 0。

（4）单击“保存”按钮，系统弹出“填制凭证”对话框，显示出资产增加业务的记账凭证。

（5）修改贷方科目“银行存款”的相关内容。光标移至辅助核算区，出现笔尖形状时双击打开“辅助项”对话框，输入银行账的辅助信息；再单击“流量”按钮，选择现金流量为“02 投资活动”，项目名称为“11 购建固定资产、无形资产和其他非流动资产支付的现金”。然后单击“保存”按钮，系统在左上角显示“已生成”标记，如图 8－2 所示。

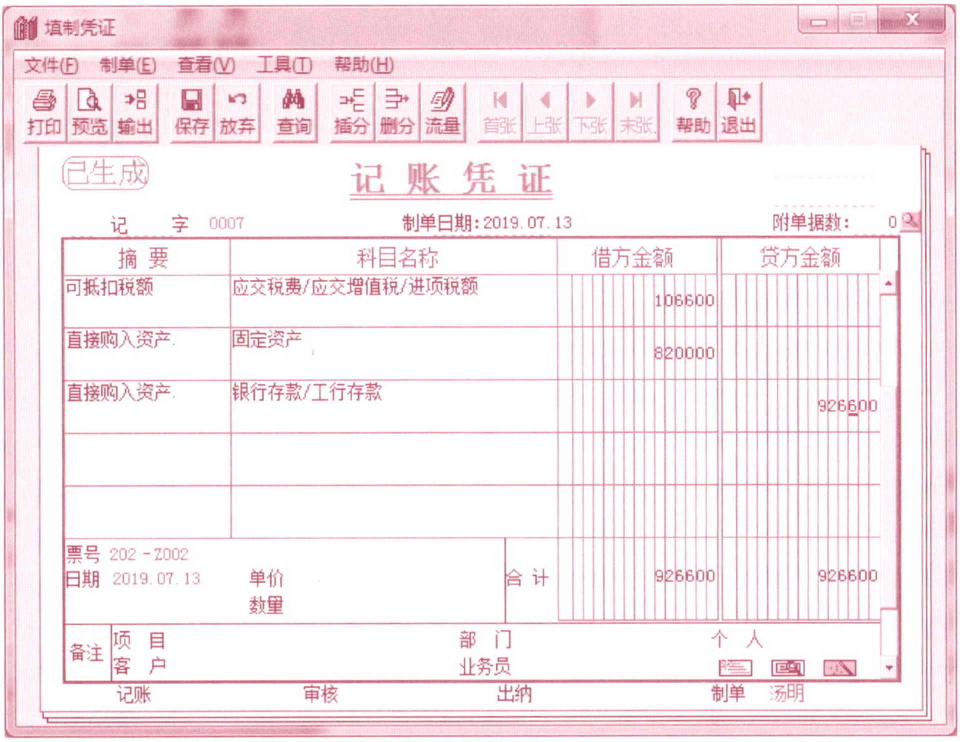

图8－2

(6) 单击“退出”按钮，弹出“数据成功保存!”提示框，单击“确定”按钮，然后退出，完成固定资产增加业务的核算任务。

贴心提示：

- 制单包括立即制单和批量制单两种方法。如果在初始化中没有设置“业务发生后立即制单”，可以在月末利用批量制单生成凭证。
- 如果收到的是增值税专用发票，可将进项税额录入。在生成凭证时，如果在固定资产“选项”设置中，设置了“可纳税调整的增加方式”相对应的“可抵扣税额入账科目”，录入可抵扣的进项税额后，生成的凭证中将包含可抵扣的进项税。

任务2　计提固定资产折旧

案例8－2

【资料】 7月16日，郑龙佳美公司对所有固定资产计提折旧费用。

【任务】计提固定资产折旧

固定资产折旧处理包括计提本期折旧，整理折旧数据，形成折旧报表。在本次任务中，要求正确计提本月固定资产折旧。

【操作指导】

（1）7 月 16 日，“301 汤明”注册进入“T3—用友通标准版”窗口，执行“固定资产”→“处理”→“计提本月折旧”命令，或单击桌面“计提本月折旧”图标，弹出对话框，如图 8－3 所示。

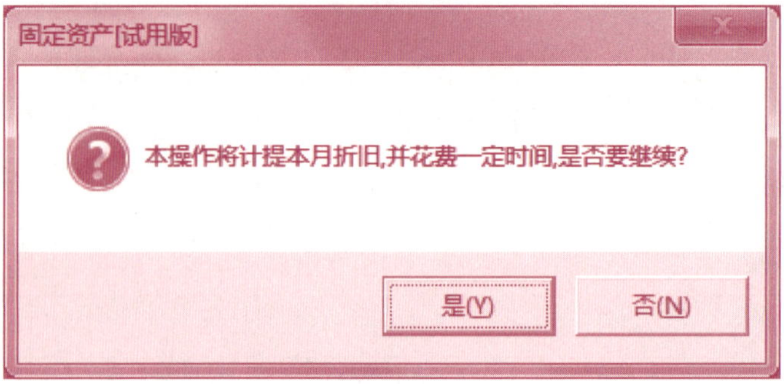

图 8－3

（2）单击“是”按钮，系统弹出“是否要查看折旧清单?”对话框，如图 8－4 所示。

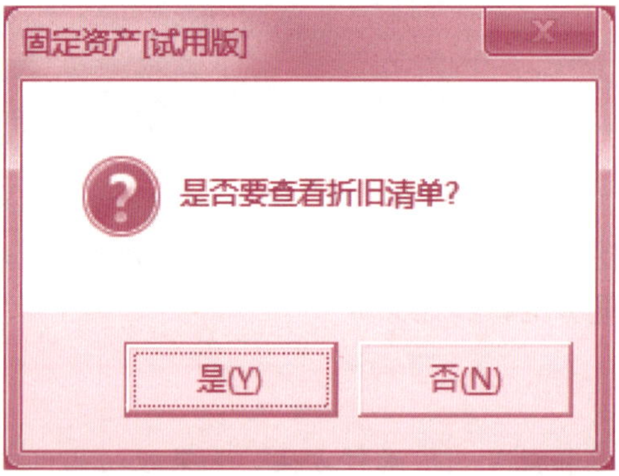

图 8－4

（3）单击“是”按钮，打开折旧清单，如图 8－5 所示。

卡片编号	资产编号	资产名称	原值	计提原值	本月折旧	累计折旧	净残值	折旧率	单位
00001	0115001	厂房	2,072,800.00	2,072,800.00	10,985.84	175,773.44	3,640.00	0.0053	
00002	0515001	新龙马货车	166,000.00	166,000.00	2,656.00	37,184.00	6,640.00	0.0160	
00003	0615001	机床	80,000.00	80,000.00	1,264.00	15,168.00	4,000.00	0.0158	
00004	0622001	HP台式电脑	5,600.00	5,600.00	110.88	1,330.56	280.00	0.0198	
00005	0622002	HP台式电脑	5,600.00	5,600.00	110.88	1,330.56	280.00	0.0198	
合计			2,330,000.00	2,330,000.00	15,127.60	230,786.56	4,840.00		

图 8－5

（4）单击“退出”按钮，打开折旧分配表，如图 8－6 所示。

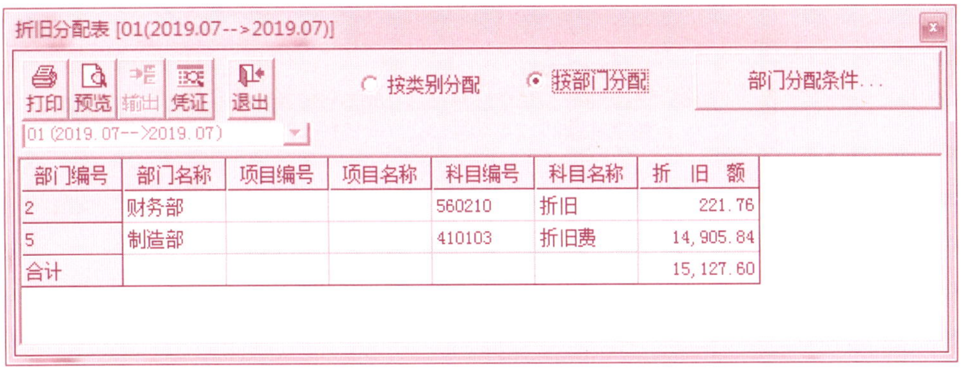

图 8－6

（5）单击“退出”按钮，进入“填制凭证”窗口，如图 8－7 所示。

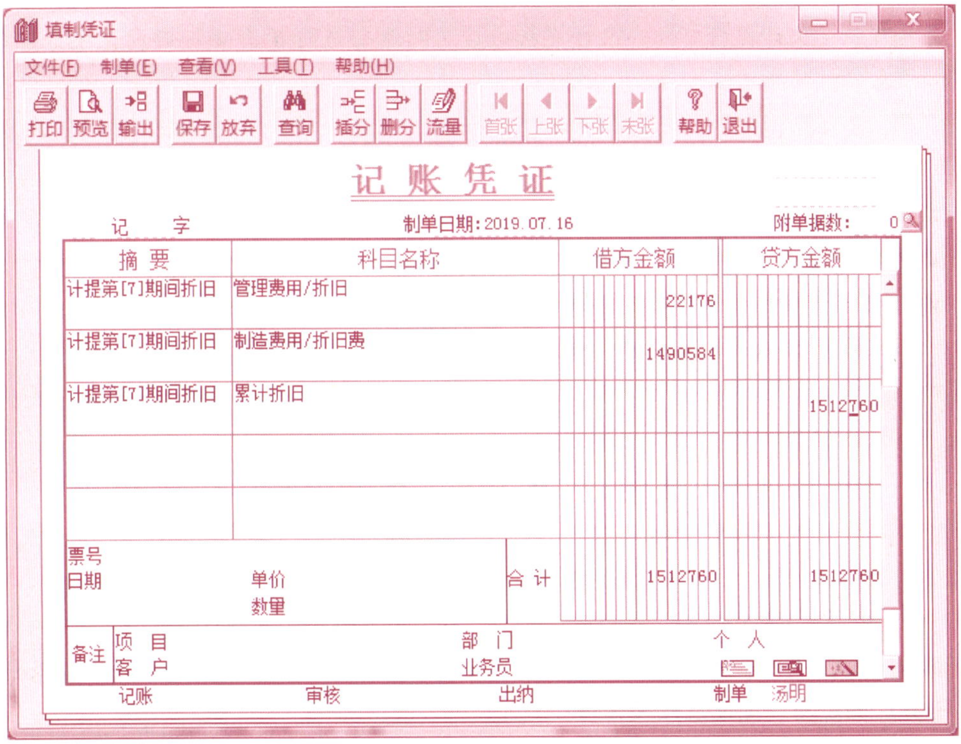

图 8－7

（6）单击“保存”按钮，系统在左上角显示“已生成”标记，单击“退出”按钮，弹出“计提折旧完成！”提示框，如图 8－8 所示。

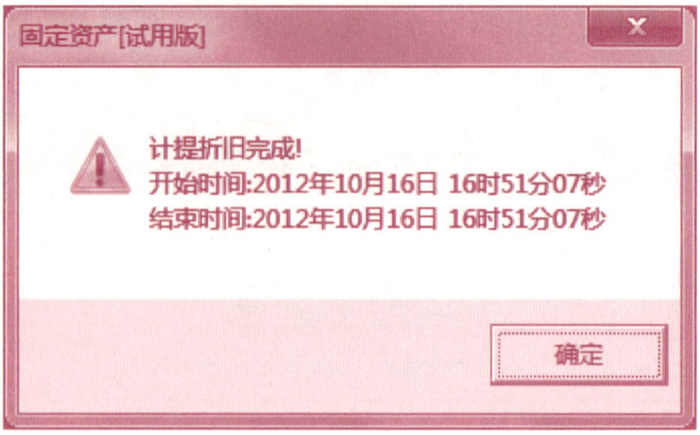

图 8 - 8

（7）单击“确定”按钮，完成固定资产折旧的处理。

贴心提示：

每月可以多次计提折旧，如果计提折旧后又对账套进行了影响折旧计算或分配的操作，必须重新计提折旧。

知识链接

- 本月增加的固定资产，本月不提，下月再提；
- 本月减少的固定资产，本月照提，下月停提；
- 调拨固定资产，本月计提的折旧仍属原部门，下月才归属调拨的新部门；
- 改变折旧方法的固定资产，本月采用新方法计算折旧。

任务 3　固定资产月末处理

案例 8 - 3

【资料】 7 月 31 日，郑龙佳美公司进行固定资产月末账务处理并查询相关账表及凭证。

【任务】 固定资产凭证及账表管理

月末，必须将固定资产系统生成的记账凭证进行审核记账，这项工作是在总账系统中完成的。在本次任务中要求：

（1）对固定资产系统生成的凭证进行出纳签字、审核、记账。

（2）查询固定资产账表。

（3）查询固定资产凭证。

【操作指导】

（1）“201 李芳”注册进入“T3—用友通标准版”窗口，执行“总账”→“凭证”→“审核凭证”命令，对固定资产系统传递来的两张凭证进行审核。

（2）“202 苏莉兰”注册进入“T3—用友通标准版”窗口，执行“总账”→“凭证”→“出纳签字”命令，对固定资产系统传递来的购入固定资产凭证进行出纳签字。

（3）“203 张辉”注册进入“T3—用友通标准版”窗口，执行“总账”→“凭证”→“记账”命令，对已经审核的固定资产凭证执行记账，然后退出总账系统。

（4）“301 汤明”注册进入“T3—用友通标准版”窗口，执行“固定资产”→“账表”→“我的账表”命令，打开“报表”窗口，如图8－9所示。

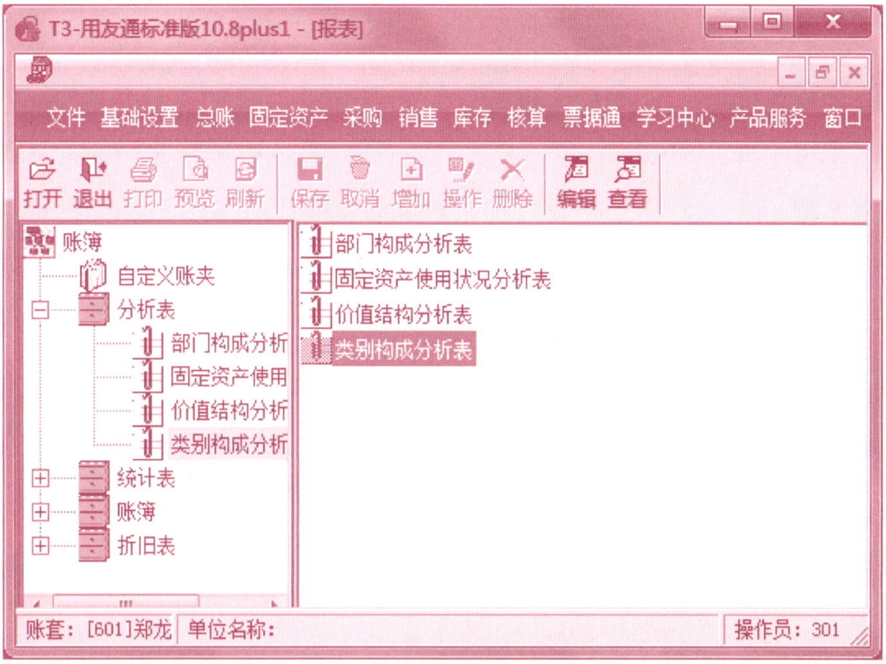

图8－9

（5）根据需要选择要查看的报表。如查询“类别构成分析表”，则单击左侧的“分析表”，选择“类别构成分析表”，在弹出的“条件”对话框中选择“2019.07”作为查询期间，如图8－10所示。

图8－10

（6）单击“确定”按钮，在打开的“查看报表”窗口中可以动态地查看固定资产的构成情况，如图8－11所示。

资产类别	数量	计量单位	期末原值	占类别百分比%	占总值百分比%
房屋(01)	1	栋	2,072,800.00	100.00	88.65
生产经营用(011)	1	栋	2,072,800.00	100.00	88.65
运输工具(05)	1	辆	166,000.00	100.00	7.10
生产经营用(051)	1	辆	166,000.00	100.00	7.10
设备(06)	4	台	99,400.00	100.00	4.25
生产设备(061)	1	台	80,000.00	80.48	3.42
电子设备(062)	3	台	19,400.00	19.52	0.83
总 计	6		2,338,200.00	100.00	100.00

图 8－11

（7）执行“固定资产”→“处理”→“凭证查询”命令，打开“凭证查询”对话框，如图 8－12 所示。

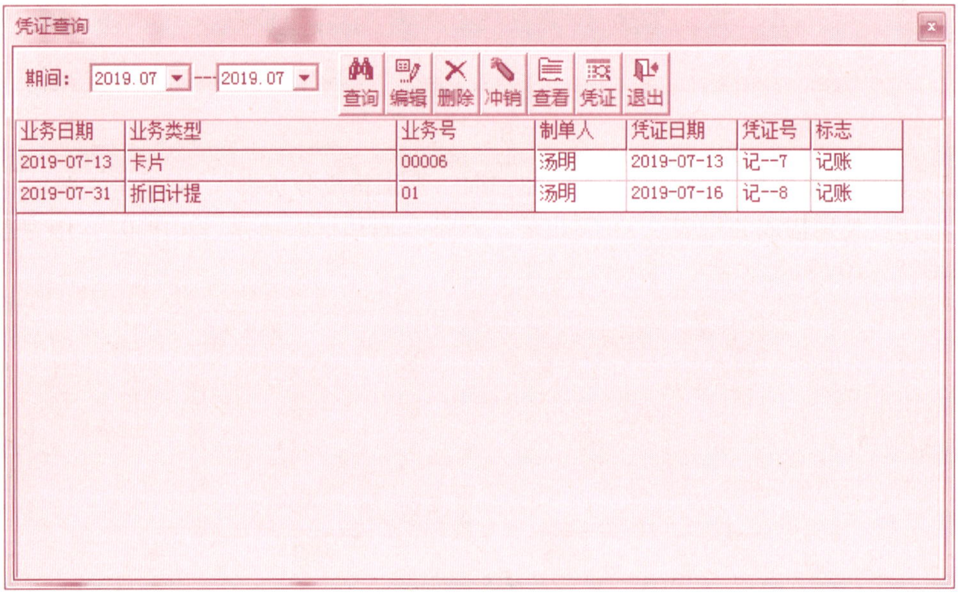

业务日期	业务类型	业务号	制单人	凭证日期	凭证号	标志
2019-07-13	卡片	00006	汤明	2019-07-13	记--7	记账
2019-07-31	折旧计提	01	汤明	2019-07-16	记--8	记账

图 8－12

（8）双击要打开的凭证所在行，或单击“查询”按钮即可打开相关凭证。

贴心提示：

- 固定资产系统生成的凭证必须在总账中执行出纳签字、凭证审核、记账才能生成账簿数据。
- 在固定资产“凭证查询”界面还可以进行删除、冲销等操作。

案例8－4

【资料】7月31日，郑龙佳美健身器材有限公司进行固定资产月末对账及结账。

【任务】固定资产期末对账与结账

固定资产的业务处理完成之后，生成的凭证经总账系统审核记账，还可以进行双方的对账，以保证固定资产核算的完整准确。最后进行固定资产结账，完成固定资产业务处理。在本次任务中要求：

（1）对固定资产系统进行对账。

（2）完成固定资产月末结账。

【操作指导】

（1）“301 汤明”注册进入“T3—用友通标准版”窗口，执行“固定资产”→“处理”→“对账”命令，弹出对话框，如图8－13所示。

图8－13

（2）单击“确定”按钮，完成对账。

（3）执行“固定资产”→“处理”→“月末记账”命令，或单击桌面“月末结账”，弹出月末结账对话框，如图8－14所示。

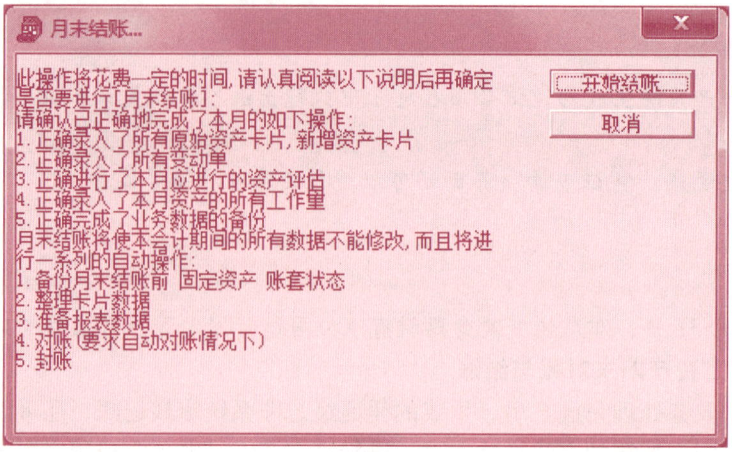
月末结账...
此操作将花费一定的时间，请认真阅读以下说明后再确定
是否要进行[月末结账]:
请确认已正确地完成了本月的如下操作:
1. 正确录入了所有原始资产卡片，新增资产卡片
2. 正确录入了所有变动单
3. 正确进行了本月应进行的资产评估
4. 正确录入了本月资产的所有工作量
5. 正确完成了业务数据的备份
月末结账将使本会计期间的所有数据不能修改，而且将进
行一系列的自动操作:
1. 备份月末结账前 固定资产 账套状态
2. 整理卡片数据
3. 准备报表数据
4. 对账（要求自动对账情况下）
5. 封账
开始结账
取消

图 8－14

（4）单击“开始结账”按钮开始结账，弹出的“与账务对账”窗口，单击“确定”按钮，系统弹出“月末结账成功完成!”提示框。

（5）单击“确定”按钮，系统完成结账工作，并弹出提示信息，如图 8－15 所示。

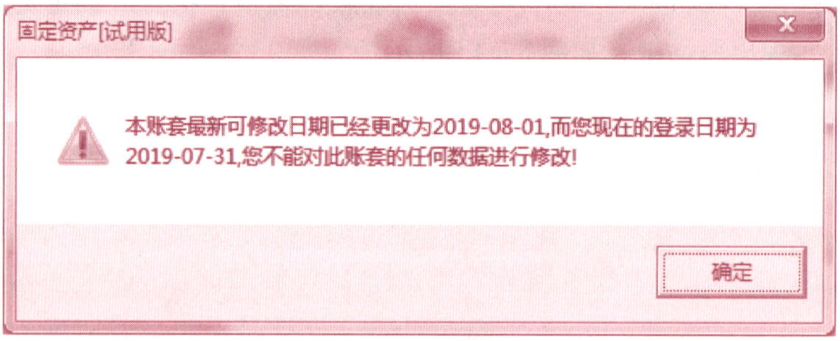
固定资产[试用版]
本账套最新可修改日期已经更改为2019-08-01,而您现在的登录日期为
2019-07-31,您不能对此账套的任何数据进行修改!
确定

图 8－15

（6）单击“确定”按钮，完成本月固定资产任务。

贴心提示：

- 月末结账后，当月数据不允许再进行改动。
- 如果发现结账后有本月未处理的业务，可以通过系统提供的“恢复月末结账前状态”功能进行反结账。方法是执行“固定资产”→“处理”→“恢复月末结账前状态”命令。

任务 4　固定资产其他业务处理

案例 8－5

【资料】 2019 年 8 月 5 日，郑龙佳美公司决定为制造部在用的机床购置备用配件一套，取得普通发票，价款5 000元，财务部开出转账支票（票号为Z805）支付货款。

【任务】固定资产原值增加

固定资产在使用过程中如果发生重新估价、增加补充或改良设备、部分拆除等情况时，应该做原值变动处理。在本次任务中，要求填写固定资产变动单，增加固定资产原值。

【操作指导】

（1）2019年8月5日，“301 汤明”注册进入“T3—用友通标准版”窗口，执行“固定资产”→“卡片”→“变动单”→“原值增加”命令，如图8－16所示；或单击桌面“资产变动”图标，选择“原值增加”，系统进入“固定资产变动单”窗口。

图8－16

（2）在“固定资产变动单［新增变动单：00001号变动单］”窗口，双击“卡片编号”按钮，系统弹出“卡片参照”对话框，选择“00003 机床”卡片，如图8－17所示。

图 8－17

（3）单击“确认”按钮，系统自动将该卡片相关信息显示在变动单相关栏目内，如图 8－18 所示。

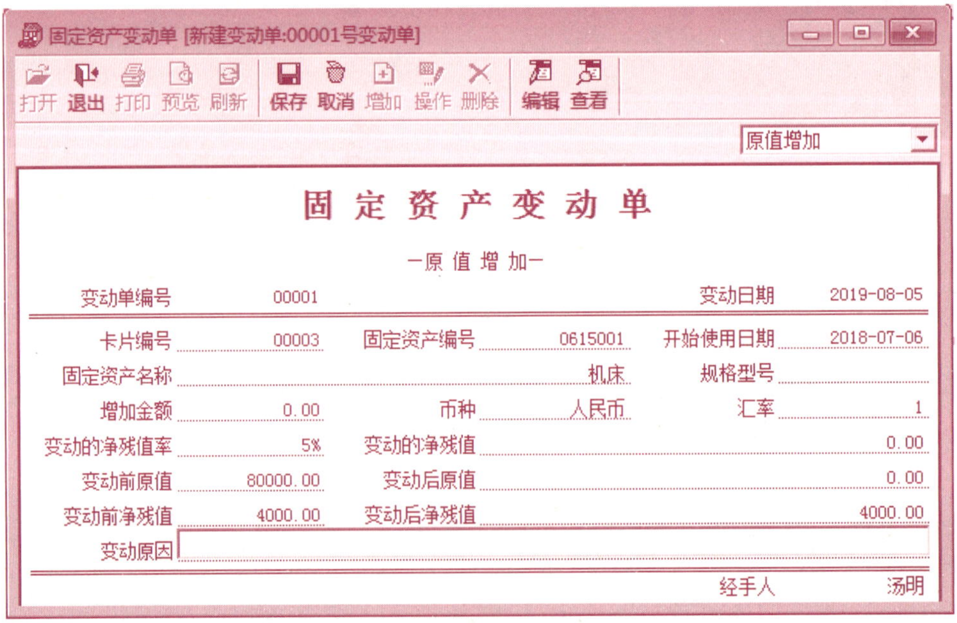

图 8－18

（4）在“增加金额”栏填写5 000，在“变动原因”栏输入“购买配件”，如图8－19所示。

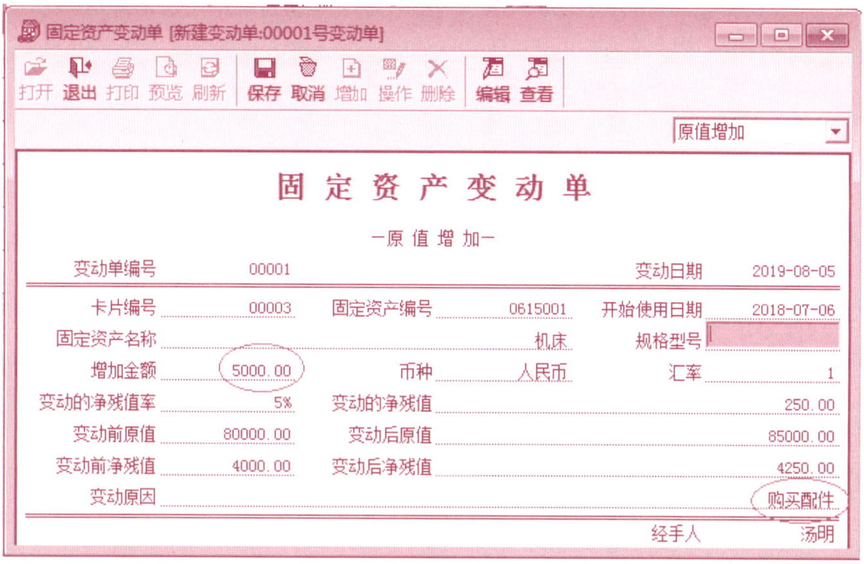

图8－19

（5）单击“保存”按钮，系统弹出记账凭证，输入贷方科目“100201 银行存款/工行存款”，系统弹出“辅助项”信息，输入结算方式和票号，如图8－20所示，单击“确认”按钮。

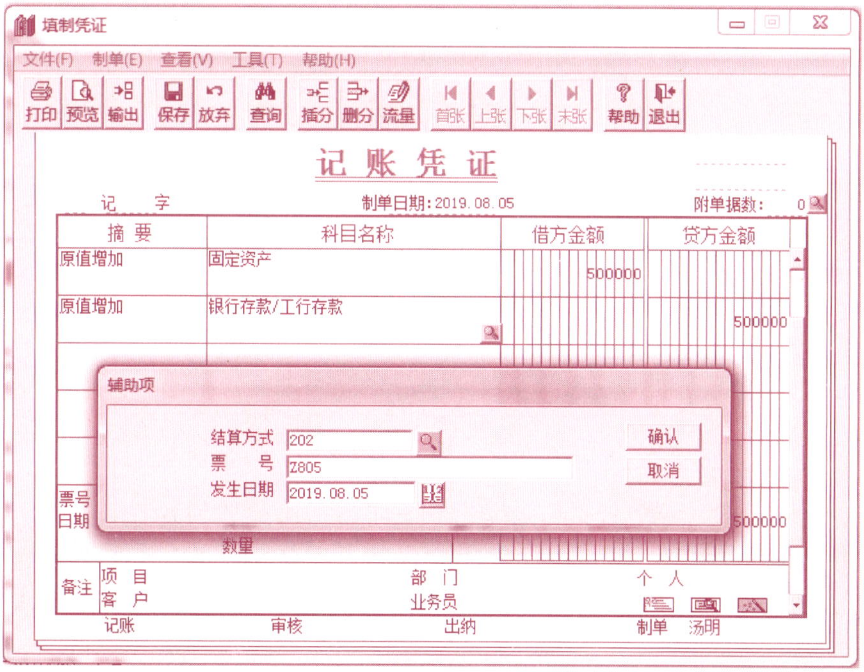

图8－20

(6) 单击工具栏上的“流量”按钮，系统弹出“现金流量表”对话框，单击“增加”按钮，双击选择“投资活动”项目中的“购建固定资产、无形资产和其他非流动资产支付的现金”，单击“保存”按钮，如图8-21所示。

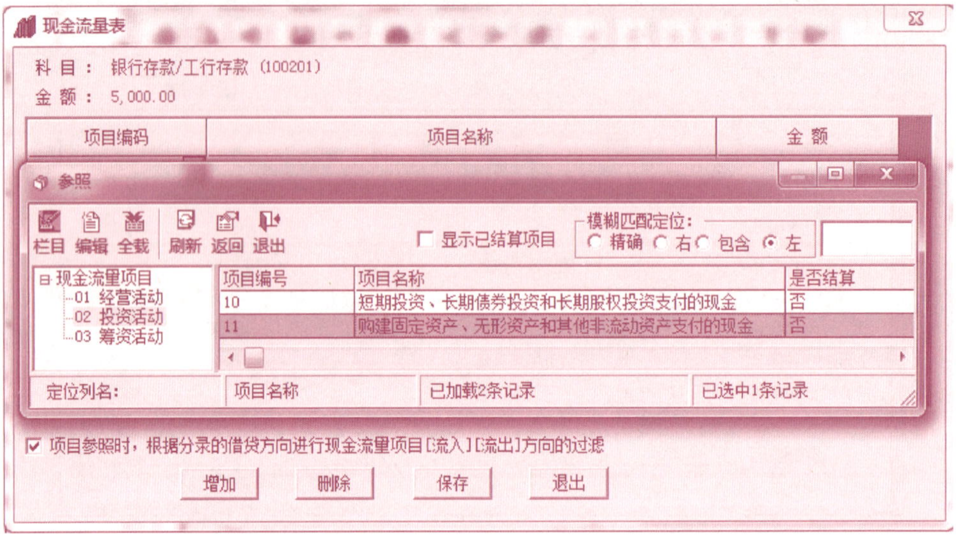

图8-21

(7) 单击“保存”按钮，凭证左上角显示“已生成”，如图8-22所示。

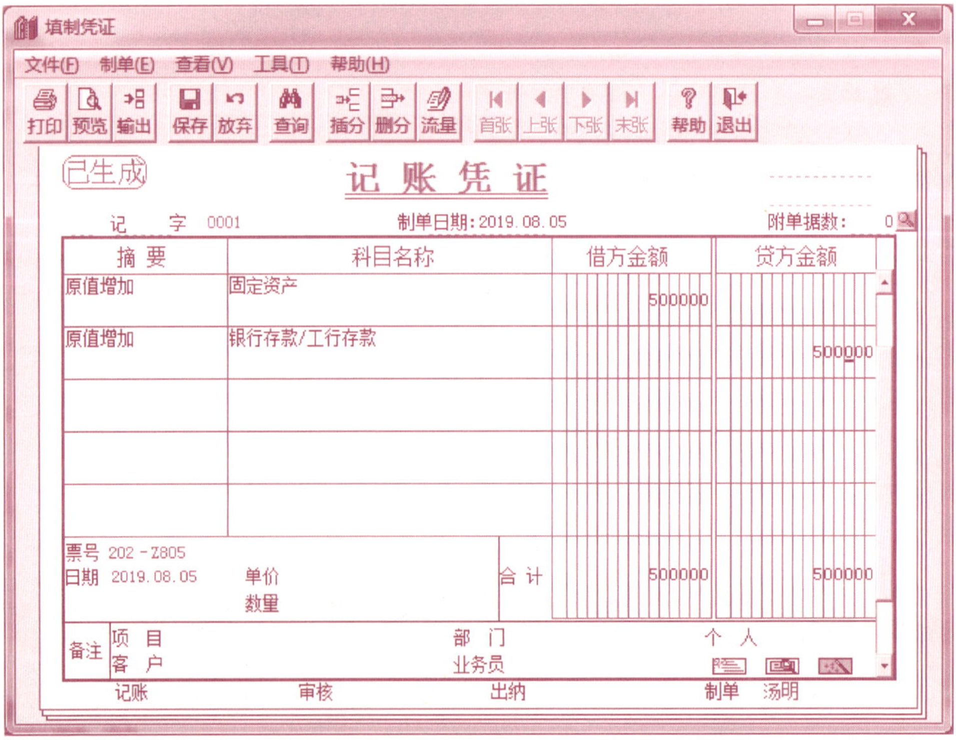

图8-22

（8）退出，完成固定资产原值增加处理业务。

贴心提示：

- 固定资产变动主要包括原值增加、原值减少、部门转移、使用状况变动、折旧方法调整、累计折旧调整、使用年限调整、工作总量调整、净残值（率）调整、固定资产类别调整、减值准备的计提等。
- 固定资产发生变动时，通过输入“变动单”来处理，必须保证变动后的净值大于变动后的净残值。

案例8－6

【资料】2019年8月9日，将制造部的“新龙马货车”移交给市场部作为运货车辆。

【任务】固定资产部门转移

某项固定资产在使用过程中，由原使用部门调配给其他部门使用，称为“部门转移”，发生部门转移时，需要填写“部门转移”变动单。

【操作指导】

（1）2019年8月9日，“301 汤明”注册进入“T3—用友通标准版”窗口，执行“固定资产”→“卡片”→“变动单”→“部门转移”命令，或单击桌面“资产变动”图标，选择“部门转移”，系统进入“固定资产变动单”窗口。

（2）在“固定资产变动单［新增变动单：00002号变动单］”窗口，双击“卡片编号”按钮，系统弹出“卡片参照”对话框，选择“00002 新龙马货车”卡片，单击“确认”按钮，系统自动将该卡片相关信息显示在变动单相关栏目内，如图8－23所示。

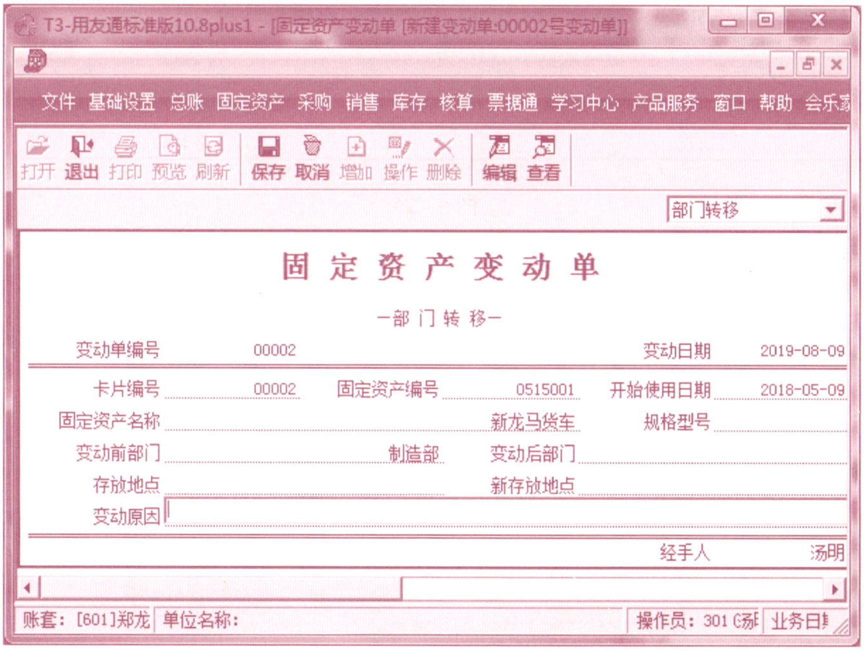

图8－23

（3）单击“变动后部门”按钮，系统弹出“部门参照”对话框，如图 8－24 所示。

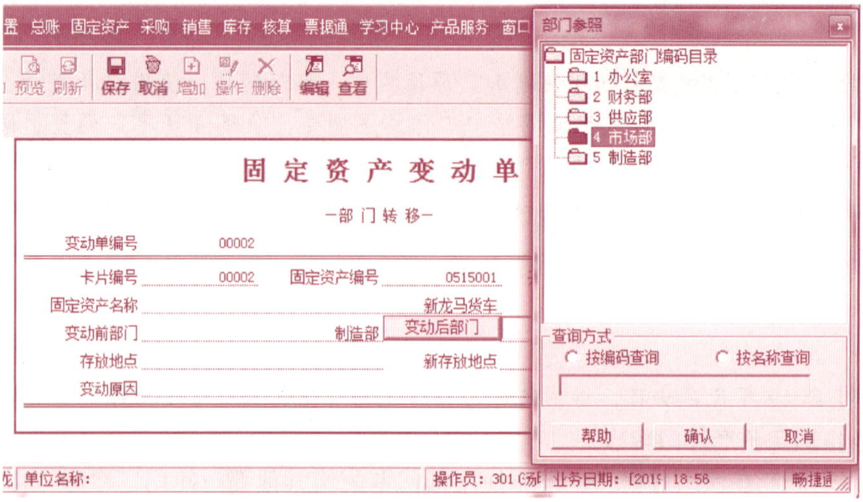

图 8－24

（4）选择变动后部门为“市场部”，在“变动原因”栏输入“内部调配”，单击“确认”按钮，如图 8－25 所示。

图 8－25

（5）单击“保存”按钮，系统弹出提示框，如图 8－26 所示。

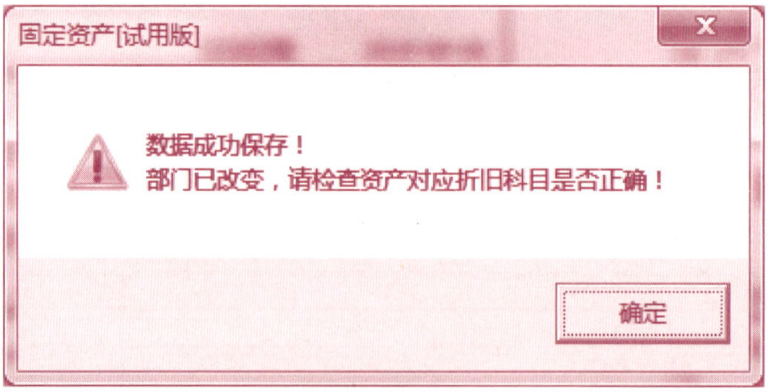

图 8－26

（6）单击“确定”按钮，完成固定资产部门转移处理业务。

贴心提示：

固定资产部门转移不影响固定资产价值的变动，因此无需进行账务处理，但是由于固定资产使用部门的变动会影响对应折旧科目的选择，因此需注意检查折旧科目变动的正确性，必要时做相关变动的调整。

案例8－7

【资料】2019年8月10日，郑龙佳美公司资产管理部门查询8月固定资产变动情况。

【任务】查询固定资产变动单、变动后的固定资产卡片

固定资产变动后，与该项固定资产相关的信息通过“变动单”得以保存，并更新了固定资产卡片信息，因此，可以通过查询变动单及相应固定资产卡片了解固定资产变动情况。

【操作指导】

（1）2019年8月10日，“301 汤明”注册进入“T3—用友通标准版”窗口，执行“固定资产”→“卡片”→“变动单”→“变动单管理”命令，或单击桌面“资产变动”图标，选择“变动单管理”，系统进入“变动单管理”窗口，如图8－27所示。

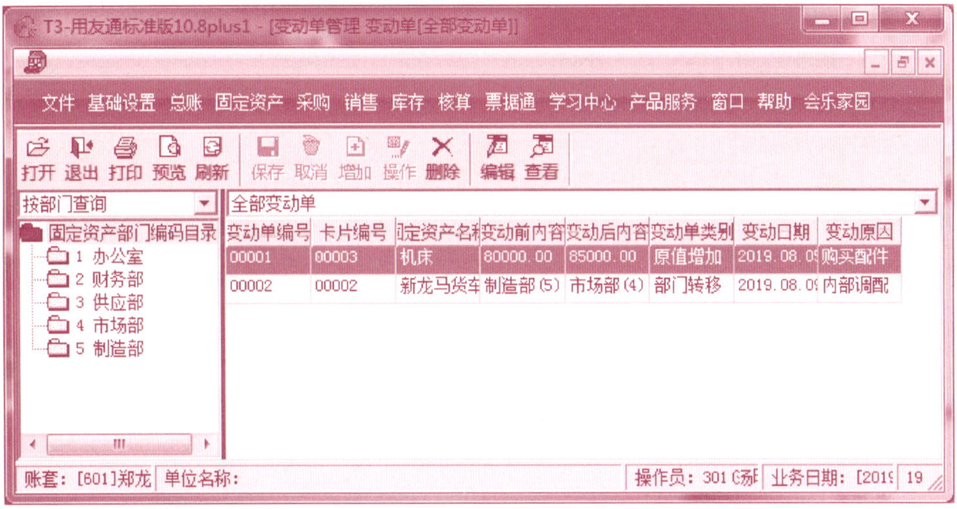

图8－27

（2）选择“00001”号变动单，单击“打开”按钮，或者直接双击“00001”号变动单所在行，系统打开“固定资产变动单—原值增加”的变动单，可以查询“机床”发生的原值变动情况，如图8－28所示。

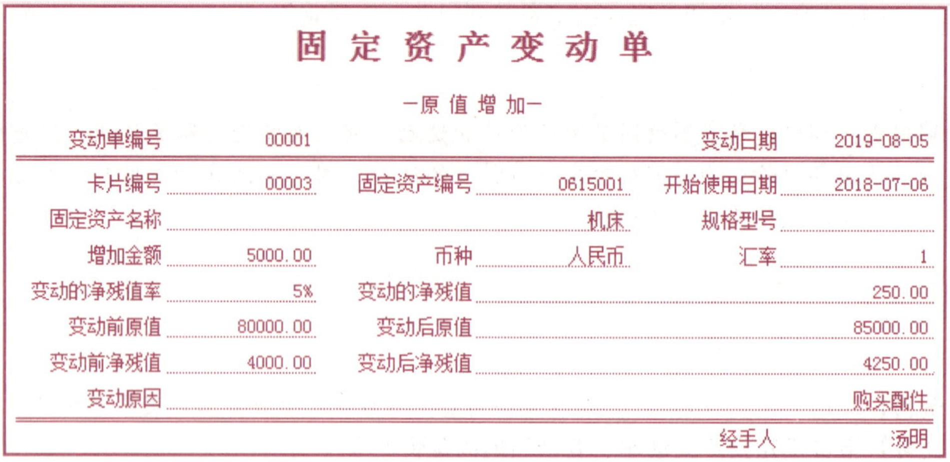

固定资产变动单

—原值增加—

变动单编号	00001			变动日期	2019-08-05
卡片编号	00003	固定资产编号	0615001	开始使用日期	2018-07-06
固定资产名称			机床	规格型号	
增加金额	5000.00	币种	人民币	汇率	1
变动的净残值率	5%	变动的净残值			250.00
变动前原值	80000.00	变动后原值			85000.00
变动前净残值	4000.00	变动后净残值			4250.00
变动原因					购买配件
				经手人	汤明

图 8－28

（3）查询完毕，单击“退出”，返回变动单管理主界面即图 8－27 所示窗口，选择“00002”号变动单进行查询，查询“新龙马货车”由制造部转移到市场部的信息。

（4）退出“变动单管理”，单击固定资产主界面的“卡片管理”图标，打开“卡片管理”窗口，如图 8－29 所示。

卡片编号	开始使用日期	使用年限	原值	固定资产编号	净残值率	录入人
00001	2018.03.06	15年0月	2,072,800.00	0115001	0.05	汤明
00002	2018.05.09	5年0月	166,000.00	0515001	0.04	汤明
00003	2018.07.06	5年0月	85,000.00	0615001	0.05	汤明
00004	2018.07.09	4年0月	5,600.00	0622001	0.05	汤明
00005	2018.07.09	4年0月	5,600.00	0622002	0.05	汤明
00006	2019.07.13	5年0月	8,200.00	0621001	0.04	汤明
合计：			2,343,200.00			

图 8－29

（5）选择“00002”号新龙马货车的固定资产卡片，在打开的该固定资产卡片窗口单击“资产转移记录”按钮，系统弹出由变动单更新的资产转移记录，如图 8－30 所示。

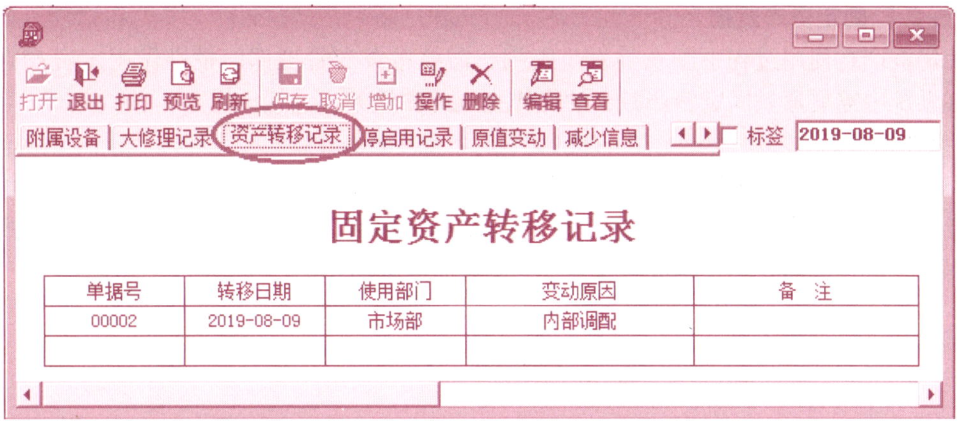

图 8－30

（6）退出“00002”号固定资产卡片，返回“卡片管理”主界面，选择“00003”号机床卡片，在打开的该固定资产卡片窗口单击“原值变动”按钮，系统弹出由变动单更新的资产原值变动记录，如图 8－31 所示。

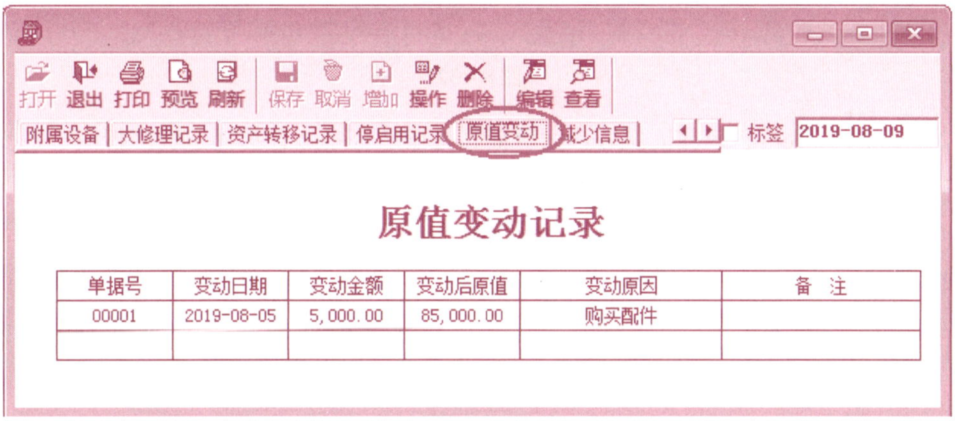

图 8－31

（7）查看完毕后，单击“退出”，完成固定资产变动查询任务。

知识链接

变动单管理

“变动单管理”是对系统制作的变动单进行综合管理的平台，包括查看快捷信息、查看变动单、删除变动单等功能。但是，系统不能修改变动单，如果保存后的变动单出现差错，只能在当月删除重做，因此完成变动单操作之后，一定要仔细检查，确认没有错误之后再保存。

案例 8－8

【资料】2019 年 8 月 15 日，财务部一台 HP 台式电脑意外毁损，经研究做毁损处理。

【任务】固定资产毁损

固定资产在使用过程中因意外发生毁损，需要报资产管理部门批准做固定资产毁损处理，在系统中需要通过固定资产减少的操作完成此项任务。

【操作指导】

（1）2019年8月15日，“301 汤明”注册进入“T3—用友通标准版”窗口，执行“固定资产”→“卡片”→“资产减少”命令，或单击桌面“资产减少”图标，系统提出提示框，提示先进行折旧处理，才能减少资产，如图8－32所示。

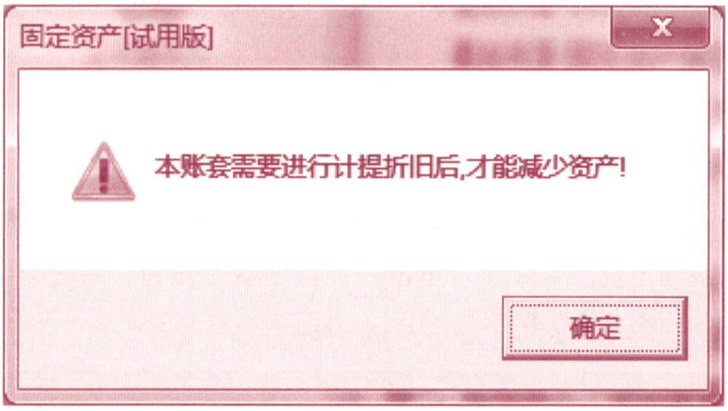

图8－32

（2）单击“确定”，返回固定资产主界面，按照“任务2 计提固定资产折旧”的操作方法计提本月固定资产折旧，并生成记账凭证，如图8－33所示。

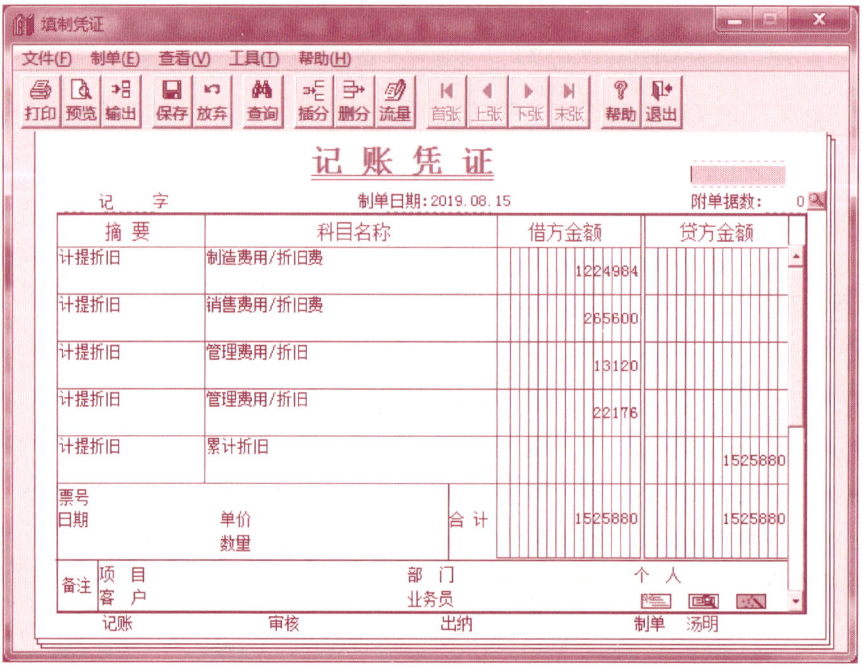

图8－33

（3）重新执行“资产减少”命令，系统弹出“资产减少”窗口，如图 8－34 所示。

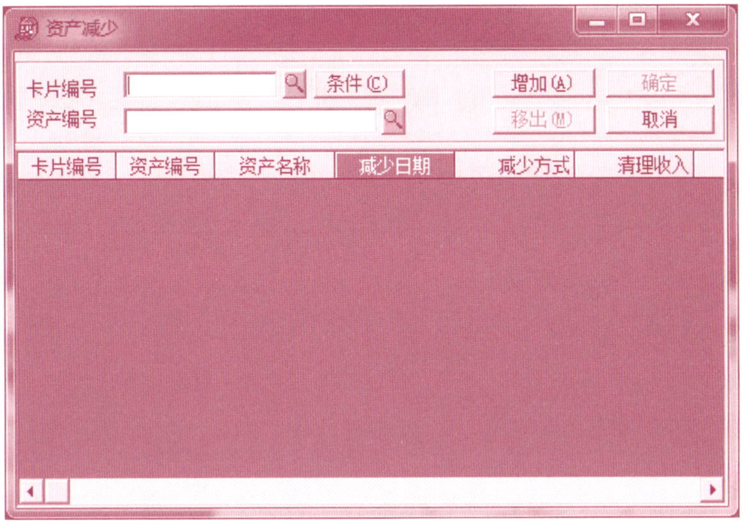

图 8－34

（4）单击“卡片编号”框右侧的放大镜，系统弹出“卡片参照”对话框，选择“00005”号卡片“HP 台式电脑”，再单击“增加”按钮，在“减少方式”栏选择“毁损”，如图 8－35 所示。

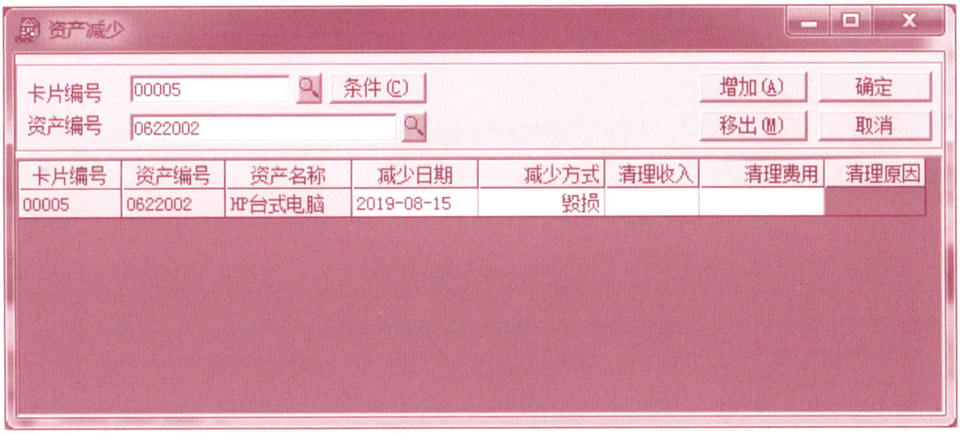

图 8－35

（5）单击“确定”，系统弹出记账凭证，如图 8－36 所示。

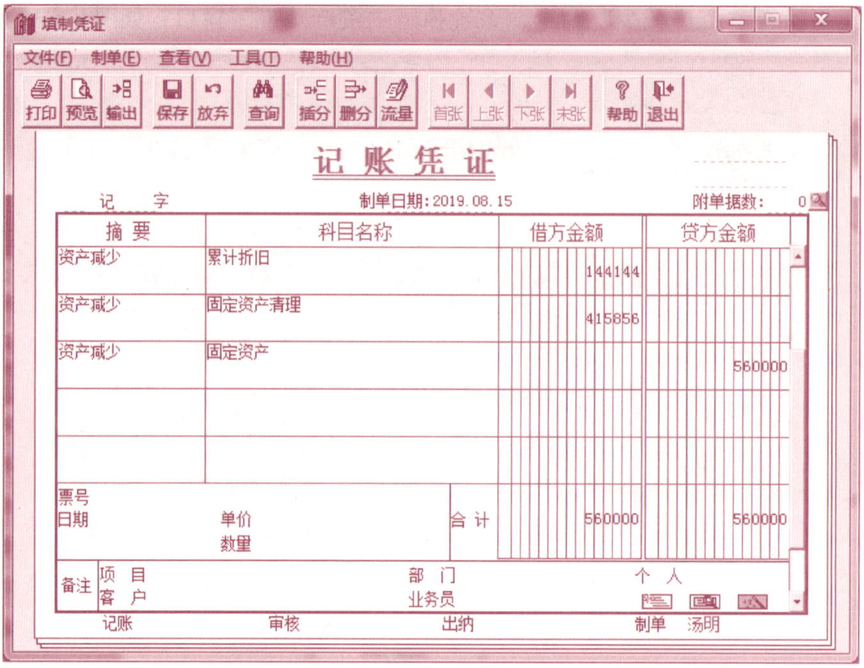

图 8－36

（6）单击“保存”，系统弹出提示框，如图 8－37 所示。

图 8－37

（7）单击“确定”按钮，退出，完成固定资产减少任务。

贴心提示：

- 固定资产减少是指固定资产在使用过程中，由于出售、盘亏、投资转出、捐赠转出、报废、毁损、融资租出等原因退出企业经营活动。
- 由于当月减少的固定资产当月仍需计提折旧，因此，减少固定资产时，要先计提本月固定资产折旧才能执行减少固定资产的操作。
- 如果减少的固定资产较多且有共同属性，减少操作可以批量进行，在“资产减少”窗口单击“条件”按钮进行。

案例 8－9

【资料】2019 年 8 月 20 日，郑龙佳美公司资产管理部门查询 8 月固定资产减少情况。

【任务】查询固定资产减少卡片

某项固定资产减少操作之后，该卡片被注销，如果要查看减少的固定资产，可以在卡片管理中查询已减少资产的原始记录。

【操作指导】

（1）2019 年 8 月 20 日，“301 汤明”注册进入“T3—用友通标准版”窗口，执行“固定资产”→“卡片”→“卡片管理”命令，或单击桌面“卡片管理”图标，系统进入“卡片管理”窗口，如图 8－38 所示，可以看到“00005”卡片没有出现在当前窗口中。

图 8－38

（2）单击“在役资产”右侧的倒三角，从下拉框中选择“已减少资产”，如图 8－39 所示。

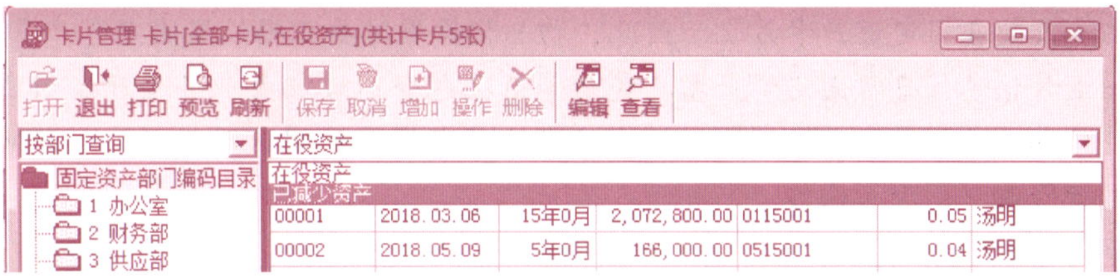

图 8－39

（3）系统显示出“00005”号卡片，如图 8－40 所示。

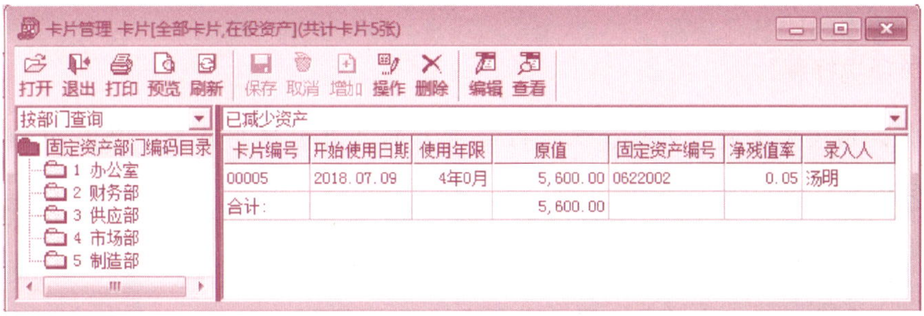

图 8－40

（4）双击进入“00005”号卡片，在打开的该固定资产卡片窗口单击“减少信息”按钮，可以查看该资产的注销记录，如图 8－41 所示。

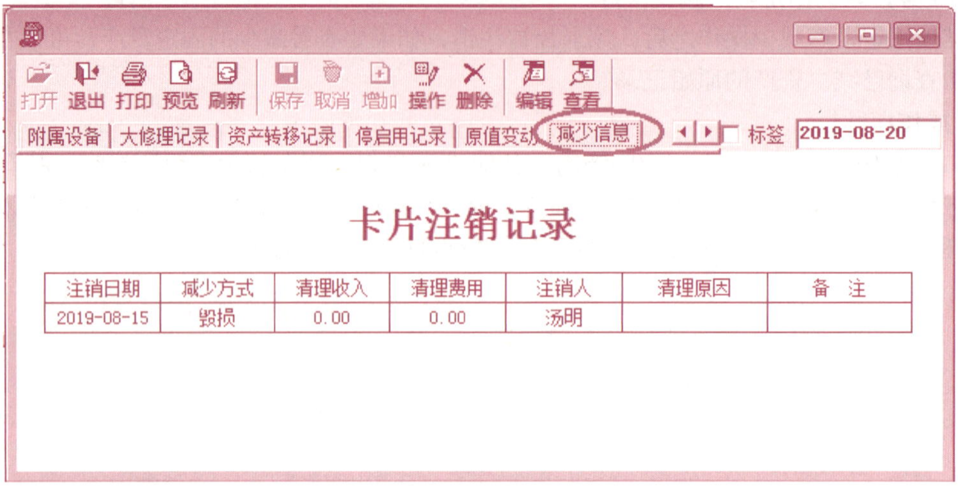

图 8－41

（5）查看完毕，单击“退出”，完成固定资产减少查询任务。

知识链接

卡片管理

固定资产卡片是登记固定资产各种资料的特殊账簿形式，是固定资产管理系统的核心内容。固定资产从进入企业开始到退出企业为止服务企业的全寿命周期所发生的全部信息，都要反映在固定资产卡片上。因此，初始化设置时要正确设置固定资产卡片项目、录入原始卡片信息，日常固定资产增减变动等情况也会通过相关业务处理及时更新固定资产卡片信息。卡片管理功能不仅提供实时查询固定资产使用状况的功能，还可以对错误信息进行修改、删除等操作。

复习巩固

一、单项选择题

1. 录入新增固定资产卡片时，只能改变卡片的“开始使用日期”项目中的（　　），其他不能修改。

A. 年　　B. 月

C. 日　　D. 时间

2. 录入新增固定资产卡片时，固定资产原值一定要录入（　　）的价值，否则会出现计算错误。

A. 购入时　　B. 建成时
C. 卡片录入月月初　　D. 卡片录入月月末

3. 在固定资产的“卡片管理”中没有提供（　　）功能。
A. 卡片录入　　B. 卡片查询
C. 卡片修改　　D. 卡片删除

4. 固定资产系统对已做出变动的资产，要求输入相应的（　　）来记录资产调整结果。
A. 记账凭证　　B. 变动单
C. 冲销单　　D. 卡片

二、多项选择题

1. 固定资产系统日常业务处理包括（　　）。
A. 固定资产增加核算　　B. 固定资产减少核算
C. 固定资产变动核算　　D. 固定资产折旧处理

2. 固定资产卡片的查询功能，可以实现（　　）的查询。
A. 减少资产　　B. 在役资产
C. 增加资产　　D. 删除资产

3. 固定资产系统提供的账表包括（　　）。
A. 账簿　　B. 折旧表
C. 统计表　　D. 分析表

4. 固定资产分析类报表包括（　　）。
A. 固定资产使用状况分析表　　B. 部门构成分析表
C. 类别构成分析表　　D. 价值结构分析表

三、判断题

1. 新卡片第一个月不提折旧，累计折旧为0。（　　）
2. 使用固定资产系统，减少固定资产时，需要先进行计提折旧。（　　）
3. 当月减少的固定资产，从当月开始停提折旧。（　　）
4. 固定资产系统在一个期间内可以多次计提折旧。（　　）
5. 固定资产系统在一个期间内多次计提折旧后，会造成折旧的重复累计。（　　）

模块 5

购销存管理系统

项目 9　购销存管理系统的初始设置

【知识目标】

◆ 了解购销存管理系统的任务

◆ 理解购销存的基本功能

◆ 熟悉购销存管理系统的操作流程

◆ 掌握购销存的初始设置方法

【技能目标】

◆ 掌握建立存货分类、存货档案、仓库档案、收发类别、采购类型、销售类型等设置操作

◆ 掌握建立存货科目、存货对方科目、客户往来科目、供应商往来科目等设置操作

◆ 正确输入采购模块期初数据、库存和核算期初数据、客户往来期初数据、供应商往来期初数据的操作

【项目任务简述】

购销存管理系统是用友通管理软件的重要组成部分，通过本模块的学习，了解采购系统、销售系统、库存系统的基本知识及相关内容，熟悉掌握采购系统、销售系统、库存系统的处理方法，要求具有实际工作中的操作技能，实现财务业务一体化的应用能力。

1. 项目任务分析

1.1 购销存系统应用方案及任务

购销存系统包括采购、销售、库存、核算四个模块。购销存业务系统的基本任务是采购订单、采购入库单和采购发票，管理销售订单、销售发货单、销售出库单和销售发票，管理各种存货的入库和出库业务；核算应收应付账款，核算物资采购、销售收入和税金，核算存货入库成本、出库成本和结余成本。

1.1.1 采购管理任务

采购管理是企业物资供应部门按照企业的物资供应计划，通过市场采购、加工订制等渠道，取得企业生产经营活动所需要的各种物资。采购管理的目的是保障供给，降低采购成本，密切企业与供应商的关系。

采购管理的主要任务是在采购管理系统处理采购入库单和采购发票时根据采购发票确认采购入库成本。采购管理系统与“应付款管理系统”联合使用可以掌握采购业务的付款情况；与“库存管理系统”联合使用可以随时掌握存货数量信息，从而减少盲目采购，避免库存积压；与“存货核算系统”联合使用可以为存货核算提供采购入库成本，便于财务部门及时掌握存货采购成本。

1.1.2 库存管理的任务

存货是指企业在生产经营过程中为销售或耗用而储存的各种资产，包括商品、产成品、半成品、在产品以及各种材料、燃料、包装物、低值易耗品等。

库存管理的主要任务是通过对企业存货进行管理，正确计算存货购入成本，促使企业努力降低存货成本；反映和监督存货的收发、领退和保管情况；反映和监督存货资金的占用情况，促进企业提高资金的使用效果。

1.1.3 存货核算的任务

存货核算主要是通过对存货增加、减少与结存的核算，从而计算存货成本，为企业管理者提供一个在新的市场竞争环境下，使资源合理应用，提高经济效益的库存管理方案。

在企业中，存货成本直接影响利润水平，尤其是在市场经济条件下，存货品种日益更新，存货价格变化较快，企业领导层更为关心存货的资金占用及周转情况，因此使得存货核算的工作量越来越大。利用计算机技术加强对存货的核算和管理，不仅能提高核算的精度，还能提高核算的及时性、可靠性和准确性。

1.1.4 销售管理的任务

销售是企业生产经营成果的实现过程，是企业经营活动的中心。通过销售订货、发货、开票、处理销售发货和销售退货业务，同时在发货处理时可以对客户信用额度、存货现存量、最低售价等进行检查和控制，经审核的发货单可以自动生成销售出库单，冲减库存的现存量。可以进行销售增长分析、货物流向分析、销售毛利分析、市场分析和商品周转率分析等。

1.2 购销存业务处理流程

1.2.1 各系统模块之间的数据流程

各系统模块之间的数据流程如图 9－1 所示。

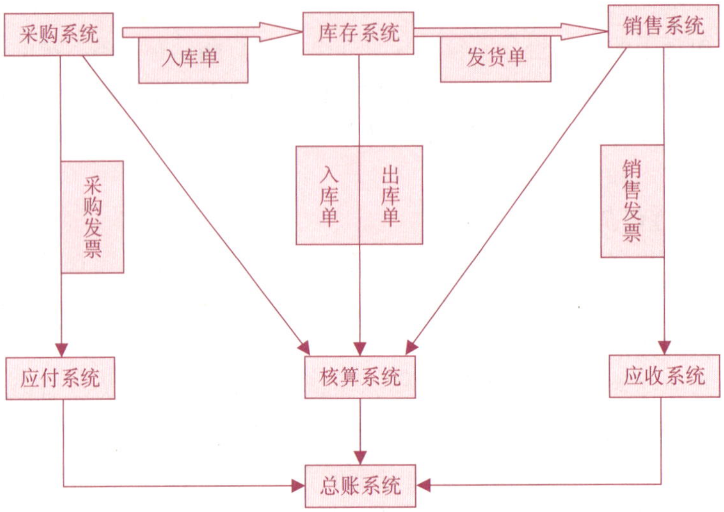

图 9－1

1.2.2 各模块系统功能

采购模块的主要功能包括输入采购发票与其相对应的采购入库单，实现采购报账（结算）工作、输入付款单、实现采购付款业务。采购模块相关操作人员为采购核算员和库存管理员。

销售模块的主要功能包括输入销货发票和发货单、实现库存商品的对外销售业务；输入收款单，实现销售收款业务。相关操作人员为销售核算员和库存管理员。

库存模块的功能包括根据采购和销售的情况，进行出入库业务的管理工作以及其他出入库业务的管理工作。相关操作人员为库存管理员。

核算模块的功能包括对各种出入库业务进行入库成本及出库成本的核算，对各种收付款业务生成一系列的相关凭证并传递到总账中。相关操作人员为财务人员和材料会计。

1.3 基本操作流程

基本操作流程如图 9－2 所示。

2. 项目任务实施

本项目我们要完成五个任务：

任务 1：启用购销存系统。主要完成启用购销存系统、核算模块。

任务 2：采购系统初始化。主要完成存货分类、存货档案、仓库档案、收发类别、采购类型等设置及采购期初数据输入并记账操作。

任务 3：销售系统初始化。主要完成销售类型、付款条件、发运方式的设置及客户往来期初数据输入操作。

任务 4：存货系统（核算管理）初始化。主要完成存货科目、存货对方科目、客户往来科目、供应商往来科目的设置，期初数据的输入操作。

任务 5：库存管理系统初始化。主要进行库存期初数据的输入，并进行库存期初记账操作。

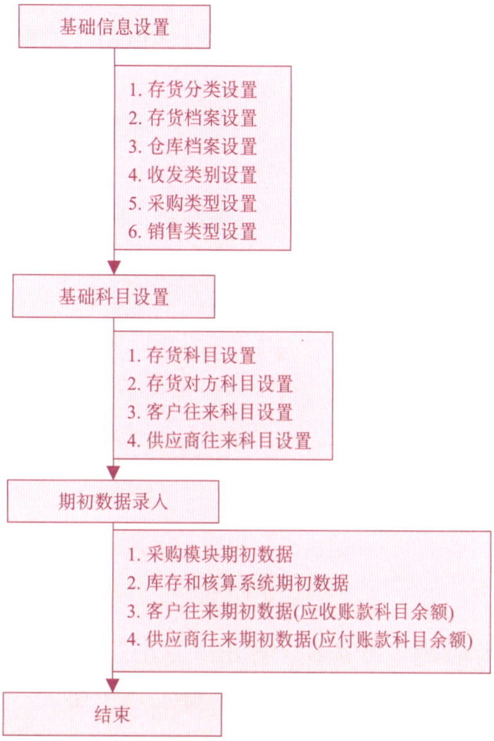

图 9 – 2

任务 1　启用购销存系统

案例 9 – 1

【资料】

（1）用账套主管李芳（201）身份启用购销存系统模块。

（2）用账套主管李芳（201）身份启用核算模块。

【任务】启用购销存系统

首先在“系统管理”中以账套主管的身份检查是否已经启用了“购销存系统”及“核算”模块，如果没有启用，必须启用该系统，启用日期为 2019 年 7 月 1 日。要求：

（1）启用“购销存管理”模块。

（2）启用“核算管理”模块。

【操作指导】

(1) 单击“开始”按钮，执行“程序”→“系统管理”命令，或双击桌面上用友系统管理图标，进入“T3—用友通标准版〖系统管理〗”窗口。

(2) 执行“系统”→“注册”命令，打开“注册〖控制台〗”对话框。在“用户名”栏录入“201”，选择账套，单击“确定”按钮，登录进入“系统管理”窗口。

(3) 单击“账套”→“启用”命令，弹出“系统启用”对话框（见图9－3）。

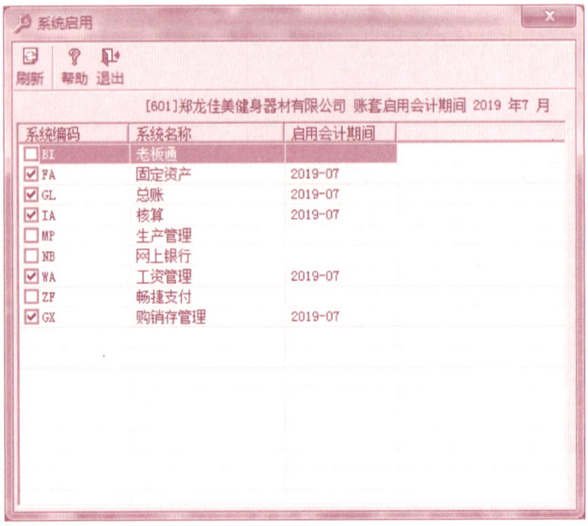

图9－3

(4) 选中“GX购销存管理”复选框，弹出“日历”对话框，选择日期“2019年7月1日”，单击“确定”，如图9－4所示，再单击“确定”按钮。

图9－4

(5) 同理，启用“IA核算”子系统。

(6) 单击工具栏上的“退出”，完成购销存系统和核算系统的启用。

贴心提示：

- 购销存启用与财务核算管理账套的启用都为2019－07－01。
- 启用购销存管理必须以账套主管身份进行。

任务 2　采购系统初始化

案例 9－2

【资料】

(1) 郑龙佳美公司整理了采购系统的期初数据，基础信息分别如表 9－1、表 9－2 至表 9－5 所示。

表 9－1　　存货分类

分类编码	存货类别名称	分类编码	存货类别名称
01	原材料	02	产成品
0101	车架	0201	健身车
0102	飞轮	03	其他

表 9－2　　存货档案

存货编号	存货代码	名称	分类码	计量单位	存货属性	参考成本	参考售价	税率
1001	C01	车架	0101	件	外购、销售、生产耗用	110		13%
1002	C02	飞轮	0102	件	外购、销售、生产耗用	70		13%
2001	P01	健身车	0201	辆	销售、自制		460	13%
3001	Y01	运输车	03	KM	销售、外购、劳务费用			9%

表 9－3　　仓库档案

仓库编码	仓库名称	所属部门	负责人	计价方式
1	材料库	供应部	汤明	先进先出法
2	产成品库	市场部	邱宇	先进先出法

表 9－4　　收发类别

类别编码	类别名称	收发标志	类别编码	类别名称	收发标志
1	入库类别	收	2	出库类别	发
11	采购入库	收	21	生产领用	发
12	产成品入库	收	22	销售出库	发
15	其他入库	收	25	其他出库	发

表 9－5　　采购类型

采购类型编码	采购类型名称	入库类别	是否默认值
1	生产采购	采购入库	是
2	非生产采购	采购入库	否

（2）供应商往来期初数据：应付账款科目的期初余额为14 599.60元，以专用采购发票形式录入，具体数据如表9－6所示。

表9－6 应付账款期初数

开票日期	发票号	供货单位	部门名称	业务员	税率
2019－02－25	Y105	伍市机械	供应部	汤明	13%
存货名称	数量/件	单价/元	金额/元	税额/元	价税合计/元
飞轮	190	68	12 920	1 679.60	14 599.60

【任务】采购系统初始化

首先以操作员汤明（301）身份进行“采购管理”界面，进行采购管理系统初始化设置。本次任务要求：以301身份进行采购管理的存货分类设置、存货档案设置、仓库档案设置、收发类别设置、采购类型设置，及采购系统中的应付账款期初数据的录入操作，并进行记账操作。

【操作指导】

（1）单击“开始”按钮，执行“程序”→“T3系列管理软件”→“T3”→“T3”，或者双击桌面上的管理软件的图标，进入T3管理系统登录界面。

（2）录入用户名“301”，选择账套601，单击“确定”，进入如图9－5所示的界面。

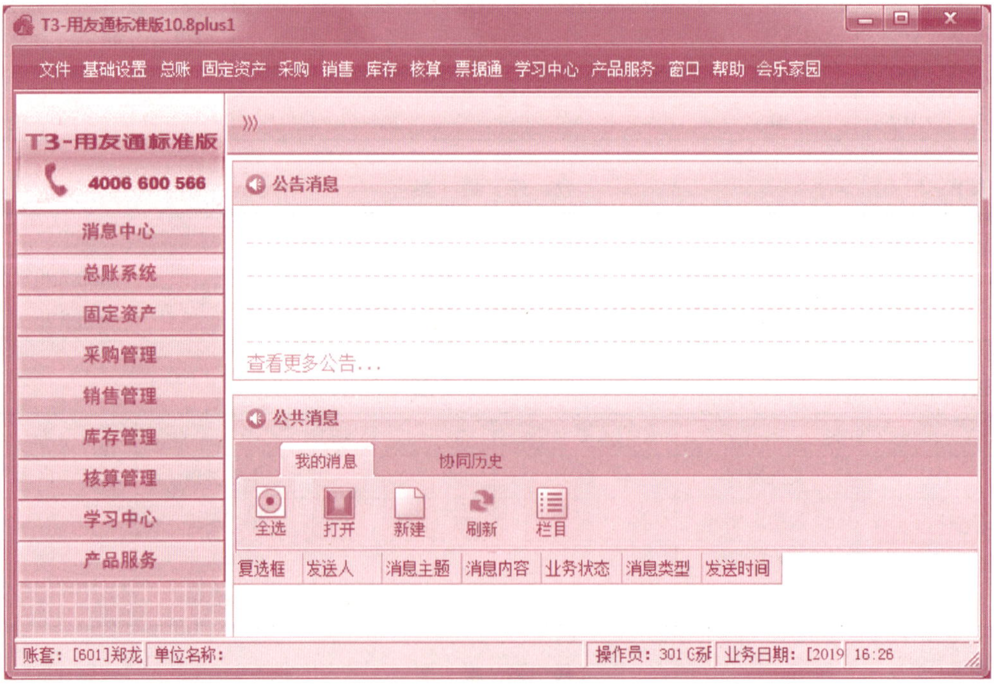

图9－5

（3）执行“基础设置”→“存货”→“存货分类”命令，进入存货分类的设置。

（4）在类别编码上录入“01”，类别名称上录入“原材料”，单击工具栏上的“保存”，形成如图9－6所示的结果。按相同的方法录入02大类，并“退出”到图9－5的界面。

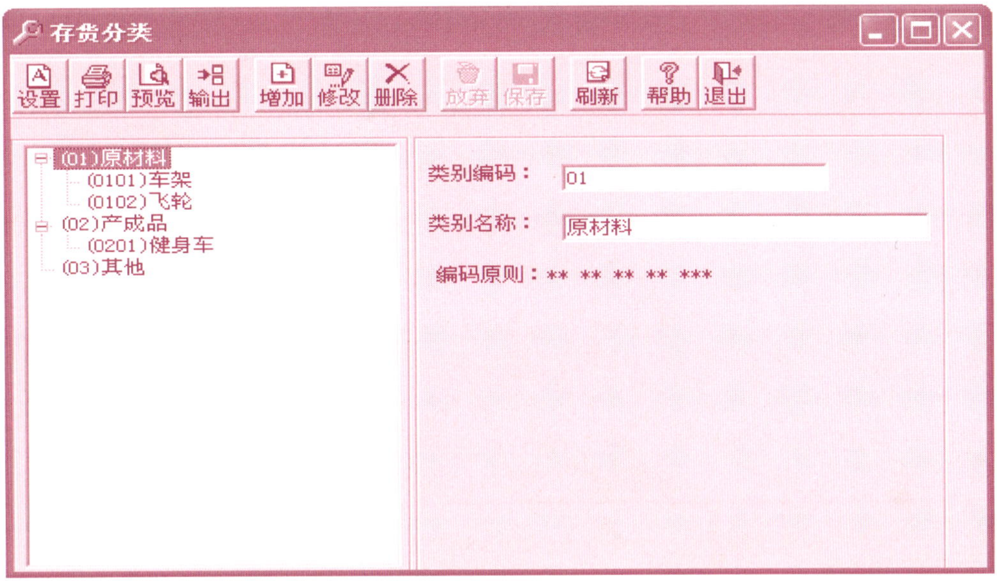

图9－6

（5）单击主界面左侧的“采购管理”或菜单上的“采购”，进入采购管理界面，如图9－7所示。

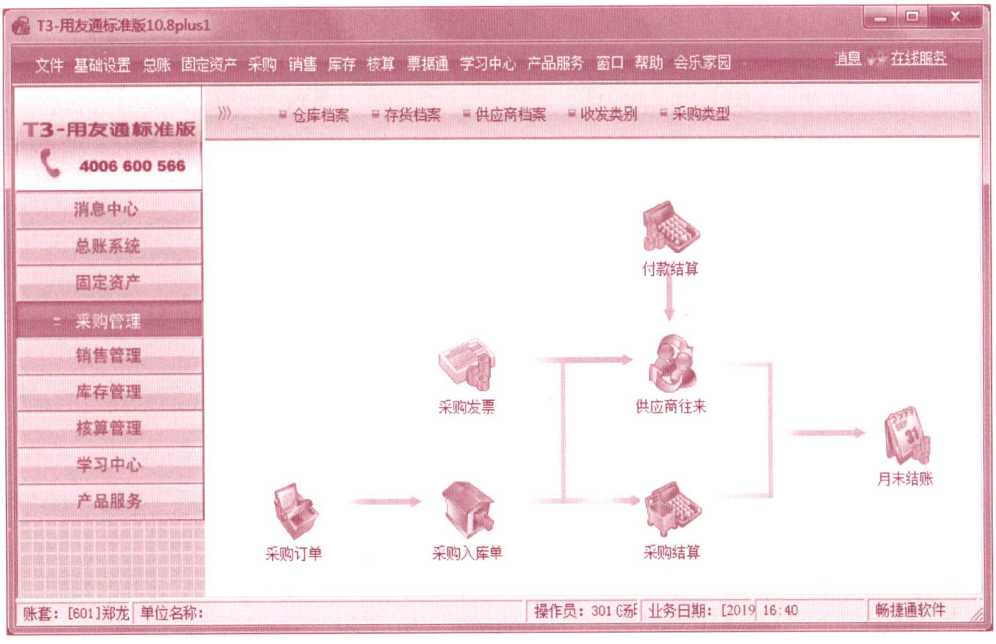

图9－7

（6）单击工具栏上的“存货档案”，进入增加存货档案的界面，如图9－8所示。

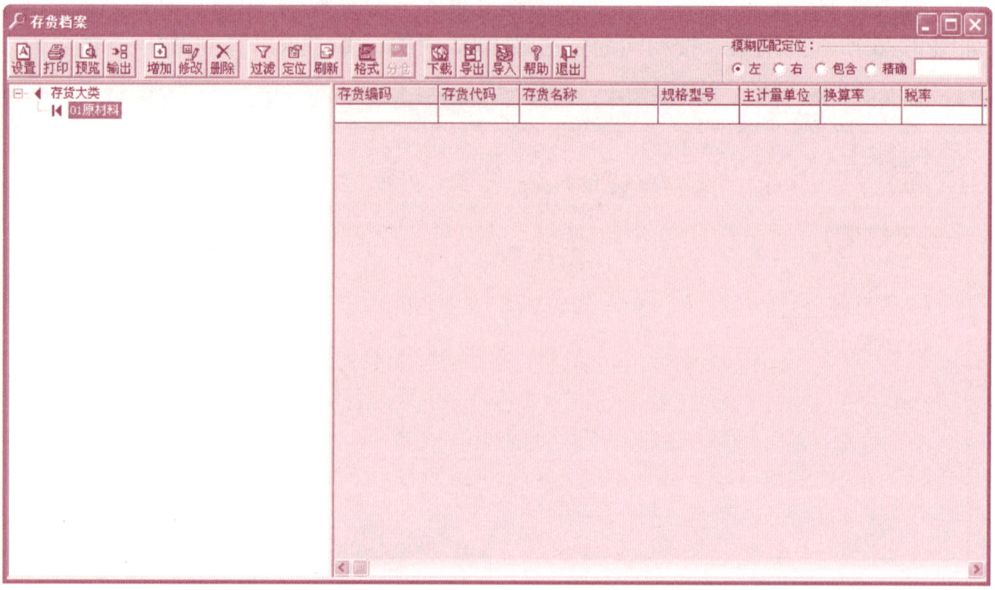

图9－8

（7）选择存货的大类，单击工具栏上的“增加”，进入增加存货档案界面，并按要求录入相关的内容。

（8）录入完成后，单击“保存”，并按相同的方法输入其他相关存货的资料。全部存货档案输入完成后，单击工具栏上的“退出”按钮，完成所有的存货档案的基础设置，如图9－9所示。

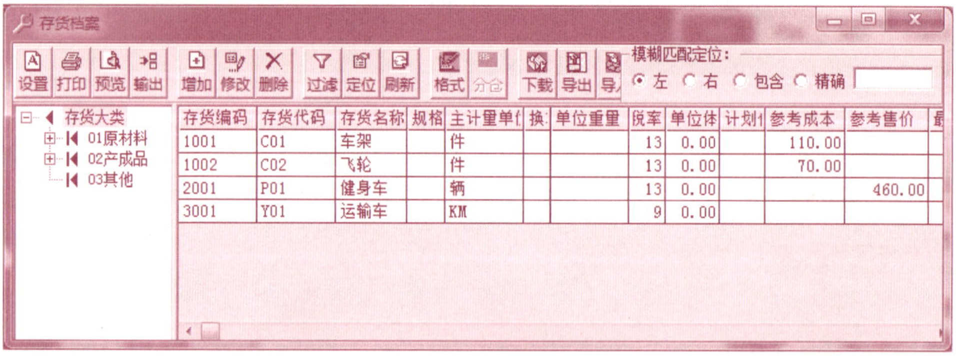

图9－9

（9）在如图9－7所示的界面，单击工具栏上的“仓库档案”按钮，进入仓库档案的设置。

（10）单击工具栏上的“增加”进入增加仓库的界面，并按要求输入相关的数据，单击“保存”，并按相同方法输入其他仓库档案，如图9－10所示。

图 9－10

（11）在如图 9－7 所示的界面上，单击“收发类别”按钮，可进入“收发类别”设置的界面，如图 9－11 所示，用户可根据表 9－4 进行相关的设置。

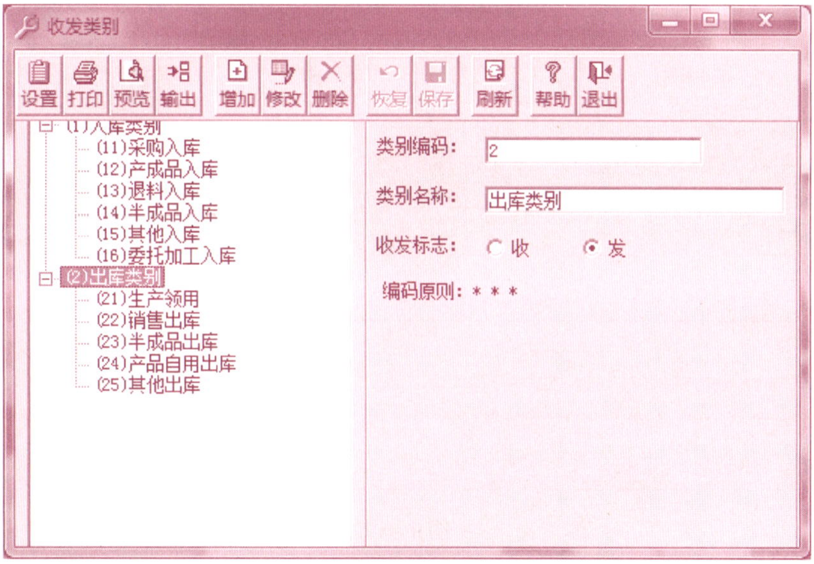

图 9－11

（12）在如图 9－7 所示的界面上，单击“采购类型”按钮，可进入“采购类型”的设置界面，如图 9－12 所示，用户可根据表 9－5 进行相关的设置。

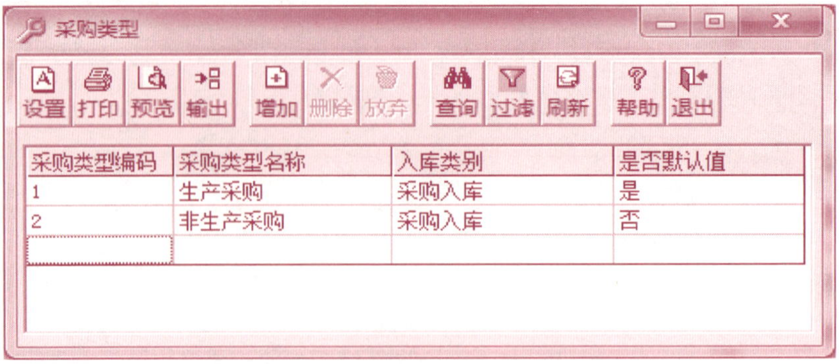

图 9－12

（13）在如图 9－7 所示的界面上，单击菜单上的“采购”→“供应商往来”→“供应商往来期初”，进入采购系统供应商期初数据录入的界面，如图 9－13 所示，用户根据表 9－6 输入相应的数据。

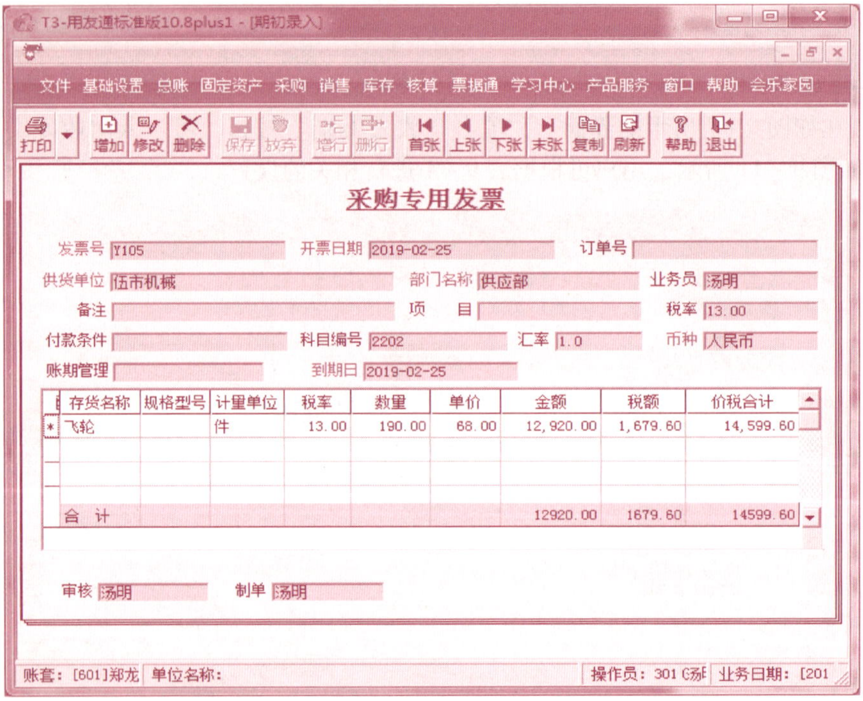

图 9－13

（14）期初记账：执行“采购”→“期初记账”命令，单击“记账”。

贴心提示：

● 采购管理初始化操作要按一定顺序进行，不可随意更换。

● 采购管理初始化要在确保正确后，才可进行记账操作，因记账后有关初始数据是不可修改的。

知识链接

采购管理系统初始化设置包括基础设置、选项设置及采购期初数据处理。

1. 采购管理系统基础设置主要包括如下几个方面设置：仓库档案设置、收发类别设置、采购类型设置、销售类型设置、非合理损耗类型、单据设计、发运方式、产品结构、费用项目设置。

2. 选项设置是指在采购业务处理过程中所使用的各种控制参数。选项的设置将决定用户使用系统时的业务流程、业务模式和数据流向。

3. 采购期初处理分为期初数据录入和期初记账。

任务3　销售系统初始化

案例9－3

【资料】

（1）郑龙佳美公司销售类型如表9－7所示。

表9－7　　销售类型

销售类型编码	销售类型名称	出库类别	是否默认值
1	批发	销售出库	是
2	零售	销售出库	否

（2）销售系统客户往来期初数据。应收账款期初余额为40 341元，以销售专用发票形式录入，如表9－8所示。

表9－8　　应收账款期初余额　　单位：元

开票日期	发票号	客户名称	销售部门	业务员	税率
2019－01－23	P61101	永丰贸易	市场部	李光	13%
备注	科目编号	货物名称	数量/辆	单价（不含税，元）	价税合计
销售商品	1122	健身车	70	510	40 341

【任务】销售系统初始化

首先以301身份进入“销售管理”界面，进行销售管理初始化设置操作。本次任务要求：进行销售类型设置、付款条件设置、发运方式设置等，录入应收账款期初数据操作。

【操作指导】

（1）以用户名“301”的身份，与采购管理系统相同的方法进入T3系统的初始界面。

（2）单击主界面左侧的“销售管理”或菜单上的“销售”，进入销售管理界面，如图9－14所示。

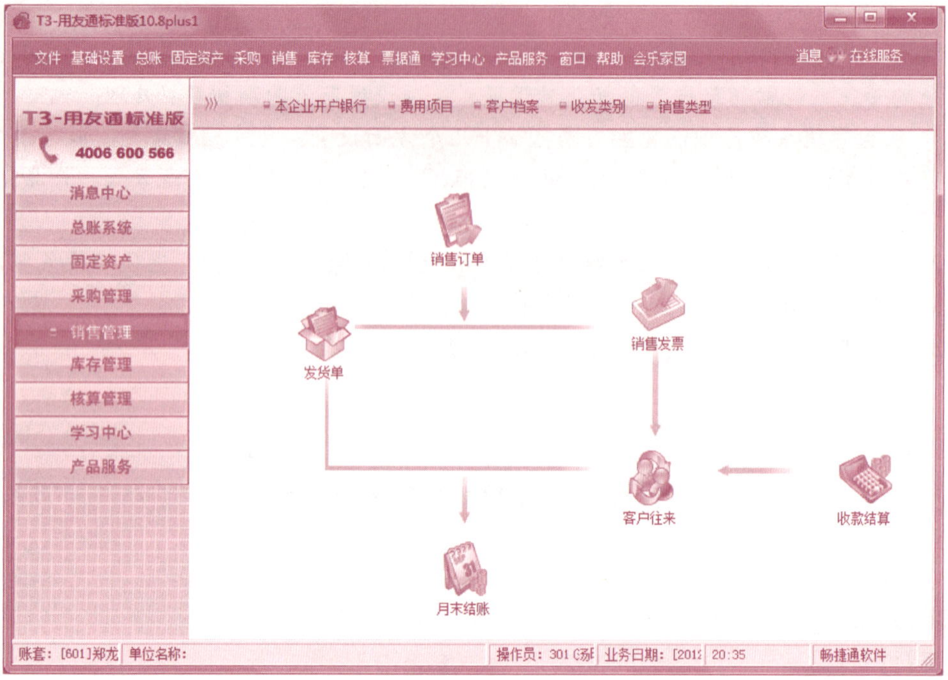

图 9－14

（3）在如图 9－14 所示的界面上，单击“销售类型”按钮，可进入“销售类型”的设置界面，如图 9－15 所示，用户可根据表 9－7 进行相关的设置。

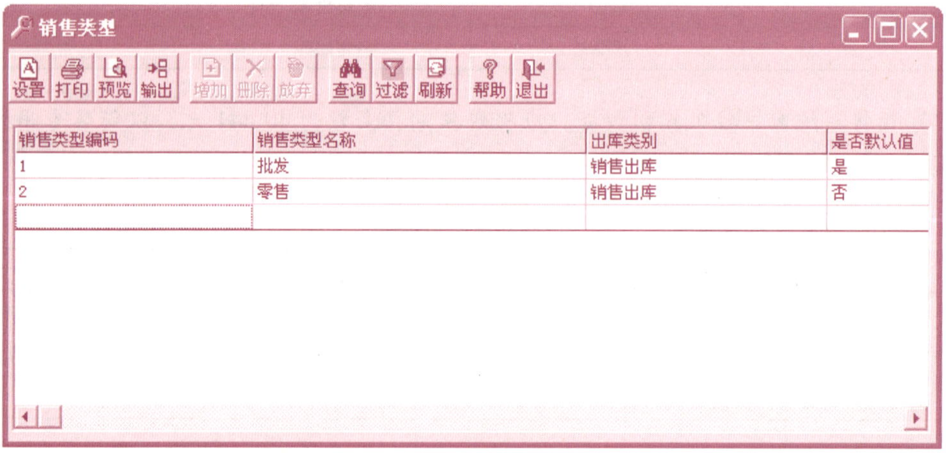

图 9－15

（4）在如图 9－14 所示的界面上，单击菜单上的“销售”→“客户往来”→“客户往来期初”，进入销售系统客户期初数据录入的界面，如图 9－16 所示，用户根据表 9－8 输入相应的数据。

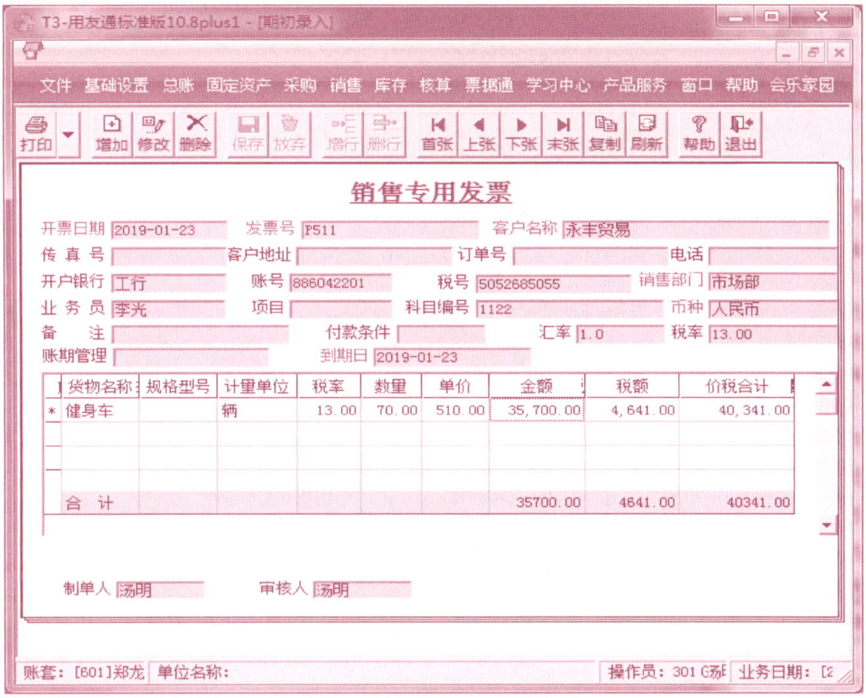

图9－16

贴心提示：

● 销售管理初始化操作比较简单，其重点在于客户往来期初数据的输入，一定要注意发票的类型。

● 销售管理初始化设置完成后，不需要进行记账操作。

知识链接

销售管理系统初始化包括基础设置、选项设置和期初数据录入等。

1. 销售管理基础设置主要包括销售类型、付款条件、发运方式、费用项目等。

2. 销售选项设置主要包括“业务控制”“其他控制”“信用控制”“可用量控制”和“价格管理”等五个选项。

3. 销售管理系统期初数据录入包括期初发货单和期初委托代销发货单的录入及审核。

任务4 存货系统（核算管理）初始化

案例9－4

【资料】 郑龙佳美公司存货系统期初数据如表9－9至表9－12所示。

表 9-9　　存　货　科　目

仓库编码	仓库名称	存货分类	存货科目编码
1	材料库	0101	140301
1	材料库	0102	140302
2	产成品库	0201	140501

表 9-10　　存货对方科目

收发类别	存货分类编码	存货名称	对方科目及名称
11 采购入库	0101	1001 车架	140201 在途物资/车架材料
	0102	1002 飞轮	140202 在途物资/飞轮材料
12 产成品入库	0201	2001 健身车	40010101 生产成本/健身车/直接材料
	0201	2001 健身车	40010102 生产成本/健身车/直接人工
	0201	2001 健身车	40010103 生产成本/健身车/制造费用
22 销售出库	0201	2001 健身车	540101 主营业务成本/健身车
21 生产领用	0101	1001 车架	40010101 生产成本/健身车/直接材料
	0102	1002 飞轮	40010101 生产成本/健身车/直接材料

表 9-11　　客户往来科目

基本科目设置	结算方式科目设置
应收科目：1122	现金结算：1001
销售收入科目：500101	现金支票：100201
应交增值税科目：22210106	转账支票：100201
预收科目：2203	
现金折扣科目：560303	

表 9-12　　供应商往来科目

基本科目设置	结算方式科目设置
应付科目：2202	现金结算：1001
采购科目：140201	现金支票：100201
税金科目：22210101	转账支票：100201
预付科目：1123	
现金折扣科目：560303	

【任务】存货系统初始化

首先以 301 身份进入“核算管理”界面，并进行存货系统（核算管理）初始化设置操作。本次任务要求：进行存货科目设置、存货对方科目设置、客户往来科目设置、供应商往来科目设置。

【操作指导】

（1）以用户名“301”的身份，与采购管理系统相同的方法进入 T3 系统的初始界面。

（2）单击主界面左侧的“核算管理”或菜单上的“核算”，进入核算管理的界面，如图9－17所示。

图9－17

（3）单击菜单上的“核算”→“科目设置”→“存货科目”，进入存货科目的界面，如图9－18所示，并根据要求进入相关的设置，单击“增加”可进入下一个编码的设置并“保存”，全部设置完成后单击“退出”。

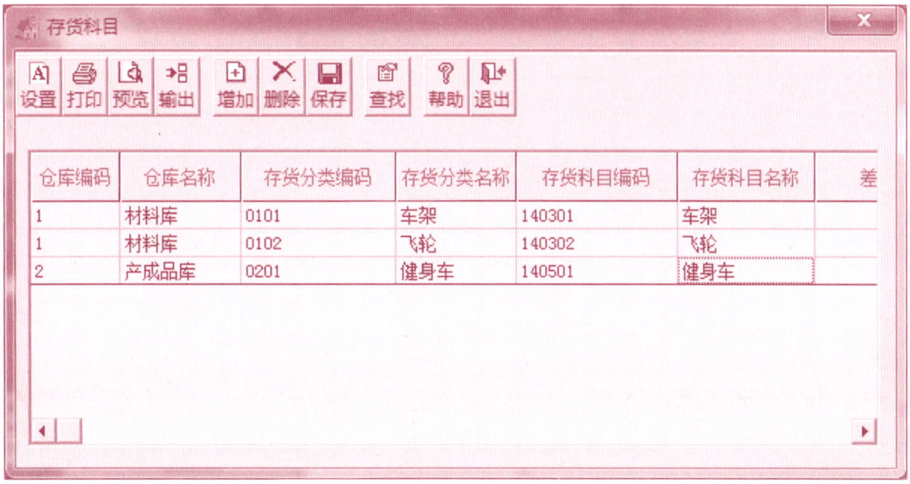

仓库编码	仓库名称	存货分类编码	存货分类名称	存货科目编码	存货科目名称	差
1	材料库	0101	车架	140301	车架	
1	材料库	0102	飞轮	140302	飞轮	
2	产成品库	0201	健身车	140501	健身车	

图9－18

(4) 单击菜单上的"核算"→"科目设置"→"存货对方科目"，进入存货对方科目的界面，如图9-19所示，并根据表9-10进行相关的设置，单击"增加"可进入下一个编码的设置并"保存"，全部设置完成后单击"退出"。

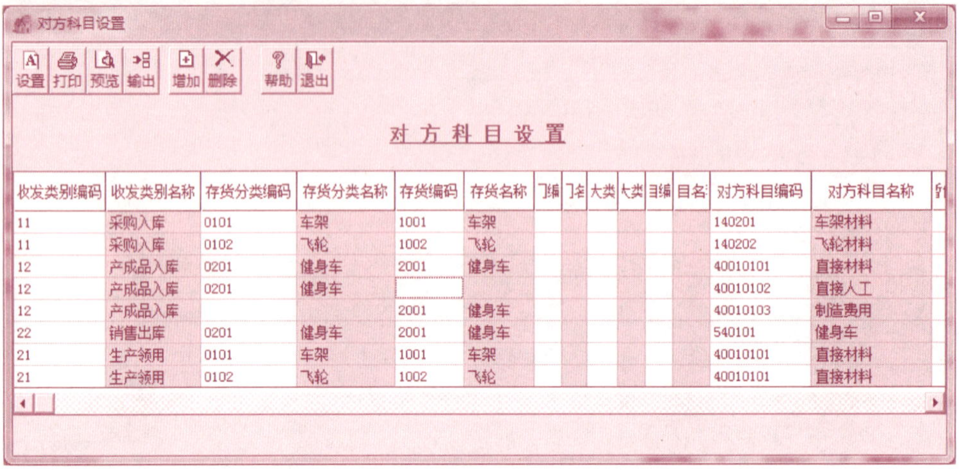

图9-19

(5) 单击菜单上的"核算"→"科目设置"→"客户往来科目"，进入客户往来科目的界面，如图9-20所示，并根据表9-11进行相关的设置，全部设置完成后单击"退出"。

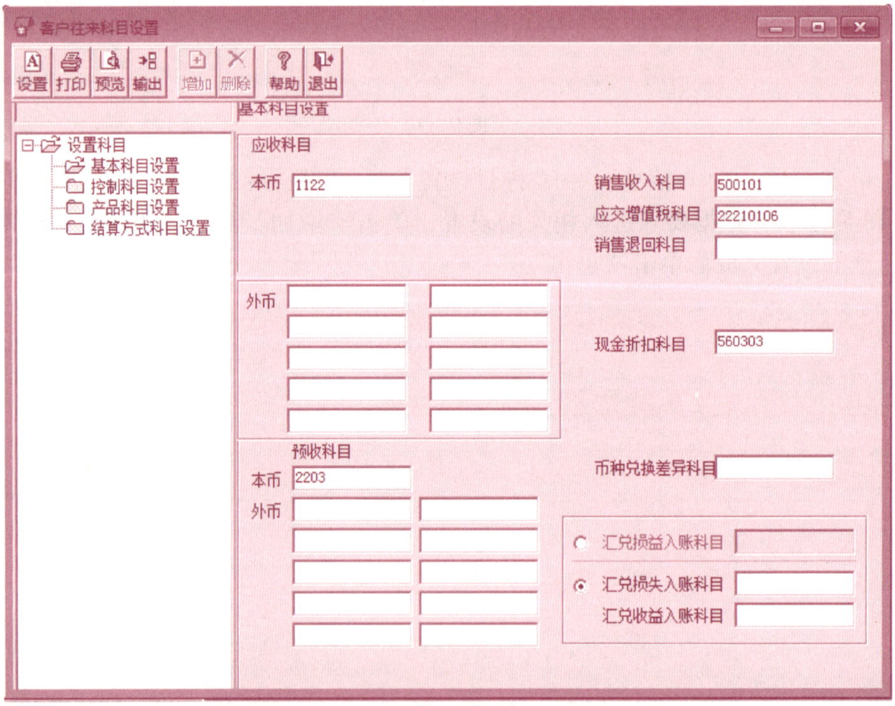

图9-20

(6) 单击菜单上的"核算"→"科目设置"→"供应商往来科目"，进入供应商往来科目的界面，如图 9－21 所示，并根据要求进入相关的设置，单击“增加”可进入下一个编码的设置，全部设置完成后单击“退出”。

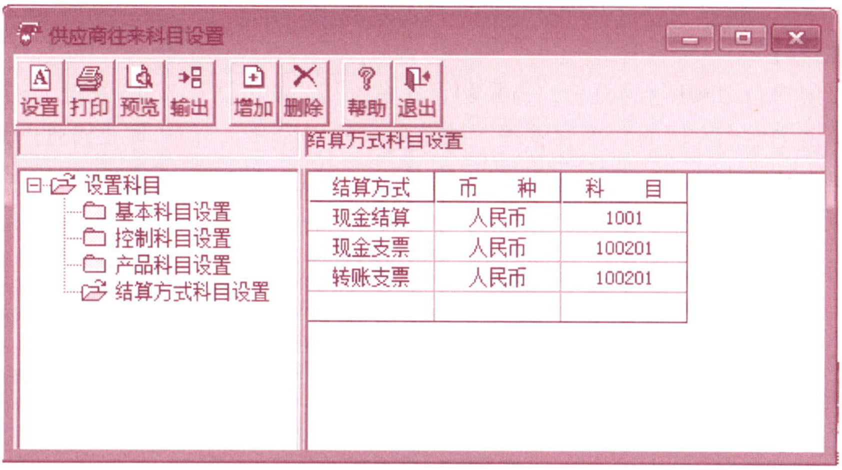

图 9－21

贴心提示：

存货管理（核算管理）初始化必须保证相应科目设置的正确性，这是整个核算的重点。

知识链接

存货核算系统初始化包括选项设置、科目设置和期初数据录入三个方面。

- 存货核算的选项设置包括核算方式、控制方式和最高最低控制选项。
- 科目设置包括存货科目、对方科目、运费科目、结算科目、应付科目、税金科目等。
- 存货核算系统期初数据处理包括期初余额录入和期初记账。

任务 5　库存管理系统初始化

案例 9－5

【资料】郑龙佳美公司 9 月 30 日对仓库进行盘点，结果如表 9－13 所示。

表 9－13　　库存系统期初数据

仓库名称	存货编码	存货名称	数量	单价/元	入库日期
材料库	1001	车架	160	110	2019－5－31
	1002	飞轮	112	70	2019－6－3
产成品库	2001	健身车	245	420	2019－5－31

【任务】库存管理系统初始化

首先以 301 身份进入“库存管理”界面，并进行库存管理初始化操作设置。本次任务要求：库存期初数据录入操作及库存管理期初记账操作。

【操作指导】

（1）以用户名“301”的身份，与采购管理系统相同的方法进入 T3 系统的初始界面。

（2）单击主界面左侧的“库存管理”或菜单上的“库存”，进入库存管理的界面。

（3）单击菜单中的“库存”→“期初数据”→“库存期初”，进入录入库存系统期初数据输入界面，如图 9－22 所示。

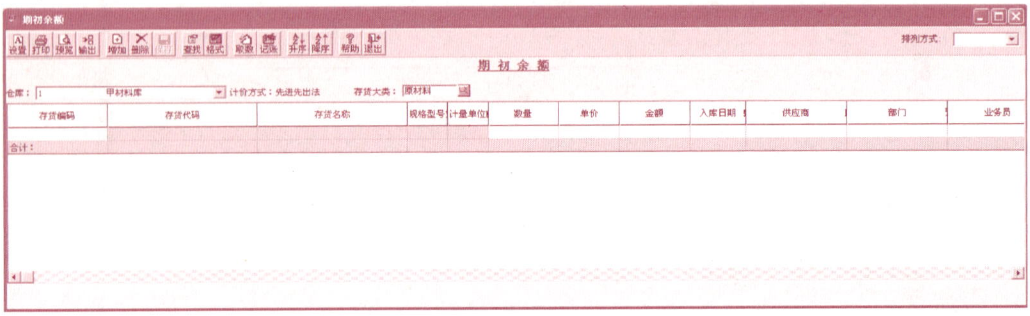

图 9－22

（4）选择“仓库”类别和“存货大类”后，单击“增加”，进入期初数据录入界面，如图 9－23 所示，按要求输入相应的数据并“保存”。

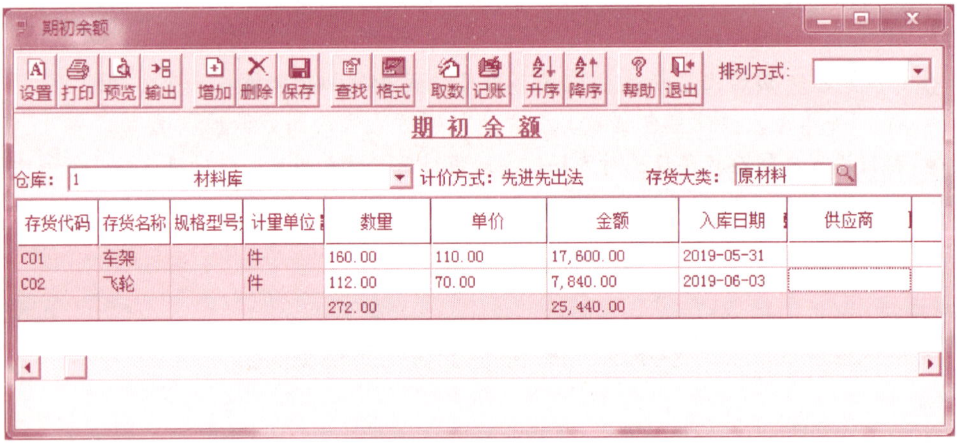

图 9－23

（5）重复第四步的方法，按不同仓库和不同存货大类输入库存的期初数据，如图9－24 所示。

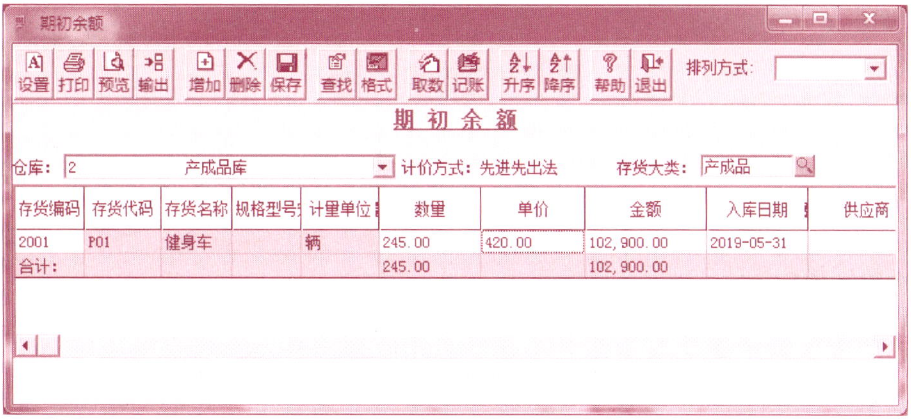

图9－24

（6）期初记账："库存"→"期初数据"→"库存期初"，单击"记账"，系统弹出提示框，如图9－25所示。

图9－25

贴心提示：

● 库存期初数据输入完成后，应进行期初记账，只有记账完成后，才能进行日常的业务处理。

● 库存初始化后，购销存的初始化操作完成，可进行购销存的日常业务处理。

知识链接

库存管理系统初始化设置包括基础设置、选项设置、期初数据录入三个方面。

● 在应用库存管理系统之前，首先要对基础档案进行设置或维护，包括编码分类设置（存货、地区、供应商、客户等）、基础档案设置（存货、仓库、货位、部门、职员、供应商和客户等）及产品结构、成件套等其他基本设置。

● 库存选项设置包括通用设置、专用设置、可用量控制和可用量检查四个选项，用户可根据企业的实际情况进行相应设置。

● 库存管理系统期初数据录入是将各种存货的期初结存数录入系统并进行审核，其中包括了期初结存和期初不合格品的录入。

复习巩固

一、多项选择题

1. 采购管理包括以下几个方面内容（　　　　）。
   A. 采购数量的控制　　B. 采购成本的控制
   C. 资金流的控制　　D. 物流的控制
2. 与采购和应付子系统无关的业务系统为（　　　　）。
   A. 销售子系统　　B. 工资子系统
   C. 固定资产子系统　　D. 总账子系统
3. 采购与应付子系统必须有的初始设置为（　　　　）。
   A. 供应商档案设置　　B. 存货档案设置
   C. 结算方式设置　　D. 付款期间设置
4. 客户档案设置时必不可少的设置项目有（　　　　）。
   A. 客户地址　　B. 客户编码
   C. 客户信用等级　　D. 客户单位名称

二、判断题

1. 采购与应付子系统的主要功能是采购核算。（　　）
2. 存货的编码可以根据存货的分类按级别进行设置。（　　）
3. 销售与应收子系统中，客户编码必须连续。（　　）
4. 销售部门和销售人员的编码一旦设定并使用，既不允许删除也不允许修改。（　　）
5. 在库存子系统中，对出入库业务进行分类的目的是对不同类型的出入库业务进行不同的会计处理。（　　）

三、复习思考题

1. 购销存系统主要包括哪些功能？各功能所起的作用是什么？
2. 简述购销存系统各模块之间的数据关系。
3. 分别说明购销存业务日常处理的一般流程。

项目 10　购销存管理系统的业务处理

【知识目标】

◆ 了解购销存管理业务处理的主要内容
◆ 熟悉采购、销售、库存、核算管理日常业务处理流程
◆ 熟悉购销存期末业务处理流程
◆ 掌握购销存管理的业务处理方法

【技能目标】

◆ 掌握采购、销售、库存、核算管理各种日常业务处理
◆ 正确进行购销存期末业务处理操作

【项目任务简述】

购销存系统讲求业务流程，还要面对种类繁多的业务单据。无论哪一方面都是会计教学中没有涉及或没有强调的，学生的理解能力受限，因此在操作中要模拟实际业务环境，强调业务流程，细化各种单据的填写。购销存系统主要进行业务处理，会计处理则放在了核算系统。因此，要注意购销存各系统与核算系统的关系。

1. 项目任务分析

1.1　购销存系统基本操作流程

购销存系统日常业务操作流程包括：
（1）采购管理的日常业务操作流程。
（2）销售管理的日常业务操作流程。
（3）库存管理的日常业务操作流程。
（4）核算管理的日常业务操作流程。
购销存系统基本操作流程如图 10－1 所示。

1.2　采购系统日常业务处理

1.2.1　采购系统日常处理的内容

（1）采购系统日常业务处理主要包括采购订单处理、采购入库处理、采购发票处理、

采购结算处理、采购付款处理以及月末结账。

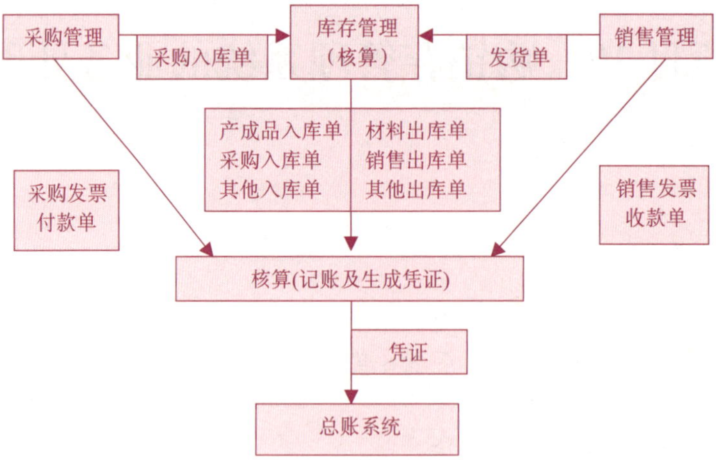

图 10－1

（2）采购订单是系统根据生产计划和库存余额生成的，只有审核后的订单才能进入后续的处理。

（3）采购入库业务处理主要是验收并填写采购入库单。采购入库单是根据采购到货验收的实收数量填制的单据。

（4）采购发票是以来自供应商的原始发票为依据输入的，也可由采购入库单生成。

（5）采购结算也叫采购报账，计算机采购系统进行采购结算也需要根据确认的采购入库单，结合发票金额确认采购成本。采购结算分为自动结算和手工结算两种方式。

（6）采购退货处理根据退货业务发生的不同时间，系统采用不同的处理方法。具体处理方法如下：

①若货到后尚未录入入库单，则直接退货即可，在系统中不必进行任何处理。

②若入库单已录入但未记入存货明细账，则可分不同情况进行处理：

• 如果还没有录入采购发票并全部退货，可以在入库单列表中删除入库单。如果部分退货可以直接修改入库单。

• 如果已录入采购发票尚未结算并全部退货，可以删除入库单和采购发票。如果部分退货可以直接修改入库单和采购发票。

• 如果已录入采购发票并结算但尚未付款，可取消结算后删除或修改入库单和采购发票。若已付款则必须输入退货单。

③若入库单已记账，则无论是否录入采购发票、是否结算、是否付款，均需要输入退货单。

④若采购发票已付款，则无论入库单是否记账，都需要输入退货单。

（7）当收到供应商提供的货物和发票之后，要按付款条件向供应商支付货款。这时要录入付款单据，并与应付给该供应商的应付货款进行核销。如果支付的货款等于应付款，则进行完全核销；如果支付的货款小于应付款，则进行部分核销；如果支付的货款大于应付款，则余款作为预付款处理。付款核销处理的结果将在核算子系统生成记账凭证并传递到总账子系统。

（8）采购系统的月末结账是逐月将每月的单据数据封存，并将当月的采购数据记入有关账表中。采购系统不允许跨月结账，只有进行采购系统月末处理后，才能进行库存系统、核算系统的月末处理。

1.2.2 采购系统日常业务处理流程

（1）入库单处理流程见图10－2。

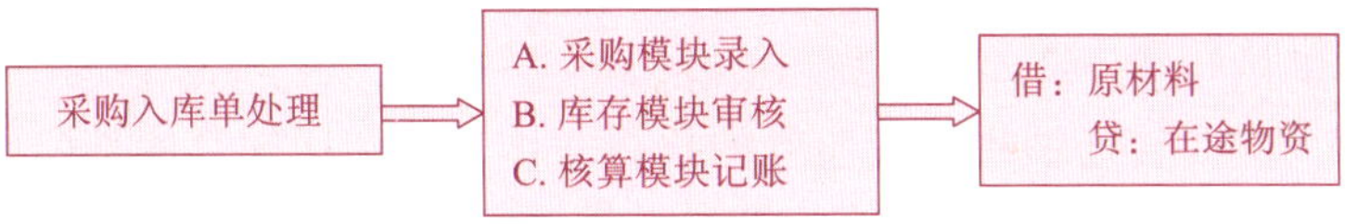

图10－2

（2）采购发票处理流程见图10－3。

图10－3

（3）付款单处理流程见图10－4。

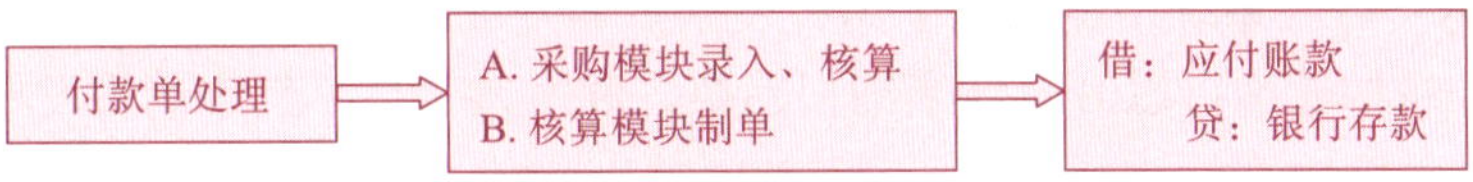

图10－4

（4）采购业务处理流程见图10－5。

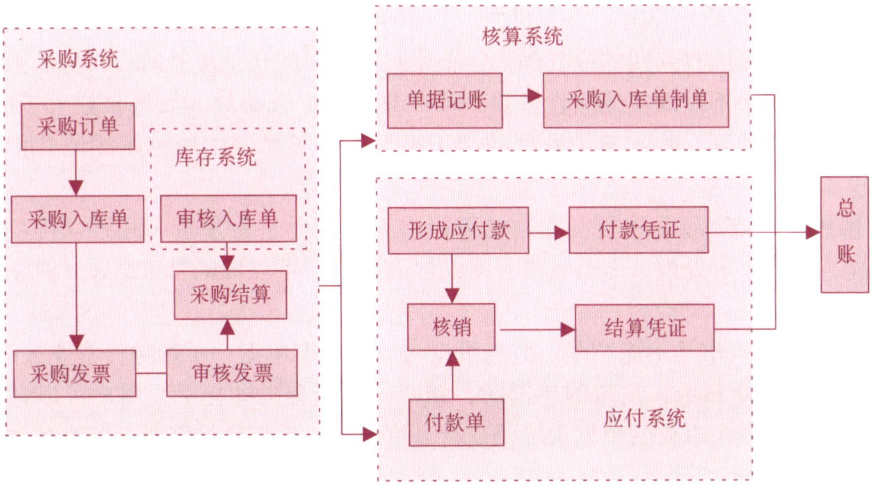

图10－5

1.3 销售系统日常业务处理

1.3.1 销售系统日常处理的内容

（1）销售系统的日常处理主要包括销售订单处理、销售发货单处理、销售开票处理、销售退货处理、现收业务处理、收款与核销业务处理和月末结账。

（2）销售订单是反映由购销双方确认的客户要货需求的单据。企业根据销售订单组织货源，并对订单的执行进行管理、控制和追踪。

（3）销售发货单是普通销售发货业务的执行载体，起到通知仓库部门发货的作用。发货单由销售部门根据销售订单产生，客户通过发货单取得货物的实物所有权。销售出库单可以在销售系统发货单审核时自动生成，或由库存系统调阅已审核的发货单生成。

（4）销售发票是指给客户开具的增值税专用发票、普通发票及其所附清单等原始销售票据。销售发票可以由销售部门参照发货单生成，即先发货后开票业务模式；也可以参照销售订单生成或直接填制，即开票直接发货业务模式。销售发票保存后如果需要复核，则通过复核系统将自动记录应收账款。如果是开票直接付款，则不需要复核直接单击“现付”进入收款环节。当销售发票录入错误但已进行打印时，销售发票不能被删除，也不能采用开具红字发票进行回冲，只能使用作废销售发票的功能作废错误销售发票。作废发票相当于销售发票被删除。如果用户误作废了发票，可以使用恢复功能将已作废的销售发票恢复为正常销售发票。另外，只能在销售发票处于未审核状态时作废销售发票。已审核记账的销售发票不能作废，只能开具红字发票冲销原发票。

（5）销售退货可在系统中输入红字销售发票。客户要求退货，但已将发票作账务处理，用户经当地税务机构核准可以开具红字销售发票。和发票一样，红字销售发票可以与销售订单相关联。

（6）在销售发票等销售结算单据中可以随单据录入发生的现收款并结算。一张销售结算单据可以多次现收，可以全额现收，也可以部分现收。在红字单据中录入现收款，实际上录入现退款，即负收款。

（7）企业售出商品并开出销售发票之后即形成企业的应收账款。企业对应收账款应进行严格的管理，及时催收到期的应收账款。企业收到客户的还款应及时核销应收账款。企业收到客户的款项如果不足以偿还应收账款，可冲减部分应收账款。如果收款大于应收账款，则余款作为预收款处理。收款核销处理的结果将在核算子系统生成记账凭证并传递到总账系统。

（8）销售系统结账每月进行一次，结账后本月不能再进行发货、开票、代垫费用等业务的增、删、改、审等处理，但若觉得月末结账有错误，可以取消月末结账。月末结账应注意如下问题：

- 上月未结账，本月不能结账。但仍可以增、改、审单据，不影响日常业务的处理。
- 本月还有未审核或未复核的单据时，结账时系统会自动提示，用户可以选择继续结账或取消结账，存在未审核的单据系统仍支持月度结账；但年底结账时，所有单据必须经审核后才能结账。
- 已结账月份不能再录入单据。
- 与库存系统、存货核算系统联合使用时，销售系统的月末结账应先于这些系统的月末结账。这些系统月末结账后，销售系统不能取消月末结账。

1.3.2 销售系统日常业务处理流程

（1）发货单/出库单处理流程见图10－6。

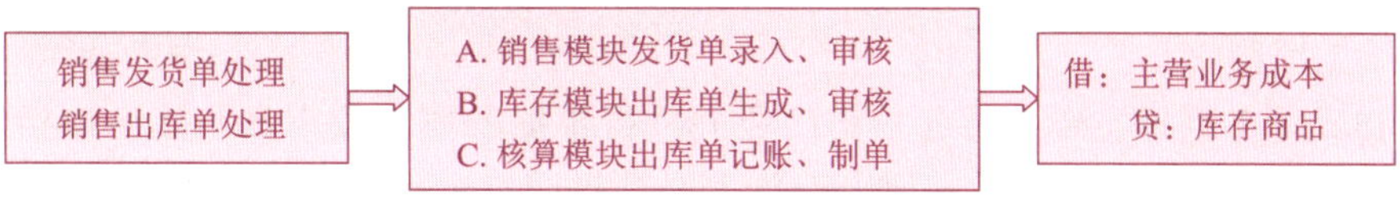

图10－6

（2）销售发票处理流程见图10－7。

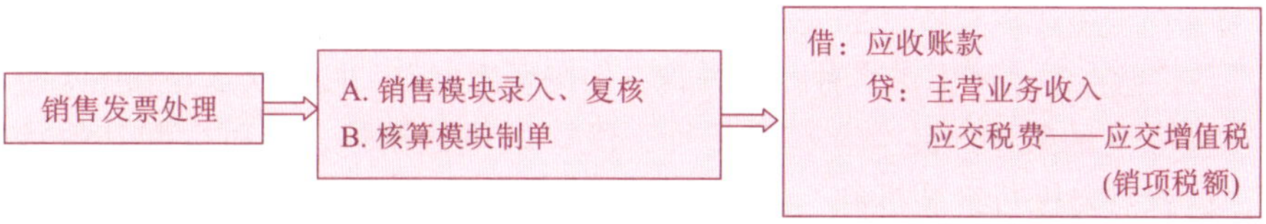

图10－7

（3）收款单处理流程见图10－8。

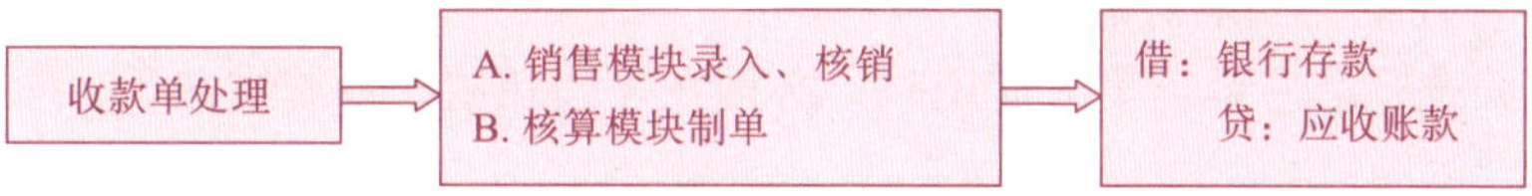

图10－8

（4）销售业务处理流程见图10－9。

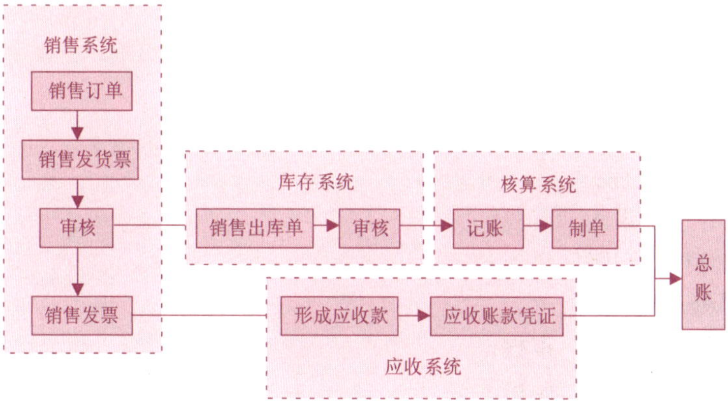

图10－9

1.4 库存系统日常业务处理

1.4.1 库存系统日常业务处理的内容

（1）库存管理系统日常业务处理主要包括入库业务处理、出库业务处理、其他业务处理、月末结账等。

(2) 入库业务处理主要是对各种入库业务进行单据的填制及审核，其中包括采购入库单、产成品入库单和其他入库单。其他入库单主要是指调拨入库、盘盈入库、组装拆卸入库、形态转换入库等业务形成的入库单，其他入库单一般由系统根据其他业务单据自动生成，也可手工填制。

(3) 出库业务处理主要是对各种出库业务进行单据的填制及审核，其中包括销售出库单、材料出库单和其他出库单。其他出库单主要是指调拨出库、盘亏出库、组装拆卸出库、形态转换出库、不合格品记录等业务形成的出库单。其他出库单一般由系统根据其他业务单据自动生成，也可手工填制。

(4) 库存调拨是指仓库之间存货的转库业务或部门之间的存货调拨业务。

(5) 为了保证企业库存资产的安全和完整，做到账实相符，企业必须对存货进行定期或不定期的盘点。盘点时系统提供多种盘点方式，如按仓库盘点、按批次盘点和按类别盘点等。

(6) 一些企业的某些产品会存在两重性，既可以单独销售，也可以和其他货物组装在一起销售，这就需要进行组装拆卸。组装是指将多个散件组装成一个配套件的过程，拆卸是指将一个配套拆卸成多个散件的过程。

(7) 形态转换是指某种存货在存储过程中，由于环境或其他因素的影响，由一种形态转化为另一种形态，从而引起存货规格和成本的变化，在库存管理中需要对此填制形态转换单。

(8) 库存管理系统期末对账包括了对账和月末结账。月末结账时需要注意的是，当库存系统、采购系统及销售系统集成使用时，必须在采购和销售系统结账后，库存系统才能进行结账。

1.4.2 库存系统日常业务处理流程

(1) 产成品入库单处理流程：

第一步：库存模块录入、审核；

第二步：核算模块记账、制单。

(2) 材料出库单处理流程：

第一步：库存模块录入、审核；

第二步：核算模块记账、制单。

(3) 调拨单处理流程：

第一步：库存模块录入、审核；

第二步：核算模块记账。

(4) 盘点单处理流程：

第一步：库存模块录入、审核；

第二步：核算模块记账、制单。

1.5 核算系统日常业务处理

(1) 存货核算系统的日常业务主要是进行日常存货核算业务数据的录入和成本核算。在与采购、销售和库存等管理系统集成使用时，存货核算系统对其他系统传递过来的各种存货出入库单据、调整单据进行查询、修改及成本计算。在单独使用存货核算系统时，可在本系统中完成各种出入库单据的填制、修改、查询及出入库单据的调整、成本计算等。

（2）存货核算系统日常业务主要包括入库业务处理、出库业务处理、单据记账、调整业务、凭证处理、综合查询和期末处理等。

（3）单据记账是将所输入的各种出入库单据记入存货明细账、差异明细账、受托代销商品明细账等。

（4）调整业务主要是针对出入库单据记账后，发现单据金额错误，而进行修改的业务。

（5）凭证处理是指在存货核算系统中，可以将各种出入库单据中涉及存货增减和价值变动单据生成凭证传递到总账的过程。

（6）存货核算系统提供了各类单据、凭证和账表的查询功能。账表包括账簿、汇总表及分析表三类，用户可根据实际需要进行查询和统计分析。

（7）存货核算系统的期末处理包括了期末处理、月末结账及与总账对账三部分。

1.6 购销存系统期末业务处理

（1）采购子系统的月末结账是逐月将每月的单据数据封存，并将当月的采购数据记入有关账表中。采购子系统不允许跨月结账。月末结账后，该月的单据将不能被修改、删除。进行采购子系统月末处理后，才能进行库存子系统、核算子系统的月末处理。

（2）如果没有启用库存子系统、核算子系统，并且不需要查看采购余额一览表，那么可以不进行采购月末结账。

（3）销售子系统包含了销售核算的功能，因此销售子系统的结账每月进行一次，一般在当前的会计期间终了时进行。结账后本月不能再进行发货、开票、代垫费用等业务的增、删、改、审等处理。如果用户觉得某月的月末结账有错误，可以取消月末结账。销售子系统月末结账应注意：

①上月未结账，本月不能结账。但仍可以增、改、审单据，不影响日常业务处理。

②本月还有未审核或未复核的单据时，结账时系统会提示尚有哪些单据未审核或未复核，用户可以选择继续结账或取消结账，存在未审核的单据系统仍支持月度结账；但年底结账时，所有单据必须经审核后才能结账。

③已结账月份不能再录入单据。

④与库存子系统、存货核算子系统联合使用时，销售子系统的月末结账应先于这些系统的月末结账，这些系统月末结账后，销售子系统不能取消月末结账。

（4）库存子系统的月末结账是指将当月的出入库单据按月封存，并将当月的出入库数据记入有关账表中。月末结账前应检查是否有本期未审核的盘点单，本会计月工作是否已全部完成，只有在当前会计月所有工作全部完成的前提下，才能进行月末结账，否则会遗漏某些业务。

（5）库存子系统月末结账时要注意的是：当库存子系统和采购子系统及销售子系统集成使用时，必须在采购和销售子系统结账后，库存子系统才能进行结账。

2. 项目任务实施

本项目我们要完成4个任务内容：

任务1：采购系统日常业务处理。主要完成正常采购业务处理、退货业务处理、发票业务处理、现付采购入库业务处理等操作。

任务2：销售系统日常业务处理。主要完成正常销售业务处理、退货业务处理、发票业务处理、现收销售业务处理等操作。

任务3：库存系统日常业务处理。主要完成入库业务处理、出库业务处理、调拨业务处理等操作。

任务4：购销存系统的期末业务处理。主要完成采购管理期末处理、销售管理期末处理、库存管理期末处理、核算管理期末处理等操作。

任务1　采购系统日常业务处理

案例10－1

【资料】 郑龙佳美健身器材有限公司2019年7月份采购业务如下：

业务1：21日，供应部汤明提出请购申请，购买伍市机械实业公司车架300件，不含税单价100元，经主管部门同意填写采购订单，要求23日到货。

业务2：23日，从伍市机械实业公司购入的车架到货，已验收入库。收到销售专用发票一张，发票号F302，交财务部门确定采购成本，并对发票制单。

业务3：24日，发现23日验收入库的车架有6件不符合质量要求，要求退回，供应单位开出的票号为F304的红字销售发票一张。

业务4：25日，财务部开出银行转账支票支付伍市机械实业公司车架的价款33 222元，支票号为Z003。

【任务】采购管理日常业务处理

首先以301身份进入“采购管理”界面，并进行采购业务日常操作处理。本次任务要求：进行正常采购的业务处理、发票处理、退货业务处理及现付采购业务处理操作及流程。

【操作指导】

业务1至业务4为普通采购业务，其操作流程如下：

业务1：

(1) 以用户名“301”的身份，进入T3系统的初始界面。单击主界面左侧的“采购管理”或菜单上的“采购”，进入采购管理的界面。

(2) 单击“采购订单”或“采购”→“采购订单”，进入采购订单管理的界面。

(3) 单击“增加”按钮，进入采购录入的界面，并按业务1的要求输入相应的数据，并单击“保存”按钮。

(4) 单击“审核”按钮，完成订单的审核工作，单击“退出”，完成采购订单操作，如图10－10所示。

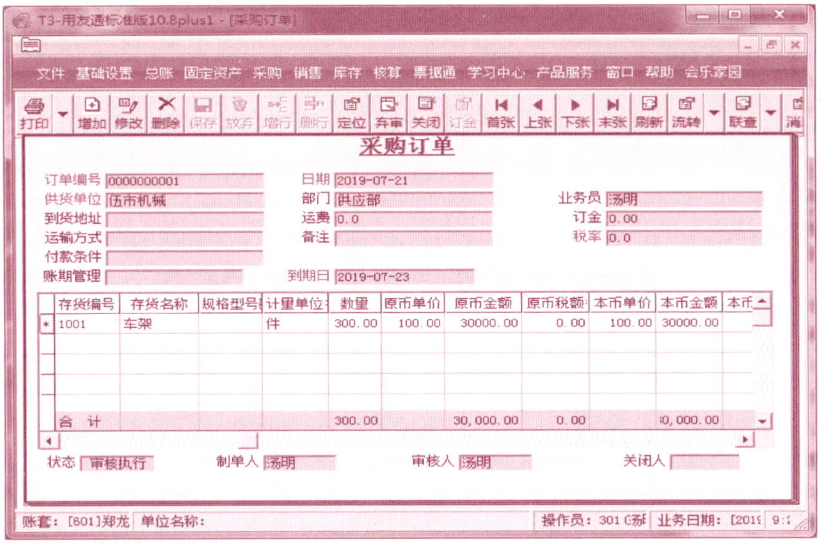

图 10－10

业务 2：

（1）在“采购管理”的界面，单击“采购入库单”或“采购”→“采购入库单”，进入“采购入库”窗口，单击“增加”按钮，进入采购入库单录入状态。

（2）选择仓库为“材料库”，再单击“选单”，选择“采购订单”，过滤出业务 1 完成的订单，或者直接按业务 2 内容录入采购入库单，如图 10－11 所示。

图 10－11

（3）单击“保存”按钮，再单击“退出”按钮，退出“采购入库单”窗口。

（4）单击“库存管理”或菜单上的“库存”，进入库存管理系统。

（5）单击“采购入库单审核”或者“库存”→“采购入库单审核”，进入“采购入库单”窗口，单击工具栏上的“审核”按钮，退出。

（6）单击“核算管理”或菜单上的“核算”，进入核算管理系统。单击“正常单据记账”或“核算”→“核算”→“正常单据记账”，进入“正常单据记账”窗口。

（7）单击选择采购入库单，单击“记账”按钮，退出。完成入库单记账的操作。

（8）单击“购销单据制单”或“核算”→“凭证”→“购销单据制单”，进入“购销单据制单”窗口。

（9）单击工具栏上的“选择”按钮，打开“查询条件”对话框，如图 10－12 所示。

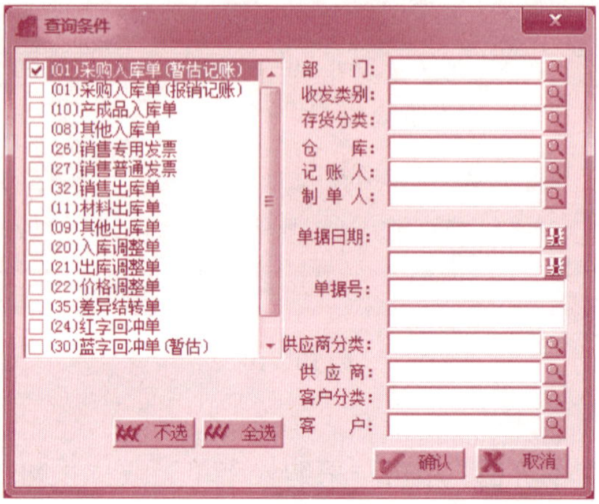

图 10－12

（10）选择“采购入库单（暂估记账）”，单击“确认”按钮，进入“未生成凭证—临览表”窗口。

（11）双击选择要制单的记录行，单击工具栏上的“确定”按钮，打开“生成凭证”窗口，输入贷方科目“140201”，选择凭证类别为“记账凭证”，单击“生成”按钮，进入“填制凭证”窗口，如图 10－13 所示。

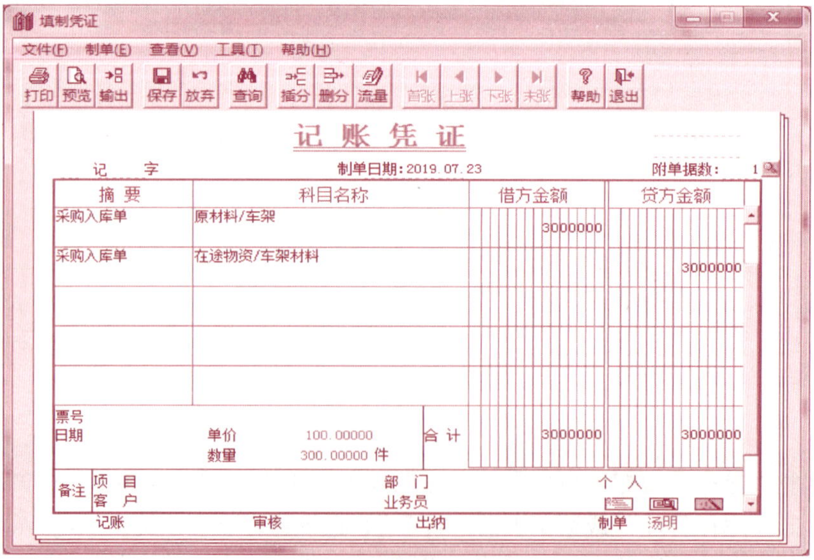

图 10－13

(12) 单击“保存”按钮，凭证左上角出现“已生成”标志，表示凭证已传递到总账，并退出。

(13) 单击采购管理中的“采购发票”或“采购”→“采购发票”，进入采购发票管理的界面。

(14) 单击“增加”右侧下箭头，选择“专用发票”。单击鼠标右键，选择“拷贝入库单”，进入“单据拷贝”窗口。单击“过滤”按钮，进入“入库单列表”窗口，也可根据资料直接输入。

(15) 选择需要参照的采购入库单，单击“确定”按钮，将采购入库单信息带入采购专用发票，输入发票号“F302”，修改税率为13%，如图10－14所示。

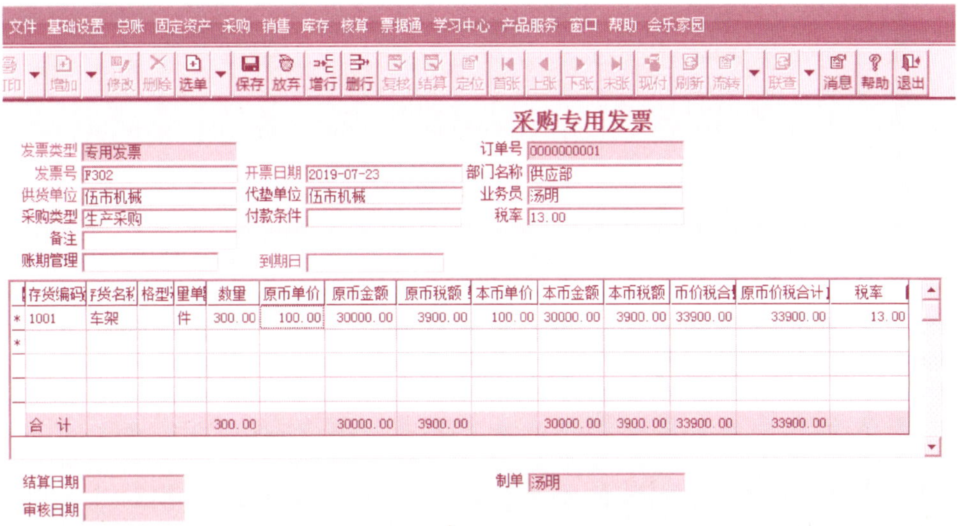

图10－14

(16) 单击“保存”按钮，完成在采购模块中填制采购发票的操作。

(17) 对刚填制的采购发票进行复核，单击“复核”按钮。

(18) 单击“结算”按钮，单击“确认”按钮进行采购结算。结算后单据显示“已审核”“已结算”，如图10－15所示，单击“退出”按钮返回。

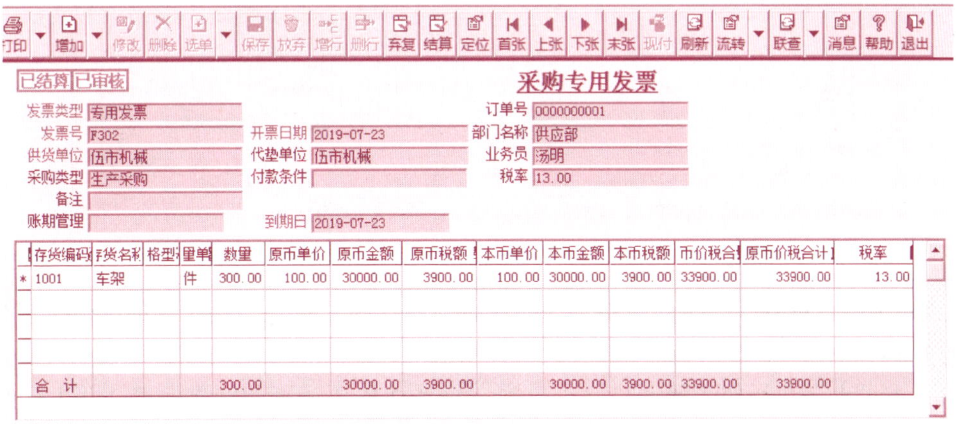

图10－15

（19）单击“核算系统”或核算菜单，进入核算管理系统。

（20）单击“供应商往来制单”或“核算”→“凭证”→“供应商往来核算”，进入供应商往来制单的界面。

（21）选择“发票制单”，单击“确认”按钮，进入“供应商往来制单”窗口，如图 10－16 所示。

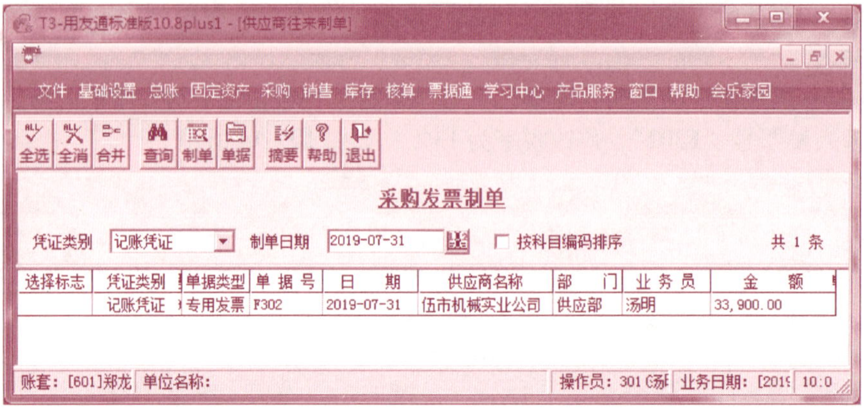

图 10－16

（22）双击选择需要制单的单据，选择“记账凭证”，单击“制单”按钮，进入“填制凭证”窗口，如图 10－17 所示。

图 10－17

（23）单击“保存”按钮，凭证左上角出现“已生成”标志，表示凭证已传递到总账。

业务 3：

（1）参照业务 2 操作步骤（1）～（12），完成业务 3 退货的红字处理，并生成红字入库凭证，如图 10－18 所示。注意：增加采购入库单时选择“采购入库单（红字）”，输入数量为负数。

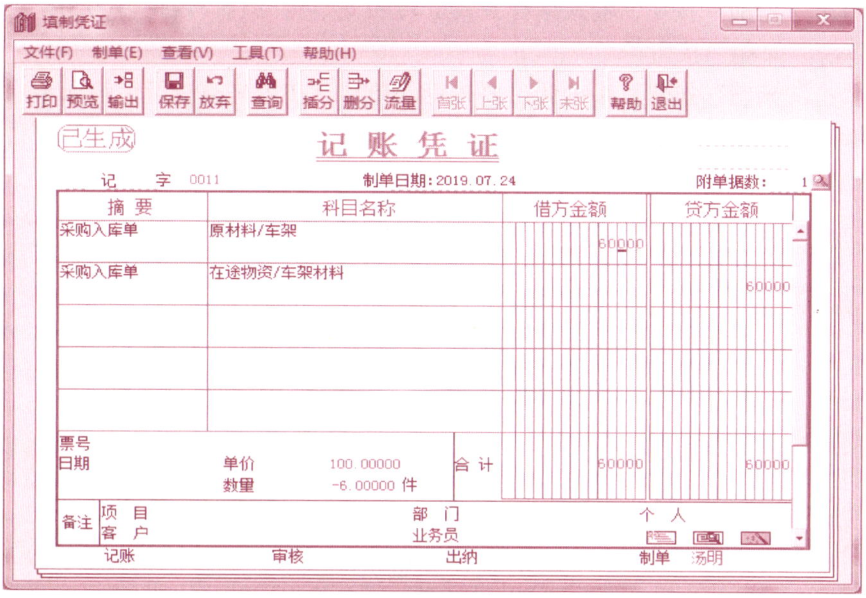

图 10－18

（2）参照业务2操作步骤（13）～（23），完成业务3发票的红字处理，并生成红字发票凭证，如图10－19所示。

图 10－19

业务4：

（1）单击“采购管理”或菜单的“采购”，进入采购管理的界面。

（2）单击“付款结算”或菜单“采购”→“供应商往来”→“付款结算”，选择供应商“伍市机械”，进入付款结算界面。

（3）单击“增加”按钮，输入结算方式“转账支票”，结算科目“100201”，金额，票据号等，单击“保存”按钮。

（4）单击“核销”按钮，系统调出要核算的单据，在表格第一行后输入本次结算金额33 222，再单击“保存”按钮，如图10－20所示（以上在采购模块中完成填制付款单并核销操作）。

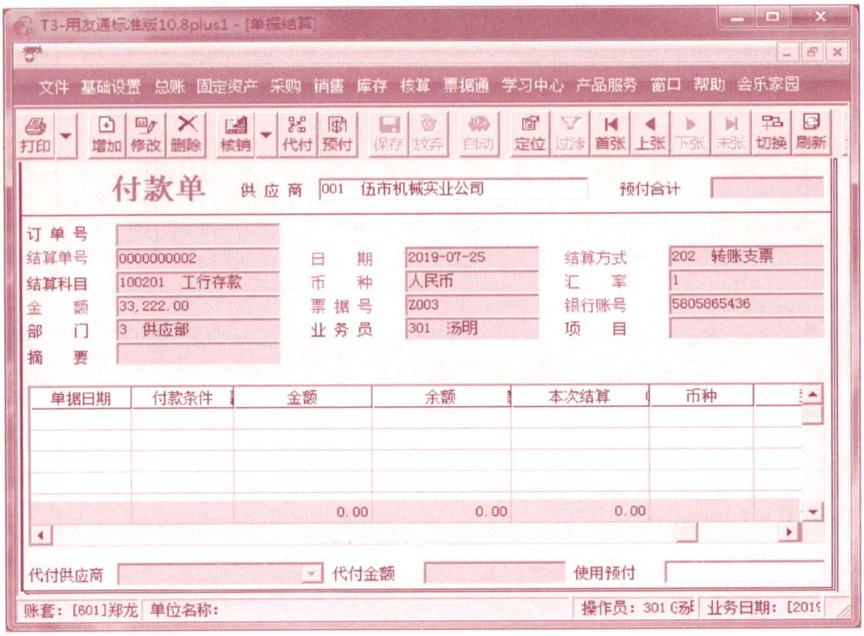

图10－20

（5）单击“核算系统”或菜单“核算”，进入核算系统的界面。

（6）单击“供应商往来制单”或“核算”→“凭证”→“供应商往来制单”。选择“核销制单”，单击“确认”按钮，进入“单据处理”窗口，如图10－21所示。

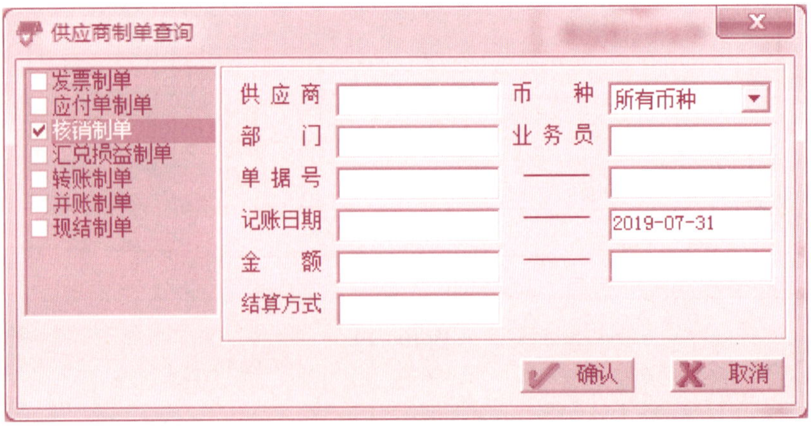

图10－21

（7）双击选择需要制单的单据，选择“记账凭证”。

（8）单击“制单”按钮，进入“填制凭证”窗口，如图10－22所示。

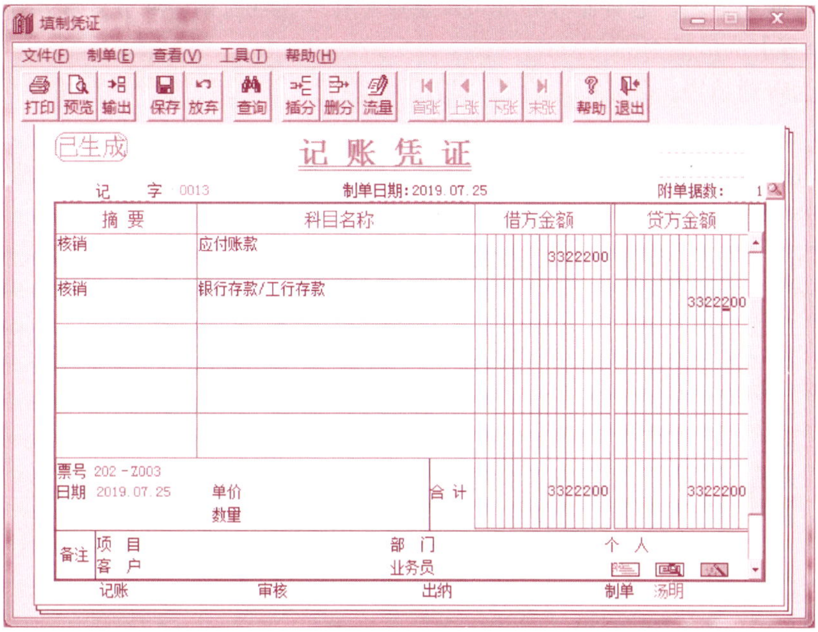

图10－22

（9）录入现金流量项目，单击“保存”按钮，凭证左上角出现“已生成”标志，表示凭证已传递到总账。

任务2　销售系统的日常业务处理

案例10－2

【资料】郑龙佳美公司7月份销售业务如下：

业务1：26日，厦门顺飞公司订购健身车70件，单价560元（不含税）。市场部邱宇据此填写销售订单并审核。

业务2：27日，市场部邱宇从产成品仓库向顺飞公司发出健身车70件，生成出库凭证。财务部开出专用发票一张，发票号X010，交财务部门审核制单。

业务3：28日，财务部收到顺飞公司用以支付购买健身车的价税款的转账支票一张（票号为Z004）。款项44 296元存入工行存款户。

业务4：29日，市场部向厦门顺飞公司销售健身车135件，单价760元（不含税），产品已发出，当日，财务部据此开出销售发票一张，票号X301。当日收到客户用以支付货款的转账支票一张（全部价税款115 938元），支票号Z005。

【任务】销售业务日常处理

首先以 301 身份进入“销售管理”界面，并进行销售业务日常操作处理。本次任务要求：正常销售业务处理、退货业务处理、发票业务处理、现收销售业务处理操作及流程。

【操作指导】

本案例为普通销售业务，以用户名“301”的身份，进入 T3 系统的初始界面。

业务 1：

（1）单击主界面左侧的“销售管理”或菜单上的“销售”，进入销售管理的界面，单击“销售订单”或“销售”→“销售订单”，进入“销售订单”窗口。

（2）单击“增加”按钮，进入录入销售订单界面，并按业务 1 的要求输入相应的数据，输入完成后单击“保存”。

（3）单击“审核”按钮，完成订单的审核工作，单击“退出”。完成销售订单及审核的操作，如图 10－23 所示。

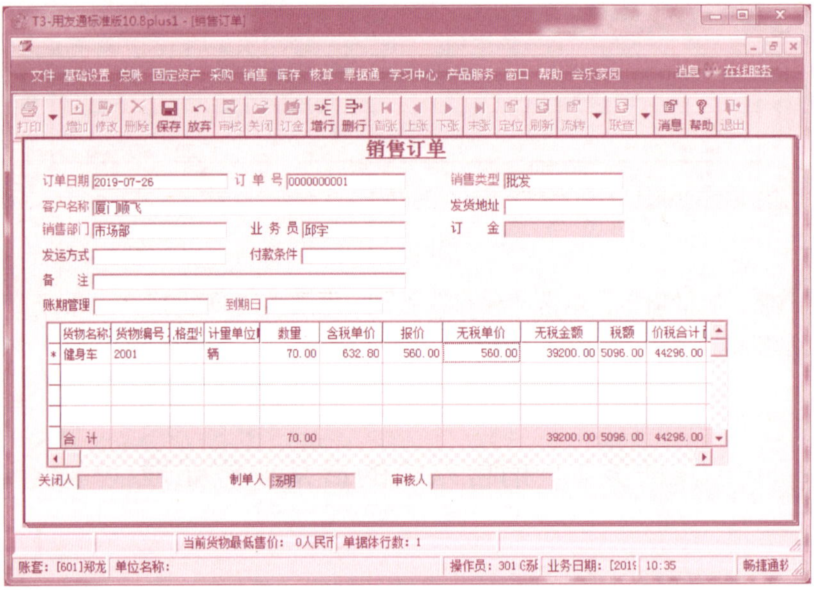

图 10－23

业务 2：

（1）在销售管理的界面上，单击“销售”→“销售发货单”或“发货单”进入“一般发货”窗口。

（2）单击“增加”按钮，系统弹出“选择订单”窗口，单击“显示”按钮，选择订单及存货，单击“确认”按钮返回“发货单”界面，选择“仓库”为产成品库，单击“保存”。

（3）单击“审核”按钮，在系统弹出的提示菜单中单击“是”，保存并审核发货单，如图 10－24 所示。退出到销售管理界面。

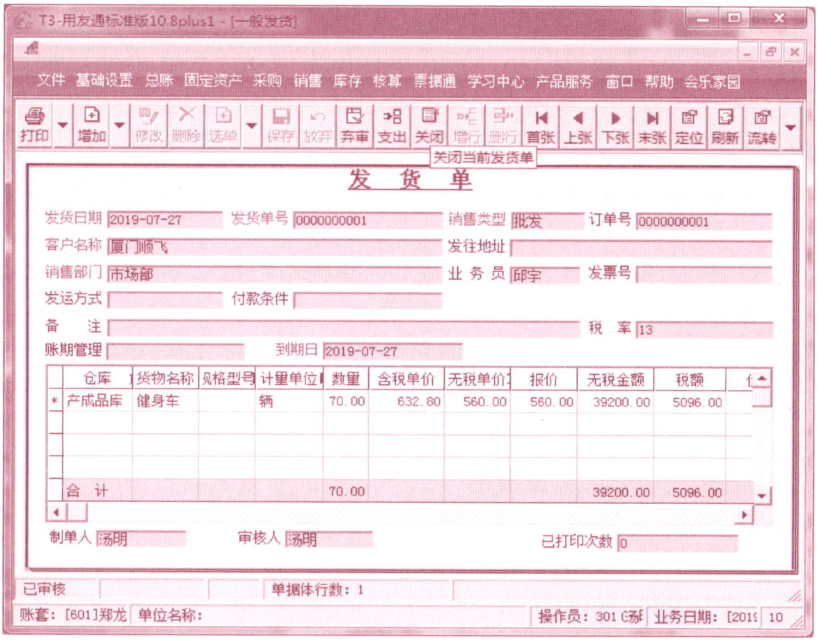

图 10－24

（4）单击“库存管理”或“库存”，进入库存管理的界面。

（5）单击“销售出库单生成/审核”按钮，单击“生成”按钮，系统弹出“发货单或发票参照”窗口，单击工具栏上的“刷新”按钮，选择上例的发货单，单击“确认”按钮，返回“销售出库单”界面。

（6）单击“审核”按钮，完成在库存管理系统中生成并审核销售出库单，如图 10－25 所示。单击“退出”，返回库存管理系统界面。

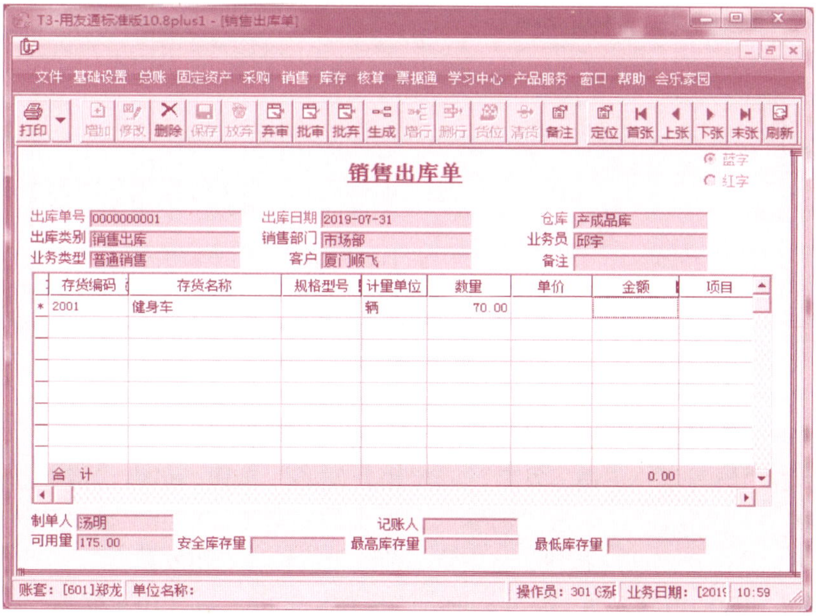

图 10－25

（7）单击“核算管理”或“核算”按钮，进入核算管理系统界面。

（8）单击“核算”→“核算”→“正常单据记账”或“正常单据记账”按钮，选择“产成品库”复选框，保留“销售出库单”单据类型，单击“确定”按钮，进入“正常单据记账”窗口。

（9）单击需要记账的单据前的“选择”栏，出现“√”标记，单击工具栏中的“记账”按钮。

（10）系统开始进行单据记账，记账完成后，单据不在窗口中显示。单击“退出”，返回核算管理系统的主界面。

（11）单击“核算”→“凭证”→“购销单据制单”或“购销单据制单”按钮，单击“选择”按钮，打开“查询条件”对话框。

（12）选择“销售出库单”，单击“确认”按钮，进入“选择单据”窗口。

（13）单击需要生成凭证的单据前的“选择”栏或单击工具栏中的“全选”按钮，然后单击工具栏中的“确定”按钮，进入“生成凭证”窗口。

（14）选择凭证类别为“记账凭证”，单击“生成”按钮，系统显示生成的转账凭证。

（15）修改确认无误后，单击工具栏中的“保存”按钮，凭证左上角显示“已生成”红字标记，表示已将凭证传递到总账系统，如图 10－26 所示。单击“退出”，返回核算管理的主界面。

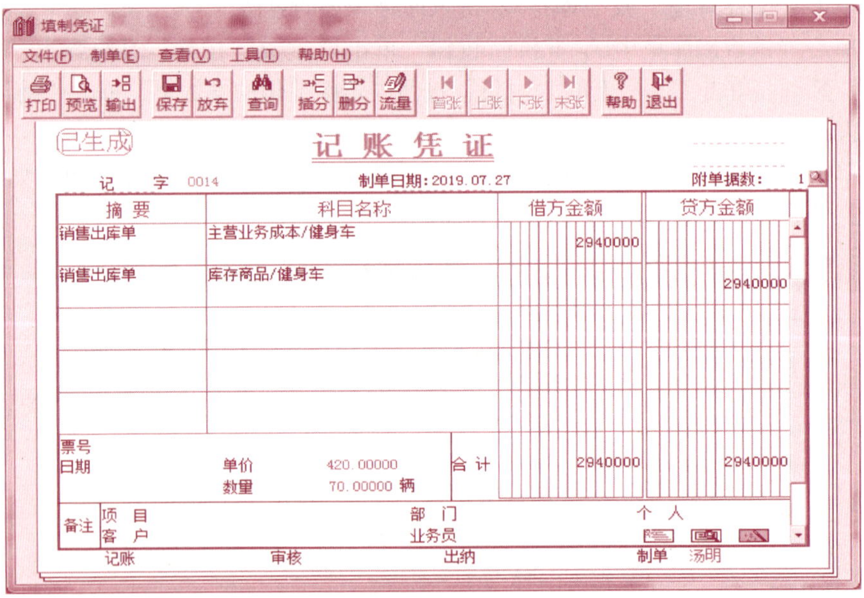

图 10－26

（16）单击“销售管理”或“销售”按钮，进入销售管理的主界面。

（17）单击“销售”→“销售发票”或“销售发票”按钮，单击“增加”按钮右侧的下箭头，选择“专用发票”，单击“选单”菜单下的发货单，单击“显示”按钮，选择要参照的发货单，单击“确认”按钮，将发货单信息带入销售专用发票。

（18）输入相应的内容，如发票号，单击“保存”按钮，如图 10－27 所示。

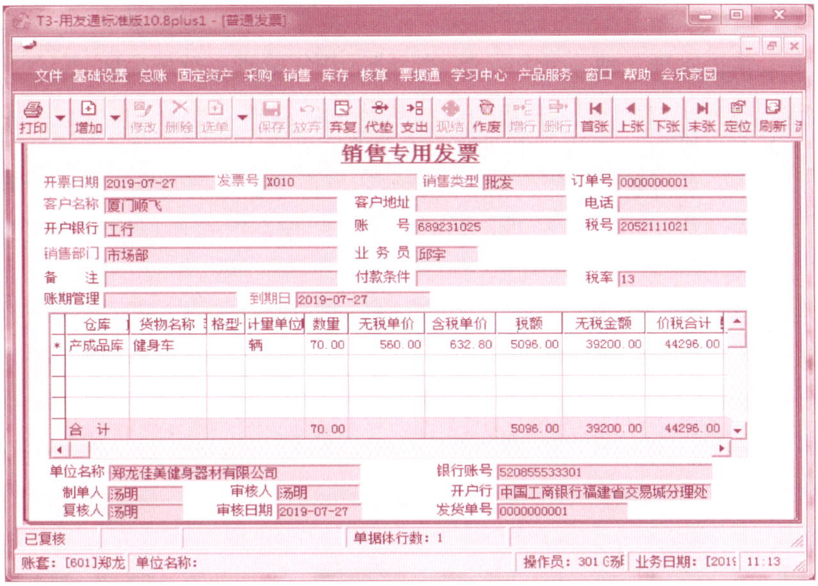

图 10－27

（19）单击“复核”按钮，在系统弹出的提示框中回答“是”，显示复核成功提示，单击“确定”，单击“退出”返回销售管理的主界面。

（20）单击“核算管理”或“核算”按钮，进入核算管理的主界面。

（21）单击“核算”→“凭证”→“客户往来制单”或“客户往来制单”按钮，选中“发票制单”复选框，单击“确认”按钮，进入“销售发票制单”窗口。

（22）选择凭证类别为“记账凭证”，单击工具栏中的“全选”按钮，选择窗口中的所有单据。单击“制单”按钮，屏幕上出现根据发票生成的转账凭证。

（23）单击“保存”按钮，凭证左上角显示“已生成”红字标记，表示已将凭证传递到总账系统，如图10－28所示。并单击“退出”返回核算管理系统的主界面。

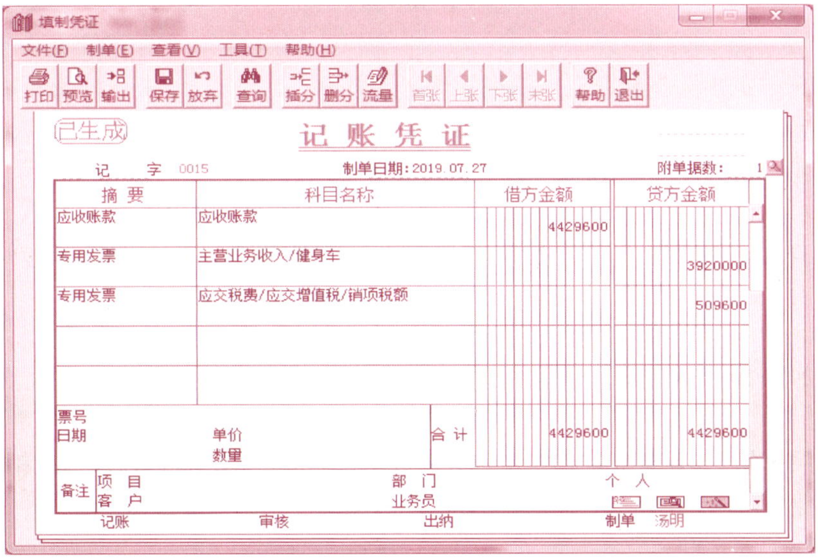

图 10－28

业务3：

（1）单击“销售管理”或“销售”按钮，进入销售管理系统主界面。

（2）单击“销售”→“客户往来”→“收款结算”或“收款结算”按钮，选择客户“顺飞公司”，单击“增加”按钮，出现销售收款单的界面。

（3）按业务3的资料要求，输入相应的数据，单击“保存”按钮，单击“核销”按钮。

（4）在“本次结算”栏中输入“44 296”，单击“保存”按钮，如图10－29所示。

图10－29

（5）单击“退出”按钮，返回销售管理主界面。

（6）单击“核算管理”或“核算”按钮，进入核算管理的主界面。

（7）单击“核算”→“凭证”→“客户往来制单”或“客户往来制单”按钮，选择“核销制单”复选框，单击“确认”按钮，进入“核算制单”窗口。

（8）选择凭证类别为“记账凭证”，单击工具栏中的“全选”按钮，选择窗口中的所有单据。单击“制单”按钮，屏幕上出现根据收款单生成的凭证。

（9）单击“保存”按钮，凭证左上角显示“已生成”红字标记，表示已将凭证传递到总账系统，如图10－30所示。单击“退出”，返回核算管理的主界面。完成收款操作。

业务4：

可以参照业务2、业务3的操作步骤，完成销售业务操作，也可以采用“销售现结”的方式处理该业务。

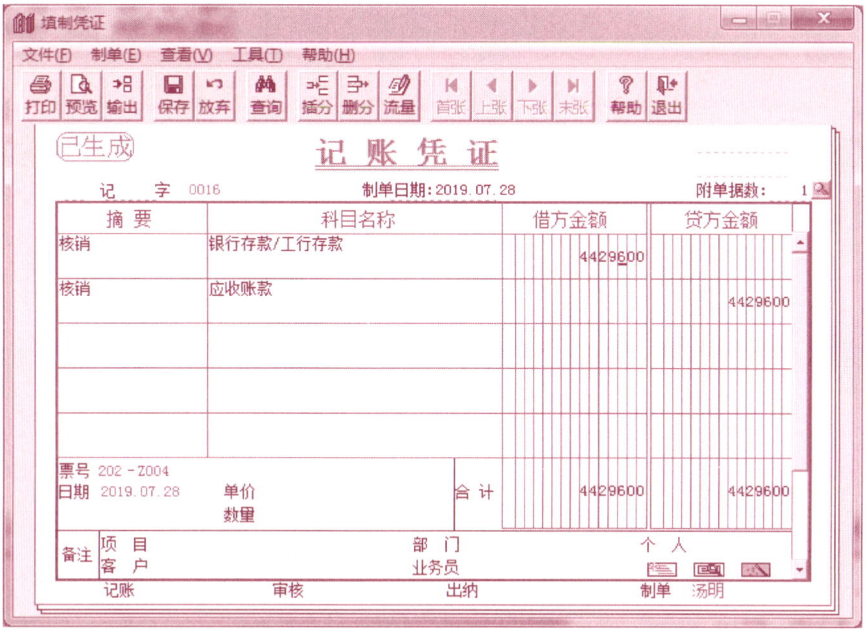

图 10-30

任务3 库存系统的日常业务处理

案例 10-3

【资料】郑龙佳美公司7月份库存业务如下：

业务1：30日，制造部领用车架150件，领用飞轮100件，用于生产健身车。

业务2：31日，仓库收到当月完工的健身车190件，总成本79 800元，财务部进行成本分配，生成记账凭证。

【任务】库存管理日常业务处理

首先以301的身份进入“库存管理”界面，并进行库存管理的业务操作处理。本次任务要求：进行库存入库处理、库存出库处理和库存调拨业务处理操作。

【操作指导】

以用户名“301”的身份，进入T3系统的初始界面。

业务1：

(1) 单击主界面左侧的“库存管理”或菜单上的“库存”，进入库存管理的界面。

(2) 单击“材料出库单”，单击“增加”，按业务1要求输入材料出库单内容。

(3) 单击“保存”按钮，单击“审核”按钮，完成在库存管理中输入材料出库单并审核，如图10-31所示。

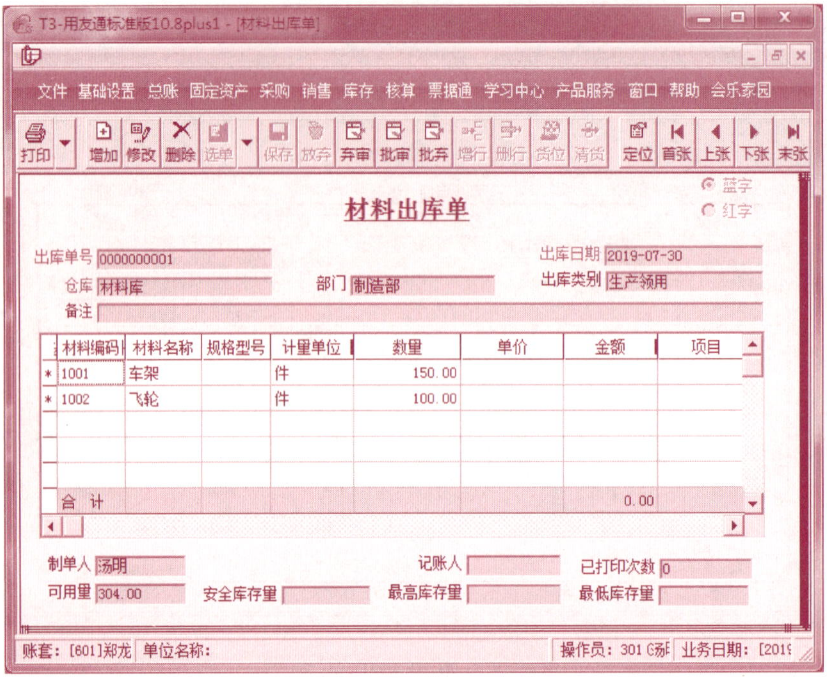

图 10－31

（4）单击主界面上的“核算管理”或菜单上的“核算”按钮，进入核算管理系统界面。

（5）单击“核算”→“核算”→“正常单据记账”或“正常单据记账”按钮，选择“材料库”复选框，选择“材料出库单”单据类型，单击“确定”按钮，进入“正常单据记账”窗口。

（6）单击需要记账的单据前的“选择”栏，出现“√”标记，单击工具栏中的“记账”按钮，如图 10－32 所示。

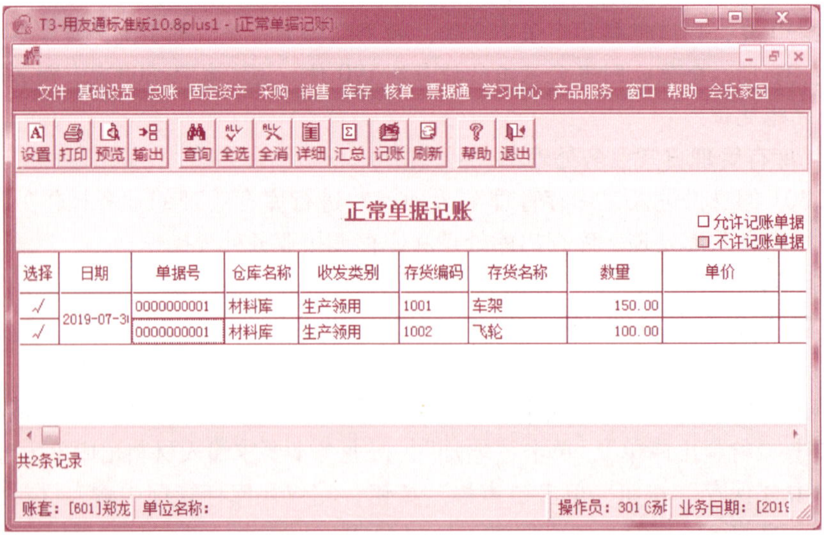

图 10－32

（7）系统开始进行单据记账，记账完成后，单据不在窗口中显示，单击“退出”，系统返回到核算管理的主界面。

（8）单击“核算”→“凭证”→“购销单据制单”或“购销单据制单”按钮，单击“选择”按钮，打开“查询条件”对话框。

（9）选择“材料出库单”，单击“确认”按钮，进入“选择单据”窗口。

（10）单击需要生成凭证的单据前“选择”栏按钮，然后单击工具栏中的“确定”按钮，进入“生成凭证”窗口。

（11）选择凭证类别为“记账凭证”，单击“生成”按钮，系统显示生成的记账凭证。

（12）修改确认无误后，单击工具栏中的“保存”按钮，凭证左上角显示“已生成”红字标记，如图10－33所示。表示已将凭证传递到总账系统，单击“退出”返回到核算管理系统主界面。此时完成业务1的操作。

图10－33

业务2：

（1）单击主界面上的“库存管理”或菜单上的“库存”按钮，进入库存管理的主界面。

（2）单击“产成品入库单”，单击“增加”按钮，根据业务2输入产成品入库单。

（3）单击“保存”按钮，单击“审核”按钮。完成在库存管理中输入产成品入库单并审核的操作，如图10－34所示。单击“退出”，返回库存管理的主界面。

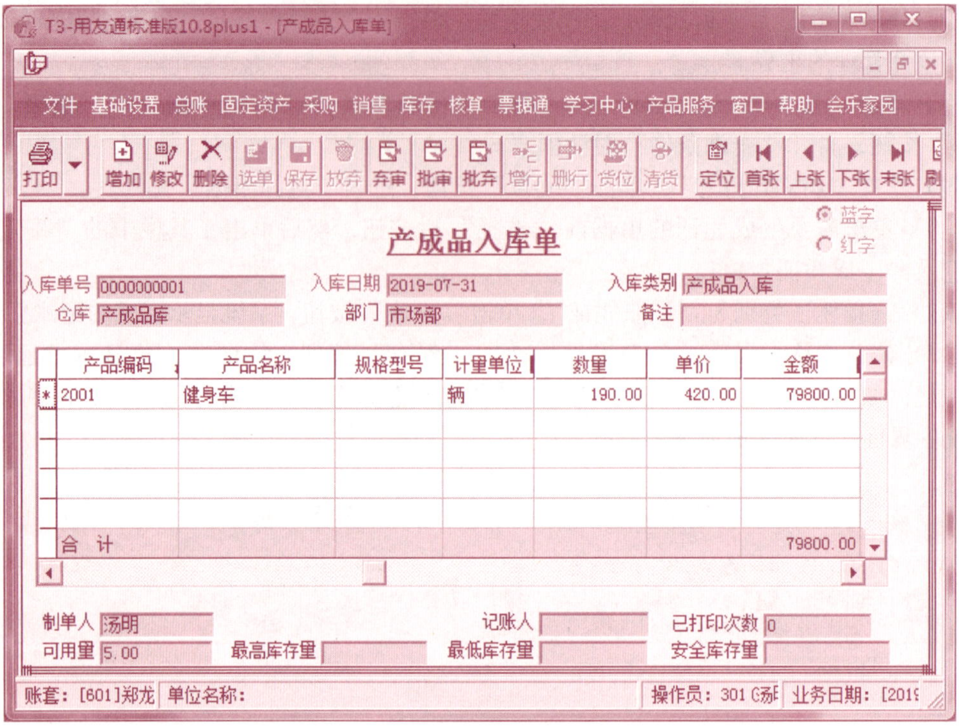

图 10－34

（4）单击主界面左侧的“核算管理”或菜单上的“核算”按钮，进入核算管理主界面。

（5）单击“核算”→“核算”→“正常单据记账”，单击“确定”按钮，进入“正常单据记账”窗口。

（6）单击选择产成品入库单，单击“记账”按钮，单击退出，返回核算管理的主界面。

（7）单击“核算”→“凭证”→“购销单据制单”或“购销单据制单”按钮，进入购销单据制单的界面，单击工具栏上的“选择”按钮，打开“查询条件”对话框。

（8）选择“产成品入库单”，单击“确认”按钮，进入“未生成凭证一览表”。

（9）双击选择要制单的记录行，单击“确定”按钮，进入“生成凭证”窗口。

（10）选择凭证类别为“转账凭证”，单击“生成”按钮，进入“填制凭证”窗口。

（11）单击“保存”按钮，凭证左上角出现“已生成”标志，表示凭证已传递到总账，完成了在核算管理中对入库单记账并生成记账凭证的操作，如图 10－35 所示。单击“退出”返回到核算管理的主界面，完成操作。

图 10－35

任务4 购销存系统的期末业务处理

案例10－4

【资料】郑龙佳美公司7月31日进行购销存期末处理：

（1）进行采购子系统的月末处理。

（2）进行销售子系统的月末处理。

（3）进行库存子系统的月末处理。

（4）进行存货子系统的月末处理。

【任务】购销存系统的期末业务处理

本次任务要求：采购管理期末业务处理、销售管理期末业务处理、库存管理期末业务处理、存货（核算）管理期末业务处理操作。本次任务操作都以301身份进入各个管理子系统中进行操作。

【操作指导】

采购管理系统期末处理：

（1）采购管理系统期末处理包括月末结账和取消结账两个方面。

（2）月末结账的操作如下：

①以用户名“301”进入T3采购管理系统，选择“采购管理”→“月末结账”，打开“月末结账”对话框。

②单击要结账月份对应的“选择标记”栏，显示“选中”字样。

③单击“结账”按钮，系统提示“月末结账完毕”，单击“确定”按钮，完成本月结账。

（3）取消结账的操作（如果需要对业务单据进行修改，需要先取消本月结账）。

①以用户名“301”进入T3采购管理系统，选择“采购管理”→“月末结账”，打开“月末结账”对话框。

②在“月末结账”对话框选中要取消结账的月份，单击“取消结账”按钮。

③系统提示“取消月末结账完毕”，单击“确定”按钮，即取消本月结账。

销售管理系统月末处理：

（1）销售管理系统期末处理包含月末结账和取消结账。执行月末结账后，如果发现本月操作有误，可执行取消结账，进行修改后再结账。

（2）月末结账操作如下：

①以用户名“301”进入T3销售管理系统，选择“销售管理”|“月末结账”，打开“月末结账”对话框。

②选择要进行结账的月份，单击“月末结账”按钮，系统自动进行结账处理。

③完成结账后，已结账月份对应的“是否结账”栏即显示“是”标记。

（3）取消结账操作如下：

①以用户名“301”进入T3销售管理系统，选择“销售管理”→“月末结账”，打开“月末结账”对话框。

②选择要进行取消结账的月份，单击“取消结账”按钮，系统自动进行取消结账处理。

③完成取消结账后，已结账月份对应的“是否结账”栏即显示“否”标记。

库存管理期末处理：

（1）库存管理期末处理包含对账和月末结账两个方面。对账包含了库存与存货对账、库存账与货位账对账两部分。

（2）对账的操作如下：

①以用户名“301”进入T3库存管理系统，选择“库存管理”→“对账”→“库存与存货对账”，打开“对账”对话框。

②选择对账月份，单击“确定”，按钮，系统自动对账，如果核对正确，系统将提示用户对账工作全部完成，并退出对账功能。若核对不上，系统则将对不上的数据显示在对账报告中。

（3）月末结账操作如下：

①以用户名“301”进入T3库存管理系统，选择“库存管理”→“月末结账”，打开“月末结账”对话框。

②选择需要结账的月份，单击“结账”按钮，系统自动完成月末结账。

（4）存货核算系统的期末处理。

存货核算系统的期末处理包括期末处理、月末结账及与总账对账三个部分。

存货核算系统的期末处理操作（主要是系统自动计算全月平均单价及本会计月出库成

本、差异率/差价率及本会计月的分摊差异/差价，并对已完成日常业务的仓库、部门、存货做处理标志）：

①以用户名“301”进入 T3 存货管理系统，选择“存货管理”→“期末处理”，打开“期末处理”对话框。

②选择需要进行期末处理的仓库，单击“确定”按钮，系统提示“您将对所选仓库进行期末处理，确认进行吗?”单击“确定”按钮，系统自动计算存货成本，完成后，系统提示“期末处理完成”，单击“确定”按钮。

（5）存货管理系统月末结账操作：

①以用户名“301”进入 T3 存货管理系统，选择“存货管理”→“月末结账”，打开“月末结账”对话框。

②单击“确认”按钮，系统提示月末结账完成，单击“确定”按钮，完成月末结账。

（6）与总账系统对账（与总账系统对账是存货核算系统记录的存货明细账数据与总账系统存货科目和差异科目的结存金额和数量进行核对，以保证经营业务与财务数据的一致性）。

具体操作如下：

①以用户名“301”进入 T3 存货管理系统，选择“存货管理”→“财务核算”→“与总账对账”，打开“对账”对话框。

②选择月份，系统自动进行对账处理。

复习巩固

一、单项选择题

1. 采购入库单可以由（　　）生成。

A. 采购订单　　B. 采购退货单

C. 采购付款单　　D. 采购合同

2. 为了方便用户使用和保持数据一致性，对销售订单、销售发货单、销售发票、收款单等应该（　　）。

A. 允许互相生成　　B. 不允许互相生成

C. 允许单向生成　　D. 不允许单向生成

3. 收款结算是指（　　）之间的结算。

A. 销售出库单与销售发票　　B. 销售发票与销售发货单

C. 收款单与销售发票　　D. 销售发货单与收款单

4. 库存子系统从（　　）的角度对存货进行管理。

A. 资金流与物流　　B. 资金流

C. 物流　　D. 信息流

5. 在库存子系统中，应该根据（　　）生成销售出库单。

A. 产品出库单　　B. 销售发货单

C. 销售订单　　D. 材料出库单

二、多项选择题

1. 采购与应付子系统输入的主要单据有（　　）。
   A. 采购订单　　B. 采购发票
   C. 付款单　　D. 采购入库单
2. 对于输入错误的销售发票以下叙述正确的是（　　）。
   A. 已打印的错误发票可以销毁
   B. 已打印的错误发票可以作废
   C. 已打印的错误发票可以用红字冲销
   D. 已审核记账的销售发票不能作废，只能开具红字发票冲销原发票
3. 存货核算包括（　　）。
   A. 存货增加的核算　　B. 存货减少的核算
   C. 存货结存的核算　　D. 存货周转的核算
4. 库存子系统中，主要输入的单据有（　　）。
   A. 各种入库单　　B. 各种出库单
   C. 盘点单　　D. 各种发票
5. 库存子系统的主要输出有（　　）。
   A. 出入库流水账　　B. 库存台账
   C. 呆滞积压存货分析　　D. 收发存汇总表

三、判断题

1. 采购入库单可由采购发票或采购订单生成。（　　）
2. 对于销售时即已钱货两清的销售业务也必须输入收款单，否则将会出现错误。（　　）
3. 采购入库单、销售出库单只能在库存子系统中输入。（　　）
4. 采购入库单可以来自采购子系统。（　　）
5. 在库存子系统中，存货的调拨业务将生成会计凭证。（　　）

四、思考题

1. 分别说明购销存业务日常处理的一般流程。

2. 普通销售业务分为哪两种处理模式？各自的处理流程是怎样的？

3. 结合销售与应收子系统业务处理流程分析这些功能处理的业务分别由哪些部门来完成。

4. 为什么在销售系统中要设置价格管理功能？如何进行价格管理设置？

5. 为什么录入错误尚未审核记账但已打印的销售发票，只能作废不能删除也不能开据红字发票冲销原发票？

6. 存货的核算和管理的基本内容是什么？

7. 盘点单审核的作用是什么？

模块 6

工资管理系统

项目 11　工资管理系统的初始设置

【知识目标】

◆ 了解工资系统初始化的主要内容和操作方法
◆ 了解工资账套与企业账套的区别
◆ 掌握建立工资账套的操作
◆ 掌握设置各项基础数据
◆ 了解主要常见参数对其他设置项目和后续业务操作的影响

【技能目标】

◆ 掌握建立工资账套、建立工资类别、基础设置、设置工资项目和计算公式等操作

【项目任务简述】

本工作项目主要完成工资系统初始化和基础设置的内容，主要包括人员类别、职员档案、工资类别、工资项目、工资计算公式定义、扣税、扣零等设置。这部分内容是工资日常业务处理的数据基础和对日常业务处理流程的规范，因此对整个工资系统具有决定性的影响。在本项目中我们要为郑龙佳美健身器材有限责任公司在用友 T3 中建立一个工资账套，并进行相关的业务核算规则的设置。

1. 项目任务分析

1.1 认识工资系统初始化

工资系统是用友 T3 的一个子系统，该系统既具有相对独立的功能，和其他系统之间又有紧密的联系。工资系统和总账系统之间主要是凭证传递关系，另外，工资系统向成本核算系统及财务报表系统提供相关数据。工资核算是每一个单位财会部门最基本的业务之一，又是一项经常性的工作，并且关系到每个职工的切身利益。因此，工资核算系统应具有以下三个特点：

（1）政策性强，要求严格。工资核算所需资料必须如实填报，并严格按照国家规定的劳动管理制度进行计算。

（2）及时性、准确性要求高。工资的发放有较强的时间限制，必须严格按照单位规定的时间完成计算和发放工作，而且保证工资计算和发放准确无误。

（3）工资计算重复性强，数据量大。工资核算的方法比较简单、固定，每个月进行工资计算的程序基本不变，但如果职工人数比较多，每个职工的工资项目也较多，那么每个月的工资计算以及工资发放凭证的工作量就很大。

工资系统初始化是整个工资核算的核心。工资系统初始化，就是用户可以通过初始设置，把通用的工资子系统转变为满足用户特定需要的工资管理系统，该系统的初始化主要让用户设置如下参数，以使工资系统能满足不同用户的核算要求。

1.1.1 建立工资账套

建立工资账套是工资核算的基础，工资账套与企业账套是两个不同的概念，企业账套是在系统管理中建立的，是针对整个用友 ERP 系统而言，而工资账套只针对 ERP 系统中的工资系统，它是企业账套的一部分。可通过系统提供的工资建账向导逐步建立工资账套，建立工资账套包括：

- 参数设置：工资类别个数、币别名称以及是否核算计件工资。
- 扣税设置：核算单位需要为职工代扣代缴个人所得税，可以在系统设置中选择设置为职工代扣个人所得税项。
- 扣零设置：是将工资的零头扣下，本月不发放，根据累积取整数，再进行发放，系统在计算工资时将依据扣零类型进行扣零设置。
- 人员编码设置：工资核算中每个职工都有一个唯一的编码，人员编码定义应结合企业部门设置和人员数量自由定义，但总长度不能超过系统提供的最高位数。

1.1.2 基础设置

基础设置包括：

（1）工资类别设置：是指一套工资中，根据不同情况而设置的工资数据管理类别。每一类别工作人员工资的具体项目和计算方式均不相同，但又要进行统一的工资核算管理。如企业中将在岗职工和临时职工分为两个工资类别，那么两个类别同时对应一套账务。

（2）人员类别设置：便于单位按职工类别进行工资汇总计算，也有利于工资费用的分摊和其他薪酬的计提，也可对不同人员类别的工资水平进行比较，并为单位制定和修改分配政策提供参考。例如人员类别分为生产人员、销售人员、管理人员三个类别。

(3) 人员档案及附加信息设置：人员档案用于登记工资发放人员的姓名、职工编号、所在部门、人员类别等信息，处理员工的增减变动等。除此之外，基于管理的需要还要设置一些辅助管理信息，丰富人员档案的内容以便对人员进行有效的管理，例如增加设置人员的性别、民族、婚否等信息。

(4) 工资项目设置：即定义工资项目的名称、类型和宽度，系统中预先设置了一些必备的工资项目，如应发工资、扣款合计、实发工资等。核算单位可根据需要自由设置其他工资项目，如基本工资、岗位工资、交通补贴、奖金等。

(5) 工资计算公式设置：是指对工资核算生成的结果设置计算公式。设置计算公式可以直观表达工资项目的实际运算过程，灵活地进行工资计算处理。定义公式可以通过选择工资项目、运算符号、关系符号以及函数等组合完成。

(6) 银行名称设置：当单位通过银行代发工资时，需要确定银行名称和账号长度，发放工资的银行可以按需设置多个。

1.2 工资系统初始化的工作过程

启用工资系统后，在新建的工资账套中，根据人事和财会部门提供的工资基础数据，对系统进行核算环境、参数和核算规则等初始设置，其操作流程如图11－1所示。

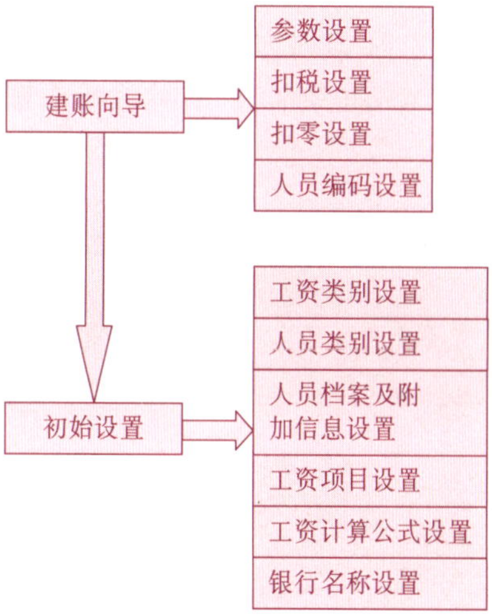

图11－1

2. 项目任务实施

在本项目中我们要完成以下三个任务：

任务1：工资管理系统初始设置。本任务完成工资账套的创建，设置工资系统的核算规则。

任务2：设置工资项目及计算公式。本任务是本项目的重点操作内容，工资项目及计算公式决定着工资数据的准确与完整。

任务3：期初工资数据录入。本任务是工资核算的基础，必须保证录入的数据正确。

任务1　工资管理系统的初始设置

案例 11－1

【资料】 郑龙佳美公司 2019 年 7 月启用工资系统。工资账套资料如下：工资类别个数：单个；核算币种：人民币；要求自动代扣个人所得税；不进行扣零处理；人员编码长度：3 位；账套启用日期为 2019 年 7 月 1 日。

【任务】启用工资系统，建立工资账套

为企业创建工资账套。在本次任务中，要求：

（1）每个团队仔细分析郑龙佳美健身器材有限公司的账套信息，理解工资账套与企业核算账套不同的含义。

（2）团队成员共同完成创建账套的操作。

（3）上机操作：根据案例 11－1 所给资料创建新的工资账套。

【操作指导】

<u>启用工资系统：</u>

单击“开始”→“程序”→“T3 系列管理软件”→“T3”→“系统管理”，输入用户名（账套主管）、密码，选择“□WA 工资管理”，修改操作日期为“2019. 7. 1”，单击“确定”按钮。如图 11－2 所示。

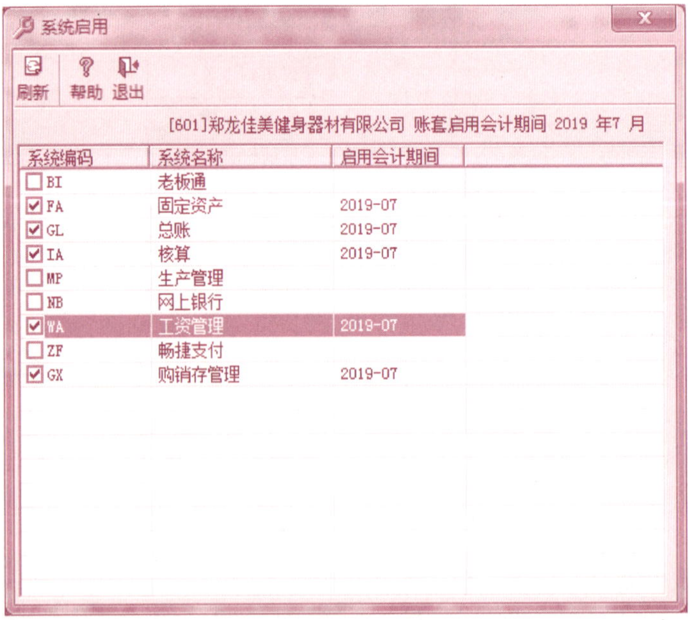

图 11－2

<u>建立工资账套</u>（工资主管苏莉兰，2019－07－1）：

（1）单击“工资”，选择本账套处理的工资类别个数，选择币种，如图 11－3 所示。

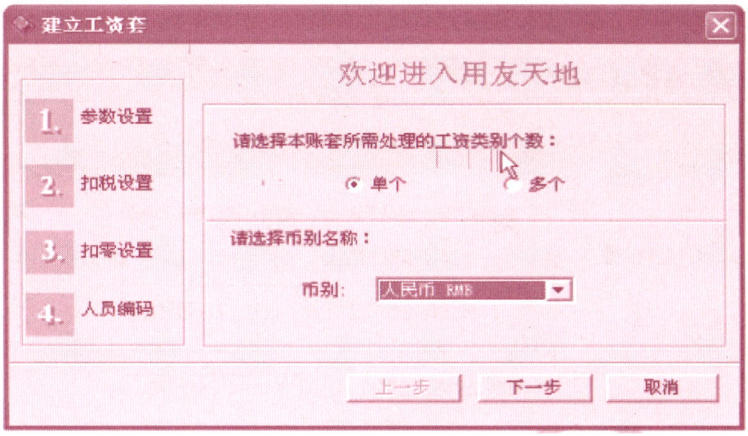

图 11 – 3

(2) 单击“下一步”，确定是否代扣个人所得税，如图 11 – 4 所示。

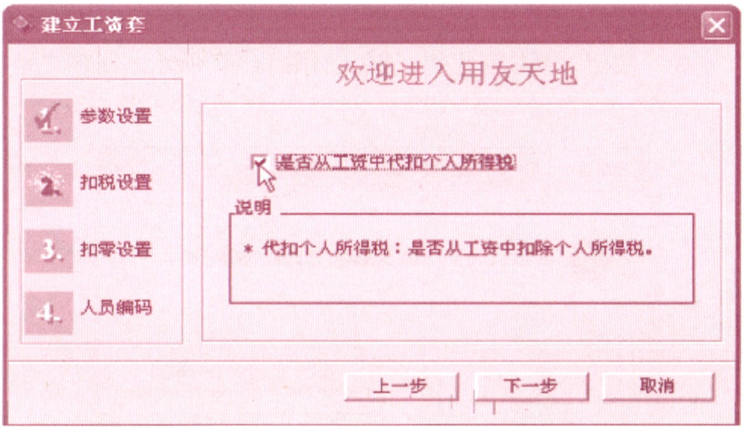

图 11 – 4

(3) 单击“下一步”，确定是否扣零处理，如图 11 – 5 所示。

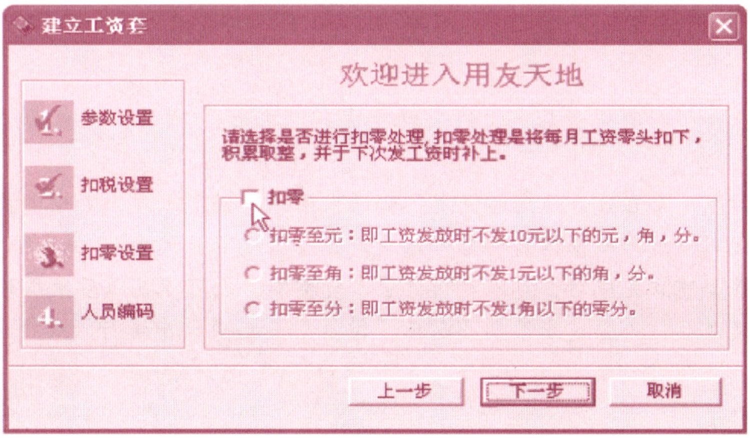

图 11 – 5

（4）单击“下一步”，确定人员编号长度，如图 11－6 所示。

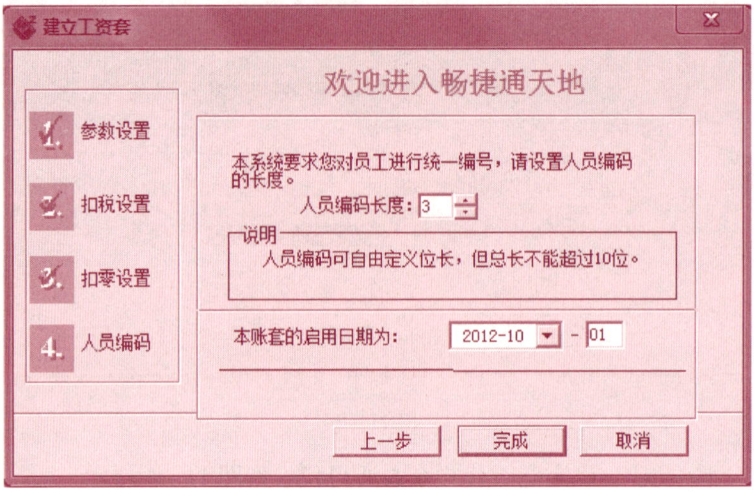

图 11－6

（5）单击“完成”按钮，系统弹出提示框，如图 11－7 所示。回答“是”，完成创建工资账套。

图 11－7

若账套参数没设好，执行“设置”→“选项”命令，可修改工资账套参数，单击“确定”按钮退出。

贴心提示：

- 选择代扣个人所得税后，系统自动生成“代扣税”项目，并自动进行代扣税的计算。
- 扣零设置通常在发放现金时使用，如果采用银行代发工资，则较少做此设置。
- 人员编码长度可以根据需要自行定义，但总长度不能大于 10 位字符。
- 工资账套建立完成后，可以直接设置工资类别，也可以在以后使用时再设置。
- 建账完成后，部分建账参数可以在“设置——选项”中进行修改。

知识链接

工 资 类 别

如果单位按周或每月多次发放工资、或者是单位中有多种不同的类别人员，工资发放项目不尽相同，但需要进行统一工资核算管理，应选择“多个”工资别，反之，如果单位中所有人员工资按统一标准进行管理，而且人员的工资项目、计算公式全部相同，则选择“单个”工资类别。

案例 11－2

【资料】郑龙佳美公司人员类别：管理人员、经营人员、生产人员。

【任务】设置人员类别

人员类别设置，便于按人员类别进行工资汇总计算和费用分摊。

【操作指导】

（1）执行“工资”→“设置”→“人员类别设置”命令，系统弹出“类别设置”窗口，如图 11－8 所示。

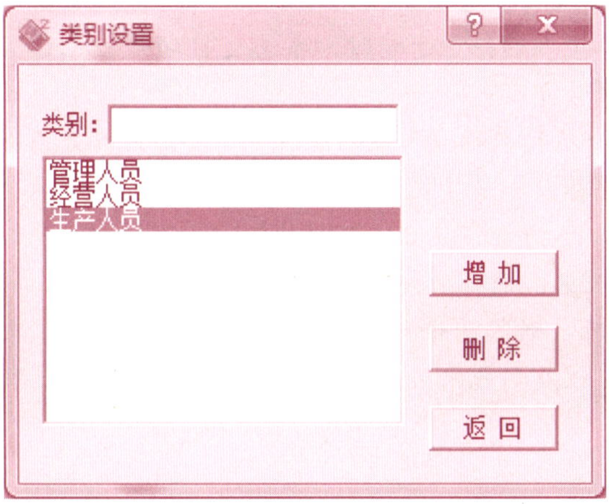

图 11－8

（2）单击“增加”按钮，然后在类别栏输入需要增加的类别，也可以选定不需要的人员类别，然后单击“删除”按钮删除该类别。单击“返回”按钮保存设置并退出。

案例 11－3

【资料】郑龙佳美公司人员开户银行名称：中国工商银行福建省交易城分理处，账号：520855533301，账号定长为 12。

【任务】设置代发银行

通过银行代发工资时，需要确定银行名称和账号长度，发放工资的银行可以按需设置多个。

【操作指导】

执行“工资”→“设置”→“银行名称设置”命令，单击“增加”，输入银行名称，设置账号长度（12 位），如图 11－9 所示。

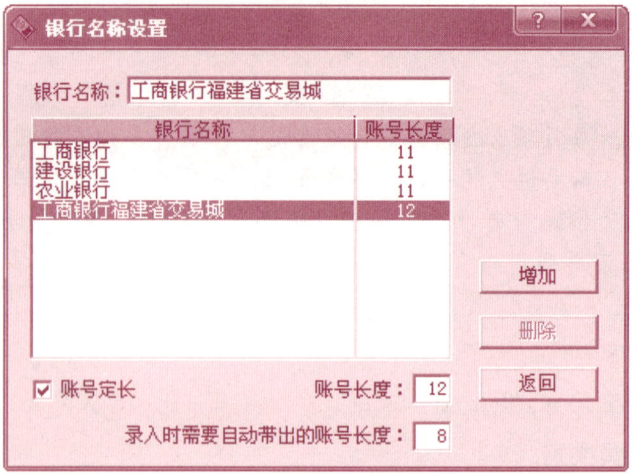

图 11－9

贴心提示：

● 如果在银行名称设置中设置了"银行账号定长"，则在输入了一个人员档案的银行账号后，在输入第二个人的银行账号时，系统会自动带出已设置的银行账号定长的账号，只需输入剩余的账号即可。

● 系统预置了几个银行名称，如果不能满足需要可以在此基础上删除或增加新的银行名称，而且必须是全称，如"中国建设银行"。

● 银行账号长度不能为空，并且不能超过 30 位。

● 如果修改账号长度，则必须按键盘上的回车键确认。

● 删除银行名称时，则同此银行有关的设置将一同删除，包括银行的代发格式设置、磁盘输出格式设置以及同此银行有关人员的银行名称和账号等。

案例 11－4

【资料】 郑龙佳美公司人员档案如表 11－1 所示。

表 11－1 人 员 档 案

人员编号	人员名称	所属部门	人员类别
101	杨 丽	办公室	管理人员
201	李 芳	财务部	管理人员
202	苏莉兰	财务部	管理人员
203	张 辉	财务部	管理人员
301	汤 明	供应部	管理人员
401	邱 宇	市场部	经营人员
402	李 光	市场部	经营人员
501	林玉琳	制造部	管理人员
502	赖成吉	制造部	生产人员
503	王顺民	制造部	生产人员
504	翁广生	制造部	生产人员

【任务】设置人员档案及附加信息

人员档案的设置用于登记工资发放人员的姓名、职工编号、所在部门、人员类别等信息，员工的增减变动都必须先在本功能中处理，这里的人员档案不能与总账系统中的职员档案共享，要单独设置。工资系统不仅可以核算人员工资，而且还可以进行人员的一些基本档案信息，实现简单的人事档案的管理。

【操作指导】

执行“工资”→“设置”→“人员档案”命令，单击“增加”按钮，录入人员编码、人员姓名、选择所在部门、人员类别、进入日期、银行名称、银行账号、人员附加信息，单击“确认”，录入下一个人员档案。也可经批量添加后做以下修改，如图 11－10 所示。

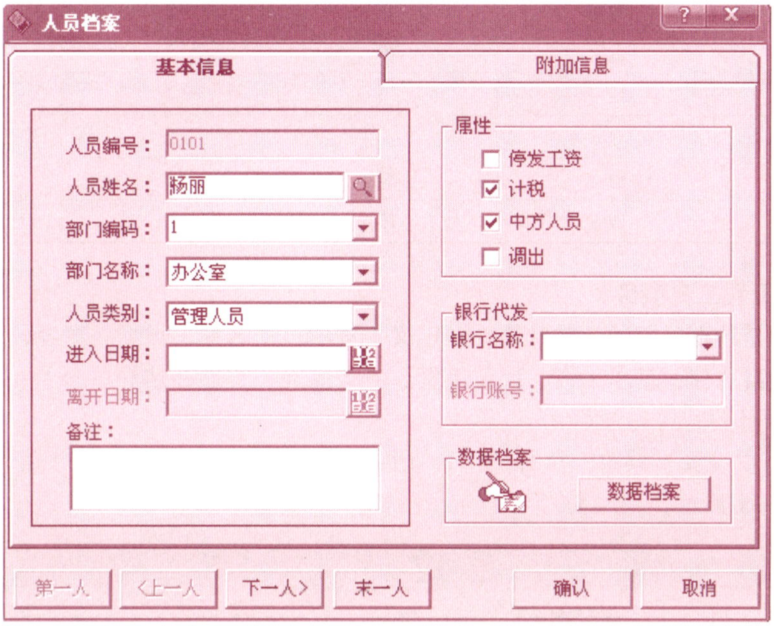

图 11－10

贴心提示：

- 在人员档案对话框中，单击“批增”功能可以按人员类别批量增加人员档案，然后再进行修改。这里的人员档案不能与总账中的职员档案共享，要单独设置。
- 在增加人员档案时，“停发”“调出”和“数据档案”不可选，在修改状态下才能编辑。员工的增减变动都必须先在本功能中处理。

任务2　设置工资项目及计算公式

案例 11－5

【资料】郑龙佳美公司工资项目如表 11－2 所示。

表 11－2　　　　　　　　　　工　资　项　目

工资项目名称	类型	长度	小数位	增减项
基本工资	数字	8	2	增项
奖励工资	数字	8	2	增项
交通补贴	数字	8	2	增项
应发合计	数字	10	2	增项
请假扣款	数字	8	2	减项
养老保险	数字	8	2	减项
住房公积金	数字	8	2	减项
其他扣款	数字	8	2	减项
扣款合计	数字	10	2	减项
实发合计	数字	10	2	增项
代扣税	数字	8	2	减项
请假天数	数字	5	2	其他
计税基数	数字	10	2	其他

【任务】设置工资项目

工资项目是计算工资的基础载体。即定义工资项目的名称、类型、宽度，可根据需要自由设置工资项目。如：基本工资、岗位工资、养老保险、交通补贴等。

【操作指导】

（1）打开“设置”菜单，执行“工资项目设置”命令，系统弹出“工资项目设置”窗口，如图 11－11 所示。

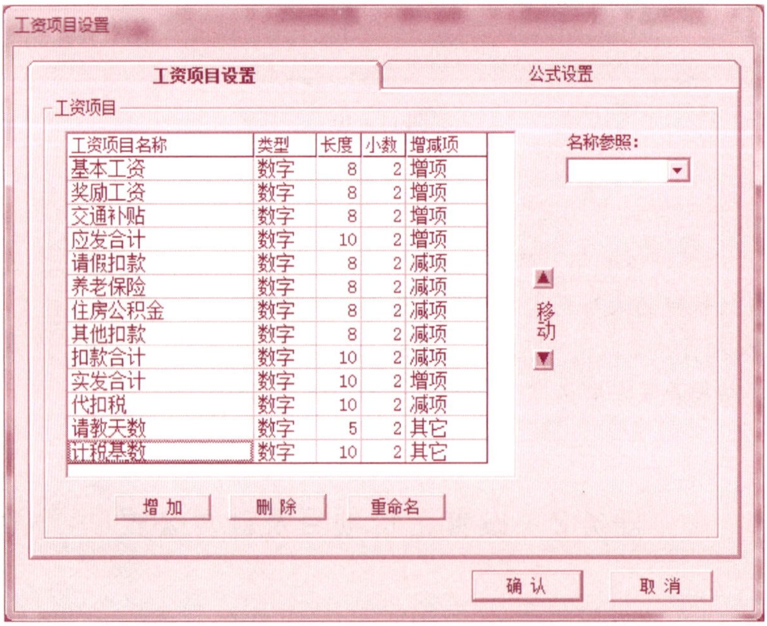

图 11－11

（2）单击“增加”按钮，在工资项目列表末增加一空行，可设置工资项目。

贴心提示：

- 可直接输入工资项目或在“名称参照”中选择工资项目名称，并设置新建工资项目的类型、长度、小数位数和工资增减项。
- 增项直接计入应发合计，减项直接计入扣款合计。
- 若工资项目类型为字符型，则小数位不可用，增减项为其他。
- 单击界面上的向上、向下移动箭头可调整工资项目的排列顺序。

（3）单击“确认”按钮保存设置，单击“取消”按钮取消设置并返回。

单击“重命名”可修改工资项目名。选择要删除的工资项目，单击“删除”确认后即可删除。

知识链接

- 在多类工资类别设置下，只有关闭所有工资类别时，才能增加工资项目。
- 设置为增项的工资项目将直接参与应发合计的计算，设置为减项的工资项目将直接参与扣款的计算，设置为其他的工资项目不参与应发或扣款的计算。
- 工资项目的修改、删除时，将光标放在选项上，点“重命名”或“删除”按钮。
- 工资项目必须唯一，一经使用，项目类型不允许修改。
- 系统提供的固定工资项目不能修改、删除。
- 设置工资项目可以选用系统提供的名称参数，也可以直接输入工资项目。数字型的工资项目，长度是包含了小数长度和小数点（占1位）的长度。如长度为10，小数位为2，那整数位为7位。
- 没有选择的工资项目不允许在计算公式中出现。

案例11－6

【资料】郑龙佳美公司工资项目计算公式如表11－3所示。

表11－3　　工资项目计算公式

工资项目	定义公式
交通补贴	iff（人员类别＝"管理人员" or 人员类别＝"经营人员"，400，300）
应发合计	基本工资＋奖励工资＋交通补贴
请假扣款	请假天数＊80
养老保险	应发合计＊0.08
住房公积金	应发合计＊0.12
扣款合计	请假扣款＋养老保险＋住房公积金＋其他扣款＋代扣税
实发合计	应发合计－扣款合计
计税基数	应发合计－（请假扣款＋养老保险＋住房公积金＋其他扣款）

【任务】设置工资项目计算公式

定义工资项目的计算公式是指对工资核算生成的结果设置计算公式。设置计算公式可以直观地表达工资项目的实际运算过程，灵活地进行工资计算处理。

设置计算公式就是设置工资项目计算关系，主要是各种汇总数形成公式和特殊项目的计算公式，如缺勤扣款等。

【操作指导】

一般工资计算公式设置：

执行“工资”→“设置”→“工资项目设置”命令，选择“公式设置”选项卡，系统自动设置应发合计、扣款合计、实发合计计算公式，点公式确认即可完成（系统已经设定）。

其他工资计算公式设置：

(1) 在“公式设置”界面单击“增加”按钮，单击下拉列表，选择增加的工资项目，再单击公式定义区，录入该工资项目的计算公式，单击“公式确认”按钮。例“交通补贴公式”设置如图 11－12 所示，“住房公积金公式”设置如图 11－13 所示。

图 11－12

图 11－13

（2）单击“确认”按钮，保存公式。

贴心提示：

- 如果公式页显示为灰色，无法打开，有可能是还没有设置人员档案。
- 定义公式时要注意先后顺序，先得到的数应先设置公式。应发合计、扣款合计和实发合计公式应是公式定义框的最后三个公式，且实发合计的公式要在应发合计和扣款合计公式之后。
- 在定义公式时，可以使用函数公式向导输入、函数参照输入、工资项目参照、人员参照编辑输入该工资项目的计算公式。其中函数向导只支持系统提供的函数。
- 公式输入完毕后，必须单击“公式确认”按钮，进行语法检查，再单击“确认”按钮保存。
- 应发合计、扣款合计和实发合计公式不用设置。

任务3　期初工资数据录入

案例11－7

【资料】郑龙佳美公司7月初工资数据如表11－4所示。

表11－4　　2019年7月初工资数据表

姓名	基本工资/元	奖励工资/元
杨　丽	5 200	800
李　芳	4 600	800
苏莉兰	4 200	500
张　辉	4 200	500
汤　明	4 200	500
邱　宇	4 200	500
李　光	2 800	400
林玉琳	4 200	500
赖成吉	2 600	400
王顺民	3 200	500
翁广生	3 200	500

【任务】期初工资数据录入

第一次使用工资系统必须将所有人员的基本工资数据录入系统，在工资变动功能中录入，当工资数据发生变动时应在此录入。

【操作指导】

账套主管“201李芳”进入工资系统，单击“工资变动”图标，显示所有人员所有工资项目，单击“工资项目”直接录入数据或单击工具栏上的“页编辑”按钮，如图 11－14 所示，按页面提示录入数据，单击“确定”录入下一个。

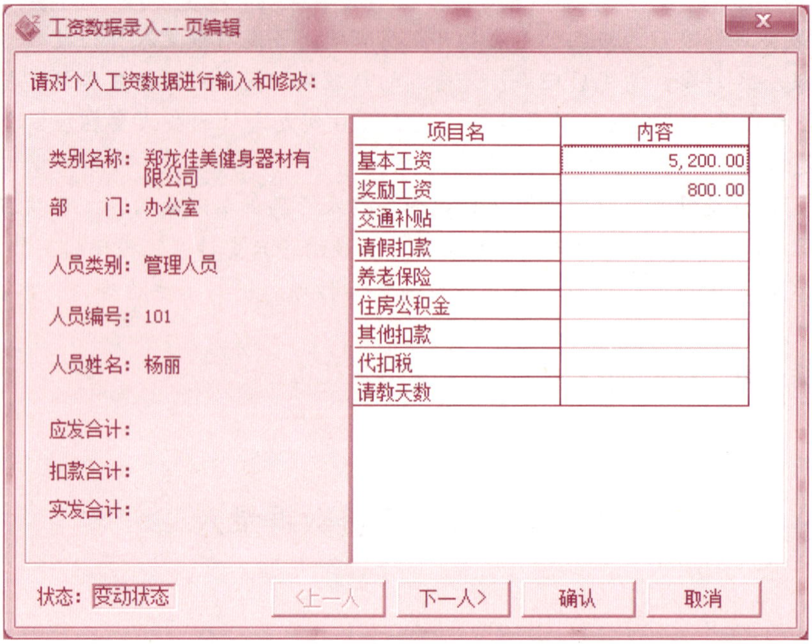

图 11－14

复习巩固

一、单项选择题

1. 人员类别设置是为了便于企业按人员类别进行（　　）计算。

A. 工资合并　　　　B. 工资汇总

C. 工资分类　　　　D. 工资分项目

2. 为了保证工资统计发放顺利，必须在输入工资数据前，将反映工资结构的（　　）加以定义。

A. 工资项目　　　　B. 工资分类

C. 工资计算公式　　D. 工资类别

3. 以下哪个不属于工资项目的设置内容？（　　）。

A. 名称　　　　B. 类型

C. 增减项　　　D. 属性

4. 假设岗位工资的发放要求是经理人员的岗位工资 800 元，管理人员的岗位工资 500 元，其他人员岗位工资 300 元。则以下哪个公式是正确的（　　）。

A. iff（人员类别 = “经理人员”，800，iff（人员类别 = “管理人员”，500，300））

B. iff（人员类别＝“经理人员”，300，iff（人员类别＝“管理人员”，500，800））
C. iff（人员类别＝“其他人员”，800，iff（人员类别＝“管理人员”，500，300））
D. iff（人员类别＝“其他人员”，300，iff（人员类别＝“管理人员”，800，500））

5. 如果要对同一工资项目做统一变动，可通过（　　）功能提高修改速度。
A. 页编辑　　B. 定位
C. 过滤　　D. 数据替换

6. 在用友T3窗口中，执行（　　）命令，可以打开“工资项目设置”对话框。
A.“工资”|“工资项目设置”　　B.“设置”|“工资项目设置”
C.“工资”|“设置”|“工资项目设置”　　D.“设置”|“工资”|“工资项目设置”

7. 工资系统中，银行名称长度不得超过（　　）。
A. 5个汉字或10位符　　B. 10个汉字或20位符
C. 15个汉字或30位符　　D. 20个汉字或40位符

二、思考题

1. 在什么情况下选择多个工资类别进行核算？
2. 工资账套与企业账套有什么不同，它们之间是什么关系？
3. 单个工资类别核算账套初始设置包括哪些内容？
4. 在多类别工资核算的前提下，工资项目设置可以在不必关闭工资类别（或未建立工资类别之前）的情况下进行设置吗？

项目12　工资管理系统的业务处理

【知识目标】

◆ 掌握工资数据计算、个人所得税计算的方法
◆ 掌握工资分摊和生成转账凭证的方法
◆ 熟悉查询有关账表资料并进行统计分析的方法
◆ 理解工资系统与总账系统的数据关系

【技能目标】

◆ 掌握对人员增减、工资变动进行处理；自动计算、汇总工资数据；工资分摊、计提、转账业务，并将生成凭证传递到总账系统，工资报表查询及统计分析，月末处理等操作

【项目任务简述】

完成工资系统核算规则设置后，每月都要完成工资计算、汇总、发放和分配等常规业务。在本工作项目中我们要对公司员工工资的应发数和实发数进行准确统计。

1. 项目任务分析

1.1 认识工资系统的日常业务处理

工资系统的日常业务处理，主要是对员工档案的维护、员工个人工资数据的调整以及某些工资项目的增减设置，包括人员变动、工资数据调整、个人所得税计算与申报、工资数据计算与汇总，期末将日常工资核算结果以机制凭证的形式传递到总账系统，并且每月要重复这些工作。

1.1.1 工资变动处理

工资变动处理包括工资数据输入、修改、计算和汇总处理，即输入和修改完工资变动数据后，根据设置的计算公式，系统将自动计算和汇总应发合计、扣款合计和实发合计等工资项目。如果有职工调动事项，必须先在“人员档案”中处理，然后才能进行工资变动处理。

1.1.2 个人所得税计算与申报

如果在建立账套中选择了由单位代扣代缴个人所得税，就必须进行扣缴所得税设置。用户只需确定扣除基数和定义税率，系统在工资变动处理过程中自动进行扣税计算，并生成个人所得税申报表。

1.1.3 银行代发处理

采用银行代发工资的单位，每月将“工资代发文件”以指定的格式和形式输出并报送给代发银行，请银行代发工资。这样，既减少了财务部门发放工资的工作量，又避免了到银行提取大笔款项所承担的风险。

1.1.4 工资分摊费用计提

月末财会部门根据工资费用分配表，通过工资系统，根据“应发合计”或实发合计分摊工资费用和按比例计提各项薪酬，系统根据用户选择，自动按照分摊的金额和科目生成转账凭证，并传递到总账系统，供总账系统审核、记账之用。

1.1.5 工资分钱清单处理

采用现金发放工资的单位，可根据需要进行工资分钱清单处理。主要包括部门分钱清单、人员分钱清单和工资发放取款单三部分。在进行工资分钱清单处理之前，先要选择票面额，然后系统才能自动根据每个员工的实发工资金额，计算各种票面额所需要的数量。

1.1.6 月末处理

（1）月末结账。每月工资数据处理完毕后均需在月末进行结账，结账后，系统自动生成下月各种工资表。对于固定工资项目，下月可继续沿用，对于变动工资项目（如奖金）数据，由于每月有可能不相同，必须清空为零。

（2）凭证处理。工资核算的结果是以转账凭证的形式传到总账系统，在总账系统可以进行查询、审核、记账等操作，但不能修改和删除，在工资系统可以对所生成的凭证进行删除和冲销操作。

(3) 账表查询。工资业务处理完毕后，生成了相关的工资数据表以供用户使用，分为工资表和工资分析表两种类型。工资表用于本月工资的发放和统计。主要包括工资卡、工资发放条、部门工资汇总表、人员类别汇总表等。工资分析表是以工资数据为基础，对部门、人员类别的工资数据进行分析和比较，产生各种分析表，以供决策人使用。主要包括工资增长分析表、按月分类统计表、工资构成分析表。

(4) 反结账。反结账功能，就是取消已结账标记。当前月份不能反结账，只能在下一个会计月份对本月进行反结账。在工资系统结账后，若发现还有一些业务或者其他事项需要在结账前处理时，账套主管就可以使用“反结账”功能。若工资分摊凭证生成，没有进行任何操作时，只需删除这些凭证就可反结账；若凭证已审核签字，取消审核签字后才能反结账；若凭证已记账，冲销凭证才能反结账。但总账系统已结账时不允许反结账。

1.2 工资系统日常业务处理工作过程

工资核算工资系统初始化及基础设置完成之后，它的主要任务是准确计算职工工资，对职工工资总额实行计划管理，按工资的用途、部门进行汇总，并按一定的分配原则进行费用的计提和分配，其操作流程如图 12－1 所示。

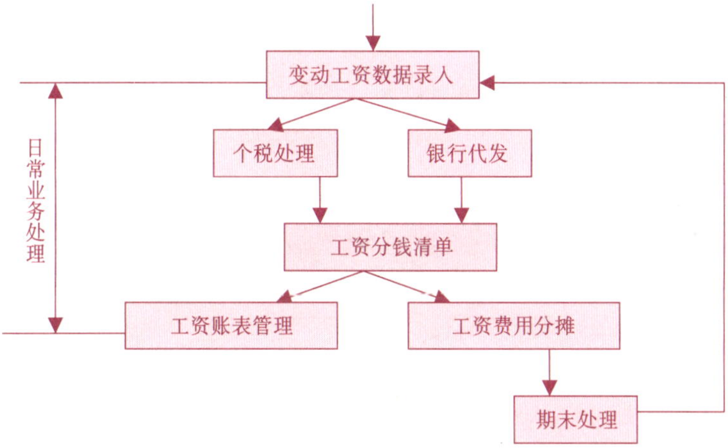

图 12－1

2. 项目任务实施

在本项目中我们要完成以下四个任务：

任务 1：日常工资管理。这是一项琐碎的工作，也是一项细致的工作。本任务通过考勤对工资数据进行变动处理，这只是工资日常管理的一个方面，操作虽然简单却是一项具有代表性的工作。

任务 2：分配工资费用。本任务包含工资分配、福利费分配、工会经费分配、职工教育经费分配等，操作较为繁琐，是对工资费用进行的会计核算，是本项目中的难点。

任务 3：计提本月代扣个人所得税。本任务学习如何调整个人所得税税率以及如何计提个人所得税。

任务4：查询凭证、工资报表、打印工资条并进行月末结账。本任务对工资核算结果进行查询、打印，并完成月末结账。

任务1　日常工资管理

案例12－1

【资料】 工资主管统计郑龙佳美公司7月份工资数据变动如下：

(1) 31日，进行工资变动，本月考勤为张辉请假2天，王顺民请假3天。给市场部每人增加奖励工资260元。

(2) 计算汇总7月份工资数据。

【任务】工资变动处理

用于日常工资数据的调整变动以及工资项目增减等。比如：平常水电费扣发、事病假扣发、奖金录入等。

【操作指导】

执行"工资"→"业务处理"→"工资变动"命令，系统弹出"工资变动"窗口，直接录入请假天数和奖励工资。若每个部门数据有一定规律，单击"替换"按钮，可以有条件地对一些数据进行整体替换。如给市场部每人增加奖励工资260元，替换条件可以多重组合，如图12－2所示。

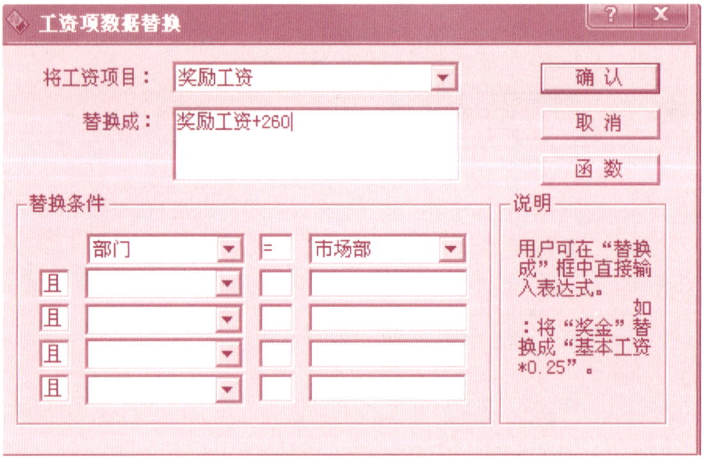

图12－2

人员信息比较多的情况下，可以单击"筛选"按钮进行过滤，选择某些项目进行录入。单击"编辑"按钮，系统可以按照每一个人的信息单独进行编辑。如果需录入某个指定部门或人员的数据，可先单击"定位"按钮，让系统自动定位到需要的部门或人员上，然后录入，所有录完后执行重新计算及汇总，然后退出。

汇总后的工资数据如图12－3所示。

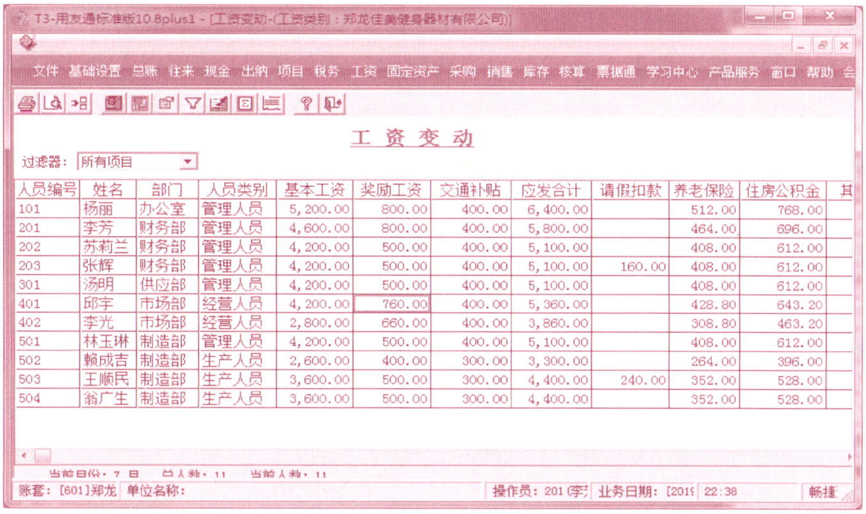

人员编号	姓名	部门	人员类别	基本工资	奖励工资	交通补贴	应发合计	请假扣款	养老保险	住房公积金	其
101	杨丽	办公室	管理人员	5,200.00	800.00	400.00	6,400.00		512.00	768.00	
201	李芳	财务部	管理人员	4,600.00	800.00	400.00	5,800.00		464.00	696.00	
202	苏莉兰	财务部	管理人员	4,200.00	500.00	400.00	5,100.00		408.00	612.00	
203	张辉	财务部	管理人员	4,200.00	500.00	400.00	5,100.00	160.00	408.00	612.00	
301	汤明	供应部	管理人员	4,200.00	500.00	400.00	5,100.00		408.00	612.00	
401	邱宇	市场部	经营人员	4,200.00	760.00	400.00	5,360.00		428.80	643.20	
402	李光	市场部	经营人员	2,800.00	660.00	400.00	3,860.00		308.80	463.20	
501	林玉琳	制造部	管理人员	4,200.00	500.00	400.00	5,100.00		408.00	612.00	
502	赖成吉	制造部	生产人员	2,600.00	400.00	300.00	3,300.00		264.00	396.00	
503	王顺民	制造部	生产人员	3,600.00	500.00	300.00	4,400.00	240.00	352.00	528.00	
504	翁广生	制造部	生产人员	3,600.00	500.00	300.00	4,400.00		352.00	528.00	

图 12-3

贴心提示：

- 如果工资数据的变化有规律性，可以使用“替换”功能进行成批数据替换。
- 在修改了某些数据，重新设置了计算公式，进行了数据替换或在个人所得税执行了自动扣税等操作时，必须调用“计算”和“汇总”功能对个人工资数据重新计算，以保证数据正确。

案例 12-2

【资料】按“计税基数”扣缴个人所得税，基数标准为 5 000 元。

【任务】扣缴个人所得税

此功能让系统自动计算个人所得税，用友系统中提供的个人所得税的计算依据只与该工资系统中的数据有关。

【操作指导】

（1）单击“扣缴个人所得税”图标，系统打开“栏目选择”对话框，如图 12-4 所示。

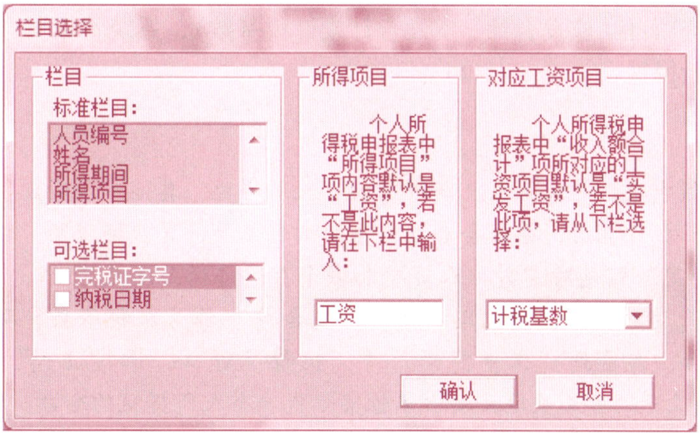

图 12-4

（2）单击“确认”按钮，打开“个人所得税扣缴申报表”，本案例需要按新税法调整扣税基数、税率等信息，单击工具栏上的“税率表”进行调整，如图12-5所示。

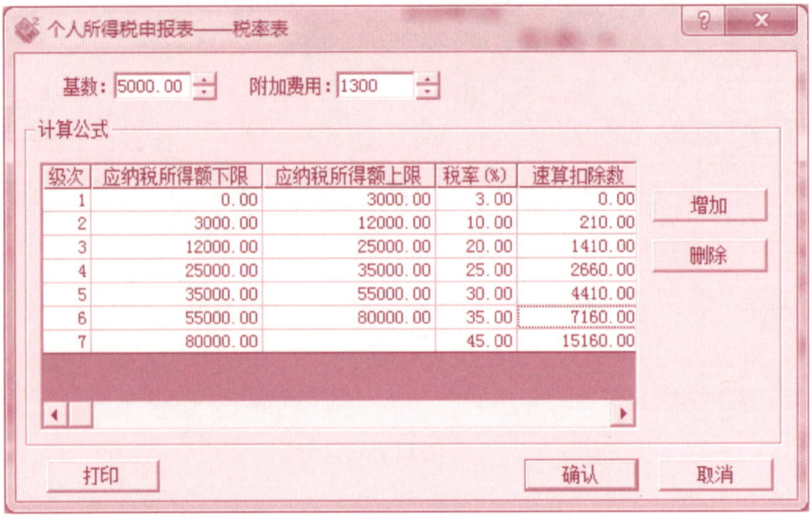

图12-5

（3）调整完税率表后，单击“确认”按钮，系统弹出提示框，如图12-6所示，回答“是”，返回“个人所得税扣缴申报表”，退出。

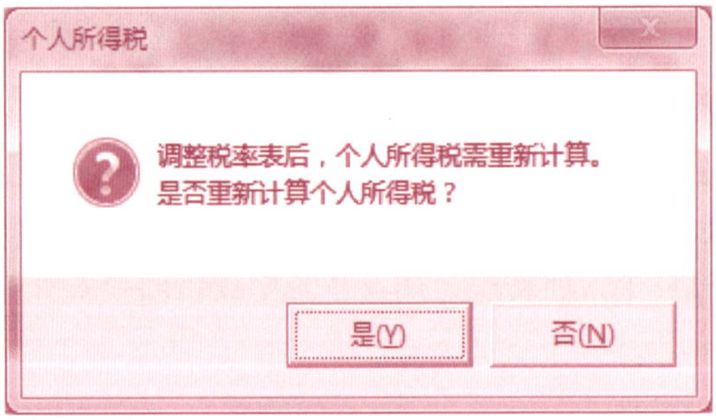

图12-6

选择对应工资项目（应发合计、实发合计或计税基数），系统将根据选择的工资项目自动进行计算对应所得税。

贴心提示：

- 系统提供申报仅对工资薪金所得征收个人所得税，其他不予考虑。
- 所得税参数设置后，系统会自动根据职工月工资计算应纳税额。
- “附加费用”栏是对“外方人员”扣缴个人所得税而设置的。
- 在“工资变动”中，系统默认以“实发合计”作为扣税基数，所以在执行完个人所得税计算后，需要到“工资变动”中，执行“计算”和“汇总”功能，以保证“代扣税”这个工资项目正确地反映出单位实际代扣个人所得税的金额。

任务2　分配工资费用

案例12－3

【资料】7月31日进行工资分摊处理。郑龙佳美公司工资费用分配标准如表12－1所示。

表12－1　　2019年7月工资数据表

计提类型与计提比例	部门名称	人员类别	项目	借方科目	贷方科目
工资100%	办公室 财务部 供应部	管理人员	应发合计	560209	221101
	市场部	经营人员	应发合计	560107	
	制造部	管理人员	应发合计	410101	
	制造部	生产人员	应发合计	40010102	
工会经费2%	所有部门	所有人员	应发合计	560208	221106
职工教育经费2.5%	所有部门	所有人员	应发合计	560207	221107

【任务】工资分摊处理

财务部门根据工资费用分配表，将工资费用根据用途进行分配，如进行工资费用、工会经费和职工教育经费的分配，并编制转账会计凭证，供登账处理用。

【操作指导】

工资分摊设置：

（1）单击“工资分摊”图标，打开“工资分摊”窗口，单击“工资分摊设置”按钮，在弹出的“分摊类型设置”窗口中单击“增加”按钮，在分摊计提比例设置下录入计提类型名称、计提比率，如图12－7所示。

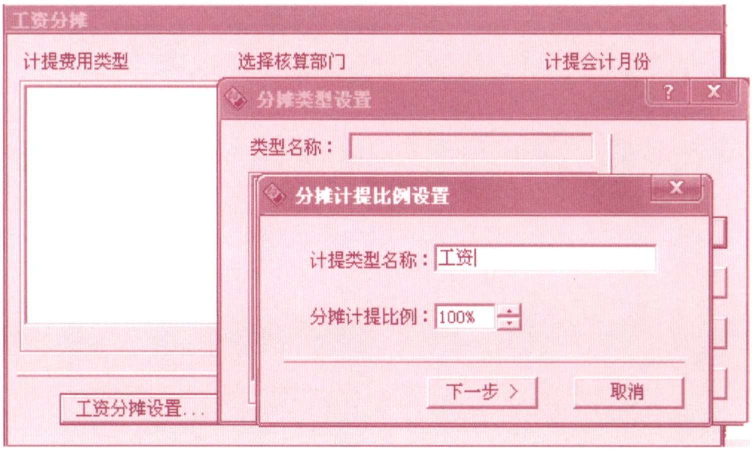

图12－7

(2) 单击“下一步”，进入“分摊构成设置”窗口，选择部门、人员类别、借贷方科目，工资分摊如图 12－8 所示。

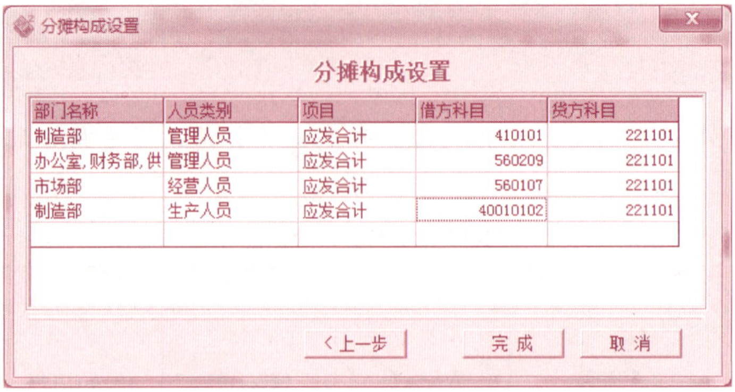

部门名称	人员类别	项目	借方科目	贷方科目
制造部	管理人员	应发合计	410101	221101
办公室,财务部,供	管理人员	应发合计	560209	221101
市场部	经营人员	应发合计	560107	221101
制造部	生产人员	应发合计	40010102	221101

图 12－8

(3) 单击“完成”，返回“分摊类型设置”窗口，按同样的方法，设置“工会经费”，如图 12－9 所示。

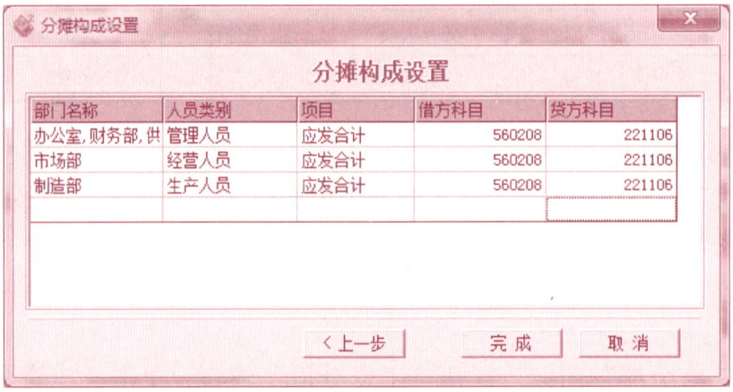

部门名称	人员类别	项目	借方科目	贷方科目
办公室,财务部,供	管理人员	应发合计	560208	221106
市场部	经营人员	应发合计	560208	221106
制造部	生产人员	应发合计	560208	221106

图 12－9

(4) 重复以上步骤，完成其他分摊设置，如图 12－10 所示。

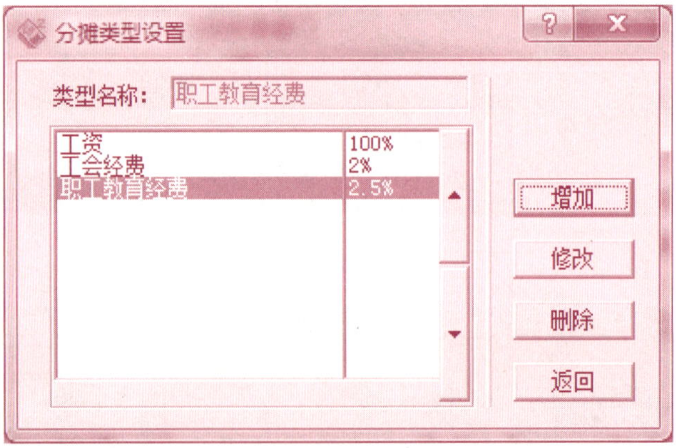

图 12－10

贴心提示：

● 所有与工资相关的费用均需要建立相应的分摊类型名称及分摊计提比例。

● 不同部门、相同人员类别可以设置不同的分摊科目。

● 不同部门、相同人员类别在设置时，可以一次选择多个部门。

● 单击“修改”按钮，可修改一个已设置的工资分配计提类型。

● 单击“删除”按钮，可删除一个已设置的工资分配计提类型，已分配计提的类型不能删除，最后一个类型不能删除。

日常月份分摊：

（1）单击“工资分摊”图标，打开“工资分摊”窗口，选择分摊类型、核算部门、计提月份、明细到工资项目，如图12－11所示。

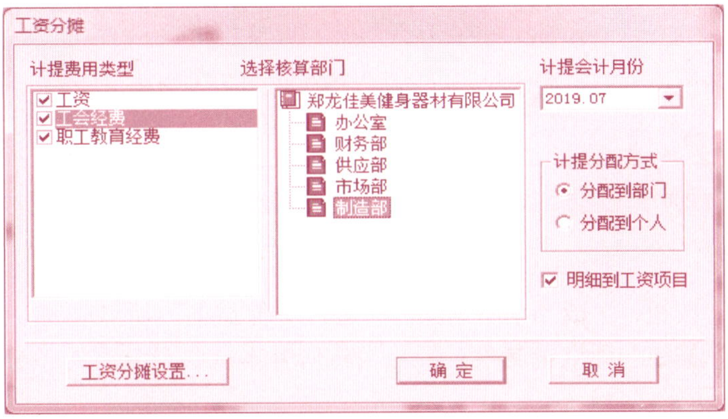

图12－11

（2）单击“确定”按钮，进入工资分摊一览表，如图12－12所示。

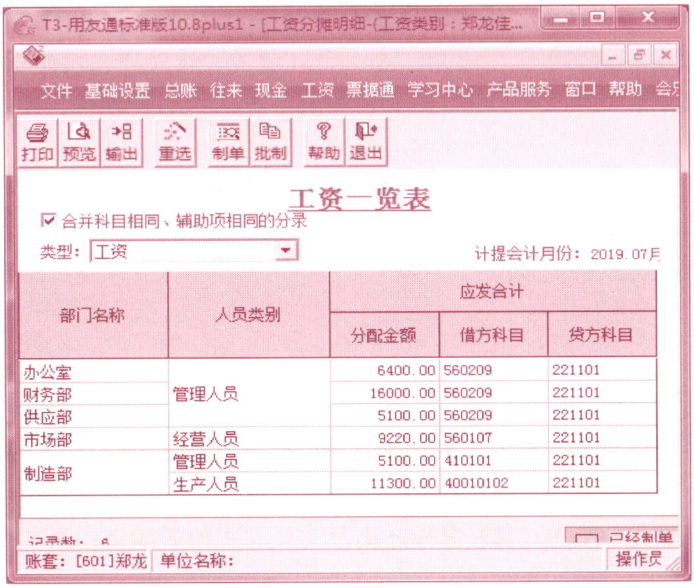

图12－12

(3) 选择类型，单击“制单”按钮，生成凭证，如图 12 - 13 所示。选择凭证类别、修改制单日期，保存后生成下一张凭证。

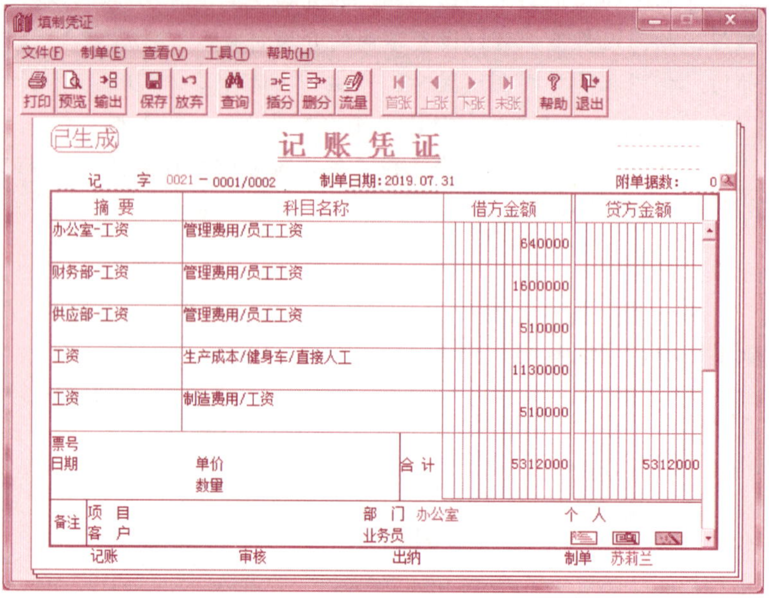

图 12 - 13

单击“制单”按钮，生成当前所选择的一种“分摊类型”所对应的一张凭证。

单击“批制”按钮，即批量制单，可一次将所有本次参与分摊的“分摊类型”所对应的凭证全部生成。

单击“保存”按钮，保存本张应付工资的转账凭证，并自动传到总账系统。

贴心提示：

- 工资分摊应按分摊类型依次进行。
- 进行工资分摊时，如果不选择“合并科目相同、辅助项相同的分录”，则在生成凭证时将每一条分录都对应一个贷方科目；如果单击“批制”按钮，可以一次将所有本次参与分摊的“分摊类型”所对应的凭证全部生成。
- 生成凭证保存时，提示说“第几条分录：项目核算科目的项目不能为空”，项目的辅助核算要输入相应的内容。

知识链接

- 工资分摊设置：通俗地说，就是你要设置工资在生产、经营或管理费用中的借方科目以及应付工资薪酬的贷方科目。设置相当于手工会计下的期末工资费用及相关计提、分摊业务的账务处理分录设置。其人员类别、分摊比例、分摊基数、分摊借记科目、贷记科目设置是否符合财务会计制度规定，会影响工资分摊凭证的自动生成是否正确，也是整个工资系统操作的难点。设置完成并进行其他相应的选择后，即可生成工资系统中费用分摊凭证（而不是到总账子系统中填制凭证。总账子系统只填制发工资时的付款凭证，计提代扣个人所得税凭证等）。

- 如果分摊工资费用生成凭证的科目、金额有错误。原因可能是工资变动汇总或工资分摊设置有误。前者重新进行工资项目计算和汇总；后者进入分摊设置窗口，可新增、修改、查看、删除类型名称和分摊比率；特别是人员类别、所处部门、借贷科目等易错。
- 与工资相关的计提有：工会经费、福利费、职工教育经费，各自计提的比例为2%、14%、2.5%；四险一金（养老、失业、生育、医疗、住房公积金）或五险一金（比四险多一项工伤险），其中养老8%，失业0.5%，医疗2%，工伤0.4%，生育0.7%，住房8%或10%。
- 在工资子系统中生成凭证后退出，进入总账子系统进行审核，再记账。待所有工资子系统的当月工作任务完成后，才能进行工资子系统的结账。

任务3　计提本月代扣个人所得税

案例 12－4

【资料】计提个人所得税。

【任务】计提本月代扣个人所得税

工资账套在建立时已设置代扣税，系统在核算工资时自动根据设置的税率计算了个人所得税，所以只需根据扣缴所得税额的合计数在总账中直接进行账务处理就可以了。

【操作指导】

会计张辉单击“总账”，执行“填制凭证”，单击“增加”按钮，打开凭证填制对话框，如图12－14所示。

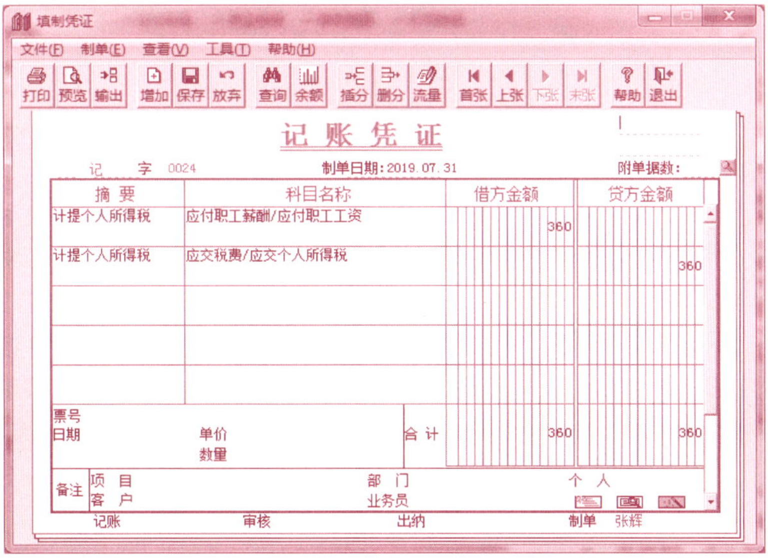

图 12－14

任务4　查询凭证、工资报表、打印工资条并进行月末结账

案例 12－5

【资料】查询7月份计提“应付职工工资”的记账凭证。

【任务】查询工资系统凭证

可以通过凭证查询功能查询系统的凭证，也可以通过凭证查询功能来删除和冲销凭证。

【操作指导】

执行“工资”→“统计分析”→“凭证查询”，打开凭证查询对话框，如图 12－15 所示。

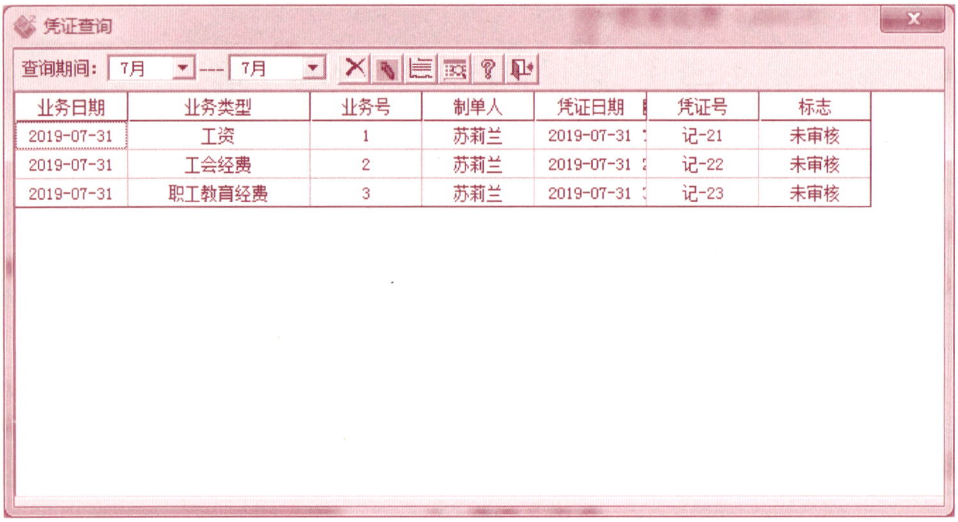

图 12－15

知识链接

● 工资系统中的凭证查询功能可以对工资系统生成的转账凭证进行查询、删除或冲销。而在总账系统中，对工资系统传来的凭证只能进行查询、审核或记账等操作，不能进行修改和删除。

● 在凭证查询功能中单击“单据”按钮，可以查看该凭证所对应的单据。

● 如果要进行工资数据的上报或采集或者进行不同工资类别之间的人员变动，应在“系统工具”功能中完成。

案例 12－6

【资料】查看工资表。

【任务】查看工资发放条

工资发放条是发放工资时交给职工的工资项目清单。

【操作指导】

（1）执行“工资”→“统计分析”→“账表”→“工资表”，打开工资表对话框，如图12－16所示。

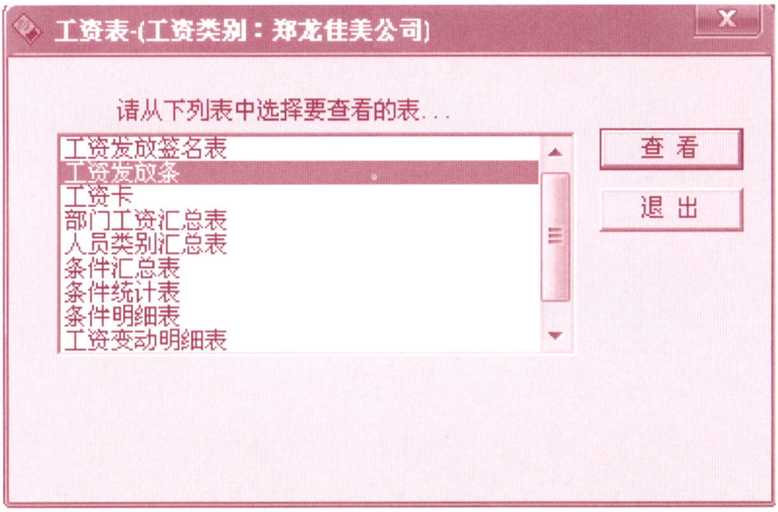

图12－16

（2）选中工资发放条，单击“查看”按钮，打开工资发放条对话框，如图12－17所示。

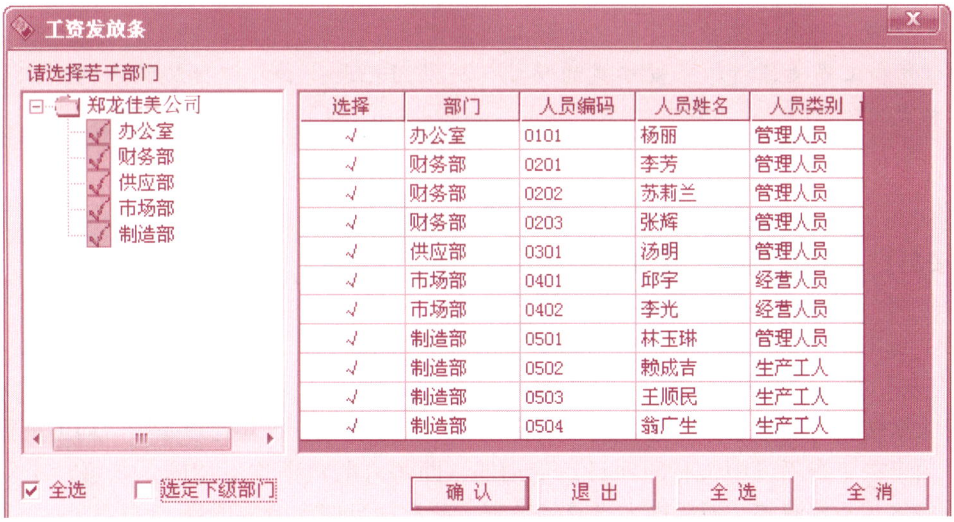

图12－17

（3）单击选中各个部门，并选中下级部门，单击“确认”，进入工资发放条窗口。

案例12－7

【资料】查看部门工资汇总表。

【任务】查看部门工资汇总表

部门工资汇总表按单位（或各部门）进行工资汇总的查询。

【操作指导】

执行“工资”→“统计分析”→“账表”→“工资表”，打开工资表对话框，选中部门工资汇总表，单击“查看”按钮，打开部门工资汇总表对话框，单击选中各个部门，并选中下级部门，单击“确定”，进入部门工资汇总表窗口，如图 12－18 所示。

部门工资汇总表

2019 年 07 月

会计月份：七月

部 门	人数	基本工资	奖励工资	交通补贴	应发合计	请假扣款	养老保险	住房公积金	其他扣款	扣款合计	实发合计	代扣税	请教天数	计税基数
办公室	1	5,200.00	800.00	400.00	6,400.00		512.00	768.00		1,283.60	5,116.40	3.60		5,120.00
财务部	3	13,000.00	1,800.00	1,200.00	16,000.00	160.00	1,280.00	1,920.00		3,360.00	12,640.00		2.00	12,640.00
供应部	1	4,200.00	500.00	400.00	5,100.00		408.00	612.00		1,020.00	4,080.00			4,080.00
市场部	2	7,000.00	1,420.00	800.00	9,220.00		737.60	1,106.40		1,844.00	7,376.00			7,376.00
制造部	4	13,200.00	1,900.00	1,300.00	16,400.00	240.00	1,312.00	1,968.00		3,520.00	12,880.00		3.00	12,880.00
合计	11	42,600.00	6,420.00	4,100.00	53,120.00	400.00	4,249.60	6,374.40		11,027.60	42,092.40	3.60	5.00	42,096.00

图 12－18

知识链接

- 工资业务处理完成后，相关工资报表同时生成，系统提供了多种形式的报表反映工资核算的结果，如果对报表的格式不满意还可以进行修改。
- 系统提供的工资报表主要包括“工资发放签名表”“工资发放条”“部门工资汇总表”“人员类别汇总表”“工资变动明细表”等。
- 工资发放条是发放工资时交给职工的工资项目清单。系统提供了自定义工资发放打印信息和工资项目打印位置格式的功能，提供固化表头和打印区域范围的“工资套打”格式。

案例 12－8

【资料】 月末进行以下工资处理：

（1）将“请假扣款”“请假天数”项目清零。

（2）结账。

【任务】月末结账

月末结转是将当月数据经过处理后结转至下月。每月工资数据处理完毕后均可进行月末结转。由于在工资项目中，有的项目是变动的，即每月的数据均不相同，在每月工资处理时，均需将其数据清零，而后输入当月的数据，此类项目即为清零项目。

【操作指导】

（1）执行“业务处理”→“月末处理”命令，系统弹出“月末处理”对话框，如图 12－19所示。

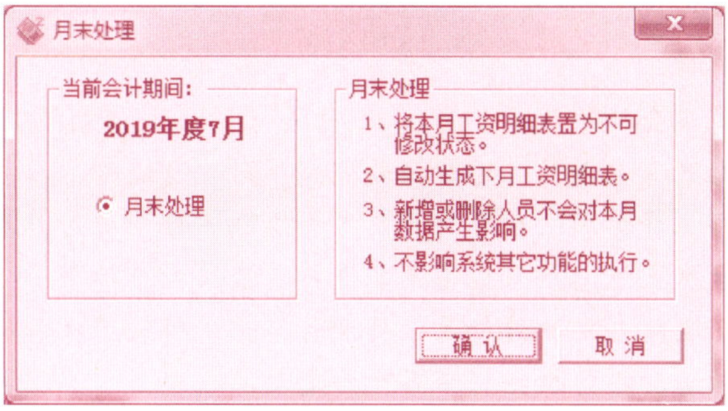

图 12－19

（2）单击“确认”，系统提示“月末处理之后，本月工资将不许变动!”如图 12－20 所示。

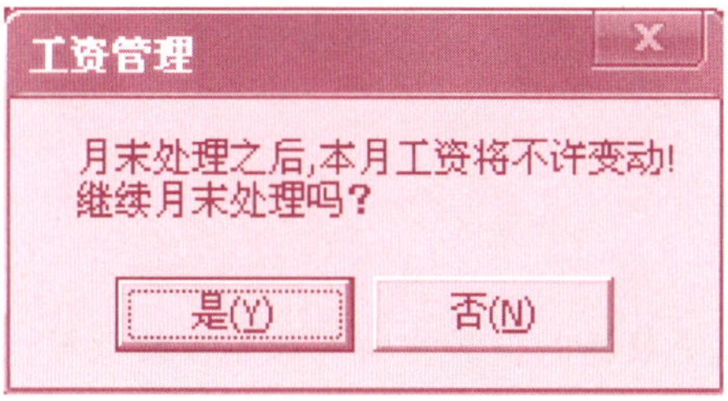

图 12－20

（3）单击“是”，系统提示“请选择清零项目”，选中请假扣款和请假天数，如图 12－21所示。

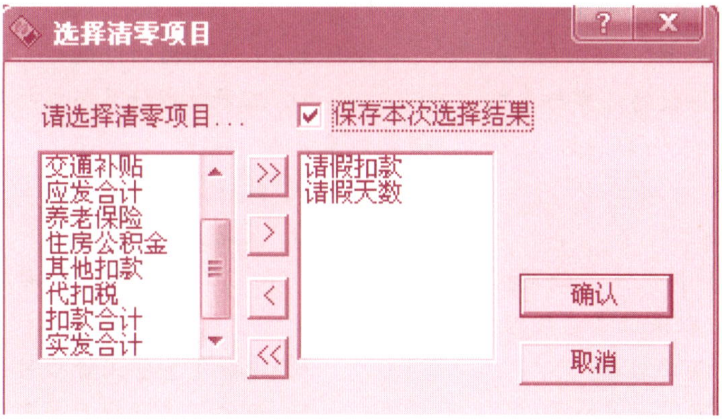

图 12－21

（4）单击“确认”按钮，系统提示“月末处理完毕”。

贴心提示：

- 月末处理只有在会计年度的1月至11月进行，12月份则不需要进行月末结账。
- 月末工资分摊只有在当月工资数据处理完毕后才可进行。
- 若为处理多个工资类别，则应打开各工资类别，分别进行月末结账。
- 若本月工资数据未汇总，系统将不能进行月末工资分摊。
- 若本月无工资数据，用户进行月末处理时，系统将给予操作提示。
- 进行月末处理后，当月数据将不再允许变动。
- 月末处理功能只有账套主管才可以执行。
- 工资项目必须唯一，一经使用，项目类型不允许修改。

复习巩固

一、多项选择题

1. 一般地，输入个人工资数据时，只需输入原始项的数据，（　　）等非原始项目无需输入。

A. 基本工资　　B. 应发工资

C. 实发工资　　D. 奖励工资

2. 工资的日常业务处理，主要是对员工档案的维护、员工个人工资数据的调整以及某些工资项目的增减设置，包括（　　）等工作。

A. 人员的变动　　B. 工资数据的修改

C. 个人所得税的计算与申报　　D. 工资数据计算与汇总

3. 工资数据调整可以通过（　　）等功能来完成。

A. 页编辑　　B. 数据过滤

C. 定位　　D. 数据替换

4. 在（　　）情况下，必须执行“重算工资”和“工资汇总”等功能，重新计算与汇总个人工资数据，以保证工资数据的正确。

A. 修改了某些数据　　B. 增加了某些工资项目

C. 重新设置了计算公式　　D. 调整了工资项目的顺序

5. 采用工资系统计算与申报个人工薪所得税，需要完成以下步骤：（　　）。

A. 设置个人所得税申报表栏目　　B. 设置个人所得税税率表

C. 计算与申报个人所得税　　D. 缴纳个人所得税

二、思考题

1. 如何进行代扣个人所得税的处理？

2. 工资系统日常业务处理包括哪些内容？

3. 哪些情况下可进行工资系统反结账，如何操作呢？

4. 简述如何进行工资费用的分摊。

5. 在工资管理系统结账后，发现还有一些业务或其他事项需要在已结账月进行账务处理，如何进行反结账？哪些情况下不允许反结账？

模块 7

总账系统账簿管理与期末处理

项目 13　账簿管理

【知识目标】

◆ 了解账簿管理的作用
◆ 理解账簿管理的基本功能

【技能目标】

◆ 熟悉查询及打印各种会计核算账簿的基本方法
◆ 掌握多栏账定义及查询的操作

【项目任务简述】

企业所发生的各项经济业务，不管是由总账系统直接填制的记账凭证还是由其他核算系统所生成的记账凭证，在经过总账系统的审核及记账程序后，就形成了正式的会计账簿。在本工作项目中我们主要要完成公司各种账簿数据的查询及打印操作。

1. 项目任务分析

1.1　认识账簿管理

企业会计核算的基本目标是为企业内部及外部使用者提供各种财务信息及会计数据，以加强管理，实现企业效益的最大化。而企业管理所需的会计信息及数据主要通过各种账簿数据及报表数据来反映。账簿管理正是对各种会计账簿数据进行管理的功能模块，而其他的财务数据，如工资、固定资产的有关信息，以及业务数据，如采购、库存、销售的信息，则反映在用友 T3 的各相应子系统中。

为了及时反映及提供企业的各种会计账簿数据，用友 T3 提供了账簿管理功能，用于对整个系统的各类会计账簿进行统一管理。在用友 T3 中，会计账簿分为基本会计核算账簿和辅助核算账簿，其主要内容包括以下几个方面：

1.1.1 基本会计核算账簿的查询及打印

用友 T3 中的基本会计核算账簿包括按账簿用途进行分类的总账、余额表、明细账、序时账、日记账、日报表、费用明细表，按账页格式进行分类的多栏账、综合多栏账。其中的总账、明细账、序时账、日记账、多栏账与手工会计工作中的账簿概念及内涵基本一致。而其余的账簿类型则是用友 T3 在手工账簿的基础上作了改进调整或是新增的账簿类型，如余额表在手工会计工作中是按照总账科目分页设账的，而在用友 T3 中，余额表则可以查询某月或某几个月中所有总账科目或明细科目的期初余额、本期发生额、累计发生额、期末余额。

用友 T3 中的日记账查询及打印功能主要用于查询除现金日记账、银行存款日记账以外的其他日记账，也就是手工会计工作中的转账日记账和普通日记账，但由于传统上我国的企业一般只设置现金日记账和银行存款日记账，所以此功能使用较少。现金日记账和银行存款日记账由于主要由出纳人员负责，所以其查询及打印专门放在“现金管理”功能中进行。

用友 T3 的账簿管理功能包括某一科目的账簿查询及打印功能以及一定范围内科目账簿的打印功能。

1.1.2 辅助核算账簿的查询及打印

辅助核算账簿是对账务处理后所产生的基本会计核算账簿的补充，是对会计科目设置的一种延伸，能够提供基本会计核算账簿反映不了的会计信息，可以更好地满足企业管理和决策的需要。其作用和手工会计中的备查账的作用基本一致，都是对在基本会计核算账簿中不予登记或登记不够详细的经济业务事项进行补充登记所形成的账簿，但其所提供的查询功能却比手工强大了许多。辅助核算账簿通过对会计科目设置辅助核算项目并经电算化会计日常业务工作处理后由系统自动产生。用友 T3 的辅助核算账簿包括个人往来辅助账和部门辅助账，这两种辅助核算账簿反映在“总账”功能中，其他的辅助核算账簿，如客户往来辅助账和供应商往来辅助账分别在“往来”功能和“购销存”功能中进行反映，项目辅助账在“项目”功能中进行反映。

用友 T3 的辅助核算账簿的管理功能包括辅助核算账簿的查询功能和辅助核算账簿的打印功能。

1.1.3 多栏账的查询及打印

会计账簿按账页格式不同可以分为两栏式、三栏式、多栏式和数量金额式账簿四类。其中，多栏账是在账簿的两个基本栏目借方和贷方的某一方按需要分设若干专栏的账簿，以更好地反映各项会计数据的来龙去脉。在用友 T3 中也提供了多栏账的查询及打印功能，但在用友 T3 中多栏账的查询及打印必须先经过定义操作，然后才能进行查询及打印，而不能在会计科目的设置功能下直接指定某一科目的账页格式为多栏账账页格式。

用友 T3 中多栏账的管理包括多栏账定义及多栏账查询打印两个功能。

1.2 账簿查询及打印的操作过程

为了掌握用友T3中会计账簿的查询及打印操作过程，下面先给出用友T3中账簿管理的操作流程，如图13－1所示。

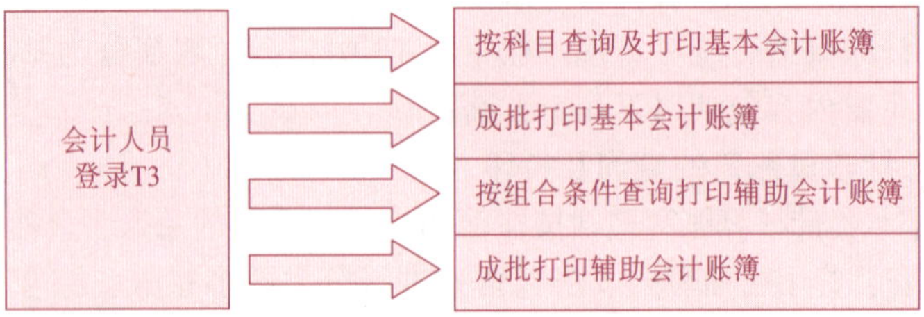

图13－1

2. 项目任务实施

在本项目中我们要完成以下两个任务：

任务1：账簿查询。本任务学习总账、明细账、科目余额表以及辅助账的查询方法。

任务2：多栏账查询。多栏账没有默认格式，需要进行格式设置才能查询，本任务学习多栏账的设置及查询方法。

任务1 账簿查询

案例13－1

【资料】 郑龙佳美公司在实施会计电算化一个月后，于本月月末进行基本会计账簿——总账的查询，在查询总账时对未进行记账的凭证数据也一并进行查询，并按会计电算化档案管理的要求打印相关的会计账簿。

【任务】会计人员进行总账账簿的查询与打印

总账又称总分类账，是按总分类账户来反映经济业务事项的账簿，提供总括的会计信息，是会计工作中的重要账簿之一。因此，在查询基本会计账簿时将首先查询总账账簿。在本次任务中，要求：

（1）以具有总账账簿查询权限的会计人员（203张辉）进行“1403原材料”总账账簿的查询，并打印从科目“1001库存现金”到“1403原材料”的总账账页。

（2）在查询总账时要求未记账凭证的数据也要显示。

（3）账页格式要求以三栏式账页进行反映。

（4）上机操作：进行原材料总账账簿的查询及相关总账账页的打印。

【操作指导】

（1）以操作员“203张辉”的身份注册进入〖T3〗主界面，执行“总账”→“账簿查询”→“总账”命令，进入“总账查询条件”对话窗口，如图13－2所示。

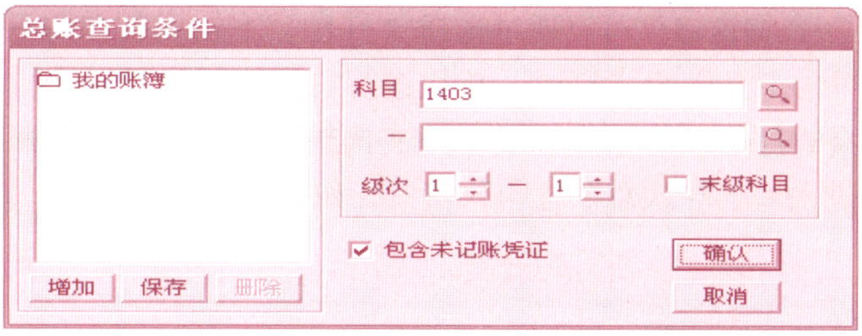

图 13－2

（2）在“总账查询条件”窗口直接输入或通过放大镜按钮选择要查询科目的代码“1403”，再选择“包含未记账凭证”复选框，然后单击“确认”按钮，进入“总账”查询窗口，即可查询到本月原材料科目的总账数据，如图 13－3 所示。

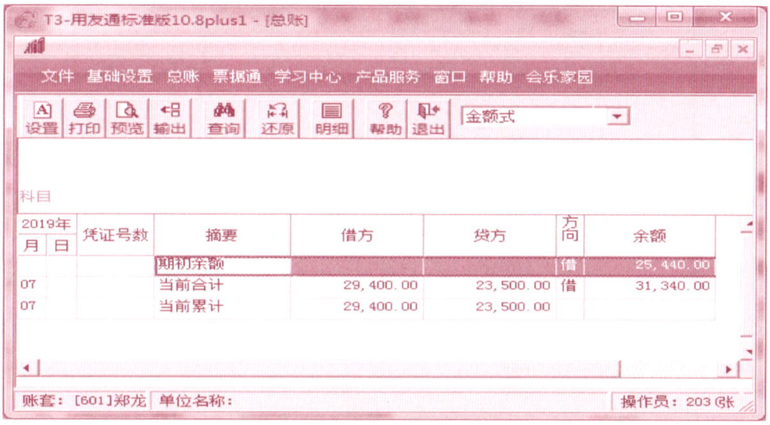

2019年 月	日	凭证号数	摘要	借方	贷方	方向	余额
			期初余额			借	25,440.00
07			当前合计	29,400.00	23,500.00	借	31,340.00
07			当前累计	29,400.00	23,500.00		

图 13－3

（3）在“总账”查询窗口可以通过“账页格式”下拉列表选择不同的总账账页格式，也可以在工具栏上通过单击“明细”按钮或双击“当前合计”行联查到原材料科目的明细分类账情况，如图 13－4 所示。

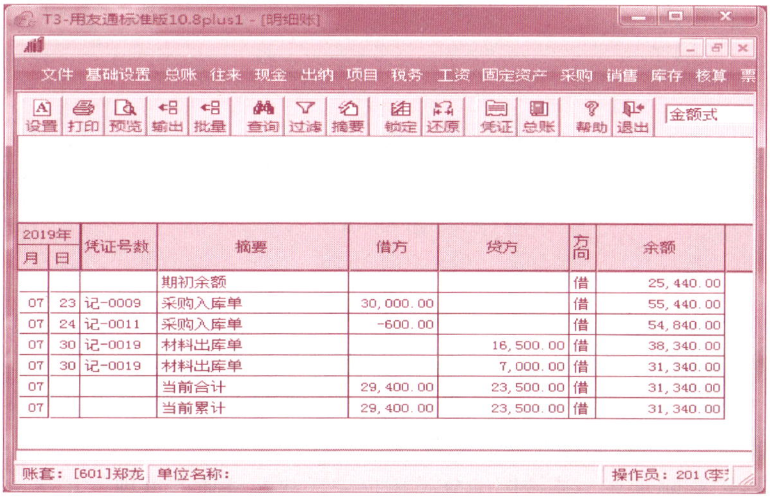

2019年 月	日	凭证号数	摘要	借方	贷方	方向	余额
			期初余额			借	25,440.00
07	23	记-0009	采购入库单	30,000.00		借	55,440.00
07	24	记-0011	采购入库单	-600.00		借	54,840.00
07	30	记-0019	材料出库单		16,500.00	借	38,340.00
07	30	记-0019	材料出库单		7,000.00	借	31,340.00
07			当前合计	29,400.00	23,500.00	借	31,340.00
07			当前累计	29,400.00	23,500.00	借	31,340.00

图 13－4

(4) 在“总账”查询窗口，可以通过选择“科目”下拉列表查询不同会计科目的总账账页，并可以通过单击工具栏的“打印”按钮进行总账账页的打印。如果要连续对某些会计科目进行总账账页的打印，则可以在T3的主界面执行“总账”→“账簿打印”→“总账账簿打印”命令，进入“三栏式总账打印”窗口，如图13－5所示。

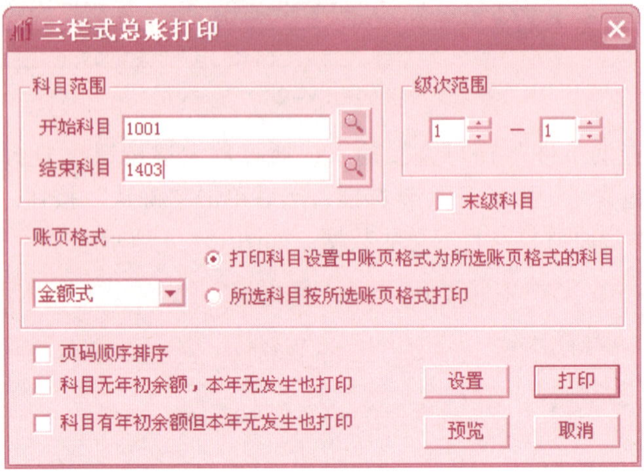

图13－5

(5) 在“三栏式总账打印”窗口中的“开始科目”文本框中选择输入科目“1001”，在“结束科目”文本框中选择输入科目“1403”，然后单击“打印”按钮，则可以连续打印多个科目的总账账页，如图13－6所示。

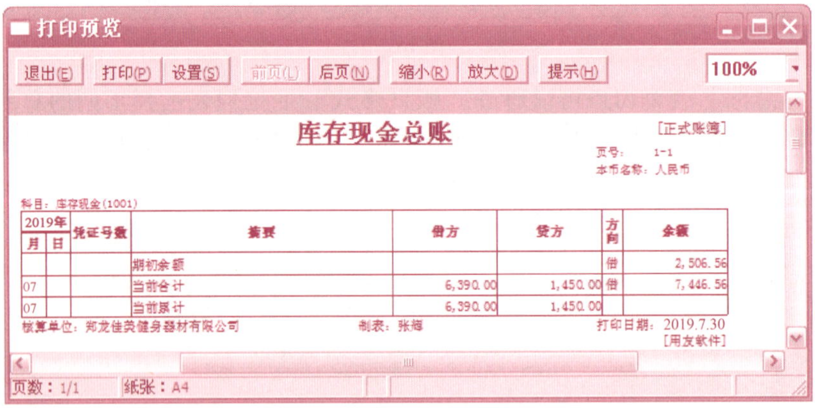

图13－6

案例13－2

【资料】 郑龙佳美公司在对总账进行查询及打印工作后，继续对本月的基本会计账簿——明细账进行查询，在查询明细账时对未进行记账的凭证数据也一并进行查询，同时要求账页格式要能反映对方科目，并按会计电算化档案管理的要求打印相关的会计账簿。

【任务】会计人员进行明细账账簿的查询与打印

明细分类账简称明细账，是按明细分类账户来反映经济业务事项的账簿，提供详细的会计信息，它与总分类账互为补充，也是会计工作中的重要账簿。因此，在完成总分类账的查询打印工作后，也需要对明细分类账进行查询及打印工作。在本次任务中，要求：

（1）以具有明细账账簿查询权限的会计人员（203 张辉）进行“5001 主营业务收入”明细账账簿的查询，并打印所有资产类科目的明细分类账。

（2）在查询明细账时要求未记账凭证的数据也要显示，同时在明细账的账页上要反映对方科目。

（3）账页格式要求使用数量金额式账页进行反映。

（4）上机操作：进行本月主营业务收入明细账账簿的查询及资产类科目的明细账打印。

【操作指导】

（1）以操作员“203 张辉”的身份注册进入〖T3〗主界面，执行“总账”→“账簿查询”→“明细账”命令，进入“明细账查询条件”对话窗口，如图 13－7 所示。

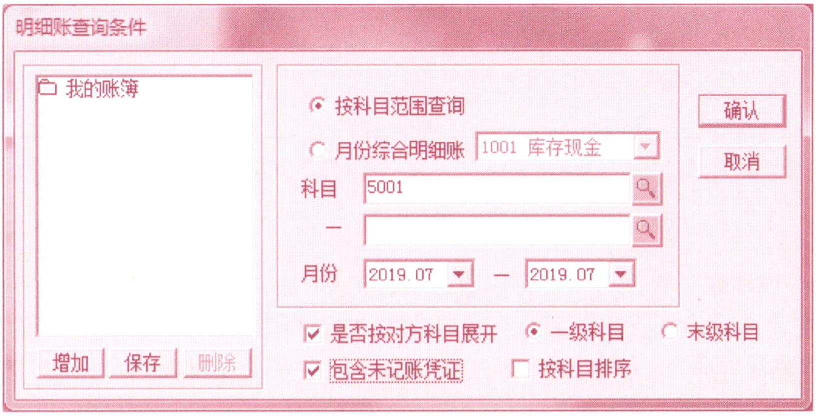

图 13－7

（2）在“明细账查询条件”窗口直接输入或通过放大镜按钮选择要查询科目的代码“5001”，再选择“是否按对方科目展开”及“包含未记账凭证”复选框，然后单击“确认”按钮，进入“明细账”查询窗口，即可查询到主营业务收入科目的明细账数据，如图 13－8 所示。

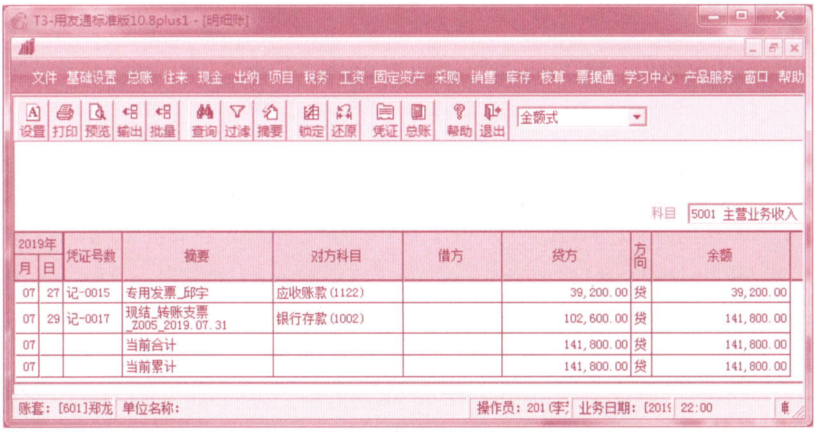

图 13－8

（3）如果该科目存在数量辅助核算，则在“明细账”查询窗口通过“账页格式”下拉列表选择“数量金额式”账页格式，即可查询到主营业务收入的数量金额式账页，如图 13 －9 所示。

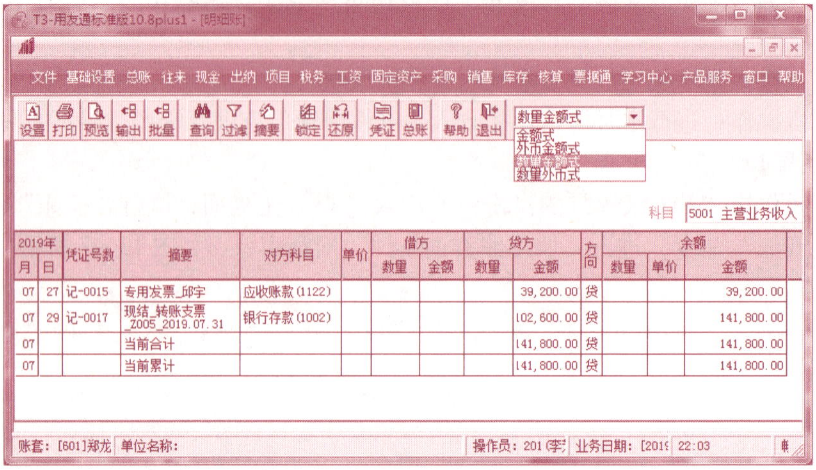

图 13 －9

（4）在“明细账”查询窗口，可以通过单击工具栏的“打印”按钮进行明细账账页的打印。如果要连续对某些会计科目的明细账账页进行打印，则可以在〖T3〗的主界面执行“总账”→“账簿打印”→“明细账簿打印”命令，进入“明细账打印”窗口，如图 13 －10 所示。

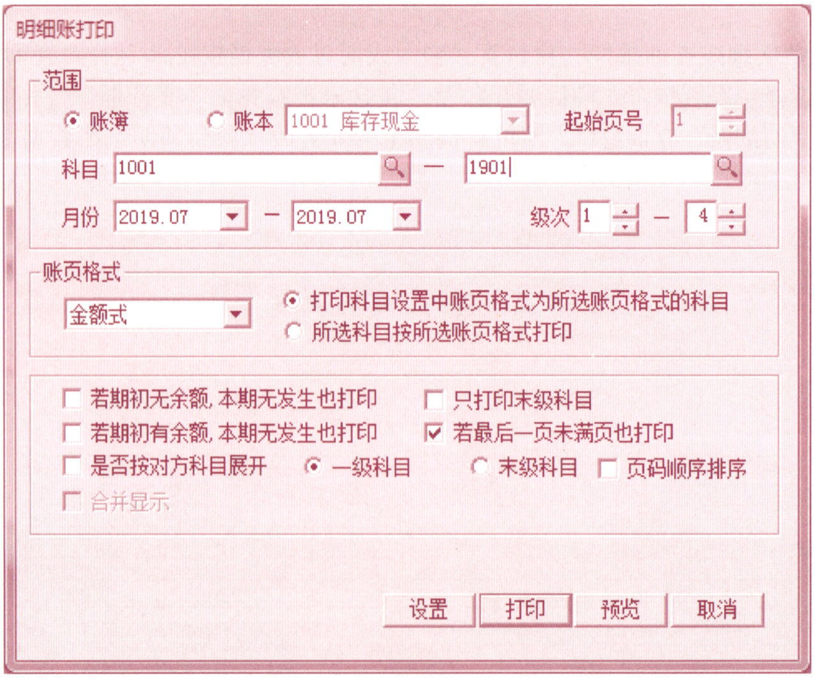

图 13 －10

(5) 在“明细账打印”窗口中的“科目”文本框中选择输入科目“1001”和科目“1901”，然后单击“打印”按钮，则可以连续打印所有资产类科目的明细账账簿，如图 13－11 所示。

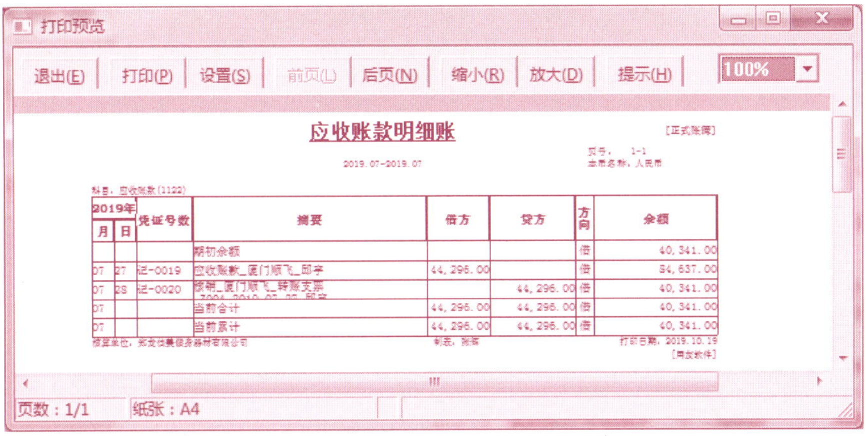

图 13－11

贴心提示：

- 在进行基本会计账簿查询及打印时，要由具有账簿查询权限的操作人员进行查询与打印操作。
- 在查询账簿数据时，如果记账凭证尚未记账，也可以通过选择“包含未记账凭证”复选框查询到记账后的状态。
- 在查询总账账簿时，可以通过单击“明细”按钮或双击“当前合计”行联查到明细账数据，在“明细账”查询窗口下再通过单击“凭证”按钮或双击某一行具体业务则可以联查到对应业务的记账凭证。
- 库存现金、银行存款明细账的查询及打印要在“现金”菜单下进行操作。但库存现金及银行存款的“月份综合明细账”则在“明细账”功能下进行查询。

案例 13－3

【资料】郑龙佳美公司在对总账、明细账进行查询及打印工作后，继续对本月的会计科目余额表进行查询及打印，以查询及统计本公司本月各级科目的本期发生额、累计发生额和余额。

【任务】会计人员进行会计科目余额表的查询与打印

会计科目余额表也叫会计科目（账户）发生额及余额表，是按试算平衡方法编制的用以检查账户记录是否正确的报表。传统的总账是按照总账科目分页设账，如果查询一定范围或全部科目的发生额及余额就略显不便。而余额表用于查询、统计各级科目的本月发生额、累计发生额和余额等，可输出某月或某几个月的所有总账科目或明细科目的期初余额、本期发生额、累计发生额、期末余额，其提供的信息比总账更为详细与灵活。在本次任务中，要求：

(1) 以具有余额表查询权限的会计人员（203 张辉）进行本期余额表的查询及打印。

（2）在查询余额表时要求未记账凭证的数据也要显示。

（3）上机操作：进行本月余额表的查询及打印。

【操作指导】

（1）以操作员“203 张辉”的身份注册进入〖T3〗主界面，执行“总账”→“账簿查询”→“余额表”命令，进入“发生额及余额查询条件”对话窗口，如图 13－12 所示。

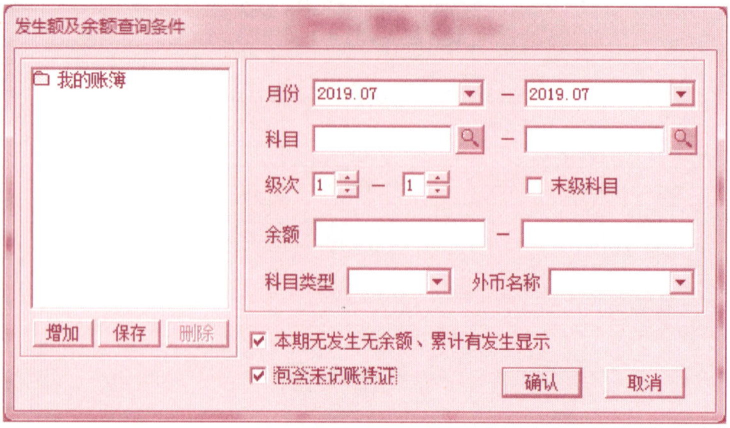

图 13－12

（2）在“发生额及余额查询条件”窗口下可以通过选择查询条件来确定需要查询的符合要求的余额表。在本例中此处选择“包含未记账凭证”复选框，然后单击“确认”按钮，进入“发生额及余额表”查询窗口，即可查询到本月所有会计科目的发生额及余额数据，如图 13－13 所示。

发生额及余额表

月份：2019.07-2019.07

科目编码	科目名称	期初余额		本期发生		期末余额	
		借方	贷方	借方	贷方	借方	贷方
1001	库存现金	2,506.56		6,390.00	1,450.00	7,446.56	
1002	银行存款	455,488.00		1,534,554.00	53,088.00	1,936,954.00	
1122	应收账款	40,341.00		44,296.00	44,296.00	40,341.00	
1221	其他应收款	4,000.00			4,000.00		
1402	在途物资			29,400.00	29,400.00		
1403	原材料	25,440.00		29,400.00	23,500.00	31,340.00	
1405	库存商品	102,900.00		79,800.00	86,100.00	96,600.00	
1601	固定资产	2,330,000.00		8,200.00		2,338,200.00	
1602	累计折旧		215,658.96		15,127.60		230,786.56
资产小计		2,960,675.56	215,658.96	1,732,040.00	256,961.60	4,450,881.56	230,786.56
2001	短期借款		100,000.00				100,000.00

图 13－13

（3）在“发生额及余额表”窗口中可以单击工具栏的“打印”按钮打印本月的发生额及余额表，也可以在〖T3〗的主界面执行“总账”→“账簿打印”→“余额表打印”命令，打印本月所有会计科目的发生额及余额表，如图 13－14 所示。

发生额及余额表

月份：2019.07－2019.07　　页号：1－1　　本币名称：人民币

科目编码	科目名称	期初余额		本期发生		期末余额	
		借方	贷方	借方	贷方	借方	贷方
1001	库存现金	2,506.56		6,390.00	1,450.00	7,446.56	
1002	银行存款	455,488.00		1,534,554.00	53,088.00	1,936,954.00	
1122	应收账款	40,341.00		44,296.00	44,296.00	40,341.00	
1221	其他应收款	4,000.00			4,000.00		
1402	在途物资			29,400.00	29,400.00		
1403	原材料	25,440.00		29,400.00	23,500.00	31,340.00	
1405	库存商品	102,900.00		79,800.00	86,100.00	96,600.00	
1601	固定资产	2,330,000.00		5,200.00		2,335,200.00	
1602	累计折旧		215,658.96		15,127.60		230,785.56
资产小计		2,960,675.56	215,658.96	1,732,040.00	256,961.60	4,450,881.56	230,785.56
2001	短期借款		100,000.00				100,000.00
2202	应付账款		14,599.60	33,222.00	33,222.00		14,599.60
2211	应付职工薪酬		13,475.00	3.60	55,510.40		68,981.80
2221	应交税费		62.00	4,888.00	18,437.60		13,611.60
负债小计			128,136.60	38,113.60	107,170.00		197,193.00
3001	实收资本		2,620,000.00		1,374,320.00		3,994,320.00
3104	利润分配		56,935.00				56,935.00
权益小计			2,676,935.00		1,374,320.00		4,051,255.00
4001	生产成本	60,055.00		34,800.00	79,800.00	15,055.00	
4101	制造费用			23,105.94		23,105.94	
成本小计		60,055.00		57,905.94	79,800.00	38,160.94	
6001	主营业务收入				141,900.00		141,900.00
6401	主营业务成本			86,100.00		86,100.00	

图 13－14

知识链接

会计电算化档案中账簿管理及打印要求

- 实施会计电算化核算的单位，其会计档案必须打印输出，以纸质形式按《会计档案管理办法》的规定进行保管。
- 现金日记账和银行存款日记账要求每天打印输出，做到日清日结。
- 明细账要求每年打印一次或在需要时进行打印。
- 在会计电算化方式下，总账可以使用“科目发生额及余额表”代替，并且要求每月打印一次。

案例 13－4

【资料】 郑龙佳美公司在对有关基本会计核算账簿进行查询及打印后，为了更好地从多角度反映企业的财务及经营状况，使公司管理者可以及时获得各种管理所需要的数据，在对基本会计核算账簿进行查询及打印后，还查询了公司的个人部门明细账和公司的部门总账等辅助核算账簿。

【任务】会计人员进行辅助核算账簿的查询

辅助核算账簿是对账务处理后所产生的基本会计核算账簿的补充，是对会计科目设置的一种延伸，能够提供基本会计核算账簿反映不了的会计信息，可以更好地满足企业管理和决策的需要。在本次任务中，要求：

（1）以账套主管（201 李芳）的身份查询本月公司内部办公室的个人部门明细账及办公室所发生的“5602 管理费用”各明细项目的部门总账数据。

（2）上机操作：进行本月辅助核算账簿中个人部门明细账及部门总账的查询。

【操作指导】

（1）以账套主管“201 李芳”的身份注册进入〖T3〗主界面，执行“总账”→“辅助查询”→“个人往来明细账”→“个人部门明细账”命令，进入“个人往来—部门明细账”对话窗口，如图 13－15 所示。

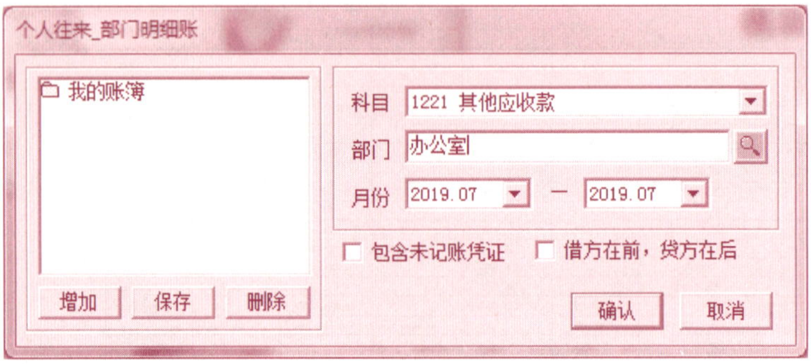

图 13－15

（2）在“个人往来—部门明细账”窗口下直接输入部门代码“1”或通过放大镜按钮选择要查询的部门“办公室”，然后单击“确认”按钮，进入“个人部门明细账”查询窗口，即可查询到办公室职员和单位之间的往来数据，如图 13－16 所示。

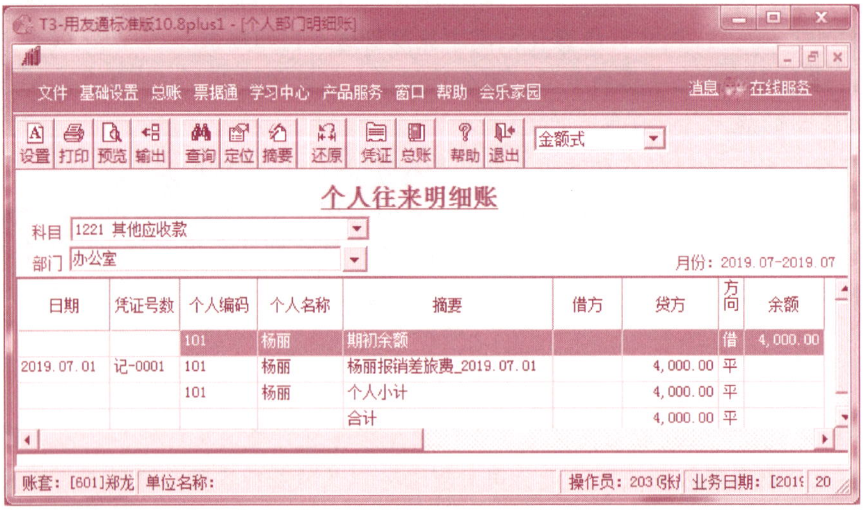

图 13－16

（3）在“个人部门明细账”窗口中可以选择“部门”下拉列表查询其他部门的个人往来明细账，通过单击工具栏的“总账”按钮即可查询到个人的往来余额数据，如图 13－17 所示。

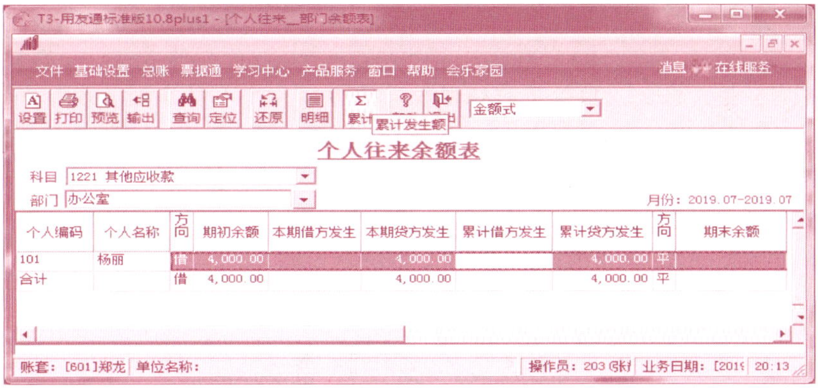

图 13－17

（4）以账套主管“201 李芳”的身份注册进入〖T3〗主界面，执行“总账”→“辅助查询”→“部门总账”→“部门总账”命令，进入“部门总账条件”对话窗口，如图 13－18 所示。

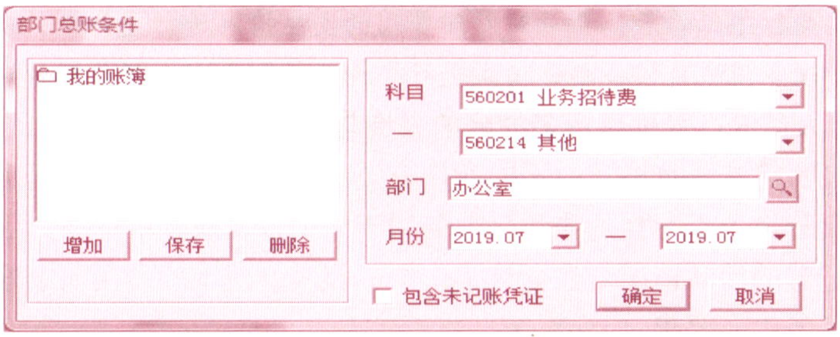

图 13－18

（5）在“部门总账条件”窗口下直接输入部门代码“1”或通过放大镜按钮选择要查询的部门“办公室”，然后单击“确定”按钮，进入“部门总账”查询窗口，即可查询到办公室所发生的管理费用的各项明细数据，如图 13－19 所示。

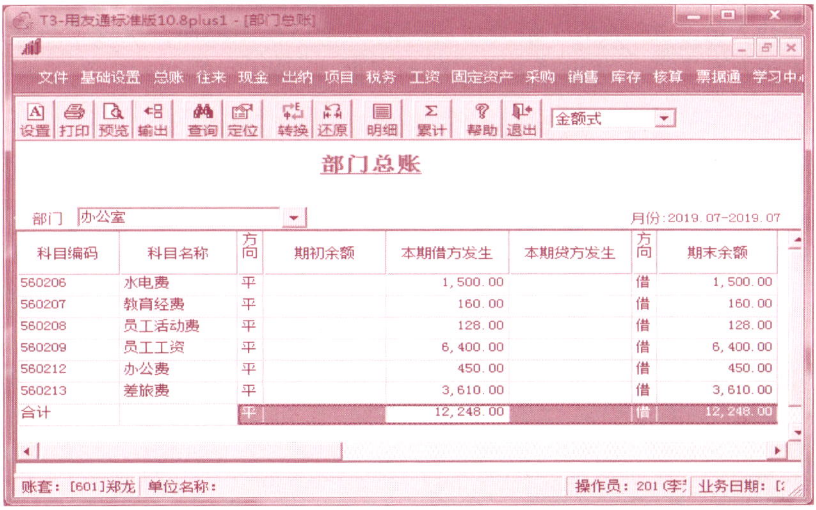

图 13－19

贴心提示：

- 用友 T3 中“总账”功能下的辅助核算账簿分为个人往来辅助账和部门辅助账，其查询在“总账”→“辅助查询”功能下进行。
- 其余的具有辅助核算性质的账簿，如客户往来账及供应商往来账在“往来”→“账簿”功能下查询，项目账在“项目”→“账簿”功能下查询。

任务 2　多栏账查询

案例 13－5

【资料】为了更好地反映及控制企业的成本费用，郑龙佳美公司在完成基本会计账簿及辅助会计账簿的查询及打印工作后，要求对管理费用的发生情况进行更详细的反映及分析，所以在本月月末要对管理费用科目按多栏账格式进行查询及打印，以分析管理费用的发生情况。

【任务】会计人员进行管理费用多栏账的查询与打印

多栏账是会计账簿按账页格式的不同所作分类的一种，是在账簿的两个基本栏目借方和贷方之外再按需要分设若干专栏的账簿，主要用于分项目反映经济业务，更详细地记载及反映某一小类经济业务的活动情况。在会计工作中，收入、成本、费用明细账一般均采用多栏账格式。在本次任务中，要求：

（1）以具有多栏账查询及打印权限的会计人员（203 张辉）进行“5602 管理费用”多栏账账簿的查询。

（2）在查询管理费用多栏账时要求对管理费用的借方金额进行分析。

（3）上机操作：进行管理费用多栏账账簿的查询及打印。

【操作指导】

（1）以会计人员“203 张辉”的身份注册进入〖T3〗主界面，执行“总账”→“账簿查询”→“多栏账”命令，进入“多栏账”对话窗口，如图 13－20 所示。

图 13－20

（2）在“多栏账”窗口下单击“增加”按钮，进入“多栏账定义”窗口，在“核算科目”下拉列表框内选择“5602 管理费用”科目，然后单击“自动编制”按钮，系统自动将管理费用下的明细科目作为多栏账的分析栏目，如图13－21所示。

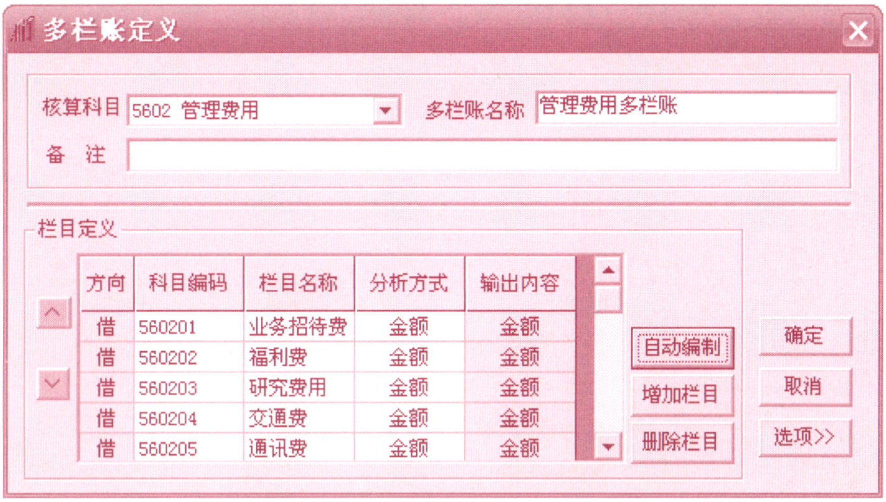

图13－21

（3）在“多栏账定义”窗口下单击“确定”按钮，系统将返回“多栏账”窗口，在此窗口下将显示所定义好的“管理费用多栏账”。这时单击“查询”按钮或双击“管理费用多栏账”行，系统将出现“多栏账查询”窗口，在此选择需要查询的多栏账为“管理费用多栏账”，月份为“2019.07”，如图13－22所示。

图13－22

（4）在“多栏账查询”窗口下单击“确认”按钮，系统将显示定义好的“管理费用”多栏账账页，且分析栏目为借方分析栏，如图 13－23 所示。

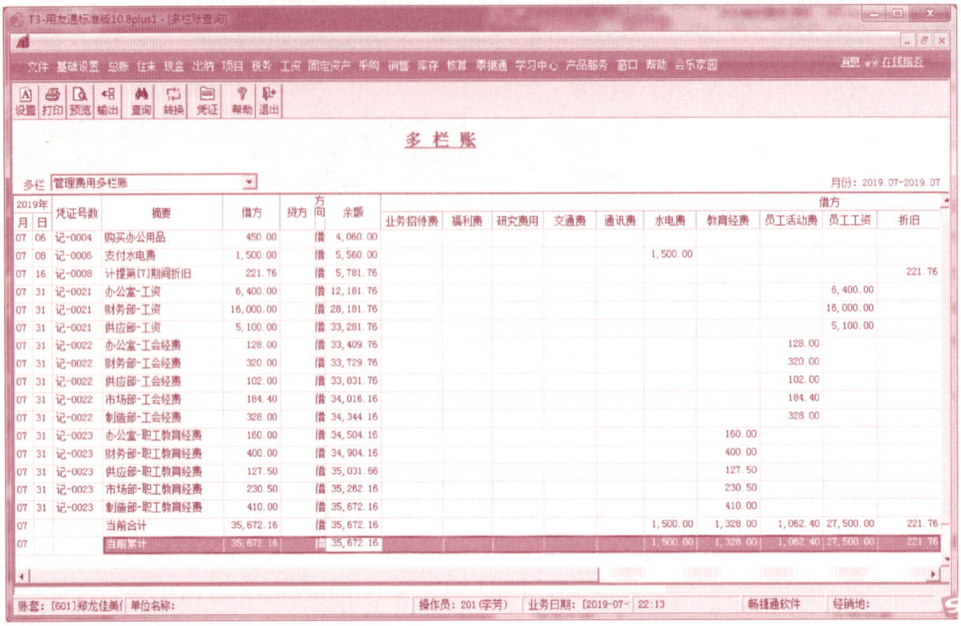

多栏账

多栏 管理费用多栏账　　月份：2019.07-2019.07

2019年 月	日	凭证号数	摘要	借方	贷方	方向	余额	借方 业务招待费	福利费	研究费用	交通费	通讯费	水电费	教育经费	员工活动费	员工工资	折旧
07	06	记-0004	购买办公用品	450.00		借	4,060.00										
07	08	记-0006	支付水电费	1,500.00		借	5,560.00						1,500.00				
07	16	记-0008	计提第[7]期间折旧	221.76		借	5,781.76										221.76
07	31	记-0021	办公室-工资	6,400.00		借	12,181.76									6,400.00	
07	31	记-0021	财务部-工资	16,000.00		借	28,181.76									16,000.00	
07	31	记-0021	供应部-工资	5,100.00		借	33,281.76									5,100.00	
07	31	记-0022	办公室-工会经费	128.00		借	33,409.76								128.00		
07	31	记-0022	财务部-工会经费	320.00		借	33,729.76								320.00		
07	31	记-0022	供应部-工会经费	102.00		借	33,831.76								102.00		
07	31	记-0022	市场部-工会经费	184.40		借	34,016.16								184.40		
07	31	记-0022	制造部-工会经费	328.00		借	34,344.16								328.00		
07	31	记-0023	办公室-职工教育经费	160.00		借	34,504.16							160.00			
07	31	记-0023	财务部-职工教育经费	400.00		借	34,904.16							400.00			
07	31	记-0023	供应部-职工教育经费	127.50		借	35,031.66							127.50			
07	31	记-0023	市场部-职工教育经费	230.50		借	35,262.16							230.50			
07	31	记-0023	制造部-职工教育经费	410.00		借	35,672.16							410.00			
07			当前合计	35,672.16		借	35,672.16						1,500.00	1,328.00	1,062.40	27,500.00	221.76
07			当前累计	35,672.16		借	35,672.16						1,500.00	1,328.00	1,062.40	27,500.00	221.76

图 13－23

贴心提示：

● 用友 T3 中不能在“会计科目设置”功能下将某一个科目的账页格式定义为多栏账格式，而必须在“总账”→“查询”功能下进行。

● 多栏账的查询必须先经过定义操作，然后才能进行查询及打印。

● 多栏账的定义工作只需要进行一次，以后的会计期间可以直接进行查询及打印操作。

● 多栏账的分析栏目方向默认与科目的性质方向相同，分析栏目可以是非末级科目。

复习巩固

1. 账簿管理的内容有哪些？
2. 如何进行多栏账查询？

项目 14　总账系统期末处理

【知识目标】

◆ 了解期末处理的主要工作内容
◆ 理解期末处理的基本功能
◆ 熟悉期末处理功能的使用条件

【技能目标】

◆ 掌握银行对账、自定义转账凭证的定义及生成、期间损益结转定义及生成操作
◆ 掌握期末对账和结账的操作

【项目任务简述】

在企业完成日常经济业务核算的情况下，需要对本企业的会计期末业务进行处理，一是要进行银行对账，查清银行存款的实有数；二是要结清损益账户以计算本期利润；三是要结算各资产、负债、所有者权益项目并结转下期。在用友 T3 中，企业的会计期末业务主要通过“银行对账”和“期末”功能实现。在本工作项目中，我们主要需要完成公司银行对账、期末自定义结转、期间损益结转和总账系统的对账及结账操作。

1. 项目任务分析

1.1　认识期末业务

会计期末业务是指在本期所发生的各项日常经济业务全部填制记账凭证并经登记入账后所要进行的账务处理工作，主要包括各种分摊、计提、结转及对账、结账工作。在手工会计方式下，期末会计业务主要是通过手工进行计算、查询并编制记账凭证来实现的，但由于会计的期末业务一般具有在一定的会计期内重复出现的特征，如每期计提短期借款的利息、无形资产的摊销、固定资产的折旧、期末期间损益的结转、利润分配的处理等，这些业务所产生的记账凭证在摘要、借贷方科目以及金额的来源或计算方法上基本不变，所以，在手工方式下期末业务是一项重复率比较高的工作，增加了会计人员不少的工作量。

为了解决手工处理期末业务工作效率低、重复次数多，容易出错的情况，用友 T3 专门

提供了银行对账功能及期末处理功能，用于对企业的会计期末业务进行自动化的处理，其涉及的主要内容包括以下几个方面：

1.1.1 银行对账

银行对账是手工会计工作中对账工作的其中一方面，从内容上讲属于账实核对，同时也是进行财产清查时对银行存款进行清查使用的方法，也就是通过将单位登记的银行存款日记账与开户银行提供的银行对账单进行逐笔核对，以查明银行存款的实有数额，校验银行存款账是否正确。由于银行对账工作属于出纳人员的工作职责，所以在用友 T3 中，银行对账功能没有设计在期末的对账功能中，而是将其归入了“现金”功能下。

用友 T3 的银行对账功能主要有银行对账期初录入、银行对账单录入、银行对账、余额调节表查询、银行账勾对情况查询、核销银行账。

1.1.2 期末自动转账凭证的定义及生成

会计电算化方式下的自动转账分为外部转账与内部转账。外部转账是指在启用了除总账系统外的其他核算子系统的情况下，其他核算子系统所生成的凭证由软件系统自动传递到总账系统中的过程。内部转账是指在总账系统内部按经济业务和会计工作规范的要求将一个会计科目或几个会计科目的各项金额数据（如期初金额、期末金额和本期发生额）转入其他的一个或几个会计科目中的过程，这一过程和手工会计工作中的期末结转的概念基本一致，但在外延上更宽泛一些，理论上凡是在每个会计期间重复出现且金额来源或金额计算方法不变的经济业务都可以通过自动转账凭证功能来实现。本节所讲述的内容是总账系统的内部转账，内部转账包括转账定义功能和转账生成功能。

用友 T3 提供了五种期末自动转账类型：自定义结转、对应结转、销售成本结转、汇兑损益结转、期间损益结转。

1.1.3 期间损益的结转生成

期间损益的结转用于在一个会计期间终了将损益类科目的余额结转到本年利润科目中，从而及时反映企业利润的盈亏情况。期间损益的结转是为了反映利润的形成过程，在手工会计处理方式下一般分为两个步骤进行，首先是结转收入类科目到本年利润，然后结转支出类科目到本年利润，这样本年利润科目的金额经过借贷相抵后就形成了本期利润。在用友 T3 中，对于损益科目的结转当然也可以通过自定义的方式像手工会计方式一样进行处理，只是这种方法定义公式的工作量比较大。所以，用友 T3 专门提供了期间损益自动结转的功能以最大限度地减少定义公式的工作量。当然，在 T3 中，期间损益的结转也要经过定义和生成两个步骤。

期间损益的定义是向财务软件明确将损益类科目的余额转入哪一个会计科目的过程，虽然大家都知道损益类科目的余额应该转入本年利润科目，但由于企业的行业性质不同，其科目代码体系也会有所不同，所以仍然必须向软件明确本年利润科目的代码。

期间损益的生成是软件自动将损益类科目的余额转入在期间损益定义步骤中所指明的本年利润科目的过程。在这个过程中，T3 软件将会把所确定的损益类科目的余额转入在定义过程中所确定的本年利润科目下，同时自动产生一张期末转账凭证。

1.1.4 期末对账、结账操作

手工会计方式下，为了保证会计资料的正确、真实、可靠，会计人员在记账完成后，还应该定期核对账目，做到账证相符、账账相符、账实相符，这就是对账工作。电算化方式下，记账过程由计算机程序自动完成，而且各种账簿的数据来源一致，因此只要记账凭证录入正确，那么计算机程序自动记账后各种账簿数据都应是正确、平衡的，所以理论上可以不需要进行账账核对，但由于操作人员可能存在非法操作，或者受计算机病毒等的影响，有时也会造成某些数据文件的破坏，从而引起账账不符。所以，为了保证账簿数据的完整，电算化方式下也需要进行对账工作。

结账是将账簿记录定期结算清楚的账务工作。在一定会计期间结束时，为了编制会计报表，需要进行结账工作。手工方式下的结账内容一是要结清损益账户以计算本期利润；二是要结算各资产、负债、所有者权益项目的本期发生额和余额并结转下期。在手工方式下，结账遵循一定的程序和方法，电算化方式下的结账主要是结束当月的账务处理工作，将当月各账簿的各项数据计算汇总并结转下期，它和手工方式下的结账在内容上有所不同。譬如手工方式下的账项调整、损益结转等结账工作不能由财务软件自动完成，而要通过编制记账凭证、自动转账凭证或由各业务子系统产生相应的记账凭证来完成。电算化方式下的结账操作主要是完成各资产、负债、所有者权益项目的本期发生额和余额的结算并结转下期的工作，是对本月日常会计处理工作的终止及对下月会计账簿进行的初始化操作，这一过程将由财务软件自动完成。结账后将只能对本期的会计数据进行查询操作。

1.2 企业期末业务的工作过程

为了明晰用友 T3 中期末业务的操作过程，掌握企业会计期末业务的处理顺序，下面先给出用友 T3 中期末业务的操作流程，如图 14－1 所示。

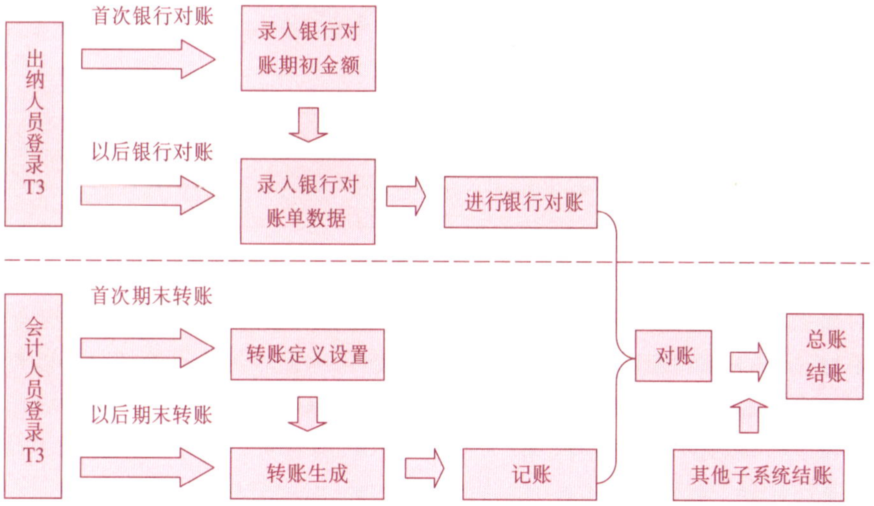

图 14－1

2. 项目任务实施

在本项目中我们要完成以下四个任务：

任务 1：银行对账。本任务按照财务核算制度对银行存款进行清查，在操作中要注意操作流程及对账的方法。

任务2：自动转账凭证的定义与生成。这是期末自动转账的重要内容之一，本任务通过计提短期借款利息学习自动转账的流程及操作方法。

任务3：结转本月期间损益。结转期间损益是每个会计期末必须完成的任务，它反映了利润生成的方式，在电算化环境下是期末自动转账的重点。

任务4：月末对账、结账。本任务为完成总账系统的期末处理，操作简单，却是对总账工作的总结，这之前的工作流程如果出了问题，在这个地方可以得到检验。

任务1　银行对账（银行存款清查）

案例14－1

【资料】 郑龙佳美公司在实施会计电算化一个月后，于本月月末进行银行对账工作，以查明银行存款的实有数及银行存款账簿数据的正确性。银行对账功能从本月初开始启用，启用日期为2019年7月1日，启用前本公司无未达账项，公司银行存款日记账中工行存款的余额为455 488.00元，银行对账单余额为455 488.00元。

公司本月月末收到工商银行提供的银行对账单数据如表14－1所示。

表14－1　　郑龙佳美公司工商银行对账单

日期	结算方式	票号	借方金额	贷方金额
2019－07－03	201	XJ001		6 000
2019－07－08	201	XJ002		4 600
2019－07－13	201	XJ002		9 266
2019－07－26	202	Z003		33 222
2019－07－29	202	Z003	44 296	

【任务】出纳人员进行银行对账操作

银行对账是出纳管理的一项重要工作，是出纳人员对企业银行存款进行清查的重要方法，即将单位登记的银行存款日记账与开户银行提供的对账单进行逐笔核对，以查明银行存款的实有数。由于银行存款的清查一般在月末进行，所以将银行对账工作归为总账系统的期末业务，但在进行银行对账工作时，由于是出纳人员的职责，所以将其放在“现金管理”功能中。在本次任务中，要求：

（1）以出纳人员（202苏莉兰）的身份启用银行对账功能，录入银行对账期初金额及本月的银行对账单数据。

（2）对本月的银行存款进行对账操作，如果存在未达账项，则查询并生成银行存款余额调节表。

（3）上机操作：2019年7月31日进行银行存款的对账操作。

【操作指导】

（1）以出纳人员“202苏莉兰”的身份注册进入〖T3〗主界面，执行“现金”→“设置”→“银行期初录入”命令，进入“银行科目选择”窗口，如图14－2所示。

图 14－2

（2）在“银行科目选择窗口”通过科目下拉列表选择要进行对账的银行科目为“工行存款（100201）”，然后单击“确定”按钮，进入“银行对账期初”窗口。在“银行对账期初窗口”下，单击右上方的“日历按钮 ”，调整银行对账功能的启用日期为“2019. 07. 01”，然后在窗口左方的“单位日记账—调整前余额”栏内输入公司启用本功能前的银行存款余额455 488. 00，在窗口右方的“银行对账单—调整前余额”栏内输入公司启用本功能前的上期银行对账单的余额455 488. 00，如图14－3所示。

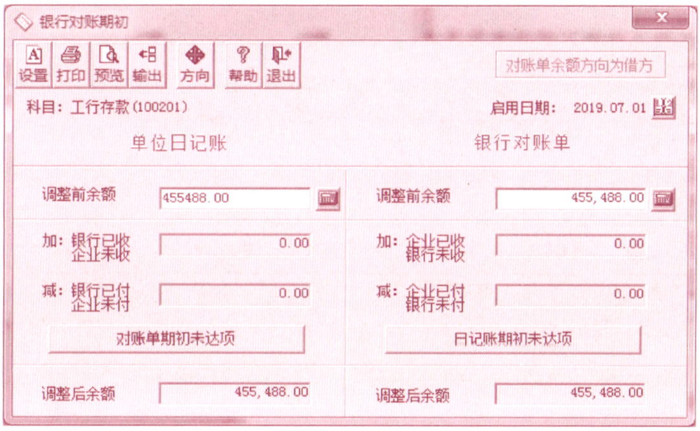

图 14－3

贴心提示：

- “银行期初录入”功能一般只在企业开始启用银行对账功能时才需要使用。应在此功能下录入最近一次银行对账时企业方与银行方的调整前余额，以及启用日期之前的单位日记账和银行对账单的未达项。本功能在开始使用银行对账后一般不再使用。
- 如果存在期初未达账项，则要将期初未达账项的数据在“对账单期初未达项”或“日记账期初未达项”功能下录入。
- 在进行银行对账前，银行对账期初的调整后余额一定要调整平衡，否则银行对账时将会不平衡。
- 在录入完毕银行对账期初数据后，不能随意调整银行对账的启用日期，特别是向前调整，否则会造成启用日期后的期初数不能参与对账。

（3）录入完毕银行对账的期初余额后，单击“退出”按钮，继续执行“现金”→“现金管理”→“银行账”→“银行对账单”命令，进入“银行科目选择”窗口，在此选择科目为“工行存款（100201）”，月份为“2019.07—2019.07”，然后单击“确定”按钮，如图14－4所示。

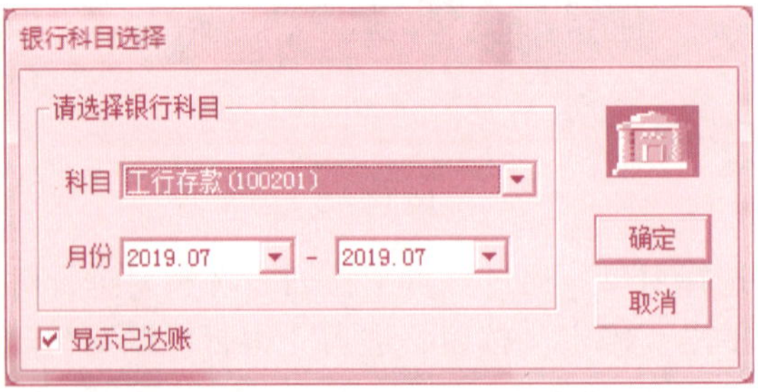

图14－4

（4）进入“银行对账单”窗口后，单击“增加”按钮，依次录入工商银行7月份对账单数据，然后单击“保存”按钮后退出，如图14－5所示。

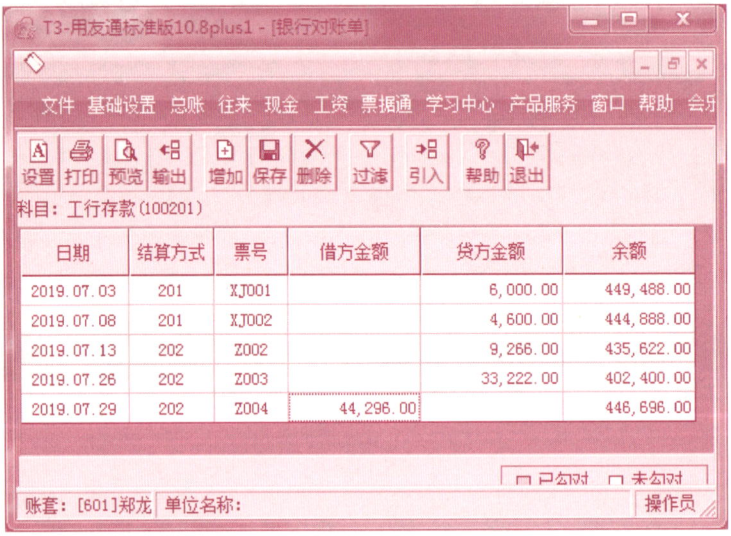

图14－5

贴心提示：

“银行对账单”功能用于平时录入银行对账单数据，在此录入的结算方式票号应同制单时录入的票号位长相同，以方便系统自动进行对账。

（5）“银行对账单”数据录入完毕后，执行“现金”→“现金管理”→“银行账”→“银行对账”命令，进入“银行科目选择”窗口，在此选择科目为“工行存款（100201）”，对账月份为“2019.07—2019.07”，然后单击“确定”按钮，进入“银行对账”窗口，如图14－6所示。

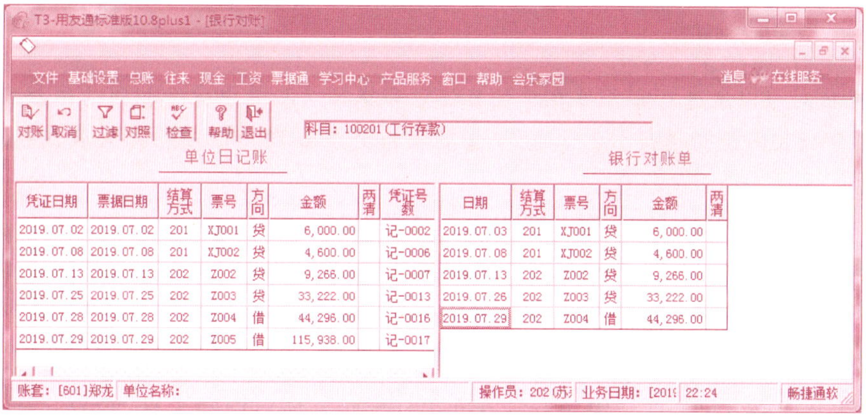

图 14－6

(6) 在“银行对账”窗口单击“对账”按钮，打开“自动对账”条件窗口，选择输入对账截止日期为“2019.07.31”，其他对账条件采用系统的默认选择，然后单击“确定”按钮，如图 14－7 所示。

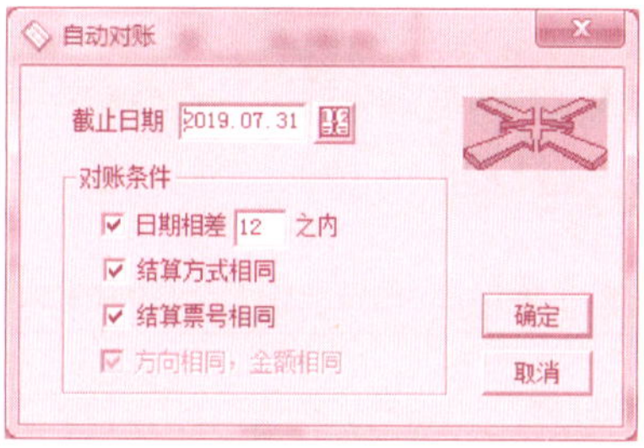

图 14－7

(7) 选择完对账条件并确定后，系统将自动进行对账并适时显示对账结果，对已核对上的银行业务，系统自动在单位日记账与银行对账单双方标上两清标记“○”，并将其视为已达账，如图 14－8 所示。

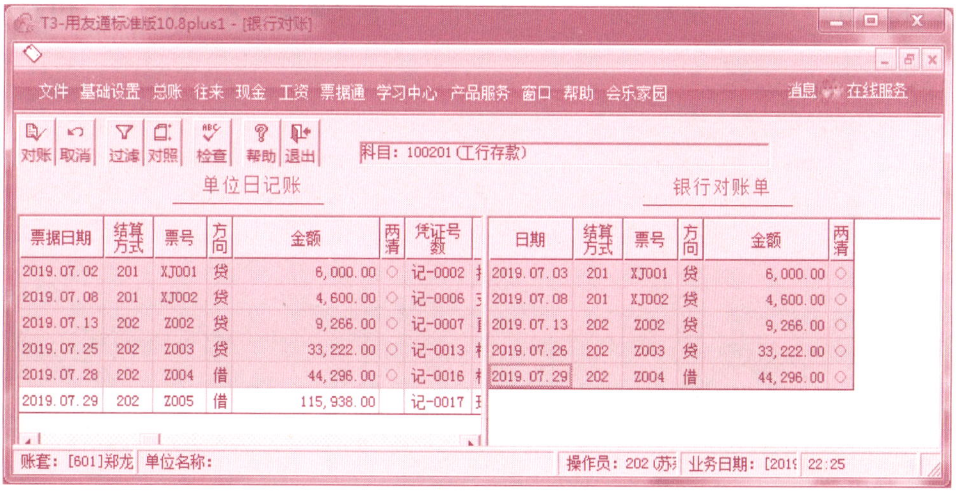

图 14－8

贴心提示：

● 银行对账以所选对账条件在单位日记账和银行对账单中完全相同为依据，条件中的方向、金额相同为必选条件，其他可选条件为截止日期、日期相差天数、结算方式、结算票号。

● 对于自动对账过程中系统没有对上的记录，如果确实为企业和银行的已达账，可以通过在单位日记账和银行对账单两方的两清标记栏用鼠标分别双击的方法，采用手工对账的方式来进行对账，手工对账的两清标记为字母“Y”，以区别于自动对账标记。

（8）银行对账完毕后，对于企业存在未达账项的情况，应编制“银行存款余额调节表”。由于郑龙佳美公司本月的银行存款存在未达账项，所以出纳人员“202 苏莉兰”继续执行“现金”→“现金管理”→“银行账”→“余额调节表查询”命令，进入“银行存款余额调节表”窗口并选择科目“工行存款（100201）”，这时系统将显示银行存款余额调节表数据记录，如图 14－9 所示。

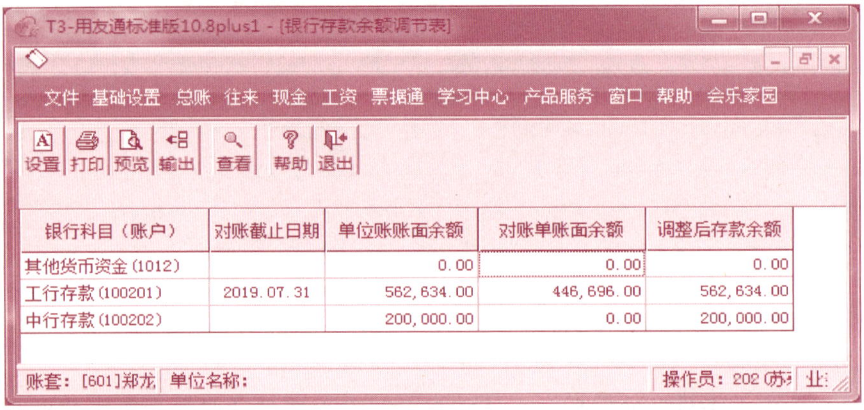

图 14－9

（9）如果要查看银行存款余额调节表的调整信息，可以单击“查看”按钮或双击“工行存款（100201）”行，系统即显示工行存款的银行存款余额调节表，如图 14－10 所示。

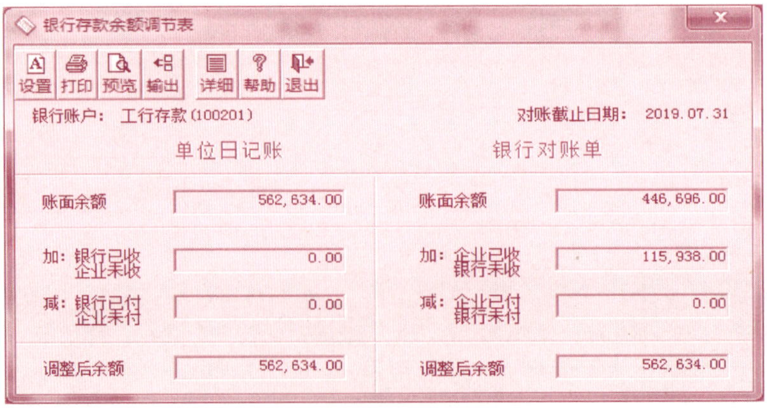

图 14－10

（10）在图 14－10 的界面下如果要查看银行存款余额调节表的详细信息，可以单击“详细”按钮，系统即显示工行存款的银行存款余额调节明细表，如图 14－11 所示。

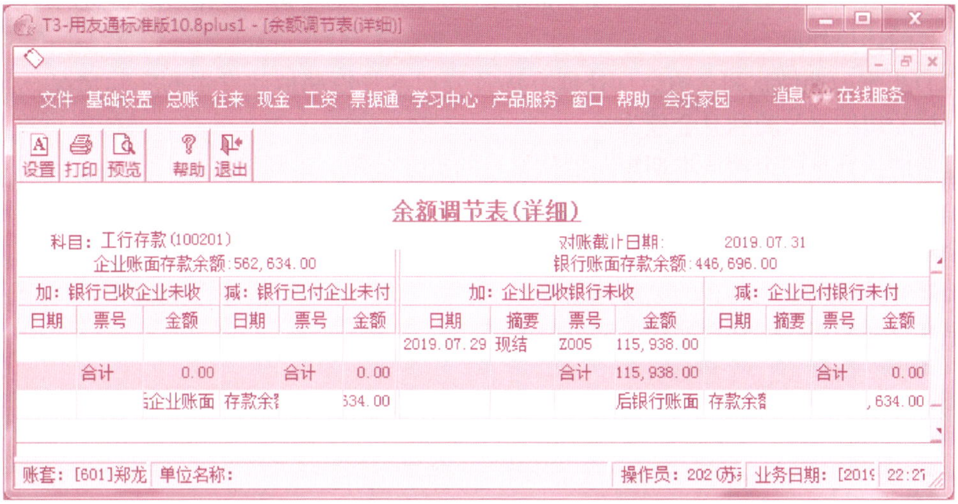

图 14－11

贴心提示：

● 银行对账过程中，只有在对账单文件中的一条记录和银行存款日记账未达账项文件中的一条记录完全相同的情况下系统才可以自动对账，其余情况都需要进行手工对账处理。

● 在年结之前必须进行银行账的核销工作，否则年结之后系统会把上年度的银行对账记录（包括已达账项和未达账项）作为下年度的期初未达账项，从而造成下一年度的期初银行存款余额调节表与上一年度的期末银行存款余额调节表不一致的情况。

任务 2　自动转账凭证的定义与生成

案例 14－2

【资料】2019 年 7 月末，在完成本月日常经济业务的基础上，郑龙佳美公司准备进行本月的摊、提、结转的期末业务处理。根据本月的实际情况，公司要先进行本月短期借款利息的计提处理，按借款合同规定的利率计算本月的应提利息并完成相关的账务处理。本月公司短期借款的年利率为 8%，短期借款在本月只有一笔借款金额。

【任务】会计人员进行自动转账凭证的定义与生成

根据公司本月短期借款利息处理的特征，公司每月应计提的利息金额相同，要编制的会计分录相同，所以为了提高会计工作效率，财务人员将采用通过定义自动转账凭证的方法来生成会计凭证，这样在以后的会计期间就不需要采用手工录入的方法编制利息处理的会计凭证，而只要调用转账生成功能就可以即时生成会计凭证，可以提高工作效率，减少会计差错。在本次任务中，要求：

（1）以具有自动转账凭证定义及生成权限的会计人员（203 张辉）身份进行本月短期借款利息的计提处理。

（2）根据短期借款利息的会计处理方法及公司本月短期借款发生的实际情况，公司本期应计提的短期借款的利息金额为：

短期借款利息的金额 = 本期短期借款科目的贷方余额 × 年利率 ÷ 12

公式描述为：QM（2001，月）*0.08/12

会计分录为：

计提本月短期借款利息的会计分录

借：财务费用——利息费用（560301）

贷：应付利息（2231）

（3）上机操作：2019 年 7 月 31 日进行短期借款利息的自动转账凭证定义及凭证生成操作。

【操作流程】

为了明晰用友 T3 期末业务中自定义转账凭证的定义及生成操作过程，掌握企业会计期末业务中自定义转账凭证的处理顺序，下面先给出用友 T3 中期末自定义转账业务的操作流程，如图 14－12 所示。

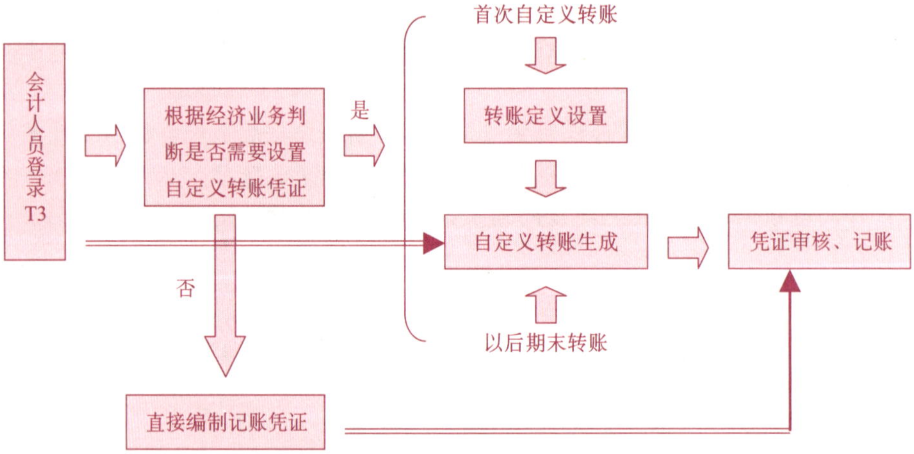

图 14－12

【操作指导】

（1）以会计人员“203 张辉”的身份注册进入〖T3〗主界面，执行“总账”→“期末”→“转账定义”→“自定义转账”命令，进入“自动转账设置”窗口，如图 14－13 所示。

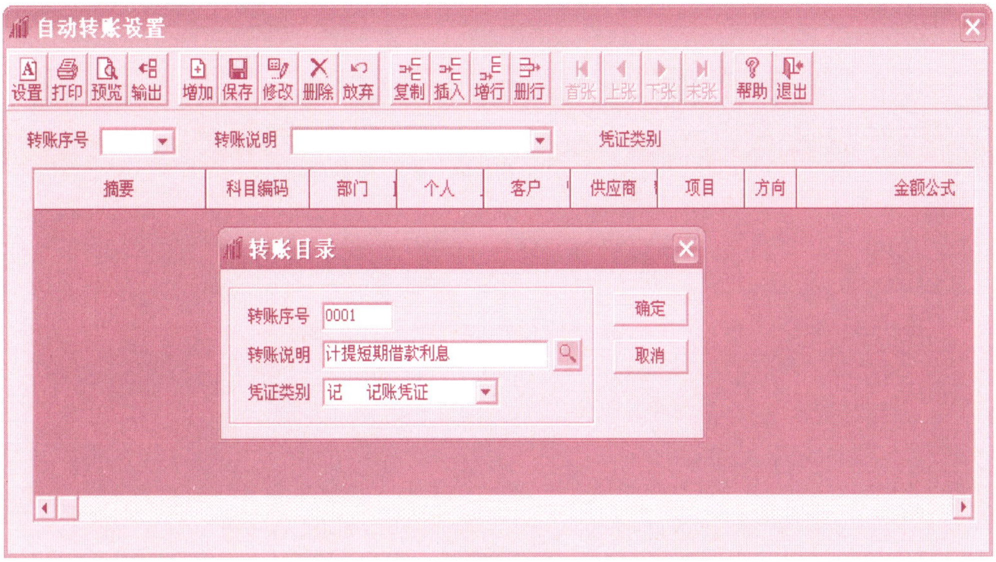

图 14－13

（2）在“自动转账设置”窗口单击“增加”按钮，打开“转账目录”设置窗口，输入转账序号为“0001”，转账说明为“计提短期借款利息”，然后单击“确定”按钮，开始设置计提短期借款利息的借方分录信息。选择科目编码为“560301”，方向为“借”，在金额公式栏直接输入公式“JG（）”或“CE（）”，如图 14－14 所示。

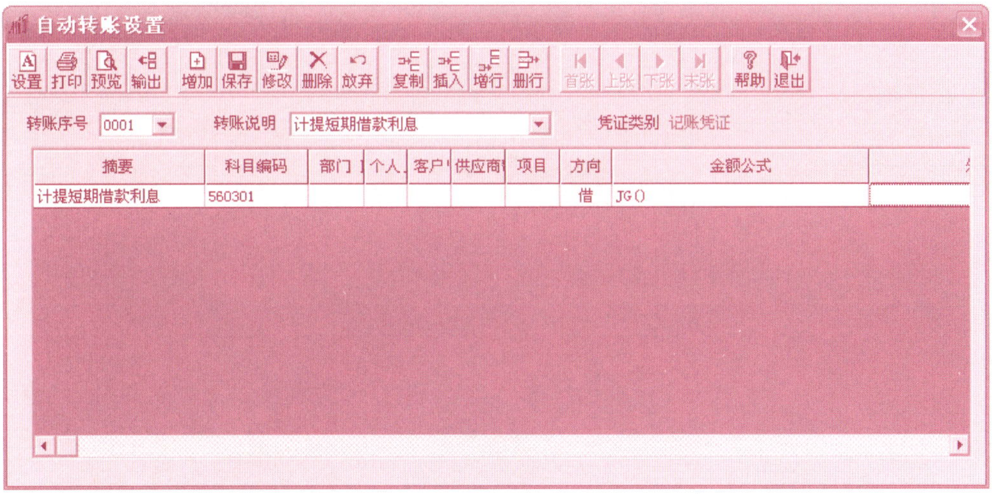

图 14－14

（3）在“自动转账设置”窗口单击“增行”按钮，继续设置计提短期借款利息的贷方分录信息。选择科目编码为“2231”，方向为“贷”，在金额公式栏双击鼠标，单击参照按钮，打开公式向导对话框，选择“期末余额 QM（）”函数，然后单击“下一步”，选择科目为“2001”，单击“完成”按钮，返回金额公式单元，在“QM（2001，月）”后直接输入“＊0.08/12”，并单击“保存”按钮，完成计提短期借款利息的转账凭证定义，如图

14－15 所示。

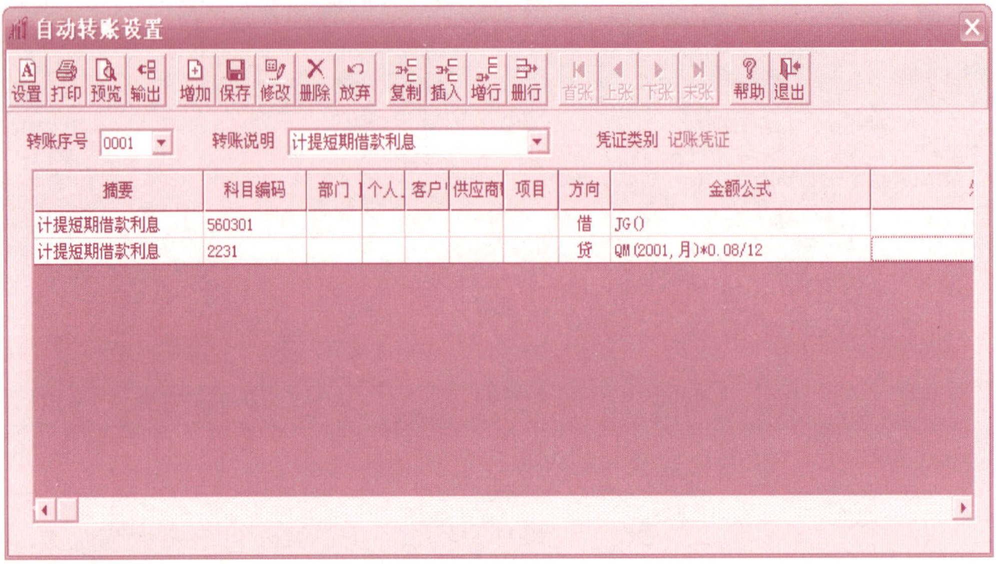

图 14－15

（4）执行“总账”→“期末”→“转账生成”命令，进入“转账生成”窗口，在窗口左边选择单选按钮“自定义转账”，然后在右窗双击鼠标选择需要生成凭证的第 0001 号自定义转账凭证，如图 14－16 所示。

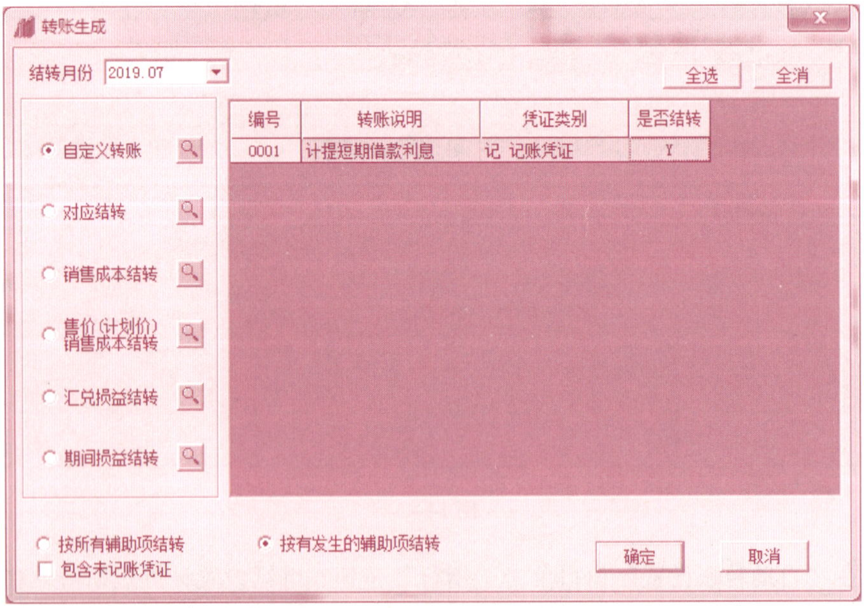

图 14－16

（5）单击“确定”按钮，系统自动生成转账凭证，单击“保存”按钮，系统自动将所生成的凭证保存在未记账凭证中，并在凭证左上方标上“已生成”标志，如图 14－17 所示。

图 14－17

（6）由“201 李芳”对所生成的计提短期借款利息的凭证进行审核、记账操作。

贴心提示：

● 用友 T3 中的自动转账定义功能就是将记账凭证的摘要、会计科目、借贷方向及借贷金额的取数公式预先设置成凭证模板的过程，这种预先设置的凭证模板即转账分录。

● 自动转账分录可分为两类：第一类为独立自动转账分录，其金额的取得与本月发生的其他经济业务无关，独立自动转账分录可以在任何时候用于生成机制凭证，通常一个独立自动转账分录每月只使用一次；第二类为相关自动转账分录，其金额的取得与本月发生的其他经济业务有关，因此，这种转账分录的使用必须等所依据的其他经济业务审核并记账后才能执行，否则即使取数公式正确也会得到错误的结果。

● 自定义转账凭证的公式可以直接输入，也可以通过参照的方式由系统引导输入，但所有的公式符号均需要采用英文符号。

● 转账生成时每一张转账凭证只需要每月生成一次，对于数据有关联的转账凭证，应按顺序依次进行转账生成及审核记账。为简单及保证数据正确起见，建议每转账生成一张机制凭证都应该对生成的凭证进行审核、记账操作，然后再结转下一张转账凭证。

任务3 结转本月期间损益（利润形成）

案例 14－3

【资料】 2019 年 7 月末，为了反映郑龙佳美公司本月经营成果的形成，在所有日常业务已经处理完毕并已记账的情况下，会计人员将进行本月期间损益的结转及计算，也就是将所有损益类科目的余额结转到“本年利润”科目中，从而及时反映公司本月利润的盈亏，为公司的经营决策提供依据。

【任务】会计人员进行本月期间损益结转的定义与凭证生成

根据公司经营管理的需要，要求公司财务部门在每月月末计算本月的利润，以便公司及时了解企业的盈亏情况，适时调整公司的经营策略。在用友 T3 中专门提供了期间损益结转功能，方便企业在每一会计期末对损益类科目的余额进行自动结转，及时反映企业利润的形成。在本次任务中，要求：

（1）以具有期间损益结转定义及凭证生成权限的会计人员（203 张辉）进行本月损益类科目余额的结转及凭证生成处理。

（2）在进行期间损益结转时，企业应将本月的日常经济业务填制凭证并记账完毕。

（3）上机操作：2019 年 7 月 31 日进行本月期间损益结转的定义与凭证生成操作。

【操作流程】

为了明晰用友 T3 期末业务中期间损益转账凭证的定义及生成操作过程，掌握企业会计期末业务中期间损益结转定义及生成转账凭证的处理顺序，下面先给出用友 T3 中期末期间损益结转定义及生成转账凭证业务的操作流程，如图 14－18 所示。

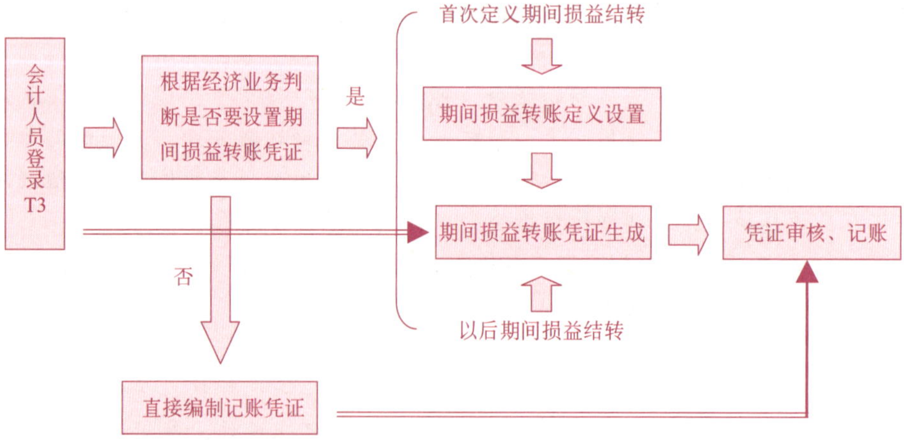

图 14－18

【操作指导】

（1）以会计人员“203 张辉”的身份注册进入〖T3〗主界面，执行“总账”→“期末”→“转账定义”→“期间损益”命令，进入“期间损益结转设置”窗口，如图14－19所示。

图14－19

（2）在“期间损益结转设置”窗口直接输入或通过参照按钮选择本年利润科目为“3103 本年利润”，单击“确定”按钮后退出，完成期间损益结转的定义。

（3）执行“总账”→“期末”→“转账生成”命令，进入“转账生成”窗口，在窗口左边选择单选按钮“期间损益结转”，在右上方单击“全选”按钮，如图14－20所示。

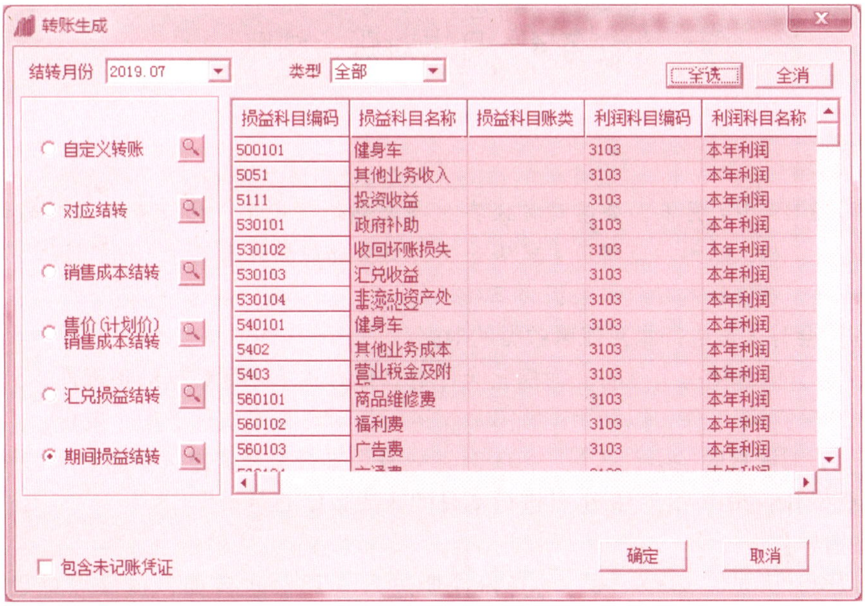

图14－20

（4）单击“确定”按钮，系统自动生成转账凭证，单击“保存”按钮，系统自动将所生成的凭证保存在未记账凭证中，并在凭证左上方标上“已生成”标志，如图 14－21 所示。

图 14－21

（5）由“201 李芳”对所生成的结转期间损益的凭证进行审核、记账操作。

任务 4　月末对账、结账

案例 14－4

【资料】 2019 年 7 月末，公司日常经济业务全部处理完毕，为检查本月公司记账凭证、账簿记录是否正确，账簿间逻辑关系是否平衡，财务部门会计人员于 10 月 31 日对会计账簿数据进行核对，以检验本月账簿数据的正确性。

【任务】会计人员进行本月账簿数据的对账

在实施会计电算化一个月后，为检验会计电算化方式下账簿数据的正确性，公司财务部门于本月末进行对账工作，以和手工账簿数据进行核对。在本次任务中，要求：

1. 以具有对账权限的会计人员（203 李辉）身份进行本月账簿数据的对账工作。

2. 上机操作：2019 年 7 月 31 日进行本月的账簿数据的对账操作。

【操作指导】

（1）以会计人员“203 张辉”的身份注册进入〖T3〗主界面，执行“总账”→“期末”→“对账”命令，进入“对账”窗口，在 7 月份的“是否对账”栏双击鼠标打上“Y”标记，表示要对 7 月份进行对账，如图 14－22 所示。

图 14－22

（2）在“对账”窗口单击“对账”按钮，系统自动进行对账操作，对账完毕后显示对账结果，如图 14－23 所示。

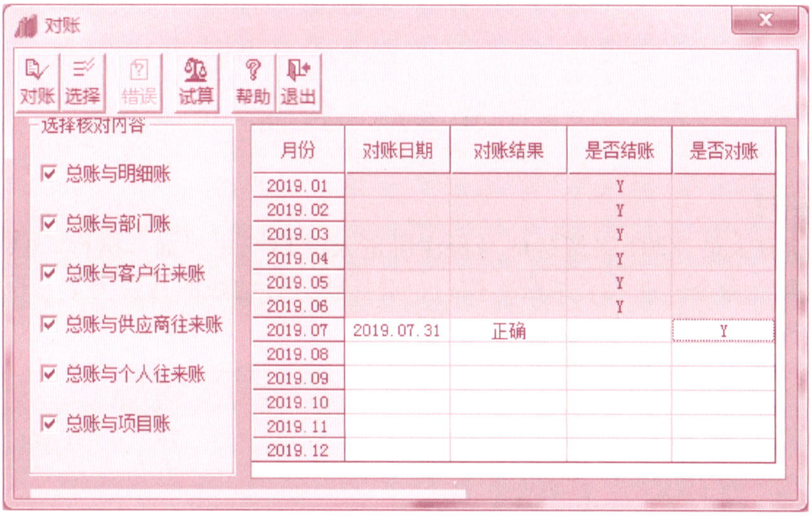

图 14－23

案例 14－5

【资料】2019 年 7 月末，经过期末对账工作，本月公司的各项账簿数据均核对正确，可以进行结账工作，将各账簿的本期发生额和期末余额结转至下月初，作为下月的月初余额，并终止本月的账务处理工作。

【任务】会计人员进行本月结账工作

在实施会计电算化一个月后，为检验会计电算化方式下账簿数据的正确性，公司财务部门于本月末进行对账工作，与手工账簿数据进行核对。在本次任务中，要求：

（1）以具有对账权限的会计人员（203 李辉）身份进行本月账簿数据的结账工作。

（2）上机操作：2019 年 7 月 31 日进行本月的账簿数据的结账操作。

【准备工作】

（1）检查本月所填制的记账凭证是否全部记账，若有未记账的凭证则不允许进行结账。

（2）检查本月期末结转凭证是否已登记入账，若未登记入账则不允许结账。

（3）检查损益类账户余额是否全部结转完毕，若未全部结转至“本年利润”，则不允许结账。

（4）核对总账与明细账、总账与辅助账、总账系统与其他核算子系统之间的数据是否一致，若不一致则不允许结账。

（5）检查上一个月是否已经结账，如上月未结账，则本月不允许结账。

（6）若在使用总账系统时启用了其他核算子系统，则其他核算子系统应先结账，否则总账系统不能结账。

【结账顺序】

在启用了其他核算子系统的情况下，各子系统的结账顺序如图 14－24 所示。

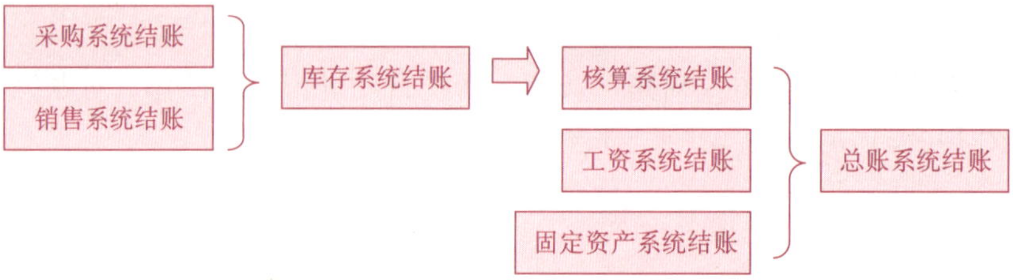

图 14－24　各子系统结账顺序

【操作指导】

（1）以会计人员“203 张辉”的身份注册进入〖T3〗主界面，执行“总账”→“期末”→“结账”命令，进入“结账”窗口，选择要进行结账的月份为 7 月份，然后单击“下一步”按钮开始结账操作，如图 14－25 所示。

图 14－25

（2）单击“对账”按钮，系统强制要求在结账前进行对账操作，对账完毕后，再单击“下一步”按钮，系统显示“2019年7月工作报告”。查看工作报告后，单击“下一步”按钮，系统将显示工作检查情况，若检查通过，则以蓝色文字显示，此时可以单击“结账”按钮进行结账。若检查不通过，则以红色文字显示，此时系统将不允许结账，如图14－26所示。

图14－26

贴心提示：

- 对账由计算机自动完成，对于对账的次数及时间没有要求，在需要的时候都可以使用此功能进行对账，一般至少一个月对一次账，在期末结账前系统会强制要求进行对账。
- 如果系统对账出现错误，将不能执行期末结账功能，必须检查修改，直至对账正确。
- 结账过程由系统自动完成，结账完成后不能再录入本月的凭证。如果结账后发现本月的经济业务有遗漏或其他情况，可以通过按“Ctrl + Shift + F6”组合键取消本月结账状态，待修改调整完毕后再次进行结账操作。

知识链接

系统完成结账的要求

结账过程由系统自动完成，但在结账前系统会对本月的工作状态进行检查，只有检查通过才能结账，所以在结账前财务人员需要完成以下工作：

- 将本月所有经济业务完成并审核、记账。
- 将损益类账户全部结转完毕并记账。
- 如果启用了其他子系统，则应该先将其他子系统进行结账，然后才能对总账系统进行结账。

复习巩固

1. 总账系统期末业务处理包括哪些内容?
2. 简述银行对账的业务流程及银行对账的方法。
3. 如何进行期末自动转账?
4. 简述用友 T3 期末期间损益结转定义及生成转账凭证业务的操作流程。

模块 8

报表管理系统

项目 15　自定义编制报表

【知识目标】

◆ 学习会计报表的相关知识，掌握报表格式设计方法
◆ 了解 UFO 报表的界面和工作环境
◆ 认识常用报表单元函数
◆ 弄清报表数据的来源，生成自定义和模板报表

【技能目标】

◆ 熟练掌握自定义编制报表的格式设置方法
◆ 初步掌握自定义报表的公式定义和取数方法，生成报表数据

【项目任务简述】

会计报表既有对外报送的统一格式的报表，也有为满足经营管理需要而自定义的内部报表。会计电算化条件下，UFO 报表系统可以很方便地设计出满足企业不同管理需求的自定义会计报表。

1. 项目任务分析

1.1 认识会计报表家庭环境（界面）及成员（元素）

1.1.1 认识 UFO 报表系统的家庭环境

启动 UFO 报表系统，创建一个报表文件，让我们走进报表家庭环境，图 15－1 为用友报表系统的报表窗口。

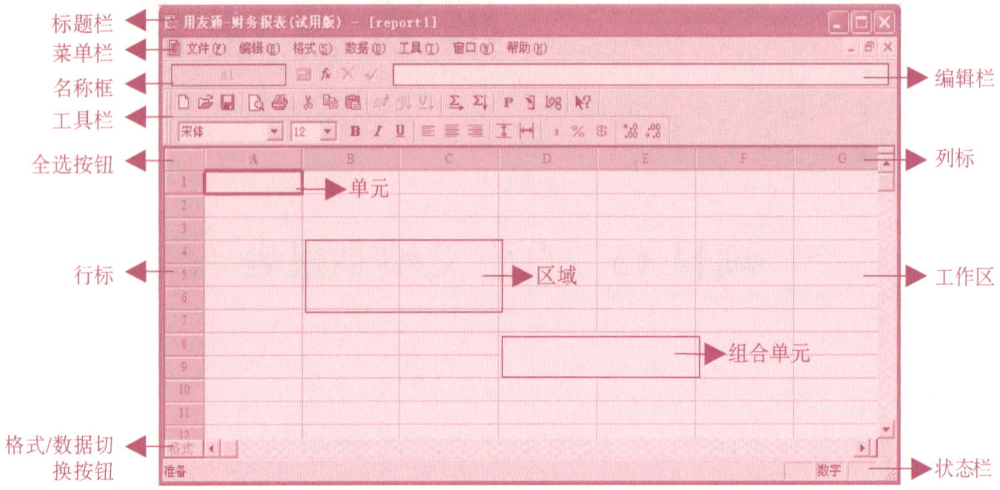

图 15－1

1.1.2 认识 UFO 报表系统的家庭成员

（1）单元。单元是由行、列相交组成的方格，是组成 UFO 报表的最小单位，单元名称由所在单元的“列标＋行标”组合标识。列标用字母 A～IU 表示，最大列数为 255 列；行标用数字 1～9 999 表示，最大行数为 9 999 行。在一个单元中，最多可输入 63 个字符或 31 个汉字。

（2）单元属性。单元的类型、字体图案、对齐方式及边框等。

（3）单元类型。是指单元内容的类型，主要有数值单元、字符单元和表样单元三种类型。

• 数值单元：只能存放 0～9 组成的数值型数据，可在数据状态下直接输入，也可由单元公式运算生成。新建报表，所有单元默认为数值型。

• 字符单元：可存放字母、汉字、数字及各种符号，但其中的数字不可进行数值运算。字符单元的内容可在格式状态下直接输入或由单元公式生成。

• 表样单元：是报表的格式，是定义一个没有数据的空表所需的所有文字、符号和数字。表样单元在格式状态下输入和修改，在数据状态下只能显示不能修改，每个变化都同步到所有表页。

（4）组合单元。由相邻两个或两个以上同类型单元组合成的一个单元。组合单元的名称可以用区域名称或区域中的某一单元的名称来表示。

（5）区域。是指由一个到若干个单元组成的矩形方块。最小的区域是一个单元，最大的区域是整张表页。区域描述为：开始单元名称:结束单元名称，如 B2:D8，指从 B2 单元格开始到 D8 单元格为止的区域。

（6）报表文件与表页。表页是由若干行和列组成的二维表，由页标签来标识，系统默认的页标签为“第 1 页”、“第 2 页”……格式相同的不同数据可放在不同的表页里，共同组成一个报表文件。一个 UFO 报表文件最多允许 99 999 张表页。如：某企业全年 12 个月的资产负债表，报表结构和取数公式相同，可用 12 张表页“1 月份”、“2 月份”……“12 月份”分别表示，并存放于名为“资产负债表”的报表文件中。如果一个报表文件中有多张表页，需要确定其中某个数据所在的位置时，用“页标 + 行标 + 列标”组合标识，所以，报表文件是一个三维表。

（7）格式/数据状态。单击报表窗口左下角的红字按钮可使报表状态在“格式”和“数据”之间转换。在格式状态下，可对报表进行格式设计、公式定义，但不能录入数值、计算数据；数据状态下能看到报表的全部内容，包括格式和数据，但只能进行数值录入、数据处理，不能修改格式和公式。

（8）关键字。关键字一般位于报表标题与表体之间。关键字的项目及位置，在格式状态下设置；关键字的显示位置（偏移）在格式状态和数据状态下均可设置；关键字的值则在数据状态下录入。报表的关键字一般包括：单位名称、单位编号、年、季、月、日等，也可根据需要自定义。关键字用于在一个报表文件的众多表页中快速查找某一张表页，它是表页的唯一标识。定义好格式和公式的报表，可利用不同关键字值获取不同会计期间的报表数据。

（9）报表结构。可分为表头、表体和表尾，如图 15 – 2 所示。每张表页的结构都是一致的，不同的仅仅是其中的关键字和数值。

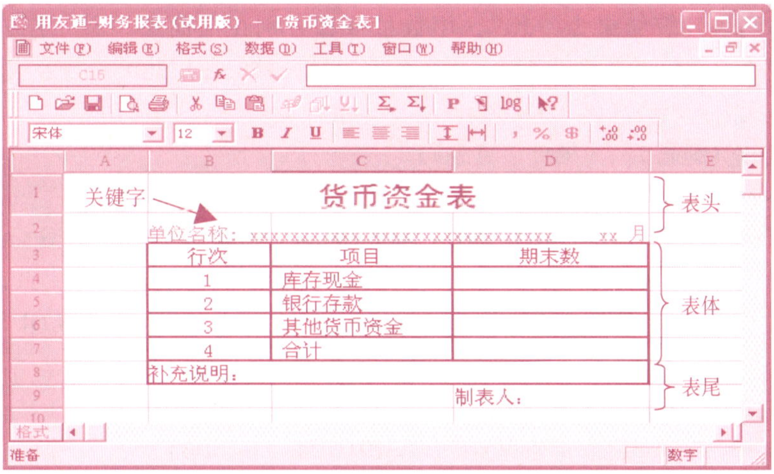

图 15 – 2

（10）报表公式。报表公式是报表获取数据的必要工具。有三种类型：单元公式、审核公式和舍位平衡公式。它们只能在格式状态下设置，而公式计算结果则只有在数据状态下才能显示出来。

1.2 设计自定义报表格式

启动 UFO 报表系统，可以很方便地设计出各种满足企业内部管理需要的自定义报表。自定义报表处理流程如图 15 – 3 所示。

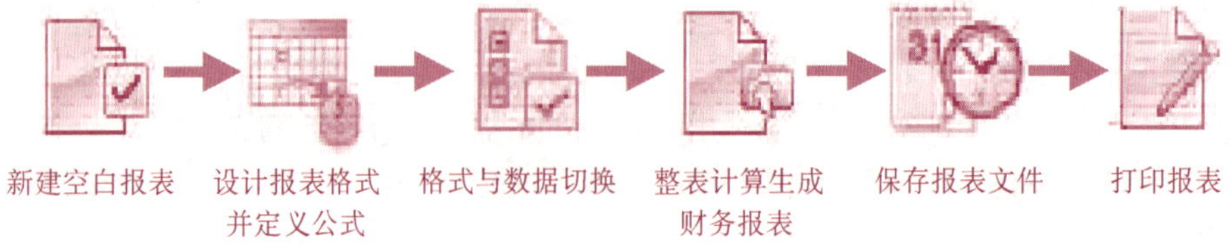

图 15－3

1.3 自定义报表单元公式

UFO 报表与 Excel 电子表相同，格式设置完成后，显示的是没有数据的空白报表，其数据单元的数据来源需要通过单元函数公式的定义才能获取。

1.3.1 报表单元取数函数类型及格式

根据报表数据来源的不同，报表的单元取数函数主要有以下四类：

（1）财务取数函数：用于从总账、工资、固定资产、应收（应付）等财务子系统中获取数据的函数。

财务取数函数的种类：UFO 报表系统主要有用友账务函数、工资函数、固定资产函数、存货核算函数、采购管理函数、销售函数、应收应付函数、库存管理函数等。每类财务函数又包含若干种函数。函数名一般用关键字的拼音第一个字母组合而成。如期初余额的函数名为“QC”、期末余额为“QM”、本期发生额为“FS”、累计发生额为“LFS”、净额为“JE”、取对方科目计算结果为“JG”，用数量核算分别在前面加“S”、用外币核算则加“W”。如果报表单元数据来源于各财务系统的账上数，就应使用此类函数公式。

其通用格式为：函数名（<科目编码>，<会计期间>，[方向]，[账套号]，[会计年度]，[辅助核算编码 1]，[辅助核算编码 2] ……）

如图 15－2 所示库存现金月末数的单元公式为：

D4＝QM（“1001”，月，“借”，601，年）或 D4＝QM（“1001”，月，，，年）

（2）表页内部统计函数：用于通过本表页中单元格之间的统计运算关系计算得出单元数据的函数。常用的有求和（PTOTAL）、求平均（PAVG）、计数（PCOUNT）、最大值（PMAX）、最小值（PMIN）。

其通用格式为：函数名（数据源区域）

如图 15－2 所示合计的单元公式为：D7＝PTOTAL（D4：D6）

（3）本报表其他表页取数函数：用于从本报表文件的其他表页中获取数据。数据源有两个必须要定义的参数：一要指定数据单元格或区域，二要指定数据单元格或区域所在的表页。有两种格式：

格式一： SELECT（<区域>[，<页面筛选条件>]）

如：C1＝SELECT（C3，月@＝月＋1）。表示 C1 单元格的数据取自本报表上个月 C3 单元格的数据。

B1：C4＝SELECT（B1：C4，单位编号＝“1011”）。表示本页 B1：C4 的数据取关键字“单位编号”为 1011 的表页中 B1：C4 的数值。

格式二： <目标区域>＝<数据源区域>@<页号>

如：C1 = C3@2。表示 C1 单元格的数据取自本报表第 2 张表页 C3 单元格的值。

（4）其他报表文件取数函数：用于从其他报表文件的指定表页中获取数据。数据源有三个必须要定义的参数：一要先指定报表文件，二要指定数据单元格或区域，三要再指定数据单元格或区域所在的表页。

通用格式为：<目标区域> = <“报表文件名［.rep］”> - > <数据源区域>@［<页号>］

如 D4 = “XJ” - >D4@2。表示当前表页 D4 单元的值等于名为“XJ”的报表文件中第 2 页 D4 单元的值。

贴心提示：

- 报表文件名为字符型数据，须加半角双引号标识。
- 如果目标区域所在页号与数据源报表文件的页号相同，可缺省数据源的页号。

1.3.2 定义 UFO 报表单元公式

报表单元公式的定义有两种方式：一是通过键盘直接输入（速度快，但要求操作员对系统及函数公式非常熟悉）；二是通过函数向导输入（适用于初学者）。

1.4 生成自定义报表数据

完成报表格式设置，需要将定义好的报表公式与数据源账套及会计年度关联起来，同时指明报表关键字，报表才能按指定的账套、会计年度及报表关键字完成报表数据的运算生成工作。

2. 项目任务实施

在本项目中我们要完成以下四个任务：

任务 1：创建自定义空白报表。本任务创建一张没有任何格式的空白报表，练习报表的保存，这是自定义报表的开始。

任务 2：设计自定义报表格式。本任务通过设置报表格式复习巩固会计报表的相关知识。

任务 3：自定义报表单元公式。这是本项目学习的重点和难点，通过本任务的学习，我们要学会设置报表数据来源的公式，为生成正确的报表打好基础。

任务 4：生成自定义报表数据。本任务由系统根据前几个任务的设置自动生成报表数据，操作简单，是报表管理系统的最终结果。

任务 1 创建自定义空白报表

案例 15 - 1

【资料】从 2019 年 7 月起，郑龙佳美公司总经理为快速了解企业期末货币资金情况，要求财务部按月提供货币资金表。

【任务】创建自定义货币资金表

任务要求：

（1）由主管启动 UFO 系统，创建一张空白报表。

（2）将报表文件保存在账套文件夹下，取名为“货币资金表 . rep”。

【操作指导】

（1）启动报表窗口：由账套主管登录“T3—注册〖控制台〗”，启动“T3—用友通标准版”窗口，单击主菜单中的“财务报表”，系统弹出提示框，如图 15 -4 所示。

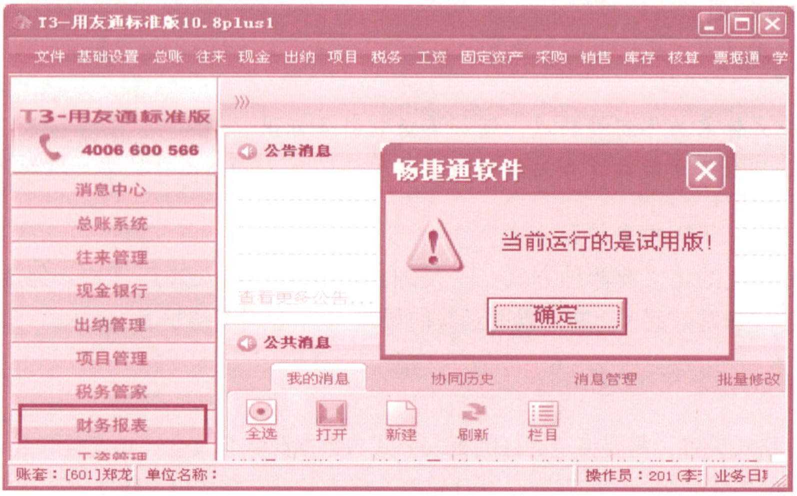

图 15 -4

（2）单击“确定”按钮，启动报表窗口，如图 15 -5 所示。

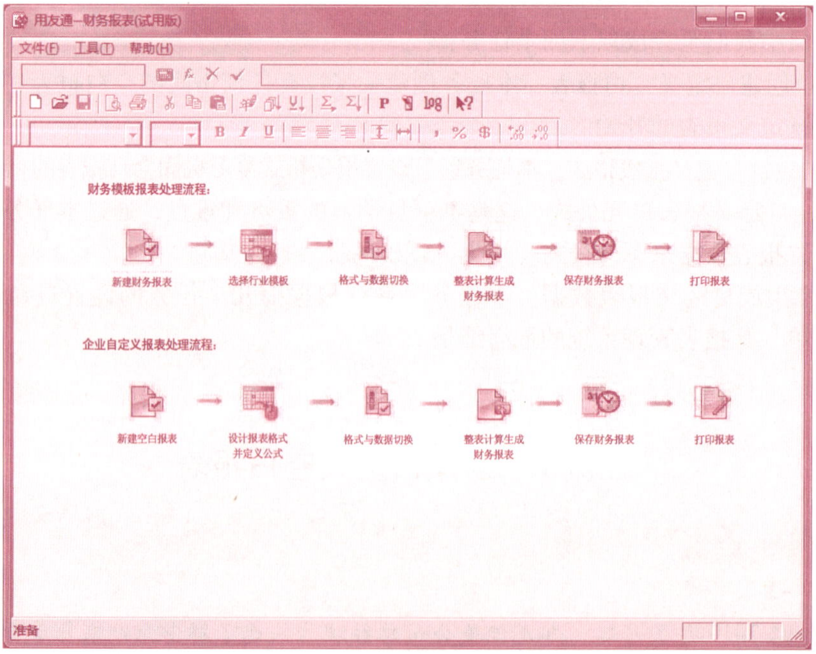

图 15 -5

（3）新建空报表：执行“文件”→“新建”命令，或单击工具栏的“🗋”图标，新建空白报表，如图15－6所示。

图15－6

（4）保存报表文件：执行“文件”→“保存”或“另存为”命令，或单击工具栏上的“🖫”图标，选择保存的路径，输入报表文件名，单击“保存”按钮，如图15－7所示。

图15－7

任务2 设计自定义报表格式

案例15－2

【资料】 郑龙佳美公司会计主管设计自定义“货币资金表”格式，如表15－1所示。

表15－1 **货币资金表**

单位名称：郑龙佳美健身器材有限公司 2019年7月

行次	项　目	期末数
1	库存现金	
2	银行存款	
3	其他货币资金	
4	合计	
补充说明：		
制表人：		

【任务】设计自定义货币资金表格式

任务要求：

（1）设置表尺寸为10行5列。

（2）从B1单元开始按表15－1输入报表结构项目。

（3）将标题、补充说明对应的单元格分别组合成一个单元。

（4）设置单元属性。除D4:D7为默认的数值型外，其余单元均设置为表样型。标题字体为黑体、18磅字，水平、垂直居中。

（5）自行设置适度的行高、列宽。

（6）按样表设置表格线。

（7）设置“单位名称”“月”为关键字。

【操作指导】

（1）选择报表状态：单击左下角的红字按钮使其为“格式”。新建报表默认状态为“格式”状态。

（2）设置/修改报表尺寸：报表尺寸用于定义报表的行、列数。在报表窗口执行“格式”→“表尺寸”命令，在弹出的对话框中选择或输入报表的行列数，单击“确认”按钮。如行列数不足或多余，可通过“编辑”→“插入”或“追加”或“删除”命令，选择“行”或“列”，输入要插入或追加或删除的行列数，如图15－8所示。

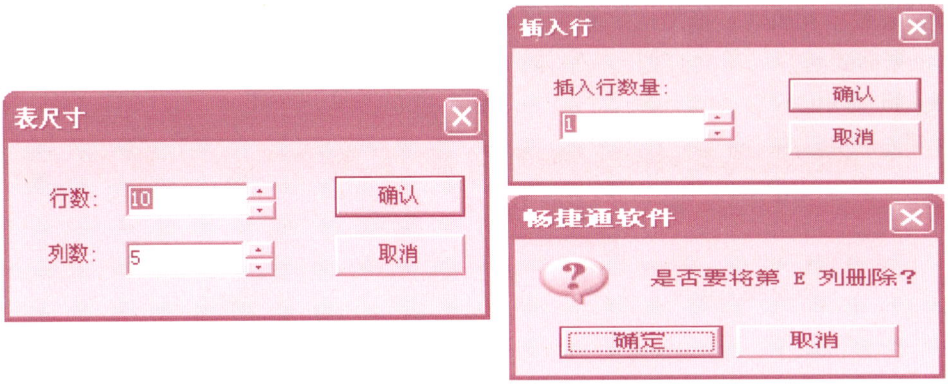

图 15－8

（3）输入报表结构项目：在相应单元格中输入报表标题、栏目名称（定义列）、项目名称（定义行）、表尾项目，如图 15－9 所示。

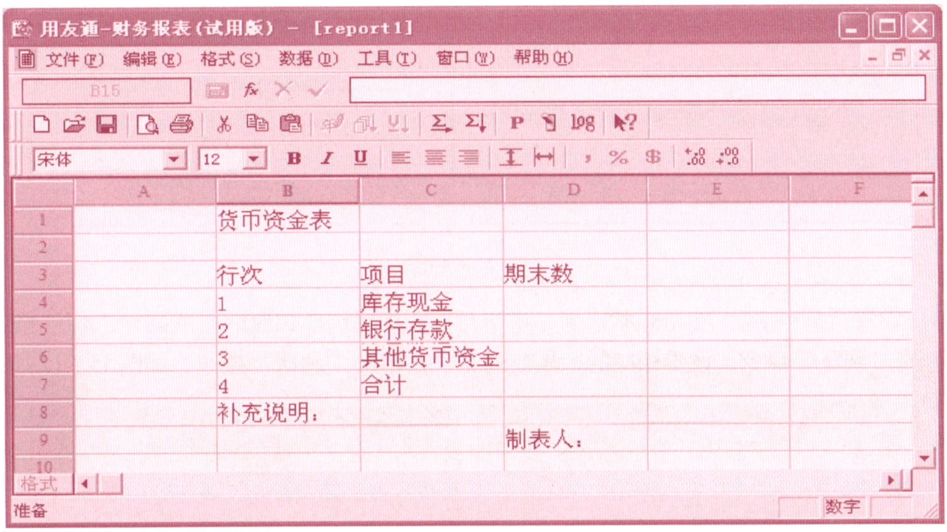

图 15－9

（4）组合/取消组合单元：拖黑选择相应区域（如 B1∶D1），执行“格式”→“组合单元”命令，选择组合方式按钮，将选定区域组合成一个单元。设置错误可单击“取消组合”，将已组合的单元恢复到组合前，如图 15－10 所示。

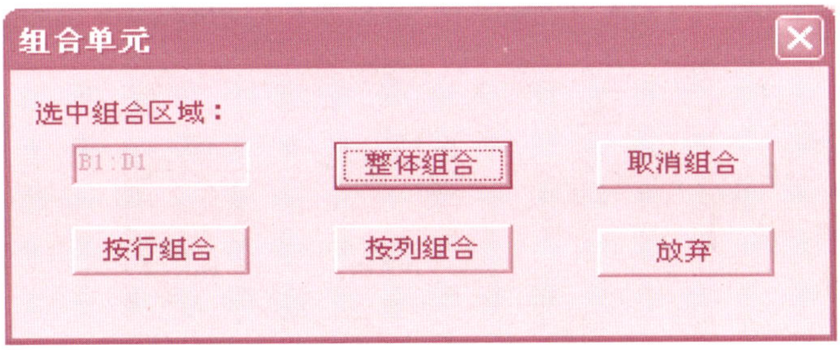

图 15－10

（5）设置单元属性：拖黑选定相应区域（如 B1∶D1），执行“格式”→“单元属性”命令，根据需要选择“单元类型”“字体图案”“对齐”“边框”等选项卡设置单元属性，如图 15－11 所示。

图 15－11

（6）设置行高/列宽：在格式状态下，单击行标或列标选择相应的行或列，执行“格式”→“行高”或“列宽”命令，设置相应的行高或列宽值，单击“确认”按钮，如图 15－12 所示。

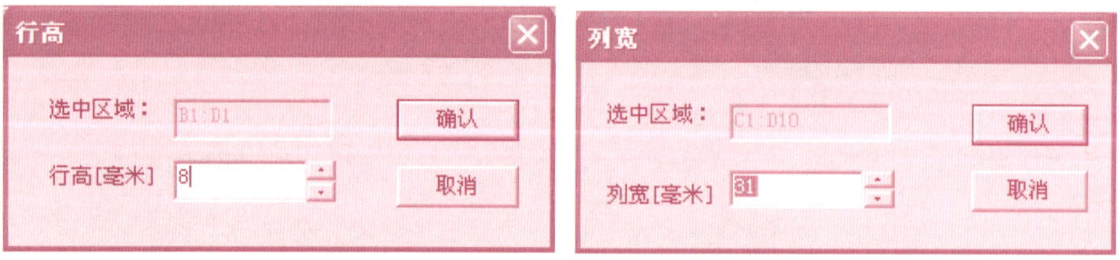

图 15－12

（7）设置表格线：在格式状态下，选择相应区域，执行“格式”→“区域画线”命令，选择相应的画线类型、样式，单击“确认”按钮，如图 15－13 所示。

图 15－13

（8）设置（或取消）关键字项目/调整偏移位置：在格式状态下，选定要放置关键字的单元，执行“数据”→“关键字”→“设置”（或“取消”）命令，选择要设置（可取消）的关键字，单击“确定”按钮，如图15－14所示。

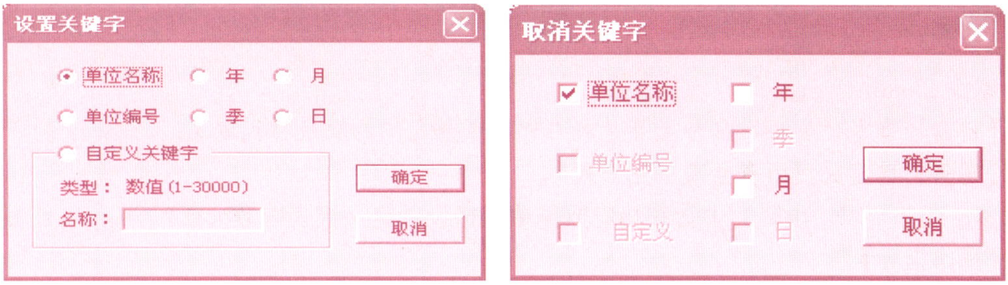

图15－14

（9）如果需要调整关键字的位置，执行“数据”→“关键字”→“偏移”命令，输入偏移的值，如图15－15所示。

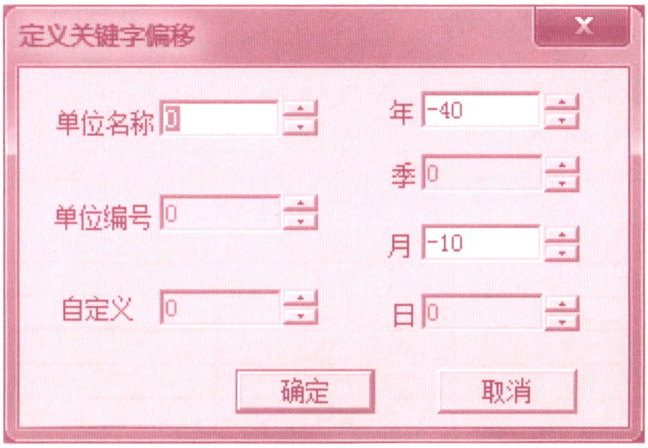

图15－15

贴心提示：

- 关键字偏移的设置，既可在格式状态下也可在数据状态下进行。数值为正，向右偏移；数值为负，数值前加“－”，向左偏移。
- 以上是按部就班设置报表格式的过程，用户可利用报表的特性快速定义格式。如表尺寸可缺省设置；系统还会根据输入的结构项目内容自动判断单元类型，也可缺省设置；行高列宽如果没有严格的数据要求，可用鼠标拖动行标、列标来进行快速设置；报表各区域的字体、部分对齐方式等也可通过格式工具栏快速设置。

任务 3　自定义报表单元公式

案例 15 – 3

【资料】 郑龙佳美公司账套主管完成“货币资金表”的取数公式定义。

【任务】自定义货币资金表单元公式

本次任务要求：由账套主管在相应数据单元格设置定义报表取数公式。

【操作指导】

（1）发出定义公式的命令：选择要定义公式的单元格，单击“数据”菜单，执行“编辑公式”→“单元公式”命令，或单击工具栏上的“*fx*”或键盘上的“=”键，如图15 – 16所示，弹出“定义公式”对话框，如图 15 – 17 所示。

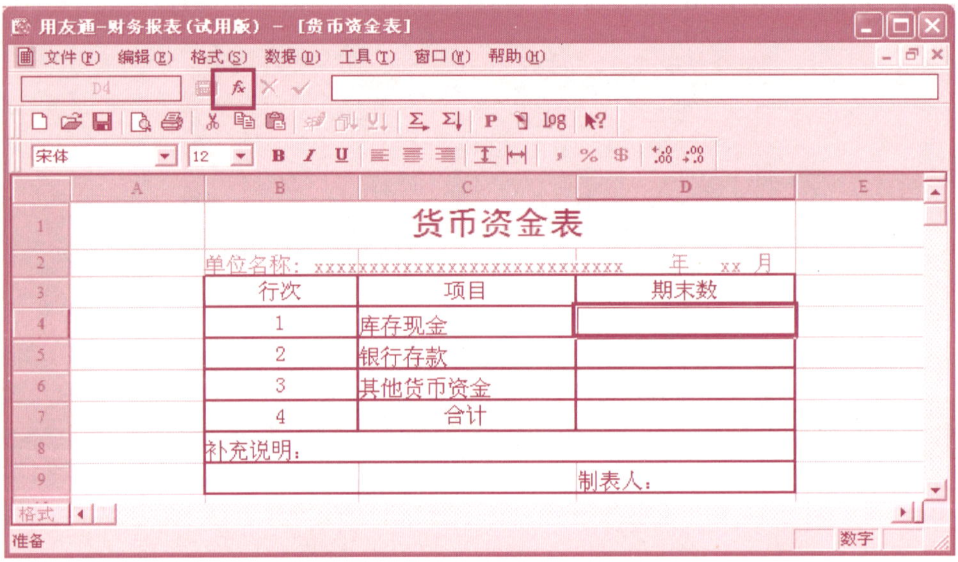

图 15 – 16

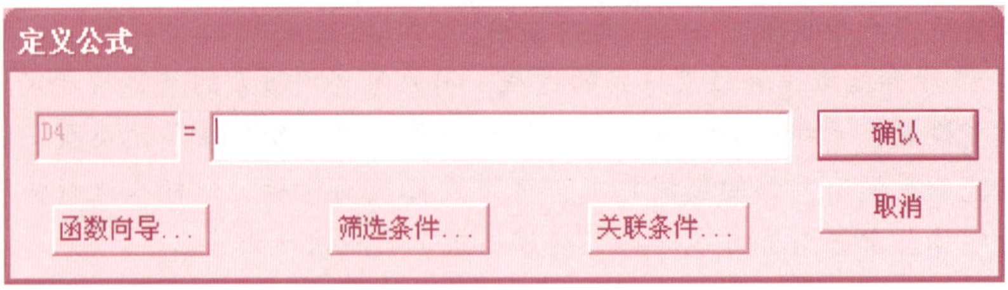

图 15 – 17

（2）方法一：直接输入公式定义“库存现金”期末数。在“定义公式”对话框中通过键盘输入报表取数公式。如图 15 – 16 中的“库存现金”期末数单元公式为：D4 = QM（“1001”，月，,，年），直接在图 15 – 17 公式编辑框中通过键盘输入即可。

其中，默认方向为科目余额方向“借”方，默认账套为案例账套601，甚至可以默认会计年度为建账年度2019年。

（3）方法二：利用函数向导定义“银行存款”期末数。

①单击“函数向导”，在“函数向导”对话框中的左边选择函数类型，本例为“用友账务函数”，在右边选择函数名，本例为“期末（QM）”，如图15－18所示。

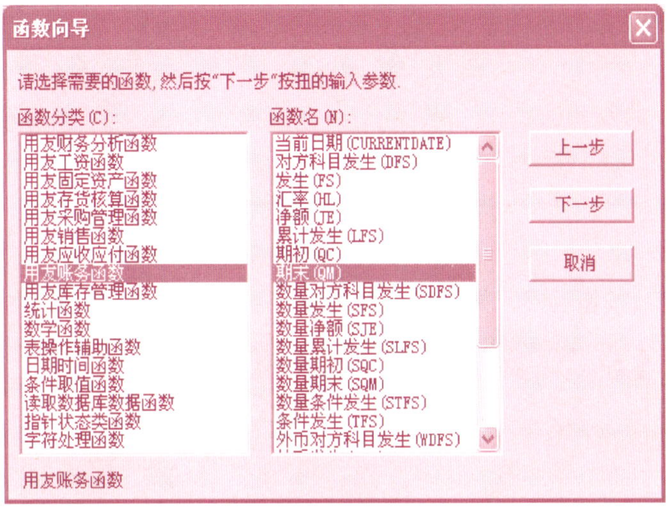

图15－18

②单击“下一步”按钮，在弹出的对话框中单击“参照”按钮，如图15－19所示。

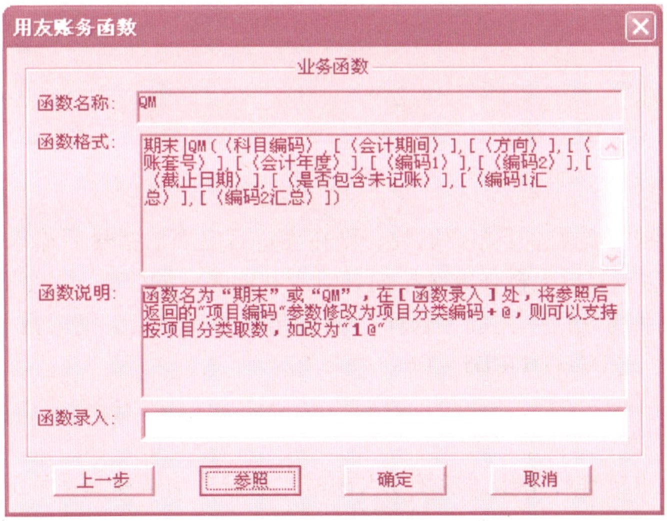

图15－19

③选择取数的“会计科目”“会计期间”“方向”“截止日期”“会计年度”“辅助核算编码”等，如图15－20所示。

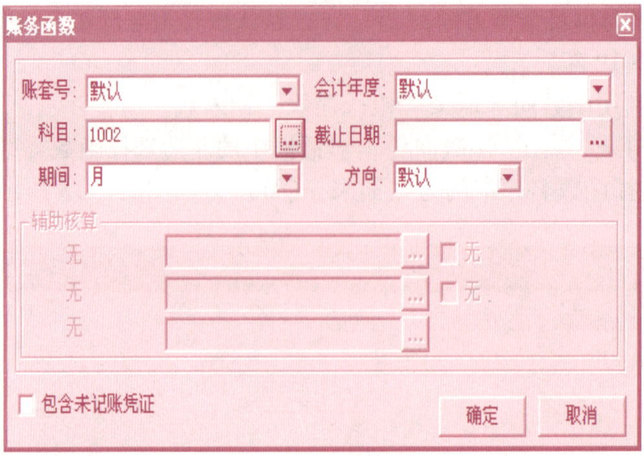

图 15－20

④单击“确定”按钮返回，如图 15－21 所示，再单击“确定”按钮。

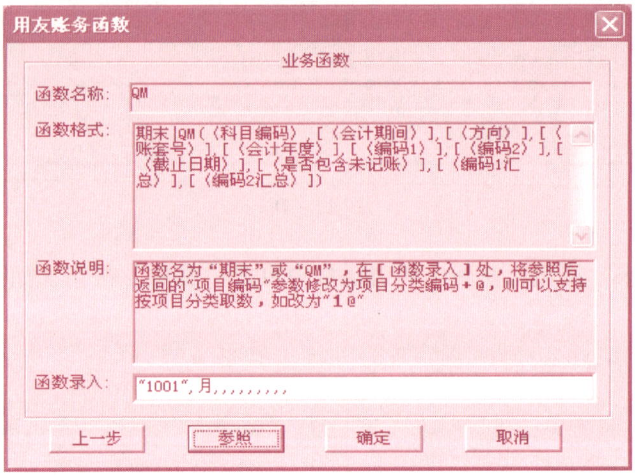

图 15－21

如果本单元数据需要从多个账户取数，则在确定后出现的括号后输入运算符（如“＋”或“－”等），然后重复以上操作继续按向导输入其他账户的公式。

（4）用上述两种方法之一完成“合计”的单元格公式定义。期末数单元公式为：D7 = PTOTAL（D4:D6）或 D7 = D4 + D5 + D6。

知识链接

- 函数格式中所有的字母（不区分大小写）和符号均必须在半角下输入。
- < >代表其中的参数是不可缺省的。
- [ ] 代表其中的参数在指定条件下可以缺省。位于中间的每个缺省项都必须用一个半角下的逗号代表，而位于末尾的缺省项则可要也可不要逗号。
- 如参数为字符型数据时，必须用半角下的双引号进行标识。所以，科目编码、方向、项目编码等均为字符型数据，须加半角双引号。

任务4 生成自定义报表数据

案例15－4

【资料】生成“货币资金表”数据，提交领导使用。

【任务】生成自定义货币资金表

本次任务要求：

（1）由账套主管定义设置报表关联账套。

（2）录入关键字。

（3）生成自定义货币资金表数据。

【操作指导】

（1）设置账套初始：在“格式”状态或“数据”状态下，执行“数据”→“账套初始”命令，弹出“账套及时间初始”对话框，选择或输入账套号和会计年度，单击“确认”按钮，如图15－22所示。

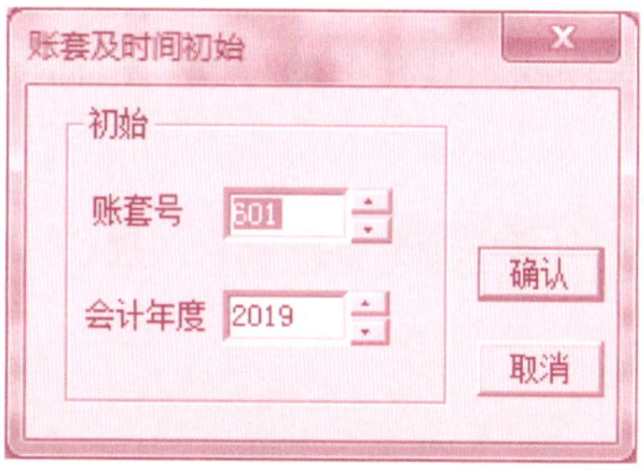

图15－22

（2）录入关键字：在“数据”状态下执行“数据”→“关键字”→“录入”命令，在弹出的图15－23对话框中录入关键字。

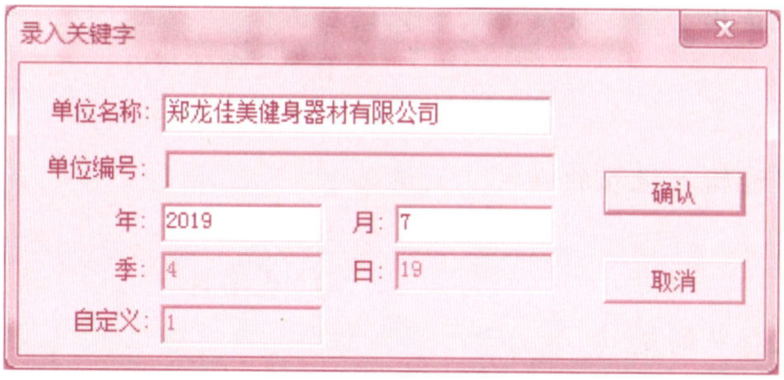

图15－23

（3）整表重算或表页重算：在“数据”状态下执行“数据”→“整表重算”命令（整个报表文件的所有表页全部重新计算数据），或“表页重算”命令（只计算当前表页的数据），生成自定义报表数据，如图15－24所示。

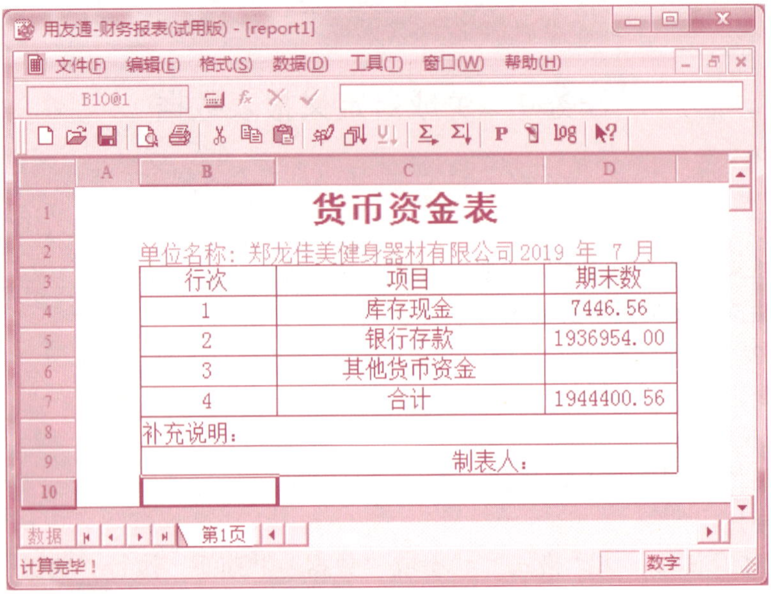

图 15－24

（4）保存报表更新：生成报表数据后或在整个报表的设计定义过程中，均可随时保存报表更新。单击文件菜单下的保存或工具栏上的“”图标保存报表格式和数据。

复习巩固

一、单项选择题

1. 报表文件的扩展名为（　　）。

A. rep　　B. lst

C. doc　　D. xls

2. 报表单元公式是用于指定报表（　　）的公式。

A. 单元取数　　B. 正确性校验

C. 舍位平衡　　D. 以上都对

3. 数据状态下只能输入报表的（　　）。

A. 格式　　B. 公式

C. 数值　　D. 表项目

4. 以下属于报表报头的是（　　）。

A. 报表标题　　B. 报表项目

C. 报表数据　　D. 补充说明

5. 报表最多允许（　　）行。

A. 99　　B. 999

C. 9 999　　D. 无限制

6. (　　) 用于在报表文件的众多表页中快速查找某一张表页，它是表页的唯一标识。
   A. 关键字　　B. 页标签
   C. 表文件名　　D. 以上都是

二、多项选择题

1. 报表单元公式的定义有 (　　　) 方式。
   A. 通过键盘直接输入　　B. 通过函数向导输入
   C. 通过外部文件调入　　D. 以上都是
2. 可作为关键字的有 (　　　)。
   A. 年　　B. 月
   C. 日　　D. 用户自定义的任意关键字
3. 单元属性包括 (　　　)。
   A. 单元类型　　B. 字体图案
   C. 对齐　　D. 框线
4. 单元类型是单元内容的类型，主要有 (　　　) 单元。
   A. 数值型　　B. 字符型
   C. 表样型　　D. 日期型
5. 以下关于区域的说法正确的有 (　　　)。
   A. 区域是由一到多个单元格组成的矩形方块
   B. 最小的区域是一个单元格
   C. 最大的区域是整张表页
   D. 区域用“起始单元格:终止单元格”来标识
6. 格式状态下可输入 (　　　)。
   A. 表格式　　B. 表数值
   C. 表公式　　D. 表项目

三、判断题

1. 报表的保存必须在生成数据之后才有效。(　　)
2. 报表数据生成中的整表重算对所有表页都有效，而表页重算则只计算其中的任意一页。(　　)
3. 组合单元可以组合多个任意的异形单元。(　　)
4. UFO 报表系统与 Excel 电子表格相似。(　　)
5. 一张表页最多允许 256 列。(　　)
6. 在定义好格式和公式的报表文件中，可利用不同关键字值获取不同会计期间的报表数据。(　　)

四、思考题

1. 尝试定义报表的审核公式。
2. 尝试定义报表的舍位平衡公式。

项目 16　调用模板生成会计报表

【知识目标】

◆ 认识 UFO 报表模板的类型
◆ 明确会计报表的结构和数据来源

【技能目标】

◆ 熟练利用模板编制资产负债表、利润表和现金流量会计报表
◆ 熟练掌握三大会计报表的格式修改和公式定义方法

【项目任务简述】

资产负债表、利润表和现金流量表等主要会计报表是财政部规定的按行业统一格式、公式、按月报送的行业会计报表。UFO 报表系统针对其固定性特点设计成了模板，用户只需要调用模板，指定关联的账套和关键字，即可生成指定会计期间的报表。同时，用户也可将自定义的会计报表添加为自定义报表模板，供快速调用生成自定义报表。具体财务报表模板处理流程如图 16 – 1 所示。

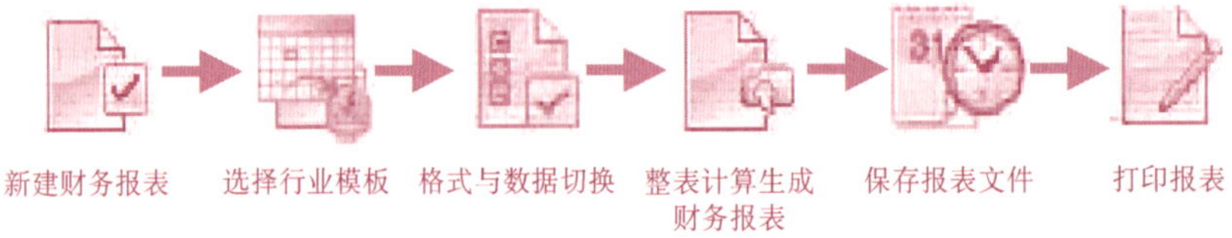

图 16 – 1

1. 项目任务分析

1.1　UFO 报表模板

1.1.1　调用报表模板

UFO 报表系统内置了各个行业的多种报表模板，用户可根据所属行业，调用相应的模板快速高效地创建出具有固定格式和公式、只缺少数据的空白会计报表。

1.1.2 生成模板报表数据

调用相应的模板之后，根据企业的核算要求修改相关内容，就可以生成报表数据。

1.1.3 自定义报表模板

UFO 报表系统不仅提供了多个行业的多种报表模板，还可由用户将自定义好格式和公式的报表增加保存为自定义报表模板，供用户在以后的报表处理中直接调用模板生成格式和公式。

1.2 定义并使用报表审核与舍位平衡公式

UFO 报表系统提供了报表审核公式和舍位平衡公式的功能。

1.2.1 审核公式

审核公式是根据报表数据之间客观存在的勾稽关系，编制的用于校验报表正确性的公式。

格式：<算术表达式> <比较运算符> <算术表达式> [MESS“审核结果报错信息”]

如：资产负债表中：资产总计 = 负债总计 + 所有者权益总计 MESS”资产不等于负债加所有者权益合计!”

1.2.2 舍位平衡公式

舍位平衡公式是指在报表需要转换货币计量单位（如将“元”转为“万元”）时，进位可能会引起原来满足的平衡关系被破坏，为此，需要编制的通过舍位来重新调整实现平衡的公式。格式为：

<单元 1> = <算术表达式 1>,

[<单元 2> = <算术表达式 2>,]

[……]

知识链接

- 每个公式进行一次舍位平衡计算，需要多次计算才能调平的，应定义多个公式，顺序是先定义最终运算结果，然后逐一往前推。
- 每个公式一行，一个公式结束用半角逗号隔开，最后一个不用逗号。
- 公式中只能使用“+”“-”符号，不能使用其他运算符号及函数。

如“原材料变动表”的数据平衡关系为：

20 570.26 = 25 440.00 + 29 330.26 - 34 200.00

若舍掉 4 位（以万元为单位），保留两位小数，上式变为：2.06 = 2.54 + 2.93 - 3.42。等式不成立！原来的平衡关系被破坏。采用舍位平衡公式调整后，系统自动将等式进行平衡调整，变为 2.05 = 2.54 + 2.93 - 3.42，等式成立！

1.3 表页的管理与输出

在 UFO 报表系统中，同一报表文件可由若干张表页组成一个三维表文件，每张表页的格式和公式都是相同的，不同的是通过不同关键字获得数据。

2. 项目任务实施

在本项目中我们要完成以下六个任务：

任务1：调用报表模板。电算化会计软件一般内置了符合会计核算要求的不同行业的会计报表模板，本任务就是通过调用系统报表模板快速生成一张格式齐全、公式完整的会计报表。

任务2：生成模板报表数据。本任务对已经生成的报表模板通过部分修改，然后输入关键字自动生成符合本企业要求的报表数据。

任务3：创建与调用自定义报表模板。如果系统内置的报表模板不能完全满足本企业的要求，可以自定义报表模板，这是报表系统的一个学习拓展。

任务4：审核公式的定义与使用。本任务利用用友 T3 系统中的审核公式对报表数据进行正确性检验，主要分两个步骤完成：定义及实施审核。

任务5：舍位平衡公式的定义与使用。这个任务是报表数据的再利用，是企业根据管理者及统计的需要对已经生成的报表进行的舍位处理，并生成新的报表。

任务6：表页管理与输出。本任务可以生成多张不同时期的报表。

任务1　调用报表模板

案例16－1

【资料】2019年7月，郑龙佳美公司开始使用会计电算化系统，调用报表模板创建资产负债表、利润表。

【任务】调用模板创建资产负债表和利润表

本次任务要求：

（1）启动 UFO 系统，新建空白报表。

（2）分别调用报表模板，创建资产负债表、利润表。

（3）保存报表文件。

【操作指导】

（1）新建空白报表：操作同自定义报表。启动 UFO 财务报表，执行“文件”→“新建”命令，或单击工具栏的“🗋”图标，新建空白报表，如图16－2所示。

图16－2

（2）调用报表模板：在“格式”状态下执行“格式”→“报表模板”命令，打开“报表模板”对话框，选择企业所属行业会计制度及报表种类（如选择资产负债表、利润表），如图 16－3 所示。

图 16－3

（3）单击“确定”按钮，弹出提示信息，如图 16－4 所示。

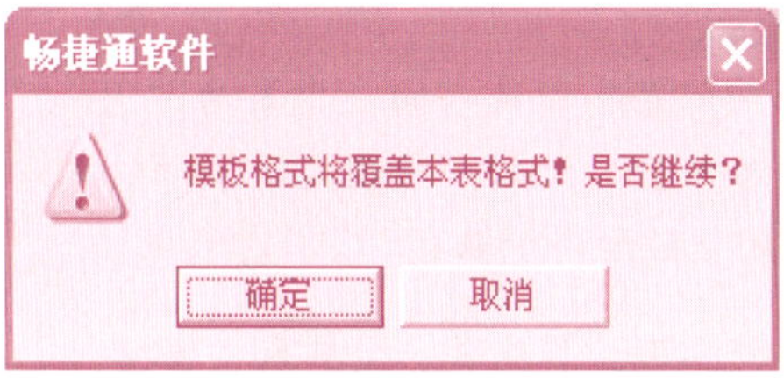

图 16－4

（4）单击“确定”按钮，将调用的报表模板格式覆盖当前的空白报表，生成所选择的报表（资产负债表、利润表）格式（含公式）。

如果选择调用的模板是资产负债表，其格式、公式和关键字项目设置均由模板按财政部规定的行业会计制度要求自动生成，如图 16－5 所示。

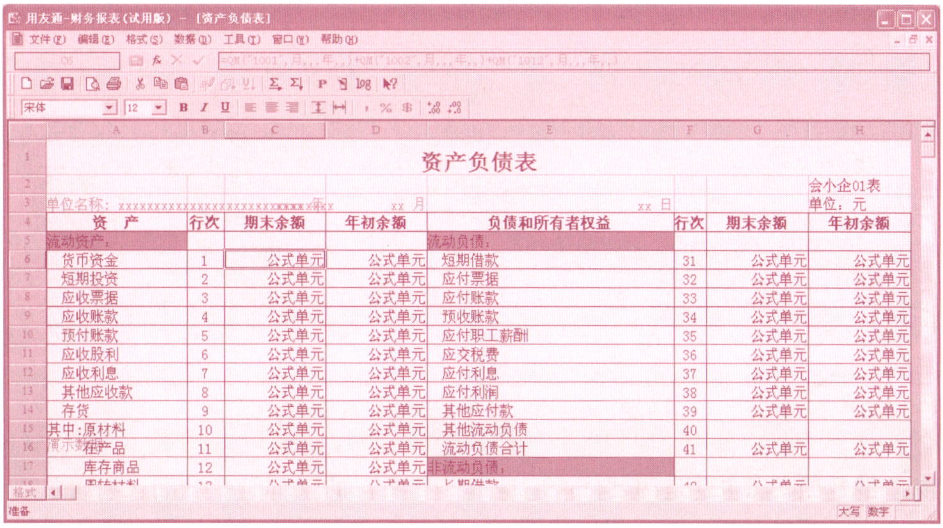

图 16－5

资产负债表的数据除各合计、小计单元格通过求和统计函数或单元加减获得外，其余主要来源于各总账、明细账的期初余额、期末余额或发生额，所以，其公式主要使用用友账务函数中的期初、期末函数，用户可以进行修改或自己重新定义。参看公式格式：

期末余额 = QM(<“科目”> <,月>[,“方向”][,账套号][,会计年度,……])

如：应收账款期末余额 C9 = QM（“1122”，月，“借”，601，年）。

年初余额 = QC(<“科目”> <,全年>[,“方向”][,账套号][,会计年度,……])

如：应付账款年初余额 H8 = QC（“2202”，全年，“贷”，601，年）

汇总单元 = PTOTAL（起点单元格:终点单元格）或 = 各汇总单元格相加

如：流动资产合计年初数 D20 = PTOTAL（D6:D14）+D19

或 D20 = D6 + D7 + D8 + D9 + D10 + D11 + D12 + D13 + D14 + D19

贴心提示：

- 资产负债表的绝大部分数据来源于各资产、负债及所有者权益账户的期初或期末余额，所以，会计科目不能缺省。
- 资产负债表的会计期间是不能缺省的（期末为“月”，年初为“全年”）。
- 资产负债表中，因各账户的性质一般决定了余额的方向，所以，公式中可以缺省方向，系统会从默认的账户余额方向中取数。

如果选择调用的模板是利润表，其格式、公式和关键字项目设置也是按财政部规定的行业会计制度要求由模板自动生成，如图 16 - 6 所示。

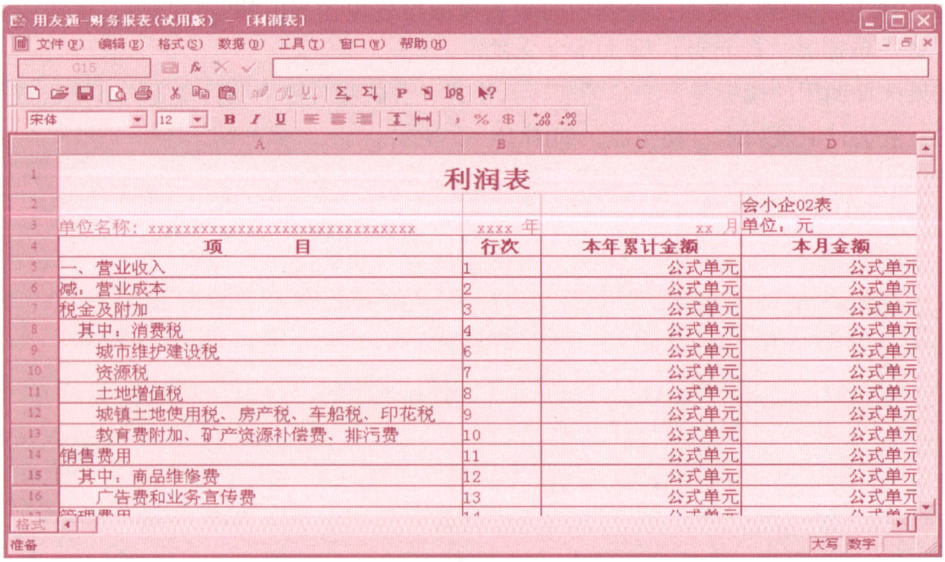

图 16 - 6

利润表的数据来源主要是两部分：一是带“利润”的（如营业利润、利润总额、净利润）三个单元，直接由相关单元相加减计算；二是其余单元公式均从用友账务函数对应的总账、明细账的累计发生额或本期发生额取数，本年累计金额栏用“累计发生额（LFS）”

函数公式、本月金额栏用“发生额（FS）”函数公式，用户如果要进行修改或自己重新定义，参看公式格式：

本年累计金额 = LFS(<“科目”> <,会计期间> <,“方向”>[,会计年度,……])

如：营业收入本年累计金额 = 营业收入总账本年累计发生额 + 其他业务收入总账本年累计发生额

公式为：C5 = LFS("5001",月,"贷") + LFS("5051",月,"贷")

本月金额 = FS(<“科目”> <,会计期间> <,“方向”>[,会计年度,……])

如：管理费用本月金额 = 管理费用总账本月发生额

公式为：D18 = FS("5602",月,"借")

贴心提示：

- 利润表公式中，会计科目、会计期间不能缺省。
- 利润表中的会计期间只有一种“月”。因为本年累计金额虽然看起来像全年数，但却是从本年的 1 月开始累计到报表月的累计数，不一定是全年数。
- 利润表因为数据来源于各损益类账户的本期发生额，所以，公式中是不能缺省取数的方向“借”或“贷”的。

案例 16 -2

【资料】2019 年 7 月，郑龙佳美公司调用报表模板创建现金流量表。

【任务】调用模板创建现金流量表

本次任务要求：调用报表模板，创建现金流量表，并保存报表文件。

【操作指导】

利用报表模板创建现金流量表的方法与上案例相同，其格式、公式和关键字项目设置也是按财政部规定的行业会计制度要求由模板自动生成，如图 16 -7 所示。

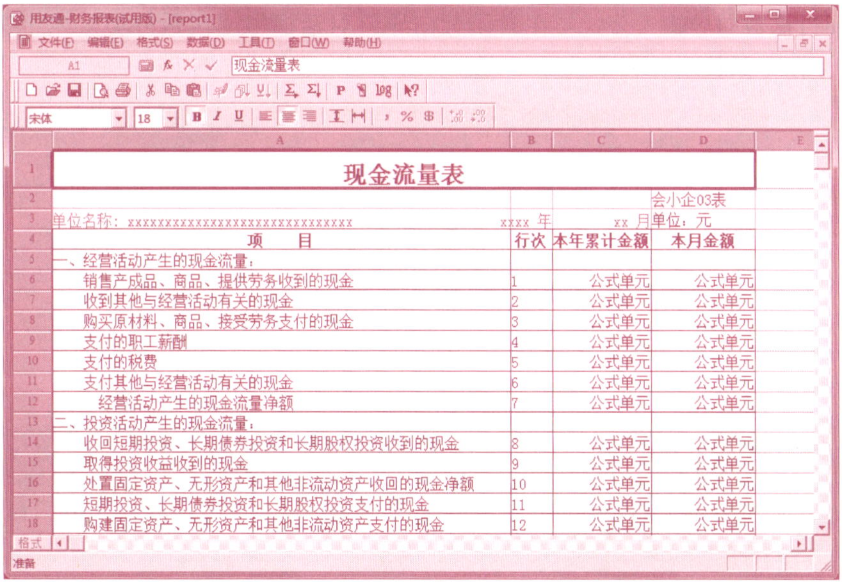

现金流量表			
			会小企03表
单位名称：xxxxxxxxxxxxxxxxxxxxxxxxxxxxxx	xxxx 年	xx 月	单位：元
项　目	行次	本年累计金额	本月金额
一、经营活动产生的现金流量：			
销售产成品、商品、提供劳务收到的现金	1	公式单元	公式单元
收到其他与经营活动有关的现金	2	公式单元	公式单元
购买原材料、商品、接受劳务支付的现金	3	公式单元	公式单元
支付的职工薪酬	4	公式单元	公式单元
支付的税费	5	公式单元	公式单元
支付其他与经营活动有关的现金	6	公式单元	公式单元
经营活动产生的现金流量净额	7	公式单元	公式单元
二、投资活动产生的现金流量：			
收回短期投资、长期债券投资和长期股权投资收到的现金	8	公式单元	公式单元
取得投资收益收到的现金	9	公式单元	公式单元
处置固定资产、无形资产和其他非流动资产收回的现金净额	10	公式单元	公式单元
短期投资、长期债券投资和长期股权投资支付的现金	11	公式单元	公式单元
购建固定资产、无形资产和其他非流动资产支付的现金	12	公式单元	公式单元

图 16 -7

现金流量表的数据来源于现金流量项目核算数据。主要是两部分：一是带“净额”的（如经营活动产生的现金流量净额、投资活动产生的现金流量净额、筹资活动产生的现金流量净额和现金净增加额）四个单元，直接由相关单元相加减计算；二是其余单元均用用友账务函数的“现金流量项目金额（XJLL）”函数公式，从对应核算项目中取数，用户如果要进行修改或自己重新定义，参看公式格式：

现金流量项目金额 = XJLL([〈起始日期〉,〈截止日期〉],〈方向〉,〈项目编码〉,[〈账套号〉],[〈会计年度〉],[〈是否包含未记账〉],[〈会计期间〉])

如：销售产成品、商品、提供劳务收到的现金本年累计金额 = 现金流量项目中“销售产成品、商品、提供劳务收到的现金”本年累计金额

公式为：C6 = XJLL(,,"借","01",,,"y",全年)

如：偿还借款本金支付的现金本月金额 = 现金流量项目中“偿还借款本金支付的现金”本月金额

公式为：D23 = XJLL(,,"贷","15",,,"y",月)

其中：“销售产品、商品、提供劳务收到的现金”的项目编码为“01”；“偿还借款本金支付的现金”的项目编码为“15”；“y”表示取数公式中包含未记账凭证中的现金流量项目金额。

用户可以直接输入公式，也可以利用函数向导输入公式。方法如下：

（1）在“定义公式”对话框中直接通过键盘输入公式，如图 16－8 所示。

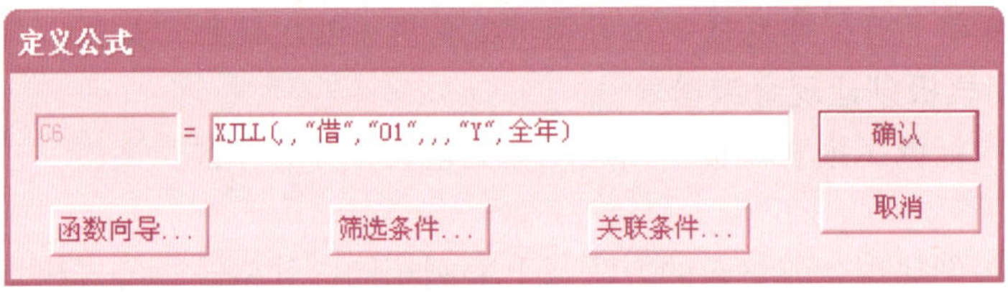

图 16－8

（2）通过函数向导输入公式：在“函数向导”对话框中“函数分类”栏中选择“用友账务函数”，在“函数名”栏中选择“现金流量项目金额”，如图 16－9 所示。

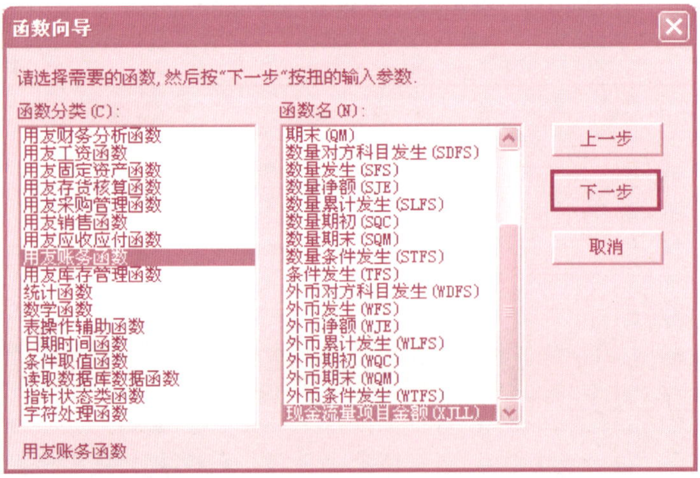

图 16－9

（3）单击“下一步”按钮，打开“用友账务函数”对话框，如图16－10所示。

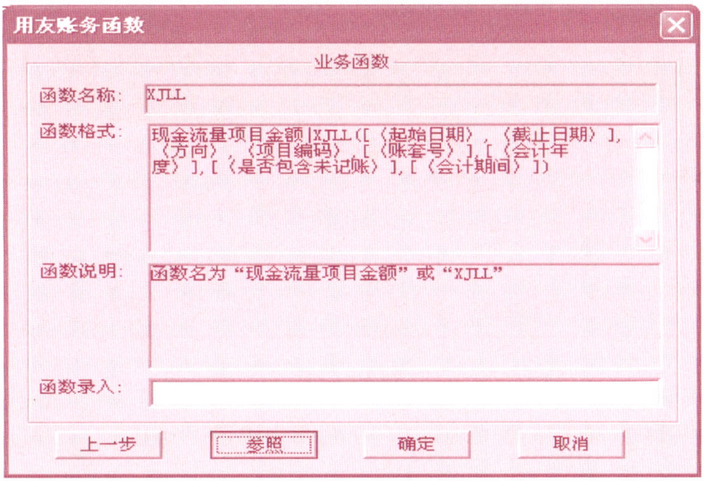

图16－10

（4）单击“参照”按钮，在“账务函数”对话框中分别选择“会计期间”（如为本年累计选“全年”，如为本月金额选“月”），如图16－11所示。

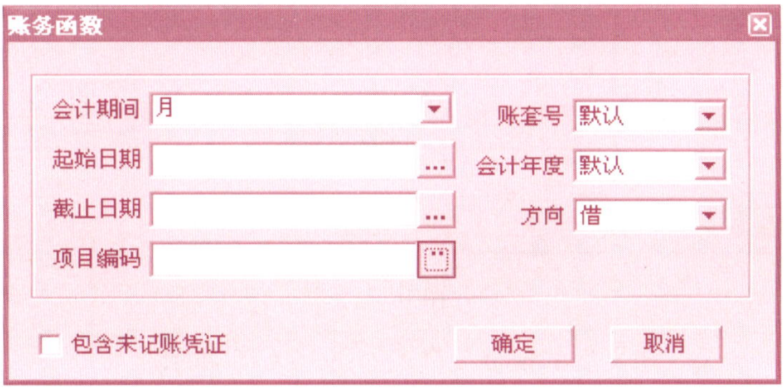

图16－11

（5）单击“项目编码”框后的“…”按钮，打开“参照”对话框，如图16－12所示，在左边选项目分类（如“筹资活动”），在右边双击选择取数的项目目录（如“偿还借款本金支付的现金”）。

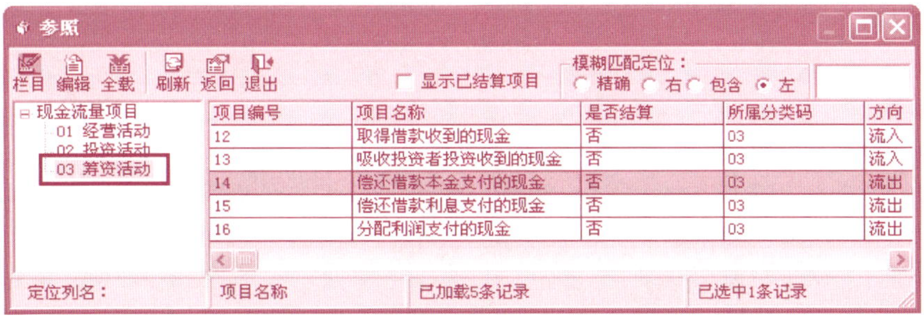

图16－12

（6）在“账务函数”对话框中进一步选择：方向（如“贷”）、“☑包含未记账凭证”等，单击“确定”按钮，如图 16－13 所示。

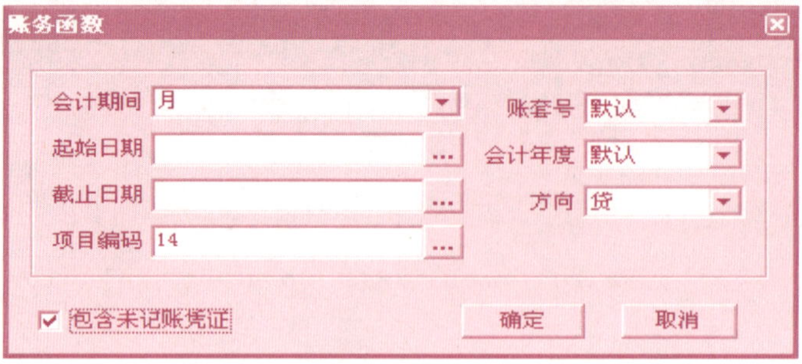

图 16－13

（7）在图 16－14 左图中单击“确定”，在右图中单击“确认”。

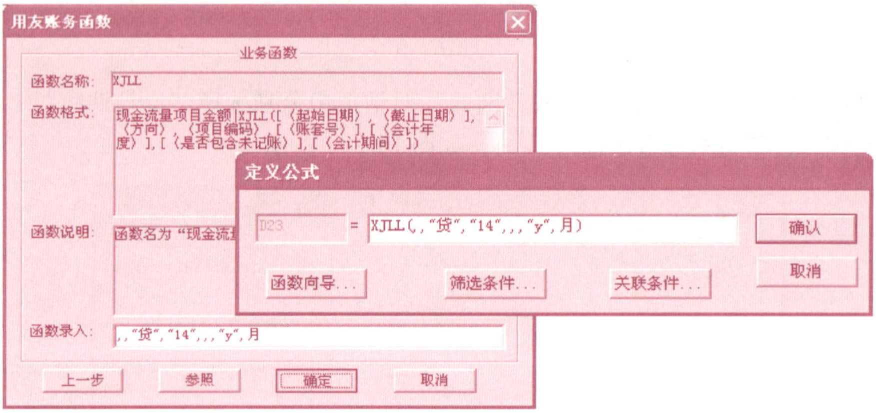

图 16－14

（8）完成格式、公式定义后的现金流量表如图 16－15 所示。

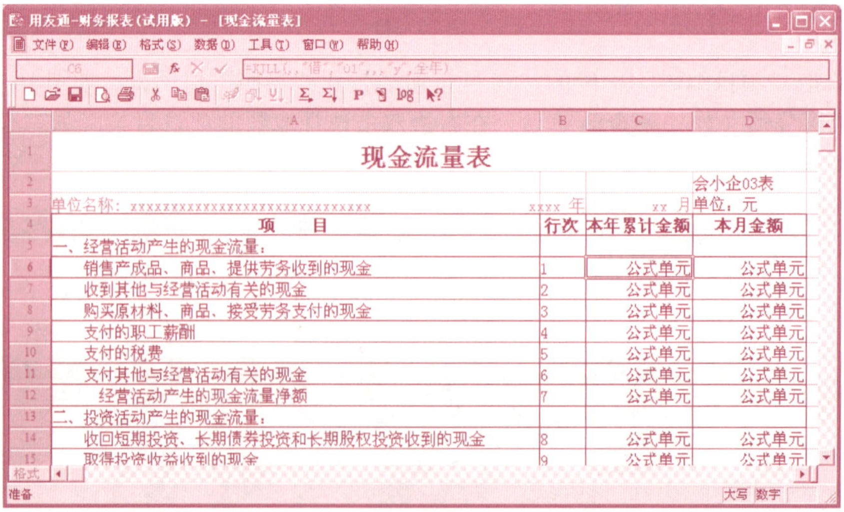

图 16－15

（9）保存报表文件：执行“文件”→“保存”或“另存为”命令，或单击工具栏上的“🖫”图标，选择保存的路径，输入报表文件名，单击“保存”按钮，如图16－16所示。

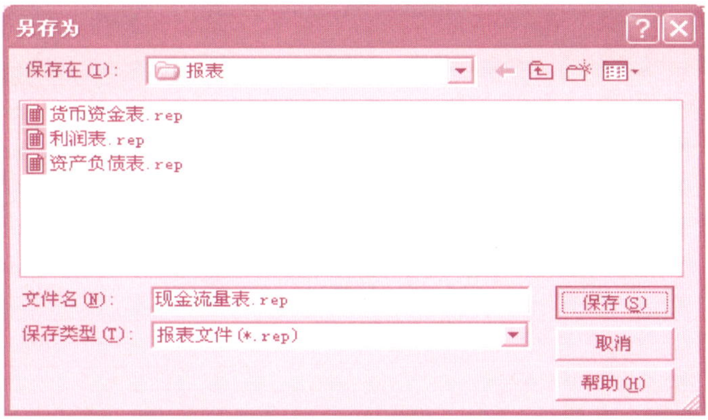

图16－16

任务2 生成模板报表数据

案例16－3

【资料】每月月末，郑龙佳美健身器材有限公司使用调用的模板资产负债表、利润表和现金流量表生成报表数据。

【任务】生成三大模板报表数据

本次任务要求：

（1）设置报表关联账套。

（2）录入关键字。

（3）生成资产负债表、利润表和现金流量表数据。

【操作指导】

各环节操作与自定义报表的生成操作完全相同。

（1）设置账套初始：在“格式”状态或“数据”状态下执行“数据”→“账套初始”命令，选择或输入账套号和会计年度。

（2）录入关键字：在“数据”状态下执行“数据”→“关键字”→“录入”命令，录入用于标识本期报表的关键字，如录入单位名称、年、月等关键字。

（3）整表重算或表页重算：具体操作同自定义报表，选择“整表重算”或“表页重算”命令后，系统自动生成报表数据，如图16－17所示。

现金流量表

会小企03表

单位名称：郑龙佳美健身器材有限公司　　2019 年　7 月　单位：元

项目	行次	本年累计金额	本月金额
一、经营活动产生的现金流量：			
销售产成品、商品、提供劳务收到的现金	1	160234.00	160234.00
收到其他与经营活动有关的现金	2	6390.00	6390.00
购买原材料、商品、接受劳务支付的现金	3	33222.00	33222.00
支付的职工薪酬	4		
支付的税费	5		
支付其他与经营活动有关的现金	6	12050.00	12050.00
经营活动产生的现金流量净额	7	121352.00	121352.00
二、投资活动产生的现金流量：			
收回短期投资、长期债券投资和长期股权投资收到的现金	8		
取得投资收益收到的现金	9		
处置固定资产、无形资产和其他非流动资产收回的现金净额	10		
短期投资、长期债券投资和长期股权投资支付的现金	11		
购建固定资产、无形资产和其他非流动资产支付的现金	12	9266.00	9266.00
投资活动产生的现金流量净额	13	-9266.00	-9266.00
三、筹资活动产生的现金流量：			
取得借款收到的现金	14		
吸收投资者投资收到的现金	15	1374320.00	1374320.00
偿还借款本金支付的现金	16		
偿还借款利息支付的现金	17		
分配利润支付的现金	18		
筹资活动产生的现金流量净额	19	1374320.00	1374320.00
四、现金净增加额	20	1486406.00	1486406.00

图 16－17

（4）保存报表更新。

任务3　创建与调用自定义报表模板

案例 16－4

【资料】2019 年 7 月 31 日，郑龙佳美公司账套主管将自定义好格式和公式的“货币资金表”增加为自定义报表模板。

2019 年 8 月 31 日，账套主管直接调用上月创建的自定义“货币资金表”模板，生成自定义报表数据。

【任务】创建与调用自定义报表模板

本次任务要求：

（1）打开自定义报表文件“货币资金表.rep”。

（2）增加自定义模板。

（3）调用自定义货币资金表模板，生成 8 月份数据。

【操作指导】

（1）打开自定义报表：启动 UFO 报表系统，执行“文件”→“打开”命令，或单击工具栏的“🗁”图标，选择打开“货币资金表.rep”文件。

（2）添加自定义模板：在“格式”状态下执行“格式”→“自定义模板”命令，打开“自定义模板”对话框，如图 16－18 所示。

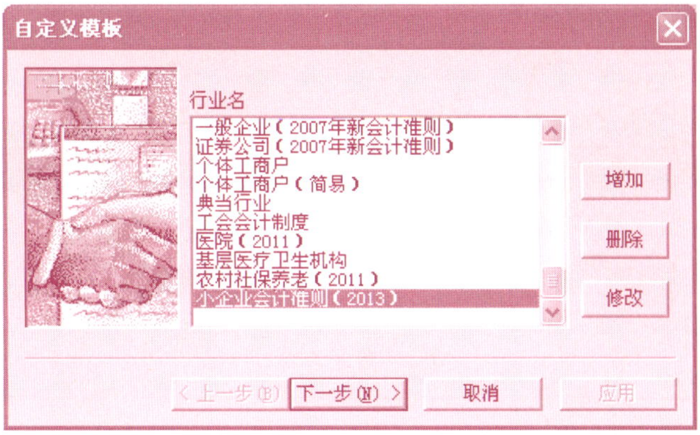

图 16－18

（3）选择企业所属的行业，如小企业会计准则（2013），单击“下一步”按钮，如图16－19所示。

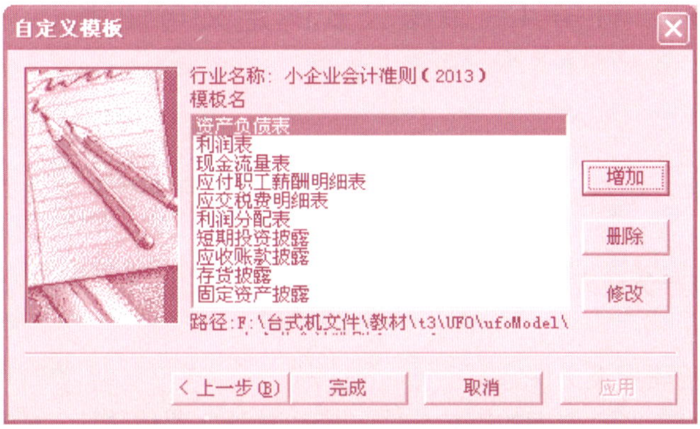

图 16－19

（4）单击“增加”按钮，系统弹出“添加模板”对话框，如图16－20所示。

图 16－20

（5）选择“货币资金表”，单击“添加”按钮，对话框中显示出新增加的自定义模板名，如图16－21所示，单击“完成”按钮。

图 16－21

（6）调用自定义报表模板：具体操作同报表模板。

任务 4　审核公式的定义与使用

案例 16－5

【资料】2019 年 7 月 1 日，郑龙佳美健身器材有限公司账套主管定义了资产负债表的审核公式，并于期末生成报表数据后进行审核校验。

【任务】定义资产负债表审核公式并校验

本次任务要求：

（1）打开资产负债报表文件。

（2）定义并保存资产负债表的审核公式（资产总计＝负债总计＋所有者权益总计）。

（3）进行审核资产负债表的正确性校验。

【操作指导】

（1）打开报表：启动 UFO 报表系统，打开"资产负债表.rep"。

（2）定义审核公式：在格式状态下执行"编辑"→"编辑公式"→"审核公式"命令，如图 16－22 所示。

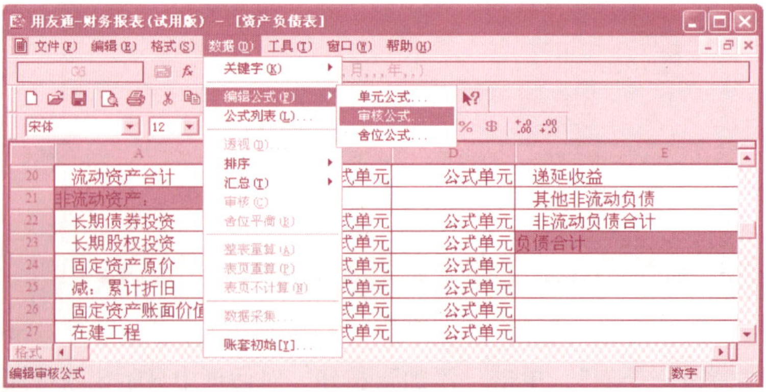

图 16－22

在“审核公式”对话框的“审核关系”框中输入审核公式，如图16－23所示，单击“确定”按钮。

图16－23

（3）审核报表：在“数据”状态下执行“编辑”→“审核”命令，如报表有错则弹出公式中MESS紧跟的报错信息，如图16－24所示。

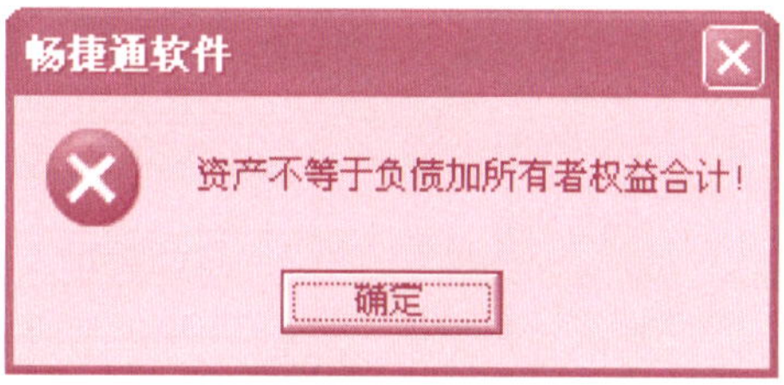

图16－24

如MESS缺省，则报错信息由系统自动生成如图16－25所示的报错信息。

图16－25

任务5 舍位平衡公式的定义与使用

案例16－6

【资料】2019年7月1日，郑龙佳美健身器材有限公司账套主管定义了“货币资金表”的万位舍位公式，并于期末通过舍位平衡转换生成万位舍位报表数据。

【任务】定义并使用舍位平衡公式

本次任务要求：

(1) 打开“货币资金表”报表文件。

(2) 定义并保存“货币资金表万位舍位表”及公式。

(3) 进行舍位平衡，转换“货币资金表”为“货币资金表万位舍位表”。

【操作指导】

(1) 打开报表：启动 UFO 报表系统，打开“货币资金表.rep”。

(2) 定义舍位公式：在格式状态下执行“数据”→“编辑公式”→“舍位公式”命令，如图 16－26 所示。

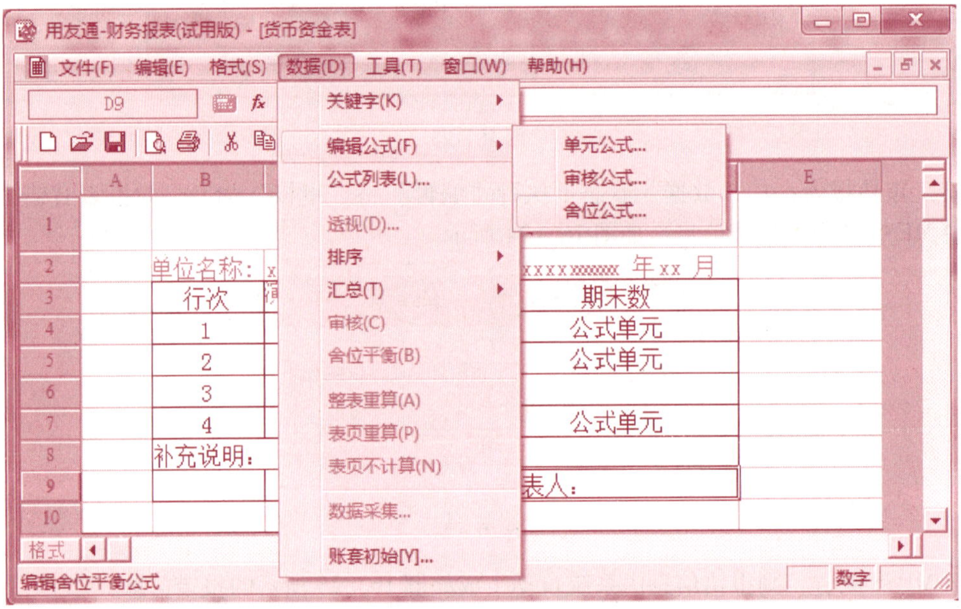

图 16－26

在“舍位平衡公式”对话框中依次定义：舍位表名、舍位范围、舍位位数、平衡公式，如图 16－27 所示，单击“完成”按钮。

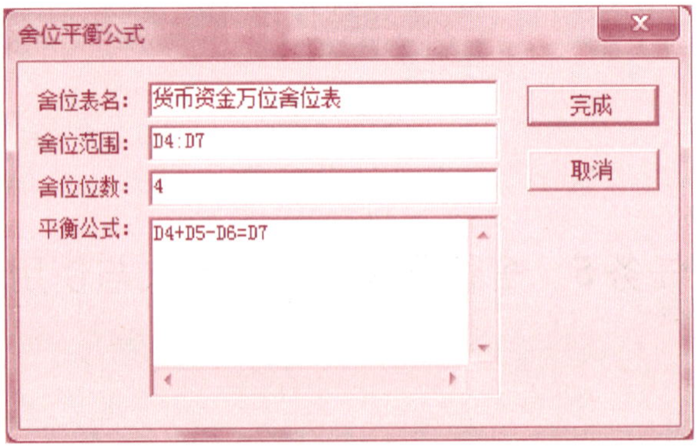

图 16－27

（3）生成舍位平衡新报表：在数据状态下执行“数据”→“舍位平衡”命令，系统自动生成舍位平衡新表及舍位后的数据，如图 16－28 所示。

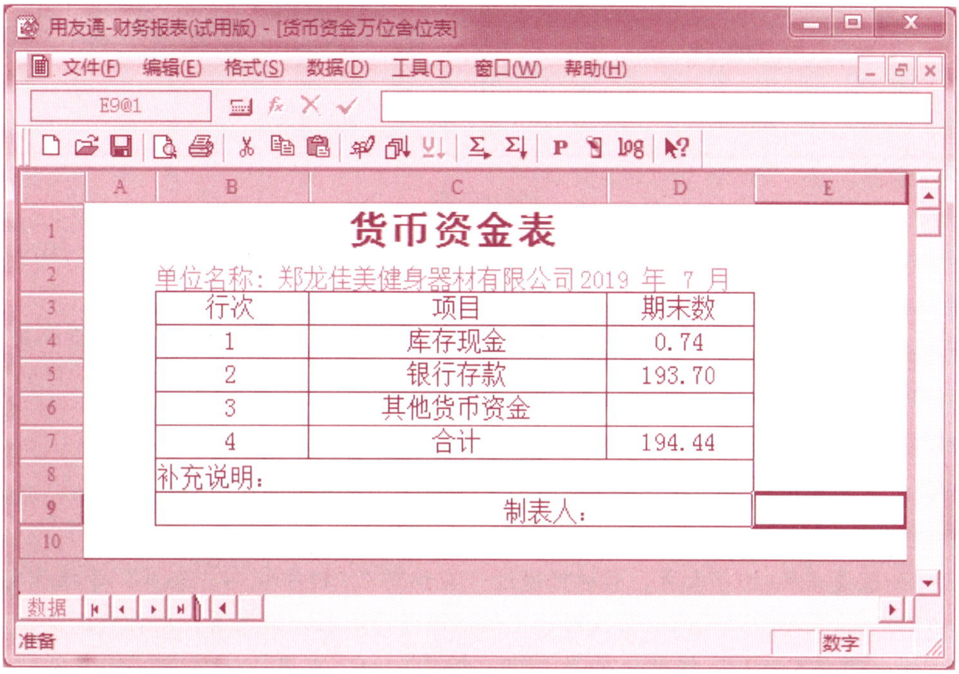

图 16－28

任务 6　表页管理与输出

案例 16－7

【资料】 2019 年 8 月 1 日，郑龙佳美健身器材有限公司账套主管打开资产负债表，在其中插入两张表页，第一张生成 8 月份数据。

【任务】添加新表页

本次任务要求：

（1）打开“资产负债表”报表文件。

（2）添加新表页。

（3）录入新表页的关键字。

（4）生成新表页数据。

【操作指导】

（1）打开报表文件：启动 UFO 报表系统，打开“资产负债表 . rep”文件。

（2）添加新表页：在“数据”状态下执行“编辑”→“插入”命令，或“追加”→“表页”命令，如图 16－29 所示，在对话框中选择或输入要添加的表页数，单击“确认”

按钮。

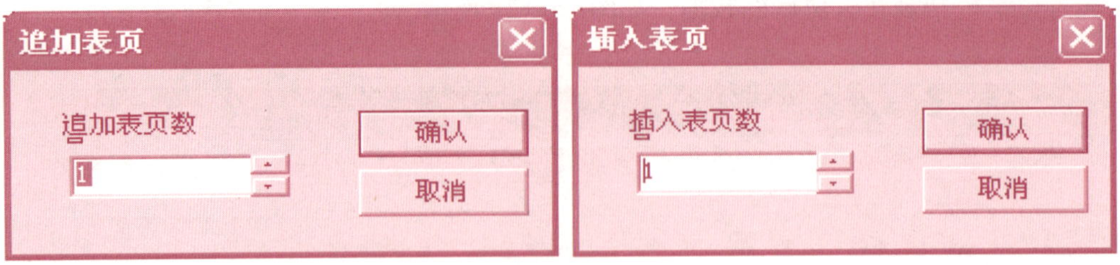

图 16－29

（3）录入新表页关键字：选择打开新添加的第 1 张表页，录入关键字（2019 年、8 月）。

（4）表页重算：在新表页中执行“表页重算”命令，生成新表页（8 月份资产负债表）数据。

贴心提示：

● 如果要删除表页，也可参照添加表页的方法，在数据状态下通过“编辑”菜单下的“删除”→“表页”，输入或选择删除条件后实现。

● 如果要交换/排序表页，同样可通过“交换”/“排序”→“表页”等操作实现。

● 同一报表不同时期的表页或同一单位不同部门的同一张表页，均进行汇总生成一个新的汇总报表文件。“数据”菜单下的“汇总”→“表页”→选择“汇总到新的报表”→输入新汇总表名。

案例 16－8

【资料】 2019 年 8 月 30 日，郑龙佳美健身器材有限公司账套主管查询并打印输出 7 月份数据。

【任务】查询、打印输出表页

本次任务要求：

（1）打开“资产负债表”报表文件。

（2）查询并打印输出 7 月份表页。

（3）数据透视生成数据透视表，保存于原文件中。

【操作指导】

（1）打开报表文件：启动 UFO 报表系统，打开“资产负债表 . rep”文件。

（2）查询表页：在“数据”状态下执行“编辑”→“查找”命令，选择或输入查找条件。

（3）打印表页：执行“文件”→“页面设置”命令，设置报表纸张页面；执行“文件”→“打印设置”命令，设置打印机和打印方式；执行“文件”→“打印预览”命令，查看打印效果；执行“文件”→“打印”命令，按设定的要求输出表页。

（4）生成数据透视表：执行“数据”→“透视”命令，在图 16－30 所示的对话框中输入设置透视区域范围和透视的列字符串，单击“确定”按钮，再单击“保存”按钮保存文件。

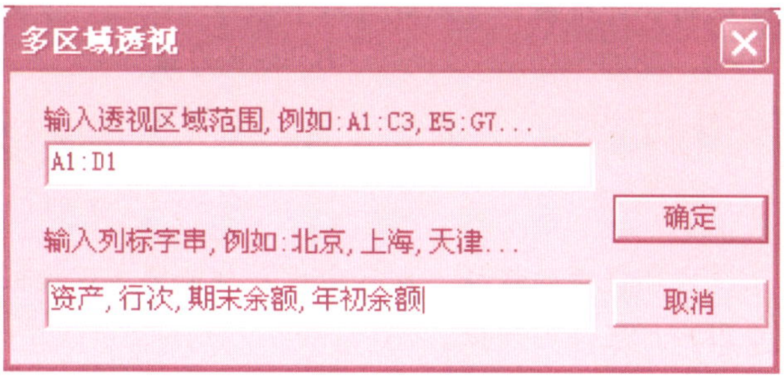

图 16－30

复习巩固

一、单项选择题

1. 插入表页需要在（　　）进行。

A. 格式状态下　　B. 数据状态下
C. 字符状态下　　D. 表样状态下

2. 一组关键字能标识（　　）。

A. 一张表页　　B. 二张表页
C. 多张表页　　D. 不能标识表页

3. 现金流量表除净额、增加额、余额等汇总计算的单元格外，其余均使用（　　）函数公式。

A. QC　　B. QM
C. XJLL　　D. 以上都不是

4. 现金流量表的本年累计数栏的单元公式中，会计期间参数必须用（　　）。

A. 月　　B. 年
C. 本年　　D. 全年

二、多项选择题

1. 通过调用报表模板生成的报表，必须（　　　）才能生成报表数据。

A. 定义账套初始数据　　B. 设置关键字
C. 设置关键字偏移　　D. 录入关键字

2. 区分同一报表不同时期的数据的标识是（　　　）。

A. 单位名称　　B. 关键字“年”
C. 关键字“月”　　D. 页标

3. 可进行表页数据汇总的有（　　　）。

A. 同一报表不同时期的表页　　B. 同一单位不同部门的同一张表页

C. 不同报表同一时间的表页　　　　D. 不同单位同一部分的同一张表页

4. 调用报表模板生成的会计报表，可以进行以下操作（　　）。

A. 格式修改　　　　B. 公式修改

C. 数据重算　　　　D. 整表重算

三、判断题

1. 报表模板既有系统内部提供的模板，也可由用户自定义生成模板。（　）
2. 现金流量表属于用户自定义的模板。（　）
3. 报表模板是一个没有数据的空表。（　）
4. 通过调用模板生成的报表，只有格式没有公式。（　）
5. 通过“查找”和通过数据“透视”都可查找显示多张表页。（　）

四、思考题

1. 如何删除一张空白的表页？
2. 如何交换/排序10、11月份的表页？
3. 如何汇总10、11月份的表页数据？

模块 9

财务分析系统

项目 17　财务分析系统初始设置

【知识目标】

- ◆ 了解财务分析的作用及分析依据
- ◆ 掌握企业常用的财务分析方法
- ◆ 重点理解财务比率指标的计算公式和内在含义
- ◆ 熟悉财务分析系统的工作流程
- ◆ 掌握财务分析系统初始基本操作

【技能目标】

- ◆ 理解财务分析方法
- ◆ 把握每个财务比率指标的本质内涵
- ◆ 掌握财务分析系统初始中基本项目、报表初始、指标初始、预算初始、现金收支、产品毛利率、项目毛利率等设置操作

【项目任务简述】

会计工作不是简单的每月记账、算账、提供会计报表，而是在此基础上对形成的会计数据进行分析，为单位经济管理提供有用的会计信息，帮助决策层做出正确决策，促使单位更

好发展。该项目根据财务分析需要为运用财务分析方法做初始设置，利于对财务数据作进一步的加工、整理、分析和研究。

1. 项目任务分析

1.1 认识财务分析

1.1.1 财务分析概念

财务分析是财务管理的重要组成部分，是利用已有的财务数据对企业过去的财务状况、经营成果及未来前景的一种评价，是财务数据真正的价值体现。

1.1.2 财务分析的作用

- 评价过去的经营业绩；
- 衡量现在的财务状况；
- 预测未来的发展趋势。

1.2 财务分析常用的方法

1.2.1 比率分析法

通过计算经济指标的比率来确定经济活动变动程度的分析方法，它是财务分析的核心内容，具体分析指标如表 17 -1 所示。

表 17 -1　　基本财务指标比率公式一览表

类型	名称	单位	计算公式
偿债能力指标	流动比率		=流动资产/流动负债
	速动比率		=速动资产/流动资产
	现金比率		=现金/流动负债
	资产负债率		=负债总额/资产总额
	产权比率		=负债总额/所有者权益
营运能力指标	应收账款周转率	次	=赊销收入净额/应收账款平均余额
	存货周转率	次	=销货成本/存货平均余额
	流动资产周转率	次	=销售收入净额/流动资产平均余额
	固定资产周转率	次	=销售收入净额/固定资产平均余额
	总资产周转率	I	=销售收入净额/资产平均余额
盈利能力指标	销售净利率		=净利润/销售收入净额×100%
	主营成本利润率		=主营业务利润/主营业务成本×100%
	总资产报酬率		=利润总额/资产平均余额×100%
	权益利润率		=净利润/所有者权益平均余额×100%

贴心提示：

- 速动资产 = 流动资产 - 存货 - 待摊费用
- 现金 = 现金 + 现金等价物
- 流动比率为 2:1 比较合适，速动比率一般保持在 1:1 较为合适
- 平均余额 = （期初 + 期末）/2

1.2.2 比较分析法

比较分析法是通过经济指标间数量上的比较，揭示各经济指标间的数量关系和数量差异的一种方法。如实际指标与计划指标比较、本期指标与上期指标或历史最好水平比较、本单位指标与国内外现金单位指标比较，可以绝对值指标比较和相对值指标比较。

运用比较分析法对同一性质指标进行数量比较时，要注意所利用指标的可比性，比较双方的指标在内容、时间、计算方法、计价标准上口径应当一致，必要时，对所用的指标可按同一口径进行调整换算。

1.2.3 结构百分比分析法

把资产负债表或利润表换算成结构百分比会计报表，然后将不同项目对总项目（资产负债表常用资产总额，利润表常用收入总额）逐项比较，查明某一特定项目在同一年度内占总项目比例的大小。

1.2.4 综合分析

在综合分析方法中，最著名的是由美国杜邦公司经理创造的**杜邦系统**，它是由权益利润率、资产利润率、权益乘数、销售利润率、总资产周转率等比率和相关财务会计报表数据构成的一个有机整体信息分析系统，如图17－1所示。

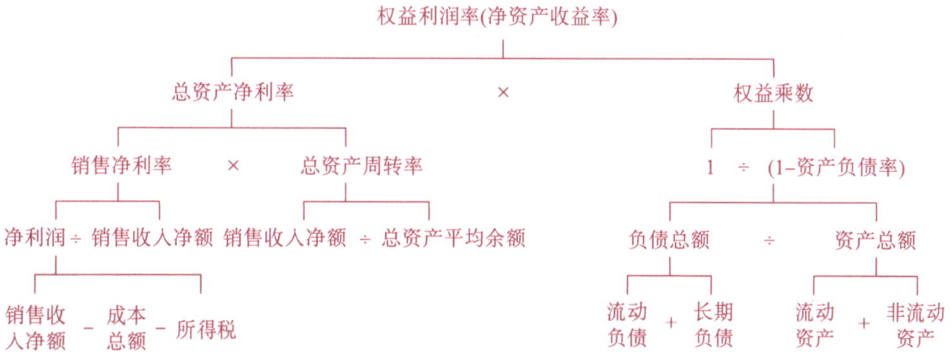

图17－1 杜邦综合分析系统

1.3 财务分析系统的工作流程

财务分析系统的工作流程如图17－2所示。

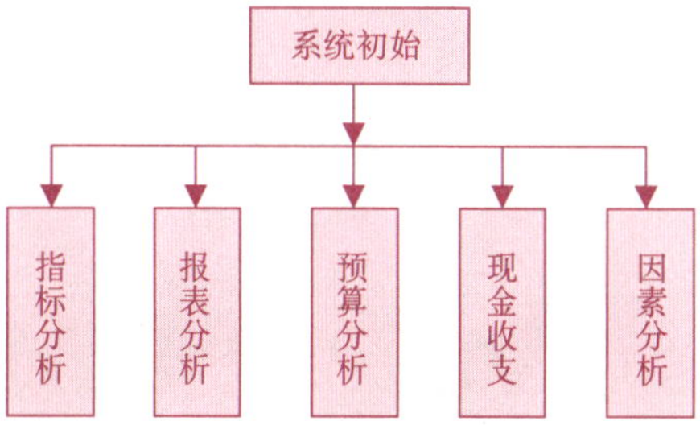

图17－2

2. 项目任务实施

在本项目中我们要完成以下三个任务：

任务1：基本项目初始设置。本任务是要了解财务分析系统内置的基本项目的内容，学会追加、删除和修改等对基本项目的进一步操作，以完善财务分析系统。

任务2：报表初始设置。本任务对财务分析系统的报表初始进行进一步的调整，以满足财务管理的需要。

任务3：指标初始设置。本任务学习财务分析指标的设置方法，便于进行财务指标分析。

任务1　基本项目初始设置

【基本项目定义】

财务分析系统已预置了进行分析需要的一部分内容，如预置了一些基本项目和其科目编码，用于产品毛利率和现金收支分析。我们根据企业财务分析工作的特点，可以重新定义和修改编码。

【操作指导】

(1) 由账套主管李芳在财务分析主界面单击“系统初始”菜单前“+”，屏幕显示下一级菜单，如图17-3所示。

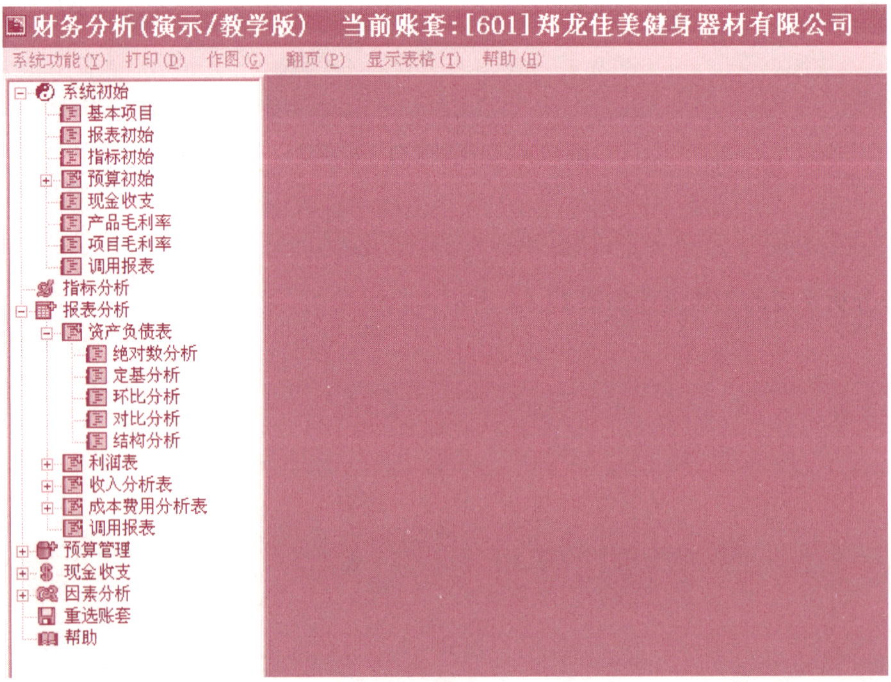

图17-3

（2）双击“基本项目”，弹出“基本项目”对话框，如图 17－4 所示。

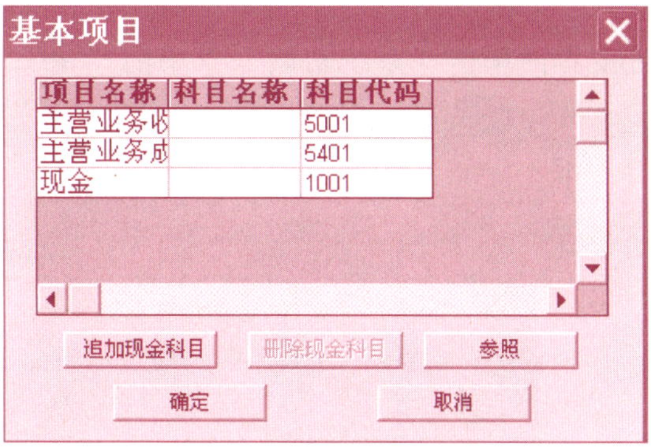

图 17－4

（3）在“基本项目”对话框中，单击“追加现金科目”按钮，弹出“选择现金科目”对话框，在其中依次选中需要增加的“银行存款”和“其他货币资金”即可，如图 17－5 所示。

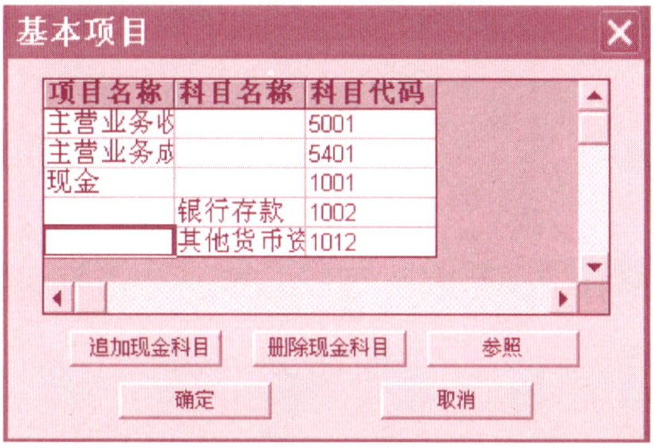

图 17－5

（4）删除现金科目时，先选中需要删除的科目，再单击“删除现金科目”即可。

贴心提示：

- 只能录入一级科目代码。
- 产品销售收入、产品销售成本科目不能增加或删除，但科目代码可以缺省。
- 现金科目一般指广义的现金，包括库存现金、银行存款、其他货币资金等一级借方科目。

任务 2　报表初始设置

【报表初始】

财务分析系统已预置了资产负债表、利润表、收入支出表等各项目的取数科目及计算方法，我们可以根据企业的实际情况，调整各项目的取数科目及计算方法。

【操作指导】

（1）在财务分析系统主界面单击“系统初始”菜单前“+”，屏幕显示下一级菜单，如图 17－6 所示。

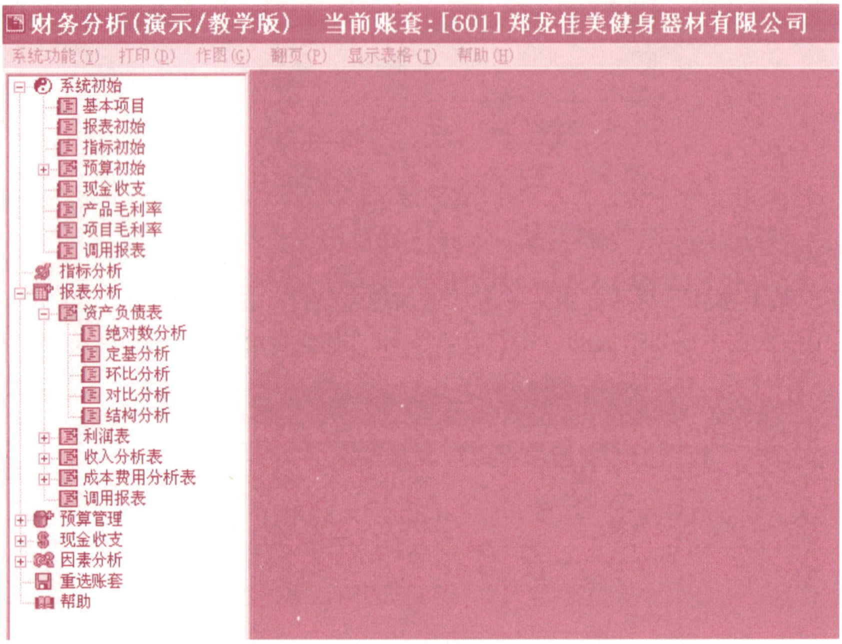

图 17－6

（2）双击“报表初始”，弹出“报表对话框”，如图 17－7、图 17－8 所示。

图 17－7

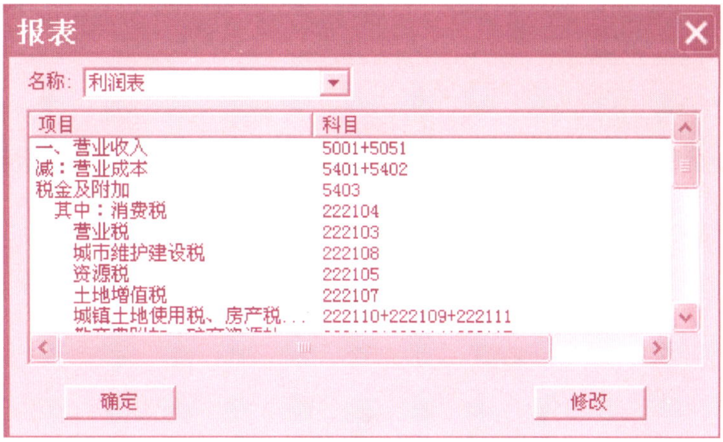

图 17－8

贴心提示：

- 在“名称”框中可以选择“资产负债表”或“利润表”“收入支出表”，相应的内容显示在对话框中。
- 报表的项目不能修改，但可以修改部分项目的取数公式。
- 产品销售收入、产品销售成本科目不能增加或删除，但科目代码可以缺省。
- 现金科目一般指广义的现金，包括库存现金、银行存款、其他货币资金等一级借方科目。

（3）修改完毕后，单击“确定”按钮，回到“报表”对话框，修改过的公式显示在相应项目的右侧。

任务3 指标初始设置

【指标初始】

财务分析系统提供财政部制定的评价单位经济效益的指标体系7类共22项基本财务指标分析。

【操作指导】

（1）在财务分析系统主界面单击“系统初始”菜单前“＋”，屏幕显示下一级菜单，双击“指标初始”，弹出“指标对话框”，如图17－9所示。

（2）当要选定某一指标时，单击该指标名称，则系统在该指标名称前打勾，表示被选中。再次单击该指标时，前面的勾消失，表示不对它进行分析（在进行指标分析时，将对选定指标进行分析，对没有选定的指标不分析）。

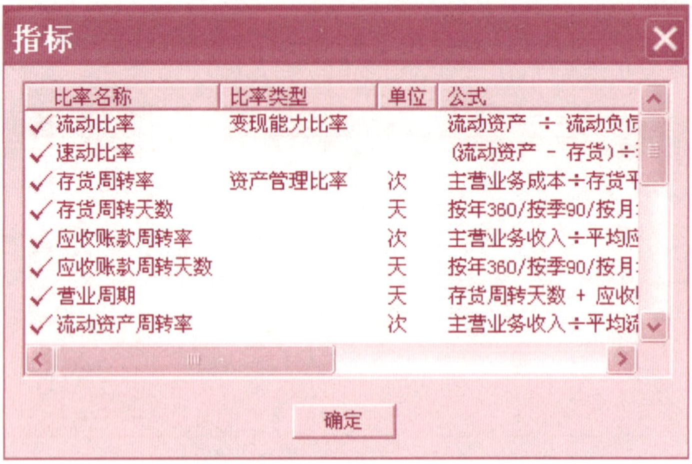

图 17－9

（3）选择完成后，单击“确定”按钮。

贴心提示：

比率类型、比率名称、单位、公式都不能修改。

复习巩固

1. 利用资产负债表和利润表（详见项目 18）数据计算公司速动比率、流动比率等各项财务比率指标。

2. 对公司偿债能力、营运能力和赢利能力进行分析。

3. 理解杜邦分析系统各指标之间的内在联系。

项目 18　财务分析系统日常操作

【知识目标】

◆ 利用财务分析系统进行财务指标分析

◆ 利用财务分析系统进行报表数据分析

◆ 能够对资产负债表、利润表、收入分析表、成本费用分析表绝对数分析、定基分析、

环比分析、结构分析结果做出正确评价

◆ 了解财务分析系统预算管理、现金收支等其他功能

【技能目标】

◆ 在理解财务报表数据，准确把握每个财务比率指标本质内涵的基础上，根据管理需要利用财务分析系统进行指标分析、报表分析，并能够对分析的结果进行正确评价，针对管理存在问题提出合理化建议

【项目任务简述】

该项目在财务分析系统初始化的基础上，运用专门的分析方法对已生成的会计报表数据进行加工、分析，借以评价企业的盈利能力、偿债能力、资源利用效率，预测企业未来的盈余与风险。

1. 项目任务分析

1.1 变现能力比率分析

1.1.1 流动比率

流动比率表示每元流动负债有多少元的流动资产作为偿付担保。它既反映了短期债权人债权的安全程度，又反映了企业营运资本的能力。一般认为，流动比率为2:1对于企业是比较合适的。

1.1.2 速动比率

速动比率是企业速动资产与流动负债的比率。这一比率用以衡量企业流动资产中可以立即用于偿付流动负债的能力。一般认为，速动比率1:1较为合适。它表明企业的每一元短期负债，都有一元易于变现的资产作为抵偿。

1.1.3 现金比率

现金比率是企业现金类资产与流动负债的比率。这一比率不能过高，否则就意味着企业流动负债未能得到合理运用，经常以获利能力低的现金类资产保持着，这样会导致企业机会成本增加。

1.2 资产管理比率分析

1.2.1 存货周转率

反映企业销售能力和流动资产流动性的一个综合性指标，也是衡量企业生产经营各环节中存货运营效率的一个综合性指标。

1.2.2 应收账款周转率

它是反映应收账款周转速度的指标。应收账款周转率反映了企业应收账款变现速度的快慢及管理效率的高低，周转率越高，反映收账速度越快，偿债能力越强，从而可以最大限度地减少坏账损失，相对增加企业流动资产的投资收益。

1.2.3 流动资产周转率

流动资产周转率是反映企业流动资产周转速度的指标。在一定时间内，流动资产周转次数越多，表明以相同的流动资产完成的周转额越多，流动资产利用效果越好；周转天数越短，表明流动资产在经历生产和销售各阶段所有的时间越短。

1.2.4 总资产周转率

总资产周转率是反映总资产周转情况的指标。它是企业销售收入净额与资产平均总额的比率。这一指标可用来分析企业全部资产的使用效率。如果这个比率较低，则说明企业利用全部资产进行经营的效率较差，最终会影响企业总资产的利用程度。

1.3 负债比率分析

1.3.1 资产负债率

资产负债率表明企业资产总额中，债权人提供资金所占的比重，以及企业资产对债权人权益的保障程度。这一比率越小，表明企业的偿债能力越强。

1.3.2 产权比率

产权比率反映企业所有者权益对债权人权益的保障程度。这一比率越低，表明企业的长期偿债能力越强，债权人权益的保障程度越高，承担的风险越小，但企业不能充分发挥负债的杠杆效应。

1.4 盈利比率分析

1.4.1 主营业务利润率

该项比率越高，表明企业为社会创造新价值越多，贡献越大，也反映企业在增产的同时，为企业多创造利润，实现了增产增收。

1.4.2 成本利润率

它是反映企业生产经营过程中发生的耗费与获得的收益之间关系的指标。该指标越高，表明企业耗费所取得的收益越高。

1.4.3 总资产利润率

它是反映企业利润总额与企业资产平均总额的比率。是反映资产综合利用效果的指标，也是衡量企业利用债权人和所有者权益的总额所取得盈利的重要指标。这一比率越高，表明资产利用的效果越好，整个企业获利能力越强，经营水平越高。资产平均总额为年初资产总额与年末资产总额的平均数。

1.4.4 净值报酬率

它是公司财务管理最终目标的综合体现，该项比率越高，说明所有者权益创造的效益也越好。通过对它的因素分解和分析，有助于了解公司的财务状况和经营业绩，为进一步加强和完善经营管理，制定切实可行的经营决策提供相应的财务依据。

1.5 其他分析

以上分析是对基本财务指标的分析，其他财务分析还包括对报表数据的分析，如绝对数分析、定基分析、环比分析、对比分析、结构分析等；对各个因素的分析，如因素趋势分析、科目结构分析、部门结构分析等。

2. 项目任务实施

在本项目中我们要完成以下三个任务：

任务1：指标分析。本任务通过财务指标的分析数据，学习财务指标分析的含义及操作方法。

任务2：报表分析。本任务通过绝对数分析、定基分析、环比分析、对比分析、结构分析5种方法，对会计报表数据进行了详尽的展示，以揭示会计报表信息所表示的经济内涵。

任务3：因素分析。本任务通过因素趋势分析、科目结构分析、部门结构分析3种方法，进一步拓宽财务分析系统的应用。

郑龙佳美公司7月份资产负债表、利润表，如表18－1、表18－2所示。

表18－1　　资产负债表

单位名称：郑龙佳美健身器材有限公司　　2019年7月31日　　单位：元

资　产	行次	期末余额	年初余额	负债和所有者权益	行次	期末余额	年初余额
流动资产				流动负债：			
货币资金	1	1 944 400.56	457 994.56	短期借款	31	100 000.00	100 000.00
短期投资	2			应付票据	32		
应收票据	3			应付账款	33	14 599.60	14 599.60
应收账款	4	40 341.00	40 341.00	预收账款	34		
预付账款	5			应付职工薪酬	35	68 981.80	13 475.00
应收股利	6			应交税费	36	13 611.60	62.00
应收利息	7			应付利息	37	666.67	
其他应收款	8		4 000.00	应付利润	38		
存货	9	166 100.84	188 395.00	其他应付款	39		
其中：原材料	10	31 340.00	25 440.00	其他流动负债	40		
在产品	11	38 160.84	60 055.00	流动负债合计	41	197 859.67	128 136.60
库存商品	12	96 600.00	102 900.00	非流动负债：			
周转材料	13			长期借款	42		
其他流动资产	14			长期应付款	43		
流动资产合计	15	2 150 842.40	690 730.56	递延收益	44		
非流动资产：				其他非流动负债	45		
长期债券投资	16			非流动负债合计	46		
长期股权投资	17			负债合计	47	189 115.83	128 136.60
固定资产原价	18	2 338 200.00	2 330 000.00				
减：累计折旧	19	230 786.56	215 658.96				
固定资产账面价值	20	2 107 413.44	2 114 341.04				
在建工程	21						
工程物资	22						

续表

资产	行次	期末余额	年初余额	负债和所有者权益	行次	期末余额	年初余额
固定资产清理	23						
生产性生物资产	24			所有者权益（或股东权益）			
无形资产	25			实收资本（或股本）	48	3 994 320.00	2 620 000.00
开发支出	26			资本公积	49		
长期待摊费用	27			盈余公积	50		
其他非流动资产	28			未分配利润	51	66 076.17	56 935.00
非流动资产合计	29	2 107 413.44	2 114 341.04	所有者权益（或股东权益）合计	52	4 060 396.17	2 676 935.00
资产总计	30	4 258 255.84	2 805 071.60	负债和所有者权益（或股东权益）总计	53	4 258 255.84	2 805 071.60

表 18－2　　　　利　润　表

单位名称：郑龙佳美健身器材有限公司　　2019 年 7 月　　单位：元

项　目	行次	本年累计金额	本月金额
一、营业收入	1	141 800.00	141 800.00
减：营业成本	2	86 100.00	86 100.00
税金及附加	3		
其中：消费税	4		
城市维护建设税	6		
资源税	7		
土地增值税	8		
城镇土地使用税、房产税、车船税、印花税	9		
教育费附加、矿产资源补偿费、排污费	10		
销售费用	11	10 220.00	10 220.00
其中：商品维修费	12		
广告费和业务宣传费	13		
管理费用	14	35 672.16	35 672.16
其中：开办费	15		
业务招待费	16		
研究费用	17		
财务费用	18	666.67	666.67
其中：利息费用（收入以“－”号填列）	19	666.67	666.67
加：投资收益（损失以“－”号填列）	20		
二、营业利润（亏损以“－”号填列）	21	9 141.17	9 141.17

续表

项　　目	行次	本年累计金额	本月金额
加：营业外收入	22		
其中：政府补助	23		
减：营业外支出	24		
其中：坏账损失	25		
无法收回的长期债券投资损失	26		
无法收回的长期股权投资损失	27		
自然灾害等不可抗力因素造成的损失	28		
税收滞纳金	29		
三、利润总额（亏损以“-”号填列）	30	9 141.17	9 141.17
减：所得税费用	31		
四、净利润（净亏损以“-”号填列）	32	9 141.17	9 141.17

任务1　指标分析

【指标分析】

指标分析是指对同一期财务报表上的相关项目互相比较，求出它们间的比率。

【操作指导】

（1）在财务分析主界面上单击“指标分析”，屏幕显示“基本指标分析”对话框，如图18-1所示。

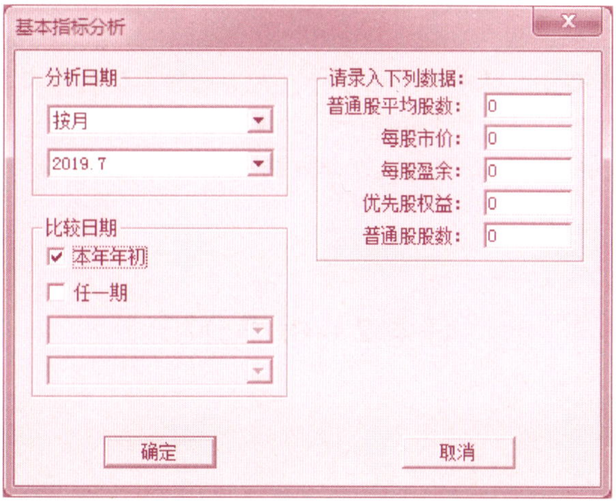

图18-1

（2）在“基本指标分析”对话框中，选择“分析日期”和“比较日期”。

（3）确认选择后，将进入分析表窗口，显示分析结果——“基本财务指标一览表”，如图 18－2 所示。

基本财务指标一览表

日期：2019.7

比率类型	比率名称	单位	本期实际	本年年初	比率增减
变现能力比率	流动比率		10.87	5.39	5.48
	速动比率		10.03	3.92	演示版 [illegible]
资产管理比率	存货周转率	次	0.49		0.49
	存货周转天数	天	61.22		61.22
	应收账款周转率	次	3.52		3.52
	应收账款周转率	天	8.52		8.52
	营业周期	天	69.74		69.74
	流动资产周转率	次	0.10		0.10
	总资产周转率	次	0.04		0.04
负债比率	资产负债率	%	4.65	4.57	0.08
	产权比率	%	4.87	4.79	0.08
盈利能力比率	主营业务净利率	%	38.81		38.81
	主营业务毛利率	%			
	资产净利率	%	1.56		1.56
	净值报酬率	%	1.63		1.63
	资本金利润率	%	1.38		1.38
股份制企业指标	每股收益	元			
	市盈率				
	每股账面价值	元			
	产权比率	%	4.87		
	净值报酬率	%	1.63		
	每股净资产	元			

图 18－2

贴心提示：

● 指标分析可以按月、按季或按年分析，然后选择具体的分析月份、季度或年份。

● 比较日期可以是任一期或本年年初，即把选定分析日期的指标与任一期的指标进行比较，或把选定分析日期的指标与本年年初的指标进行比较，或者三者进行比较。

任务 2 报表分析

1.1 绝对数分析

【操作指导】

（1）在财务分析主界面上打开菜单“报表分析”→“资产负债表”→“绝对数分析”，

双击“绝对数分析”，屏幕显示“绝对数分析”对话框，如图 18 – 3 所示。

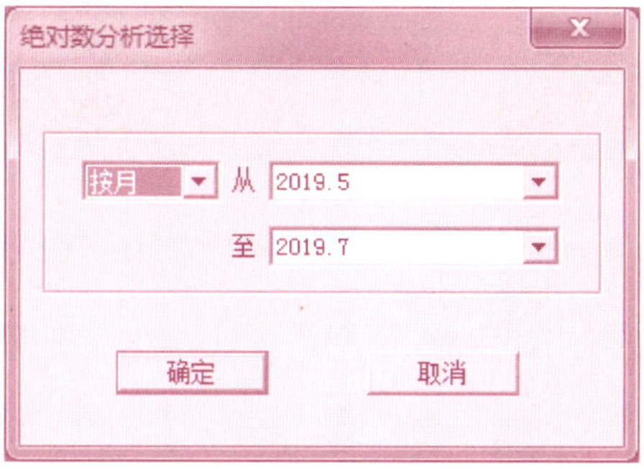

图 18 – 3

（2）可选择“按月”“按季”“按年”分析，点击“确定”按钮后，出现分析结果，如图 18 – 4 所示。

比较资产负债表（绝对数分析）

资产	2019.5	2019.6	2019.7	负债及所有者权益	2019.5	2019.6	2019.7
流动资产				流动负债			
货币资金	457,994.56	457,994.56	1,944,400.56	短期借款	100,000.00	100,000.00	100,000.00
短期投资				应付票据			
应收票据				应付账款	14,599.60	14,599.60	14,599.60
应收账款	40,341.00	40,341.00	40,341.00	预收账款			
预付账款				应付职工薪酬	13,475.00	13,475.00	68,981.80
应收股利				应交税费	62.00	62.00	13,611.60
应收利息				应付利息			666.67
其他应收款	4,000.00	4,000.00		应付利润			
存货	188,395.00	188,395.00	166,100.84	其他应付款			
其中:原材料	25,440.00	25,440.00	31,340.00	其他流动负债			
在产品	60,055.00	60,055.00	38,160.84	流动负债合计	128,136.60	128,136.60	197,859.67
库存商品	102,900.00	102,900.00	96,600.00	非流动负债			
周转材料				长期借款			
其他流动资产				长期应付款			
流动资产合计	690,730.56	690,730.56	2,150,842.40	递延收益			
非流动资产				其他非流动负债			
长期债券投资				非流动负债合计			
长期股权投资				负债合计	128,136.60	128,136.60	197,859.67
固定资产原价	2,330,000.00	2,330,000.00	2,338,200.00	所有者权益（或股东权益）			
减：累计折旧	215,658.96	215,658.96	230,786.56	实收资本（或股本）	2,620,000.00	2,620,000.00	3,994,320.00
固定资产账面价值	2,114,341.04	2,114,341.04	2,107,413.44	资本公积			
在建工程				盈余公积			
工程物资				未分配利润	56,935.00	56,935.00	66,076.17
固定资产清理				所有者权益（或股东权益）合计	2,676,935.00	2,676,935.00	4,060,396.17
生产性生物资产							

图 18 – 4

（3）在“比较资产负债表”界面，执行“作图”→“直方图”或单击，进入选择界面，如图 18 – 5 所示。

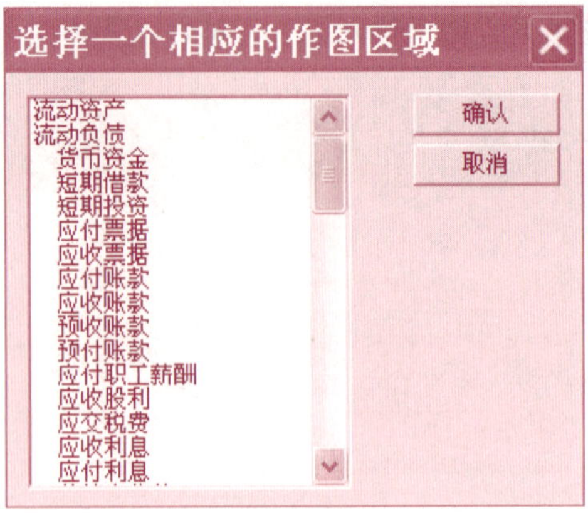

图 18－5

（4）选择“货币资金”，点击“确认”按钮，出现直方图表，如图 18－6 所示。

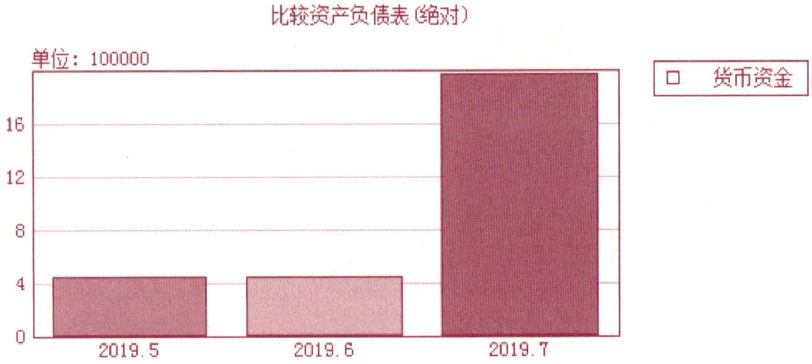

图 18－6

（5）在“比较资产负债表”界面，执行“作图”→“折线图”或单击，进入选择界面，如图 18－7 所示。

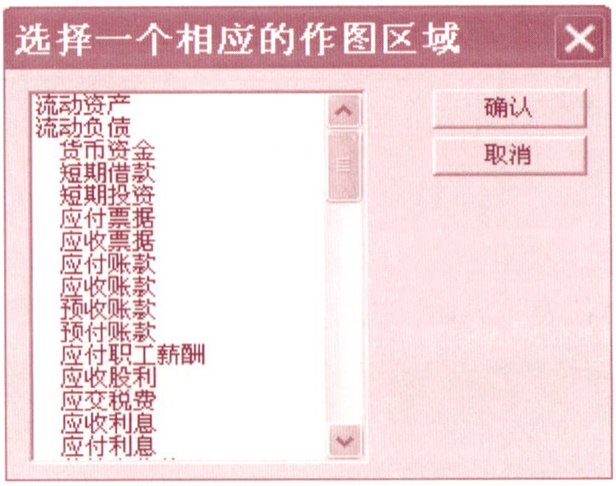

图 18－7

（6）选择“货币资金”，点击“确认”按钮，出现折线图表，如图 18－8 所示。

图 18－8

（7）在“比较资产负债表”界面，执行“作图”→“圆饼图”或单击 ，进入选择界面，如图 18－9 所示。

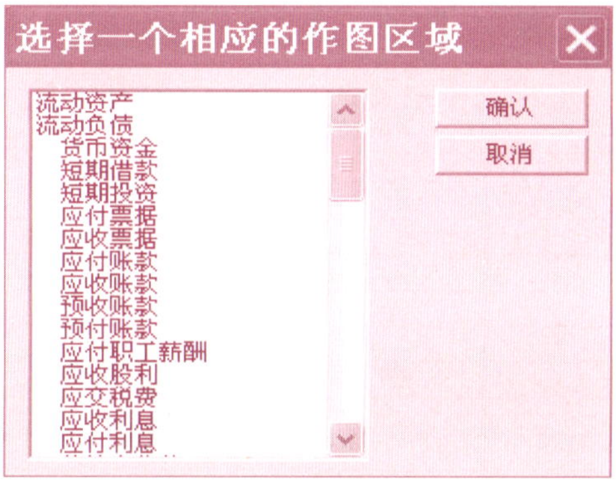

图 18－9

（8）选择“货币资金”，点击“确认”按钮，出现圆饼图表，如图 18－10 所示。

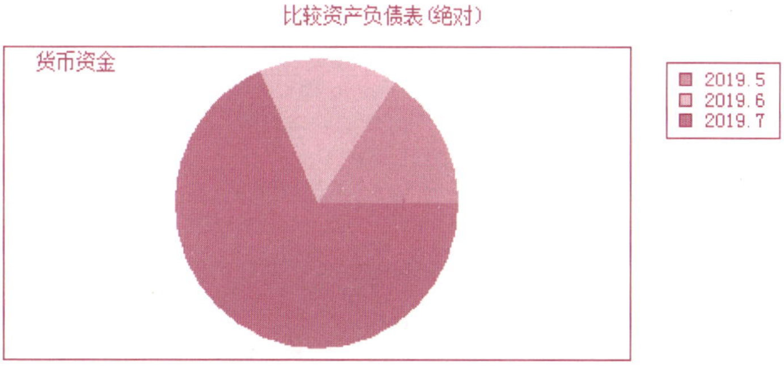

图 18－10

1.2 定基分析

【操作指导】

（1）在财务分析主界面上打开菜单“报表分析”→“资产负债表”→“定基分析”，双击“定基分析”，屏幕显示“定基分析”对话框，如图18－11所示。

图18－11

（2）可选择“按月”“按季”“按年”分析，点击“确定”按钮后，出现分析结果，如图18－12所示。

比较资产负债表（定基分析）					
资产	2019.6	2019.7	负债及所有者权益	2019.6	2019.7
流动资产			流动负债		
货币资金	100.00%	424.55%	短期借款	100.00%	100.00%
短期投资			应付票据		
应收票据			应付账款	100.00%	100.00%
应收账款	100.00%	演示版%	预收账款		
预付账款			应付职工薪酬	100.00%	511.92%
应收股利			应交税费	100.00%	21,954.19%
应收利息			应付利息		
其他应收款	100.00%		应付利润		
存货	100.00%	88.17%	其他应付款		
其中:原材料	100.00%	123.19%	其他流动负债		
在产品	100.00%	63.54%	流动负债合计	100.00%	154.41%
库存商品	100.00%	93.88%	非流动负债		
周转材料			长期借款		
其他流动资产			长期应付款		
流动资产合计	100.00%	311.39%	递延收益		
非流动资产			其他非流动负债		
长期债券投资			非流动负债合计		
长期股权投资			负债合计	100.00%	154.41%
固定资产原价	100.00%	100.35%	所有者权益（或股东权益）		
减：累计折旧	100.00%	107.01%	实收资本（或股本）	100.00%	152.45%
固定资产账面价值	100.00%	99.67%	资本公积		
在建工程			盈余公积		
工程物资			未分配利润	100.00%	116.06%
固定资产清理			所有者权益（或股东权益）	100.00%	151.68%
生产性生物资产					

图18－12

(3) 在“比较资产负债表（定基分析）”界面，执行“作图”→“直方图”或单击，进入选择界面，如图18－13所示。

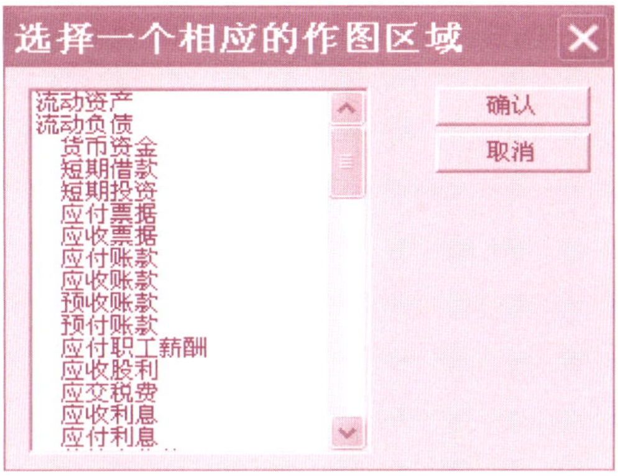

图18－13

(4) 选择“原材料”，点击“确认”按钮，出现直方图表，如图18－14所示。

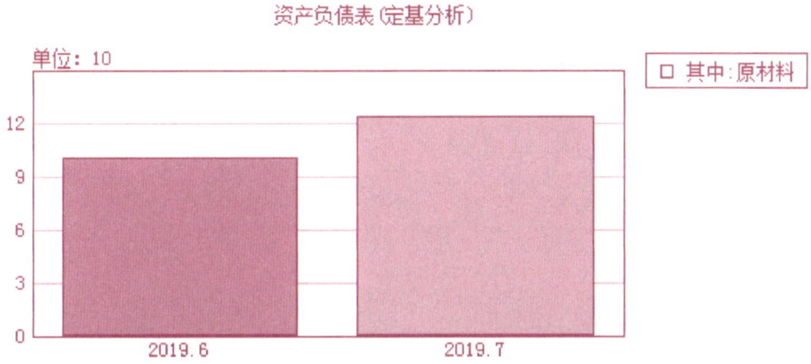

图18－14

(5) 在“比较资产负债表（定基分析）”界面，执行“作图”→“折线图”或单击，进入选择界面，如图18－15所示。

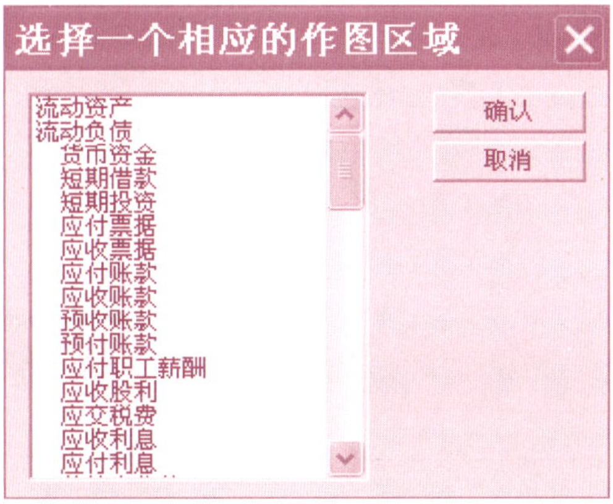

图18－15

（6）选择“原材料”，点击“确认”按钮，出现折线图表，如图 18－16 所示。

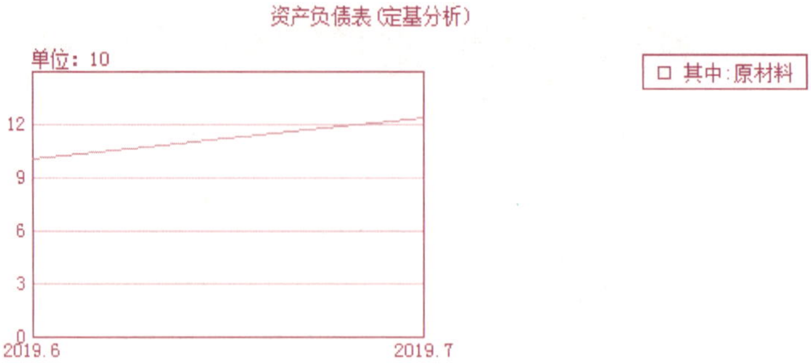

图 18－16

（7）在“比较资产负债表（定基分析）”界面，执行“作图”→“圆饼图”或单击，进入选择界面，如图 18－17 所示。

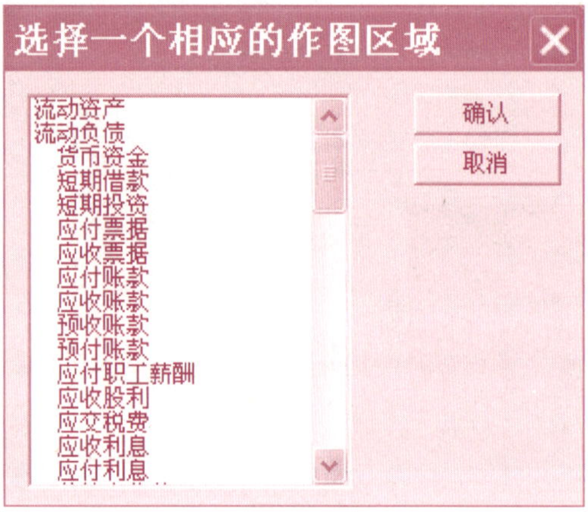

图 18－17

（8）选择“原材料”，点击“确认”按钮，出现圆饼图表，如图 18－18 所示。

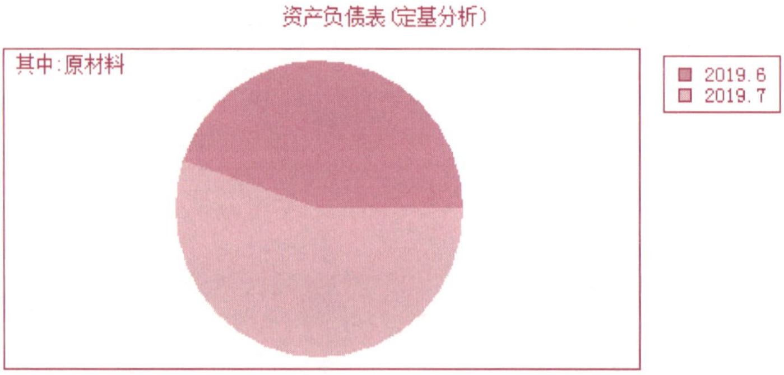

图 18－18

1.3 环比分析

【操作指导】

（1）在财务分析主界面上打开菜单“报表分析”→“资产负债表”→“环比分析”，双击“环比分析”，屏幕显示“环比分析”对话框，如图19－19所示。

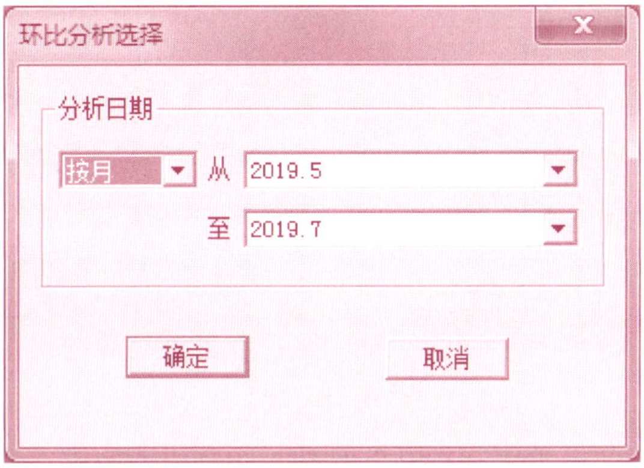

图18－19

（2）可选择“按月”“按季”“按年”分析，点击“确定”按钮后，出现分析结果，如图18－20所示。

比较资产负债表（环比分析）

资产	2019.5	2019.6	2019.7	负债及所有者权益	2019.5	2019.6	2019.7
流动资产				流动负债			
货币资金	100.00%	100.00%	424.55%	短期借款	100.00%	100.00%	100.00%
短期投资				应付票据			
应收票据				应付账款	100.00%	100.00%	100.00%
应收账款	100.00%	100.00%	100.00%	预收账款			
预付账款				应付职工薪酬	100.00%	100.00%	511.92%
应收股利				应交税费	100.00%	100.00%	21,954.19%
应收利息				应付利息			
其他应收款	100.00%	100.00%		应付利润			
存货	100.00%	100.00%	88.17%	其他应付款			
其中：原材料	100.00%	100.00%	123.19%	其他流动负债			
在产品	100.00%	100.00%	63.54%	流动负债合计	100.00%	100.00%	154.41%
库存商品	100.00%	100.00%	93.88%	非流动负债			
周转材料				长期借款			
其他流动资产				长期应付款			
流动资产合计	100.00%	100.00%	311.39%	递延收益			
非流动资产				其他非流动负债			
长期债券投资				非流动负债合计			
长期股权投资				负债合计	100.00%	100.00%	154.41%
固定资产原价	100.00%	100.00%	100.35%	所有者权益（或股东权益）			
减：累计折旧	100.00%	100.00%	107.01%	实收资本（或股本）	100.00%	100.00%	152.45%
固定资产账面价值	100.00%	100.00%	99.67%	资本公积			
在建工程				盈余公积			
工程物资				未分配利润	100.00%	100.00%	116.06%
固定资产清理				所有者权益（或股东权益）	100.00%	100.00%	151.68%
生产性生物资产							

图18－20

（3）在“比较资产负债表（环比分析）”界面，执行“作图”→“直方图”或单击，进入选择界面，如图 18－21 所示。

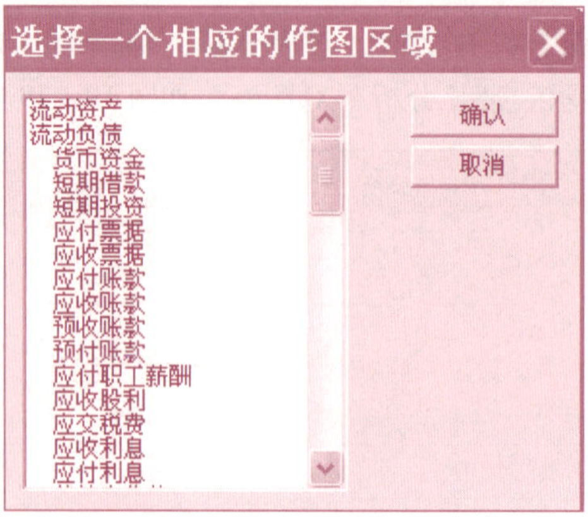

图 18－21

（4）选择“应收账款”，点击“确认”按钮，出现直方图表，如图 18－22 所示。

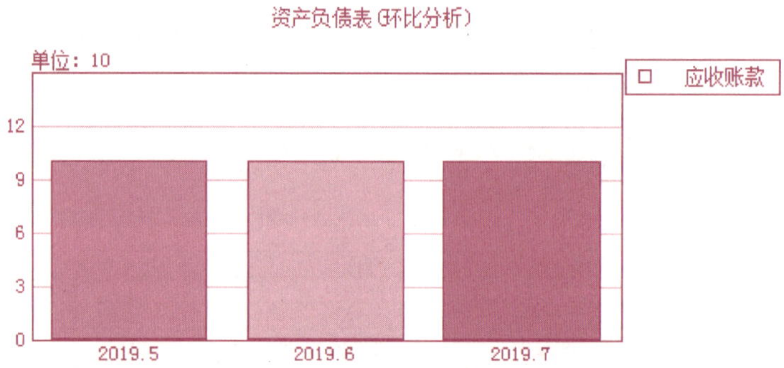

图 18－22

（5）在“比较资产负债表（环比分析）”界面，执行“作图”→“折线图”或单击，进入选择界面，如图 18－23 所示。

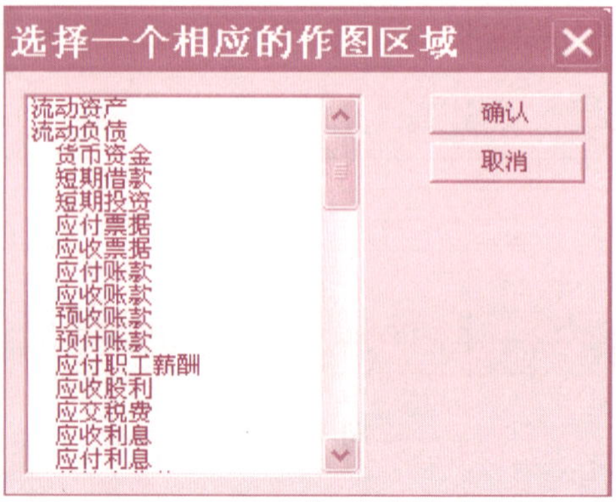

图 18－23

（6）选择“应收账款”，点击“确认”按钮，出现折线图表，如图 18－24 所示。

图 18－24

（7）在“比较资产负债表（环比分析）”界面，执行“作图”→“圆饼图”或单击 ，进入选择界面，如图 18－25 所示。

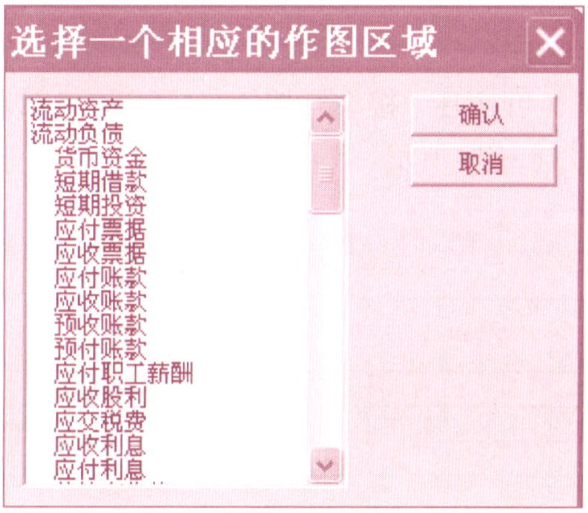

图 18－25

（8）选择“应收账款”，点击“确认”按钮，出现圆饼图表，如图 18－26 所示。

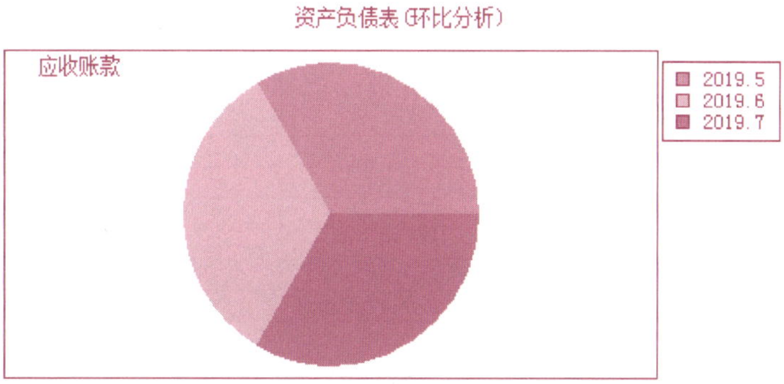

图 18－26

1.4 对比分析

【操作指导】

（1）在财务分析主界面上打开菜单“报表分析”→“资产负债表”→“对比分析”，双击“对比分析”，屏幕显示“对比分析”对话框，如图 18－27 所示。

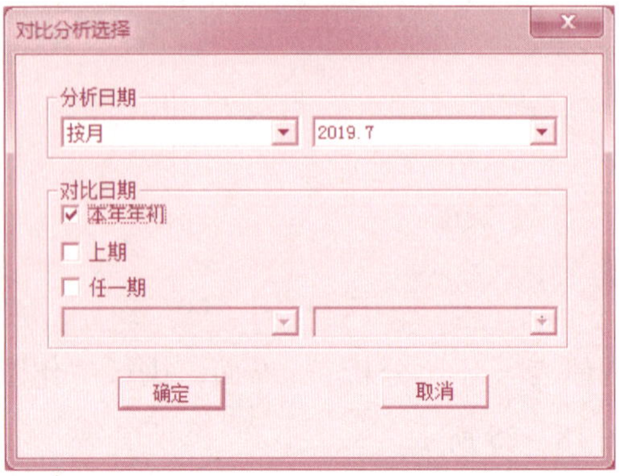

图 18－27

（2）选择“分析日期”（可按月、按季、按年分析）和“对比日期”，点击“确定”按钮后，出现分析结果，如图 18－28 所示。

对比资产负债表

项目	2019.7	年初	增减	
			金额	百分比
流动资产				
货币资金	1,944,400.56	457,994.56	1,486,406.00	324.55%
短期投资				
应收票据				
应收账款	40,341.00	40,341.00		
预付账款				
应收股利				
应收利息				
其他应收款		4,000.00	-4,000.00	-100.00%
存货	166,100.84	188,395.00	-22,294.16	-11.83%
其中：原材料	31,340.00	25,440.00	5,900.00	23.19%
在产品	38,160.84	60,055.00	-21,894.16	-36.46%
库存商品	96,600.00	102,900.00	-6,300.00	-6.12%
周转材料				
其他流动资产				
流动资产合计	2,150,842.40	690,730.56	1,460,111.84	211.39%
非流动资产				
长期债券投资				
长期股权投资				
固定资产原价	2,338,200.00	2,330,000.00	8,200.00	0.35%
减：累计折旧	230,786.56	215,658.96	15,127.60	7.01%
固定资产账面价值	2,107,413.44	2,114,341.04	-6,927.60	-0.33%
在建工程				
工程物资				

图 18－28

（3）在“比较资产负债表（对比分析）”界面，执行“作图”→“直方图”或单击，进入选择界面，如图18－29所示。

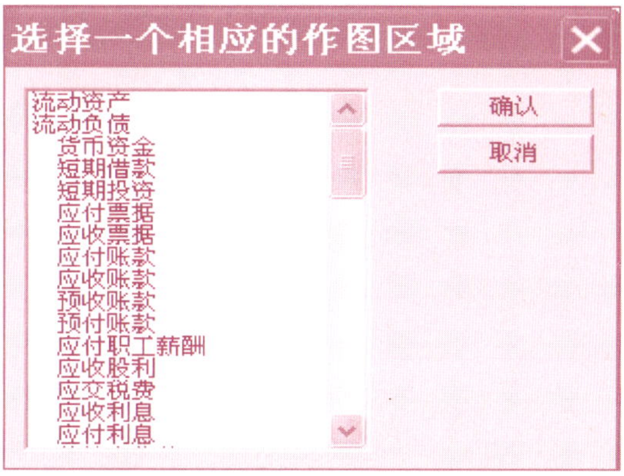

图18－29

（4）选择“货币资金”，点击“确认”按钮，出现直方图表，如图18－30所示。

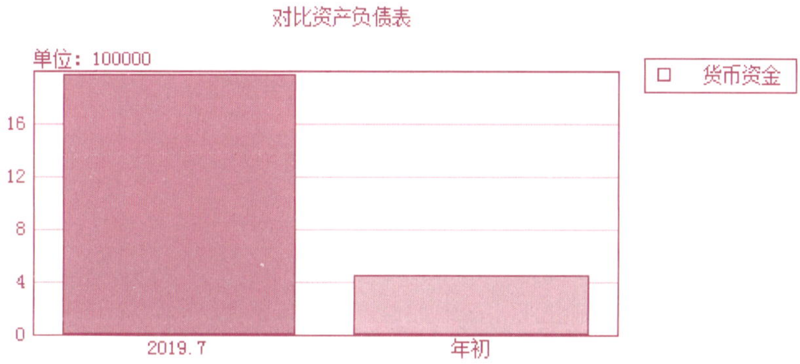

图18－30

（5）在“比较资产负债表（对比分析）”界面，执行“作图”→“折线图”或单击，进入选择界面，如图18－31所示。

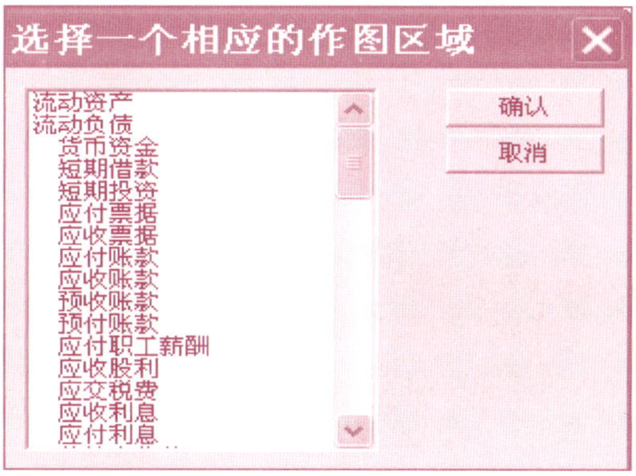

图18－31

（6）选择“货币资金”，点击“确认”按钮，出现折线图表，如图 18－32 所示。

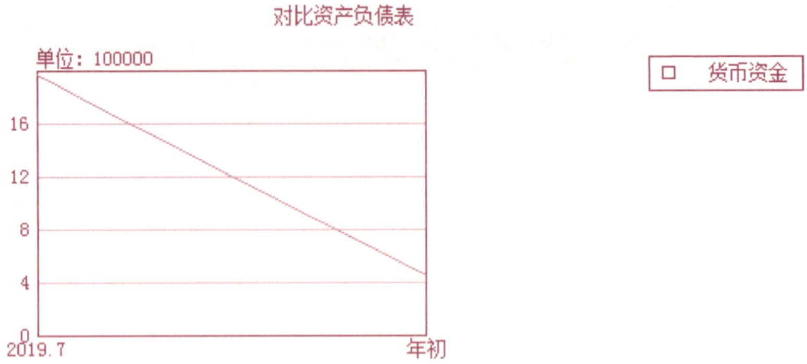

图 18－32

（7）在“比较资产负债表（对比分析）”界面，执行“作图”→“圆饼图”或单击 ，进入选择界面，如图 18－33 所示。

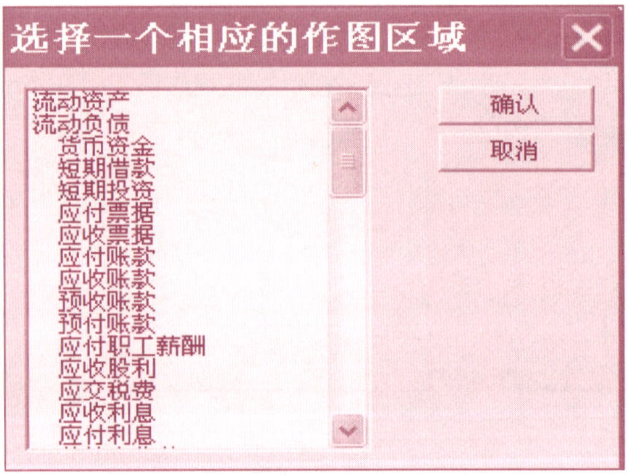

图 18－33

（8）选择“货币资金”，点击“确认”按钮，出现圆饼图表，如图 18－34 所示。

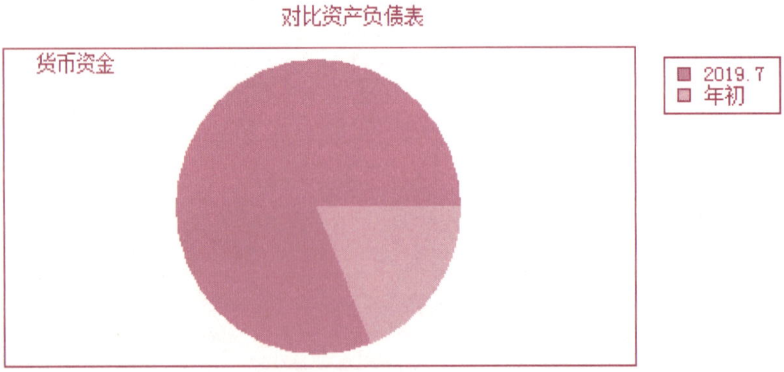

图 18－34

1.5 结构分析

【操作指导】

（1）在财务分析主界面上打开菜单“报表分析”→“资产负债表”→“结构分析”，双击“结构分析”，屏幕显示“结构分析选择”对话框，如图 18－35 所示。

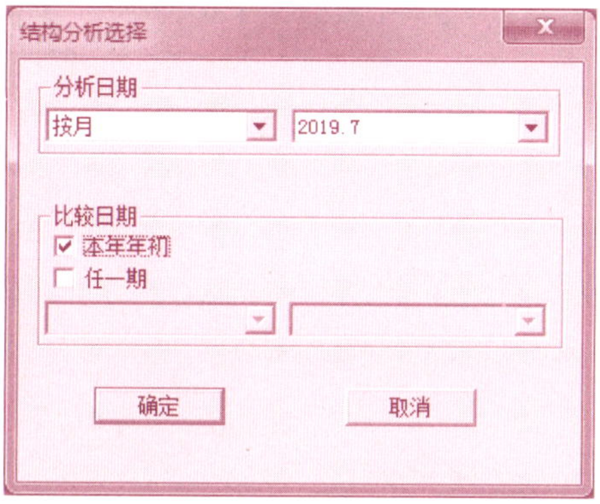

图 18－35

（2）选择“分析日期”（可按月、按季、按年分析）和“比较日期”，点击“确定”按钮后，出现分析结果，如图 18－36 所示。

结构资产负债表

项目	2019.7		年初		结构增减
	金额	结构	金额	结构	
流动资产					
货币资金	1,944.400.56	45.66%	457,994.56	16.33%	29.33%
短期投资					
应收票据					
应收账款	40,341.00	0.95%	40,341.00	1.44%	-0.49%
预付账款					
应收股利					
应收利息					
其他应收款			4,000.00	0.14%	-0.14%
存货	166,100.84	3.90%	188,395.00	6.72%	-2.82%
其中：原材料	31,340.00	0.74%	25,440.00	0.91%	-0.17%
在产品	38,160.84	0.90%	60,055.00	2.14%	-1.24%
库存商品	96,600.00	2.27%	102,900.00	3.67%	-1.40%
周转材料					
其他流动资产					
流动资产合计	2,150,842.40	50.51%	690,730.56	24.62%	25.89%
非流动资产					
长期债券投资					
长期股权投资					
固定资产原价	2,338,200.00	54.91%	2,330,000.00	83.06%	-28.15%
减：累计折旧	230,786.56	5.42%	215,658.96	7.69%	-2.27%
固定资产账面价值	2,107,413.44	49.49%	2,114,341.04	75.38%	-25.89%
在建工程					

图 18－36

(3) 在“结构资产负债表”界面，执行“作图”→“直方图”或单击 ，进入选择界面，如图 18－37 所示。

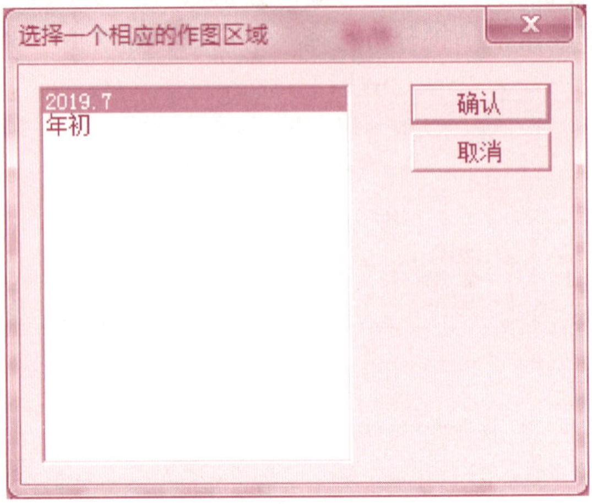

图 18－37

(4) 选择“2019.7”，点击“确认”按钮，出现直方图表，如图 18－38 所示。

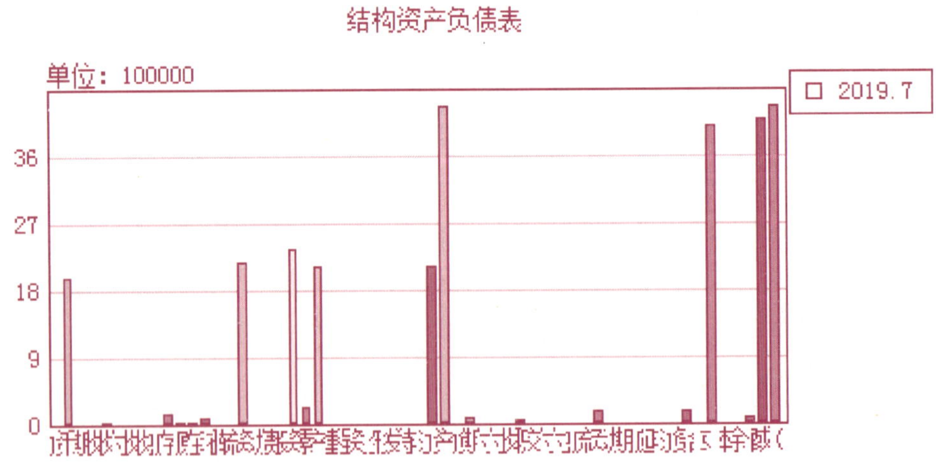

图 18－38

(5) 与其他分析的折线图表和圆饼图表操作原理相同，可得“结构资产负债表”分析的折线图表和圆饼图表，便于直观了解资产负债表的结构组成。

任务3　因素分析

【操作指导】

1.1　因素趋势分析

（1）在财务分析主界面上打开菜单“因素分析”前“+”号，屏幕显示“因素分析”子菜单，如图18-39所示。

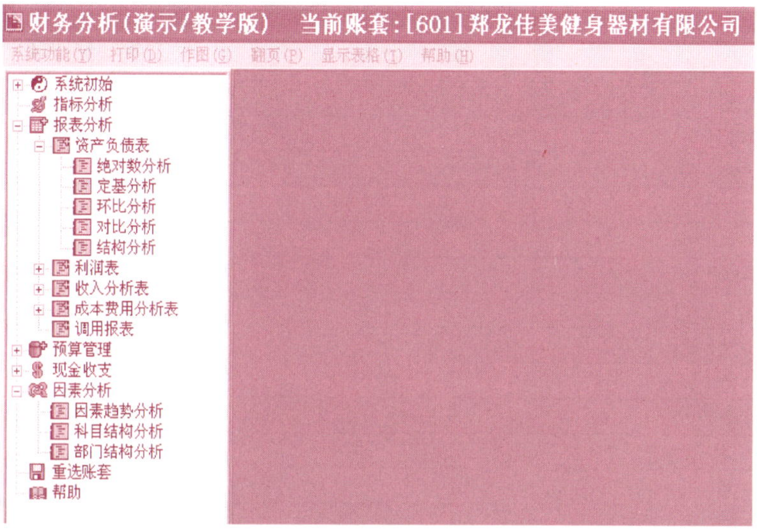

图18-39

（2）双击“因素分析”，出现“因素趋势分析选择”对话框，如图18-40所示。

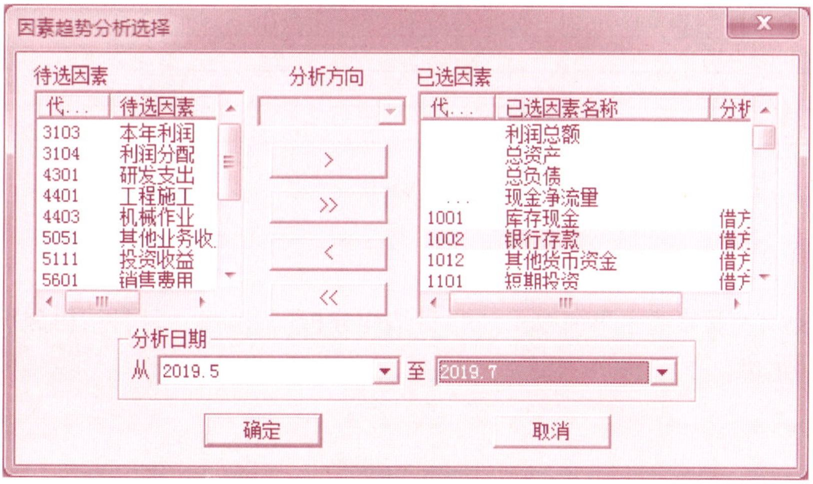

图18-40

(3) 根据分析需要选择“分析因素”和“分析日期”，点击“确定”按钮，系统显示“因素趋势分析表”，如图 18－41 所示。

因素趋势分析表

项目	2019.5	2019.6	2019.7	平均数
利润总额			55,033.33	18,344.44
总资产	2,805,071.60	2,805,071.60	4,258,255.84	3,289,466.35
总负债	128,136.60	128,136.60	197,859.67	151,377.62
现金净流量			1,486,406.00	495,468.67
库存现金(借方发生额)			6,390.00	2,130.00
银行存款(借方发生额)			1,534,554.00	511,518.00
其他货币资金(借方发生额)				
短期投资(借方发生额)				
应收票据(借方发生额)				
应收账款(借方发生额)			44,296.00	14,765.33
预付账款(借方发生额)				
应收股利(借方发生额)				
应收利息(借方发生额)				
其他应收款(借方发生额)				
材料采购(借方发生额)				
在途物资(借方发生额)			29,400.00	9,800.00
原材料(借方发生额)			29,400.00	9,800.00
材料成本差异(借方发生额)				
库存商品(借方发生额)			79,800.00	26,600.00
商品进销差价(借方发生额)				
委托加工物资(借方发生额)				
周转材料(借方发生额)				
消耗性生物资产(借方发生额)				
长期债券投资(借方发生额)				
长期股权投资(借方发生额)				
固定资产(借方发生额)			8,200.00	2,733.33
累计折旧(贷方发生额)			15,127.60	5,042.53
在建工程(借方发生额)				

图 18－41

1.2 科目结构分析

(1) 在财务分析系统主界面双击“科目结构分析”，出现“科目结构分析”对话框，如图 18－42 所示。

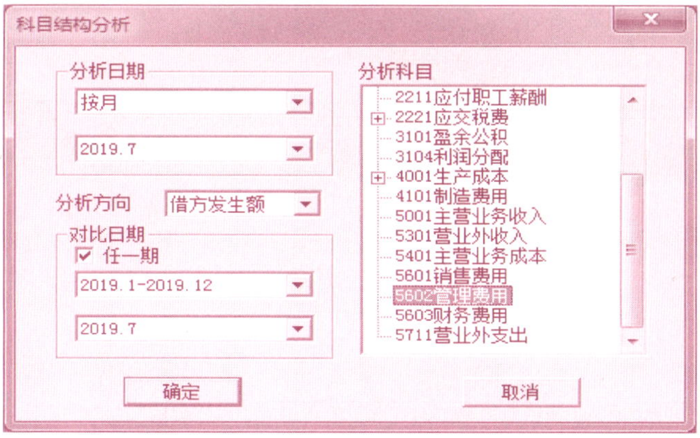

图 18－42

（2）根据分析需要，选择“分析日期”、“对比日期”和“分析科目（5602 原材料）”，点击“确定”按钮，显示“科目结构分析表”，如图 18－43 所示。

科 目 结 构 分 析 表

管理费用　　　　日期：2019.7

明细科目	当期借方发生额		2019.7		结构增减	本年累计		2019.1-2019.7末累计		结构增减
	金额	结构	金额	结构		金额	结构	金额	结构	
业务招待费										
福利费										
研究费用										
交通费										
通讯费										
水电费	1,500.00	4.20%	1,500.00	4.20%		1,500.00	4.20%	1,500.00	4.20%	
教育经费	1,328.00	3.72%	1,328.00	3.72%		1,328.00	3.72%	1,328.00	3.72%	
员工活动费	1,062.40	2.98%	1,062.40	2.98%		1,062.40	2.98%	1,062.40	2.98%	
员工工资	27,500.00	77.09%	27,500.00	77.09%		27,500.00	77.09%	27,500.00	77.09%	
折旧	221.76	0.62%	221.76	0.62%		221.76	0.62%	221.76	0.62%	
无形资产摊销										
办公费	450.00	1.26%	450.00	1.26%		450.00	1.26%	450.00	1.26%	
差旅费	3,610.00	10.12%	3,610.00	10.12%		3,610.00	10.12%	3,610.00	10.12%	
其他										
合计	35,672.16	100.0%	35,672.16	100.0%		35,672.16	100.0%	35,672.16	100.0%	

图 18－43

（3）点击“直方图”图标、“折线图”图标和“圆饼图”图标，可以以更直观的方式显示科目结构，如图 18－44 至图 18－46 所示。

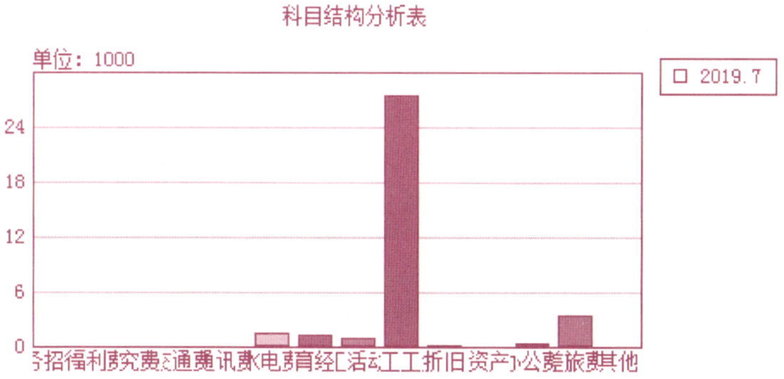

图 18－44

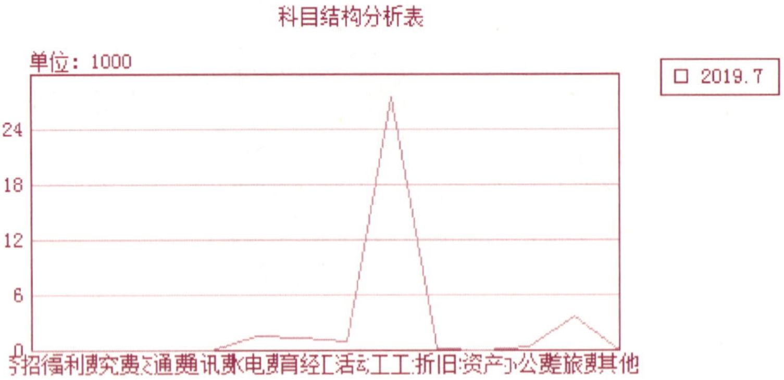

图 18－45

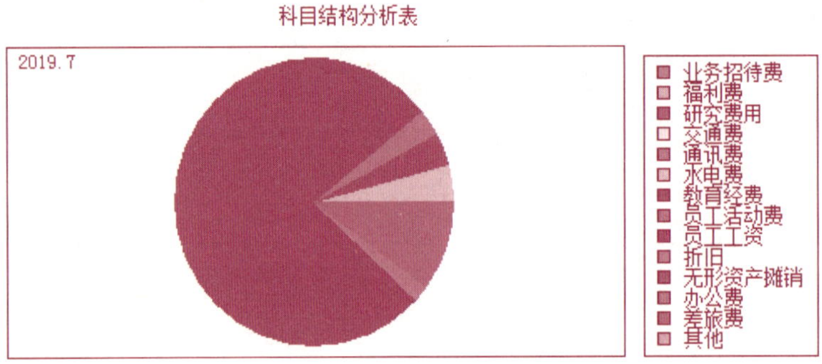

图 18－46

1.3 部门结构分析

(1) 在财务分析系统主界面双击“部门结构分析”，出现“部门结构分析”对话框，如图 18－47 所示。

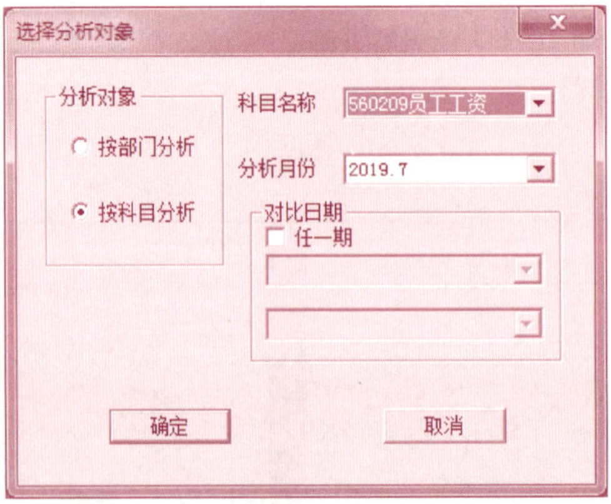

图 18－47

（2）选择“按科目分析”，科目名称“560209 员工工资”和分析月份“2019.07”，点击“确定”按钮后，系统显示“科目结构分析表”，如图 18－48 所示。

科 目 结 构 分 析 表

员工工资 日期：2019.7

部门名称	本月发生		本年累计	
	金额	结构	金额	结构
办公室	6,400.00	23.27%	6,400.00	23.27%
财务部	16,000.00	58.18%	16,000.00	58.18%
供应部	5,100.00	18.55%	5,100.00	18.55%
合计	27,500.00	100.0%	27,500.00	100.0%

图 18－48

复习巩固

1. 巩固掌握各项财务比率指标的计算方法和各指标的合理取值范围。
2. 对不同期间报表数据进行绝对数分析、定基分析、环比分析、对比分析。
3. 对报表数据进行因素分析和结构分析。
4. 针对企业报表分析数据和图示结果做出正确的分析评价。

附录

用友 T3 简介

会计信息化是借助会计信息系统为载体实现的，会计信息系统的核心是应用 软件，应用软件是支撑企业业务处理的实体。本教材选用了用友 T3 作为蓝本介绍会计信息系统的功能特性。

1. 功能特点

用友 T3 是配合2004 年4 月财政部颁布的《小企业会计制度》推出的。它关注小企业会计信息管理现状和需求，针对成长型企业在发展过程中面临的各种问题，以“精细管理，卓越理财”为核心理念，以财务核算为主轴，业务管理为导向，提供财务业务一体化的解决方案，帮助企业实现业务运作的全程管理与信息共享，是切实帮助小企业应对市场变化，实现长期可持续发展，稳定、安全的管理系统。

2. 功能结构

会计信息系统通常由若干个子系统（也称为功能模块）组成，每个子系统具有特定的功能，各个子系统之间又存在紧密的数据联系，它们相互作用、相互依存，形成一个整体。功能结构就是指系统由哪些子系统组成，每个子系统完成怎样的功能，以及各子系统之间的相互关系。

用友 T3 主要包括财务通信息系统和业务通信息系统两大组成部分。财务通信息系统包含总账管理、出纳管理、财务报表、票据管理、工资管理、固定资产管理和财务分析功能模块，业务通信息系统包含进销存管理（采购管理、销售管理、库存管理）和核算功能模块。

3. 子系统之间的数据传递关系

用友 T3 是财务业务一体化管理系统，包含众多功能模块，模块之间存在复杂的数据联系。

（1）采购管理系统录入采购入库单，在库存管理系统对该入库单登记出入库台账，在核算系统核算采购成本。

（2）销售管理系统开出销售出库单，在库存管理系统对该出库单登记出入库台账，在核算系统核算销售成本。

（3）在库存管理系统录入各种出入库单，登记出入库台账。

（4）核算系统生成存货成本的凭证传递到总账。

（5）核算系统对采购管理系统的采购发票、付款单、供应商往来转账和销售管理系统的销售发票、收款单、客户往来转账生成凭证。

（6）工资管理系统生成计提工资凭证传递到总账。

（7）固定资产管理系统生成折旧等凭证传递到总账。

（8）库存管理系统为采购管理、销售管理提供库存量。

（9）财务分析系统可以制定各项支出费用等预算，在总账系统中进行控制预警。

（10）财务报表和财务分析可以从总账中取数进行分析。

4. 应用流程

企业应用会计信息系统之初，应正确安装软件，并设计基于信息系统的管理解决方案，准备各项基础数据。然后按照系统初始化—日常业务处理—期末处理的流程开始系统应用。

（1）系统初始化。系统初始化是通过选择系统内置参数设置企业的具体核算规则，将通用财务软件转化为专用财务软件，将手工会计业务数据经过设计、规范并输入计算机系统中作为计算机业务处理的起点。系统初始化一般包括系统参数设置、基础信息录入、输入期初数据。

①系统参数设置。用友 T3 是通用管理软件，适用于多个行业、多种企业类型，而不同的行业存在着不同的行业特点，不同类型的企业也有不同的管理要求。为了体现这些差异，用友 T3 的各个子系统中预置了一些反映企业会计核算和管理要求的选项，企业需要在系统初始化时根据单位的具体情况做出选择。通过这一环节，把通用的管理软件改造为适合企业特点的专用软件。

②基础信息录入。企业核算或汇总分析必需的基础信息，如与业务处理相关的组织机构设置、职员、客户、供应商、固定资产分类、人员类别、存货、仓库、采购及销售类型等，在手工环境下，这些信息分散在各个部门进行管理，大多根本就没有规范的档案，这对计算机来说是致命的。计算机业务处理建立在全面规范的基础档案管理之上，且要求事先设置各种分类、统计口径，才能在业务处理过程中分类归拢相关信息，并在事后提供对应的分析数据。

③输入期初数据。很多企业多年来一直采用手工核算方式，采用计算机信息管理后，为了保证手工业务与计算机系统的衔接、继承历史数据、保证业务处理的连续性，要将截止到当前为止的手工核算的余额过录到计算机信息处理系统中作为期初数据，才能保持业务的完整性。

对财务业务一体化管理系统来说，不仅要准备各个账户截止到当前的累计发生额和上个期间的期末余额，还要准备各业务环节未完成的初始数据。

（2）日常业务处理。企业日常业务涵盖了人、财、物、产、供、销等方方面面，既要反映物料的流动，也要反映资金的流动，以确保财务、业务信息的同步和一致。日常业务处理主要完成原始业务的记录，数据输入、处理和输出等。

（3）期末处理。每个会计期末，企业需要完成以下工作：

①工资费用分配及相关费用计提。

②固定资产折旧处理。

③账账、账实核对。

④各系统结账。

5. 系统安装

正确安装会计软件是建立会计信息系统的首要环节，由于涉及较多的计算机和网络知识，因此一般由软件公司的专业人员安装或在专业人员指导下由企业的系统管理员安装。

本书所附光盘为用友软件股份有限公司面向小企业应用的用友 T3 演示版，安装较简便，读者可以参照本节提示自行安装。

（1）运行环境。用友 T3 属于应用软件范畴，需要按以下要求配置硬件环境并准备系统软件。

①硬件环境。

- 单机版主机配置要求。

CPU 为 PIII 550MHz 或以上，内存 128MB 或以上，硬盘 10GB 或以上，至少应有 1 个 CD－ROM。

- 网络版配置要求。

网络服务器：CPU 为 PIII 800MHz 或以上，内存 256MB 或以上，硬盘 20GB 或以上，至少应有 1 个 CD－ROM。

客户端：同单机版主机配置要求。

②系统软件。系统软件包括操作系统和数据库管理系统。

- 操作系统。

下表列出了系统支持的常见操作系统，并指明每个操作系统需要安装的补丁程序，如 SP2、SP4 等。

用友 T3 支持的常见操作系统

操作系统（简体中文）	服务器	客户端	单机模式
Windows 2000 Server＋SP4	支持	支持	支持
Windows 2000 AD Server＋SP4	支持	支持	支持
Windows 2003 Server	支持	支持	支持
Windows XP＋SP 1 或者 SP2	支持	支持	
Windows 2000 Professional＋SP4	支持	支持	
Windows 98	支持	支持	

- 数据库管理系统。

会计软件采集、加工的原始数据及中间结果、最终结果等需要存储在数据库管理系统中。用友 T3 选择了 SQL Server 2000 作为其数据库。

提示：

如果没有 SQL Server 2000 软件，用友 T3 安装盘上提供了 MSDE 2000 安装程序供用户使用。MSDE 2000 是 SQL Server 数据库的数据引擎，只提供了最基本的 SQL 数据库功能，缺乏 SQL Server 数据库进行管理的许多工具，但足以支持用友 T3 的运行。安装 MSDE2000 与安装 SQL Server 数据库后使用产品的方法完全相同。

（2）安装前的注意事项。为确保系统安装成功，提醒注意以下问题：

- 安装时操作系统所在的磁盘分区剩余磁盘空间应大于 180MB。
- 安装产品的计算机名称中不能带有“－”或者用数字开头。
- 用友 T3 不能和用友其他版本的软件安装在同一个操作系统中。
- 安装产品之前关闭防火墙和实时监控系统。

提示：

用友 T3 可与用友商贸通同时安装使用，且安装无先后顺序。

（3）系统安装指南。必须先进行 SQL Server 2000 的安装或 MSDE 2000 的安装，然后才能安装用友 T3。下面以在一台计算机上安装 MSDE 2000 数据库和用友 T3 软件为例，说明用友 T3 的安装方法。

①在光盘\“用友 T3 会计信息化专用教学软件”文件夹中，双击安装文件图标。

②安装用友 T3 软件前，首先进行所需系统环境的检测，单击图列表中“环境检测”选项，打开如下图所示画面。此处给出了安装用友 T3 所需的环境，用户可查看系统环境是否已满足需求。

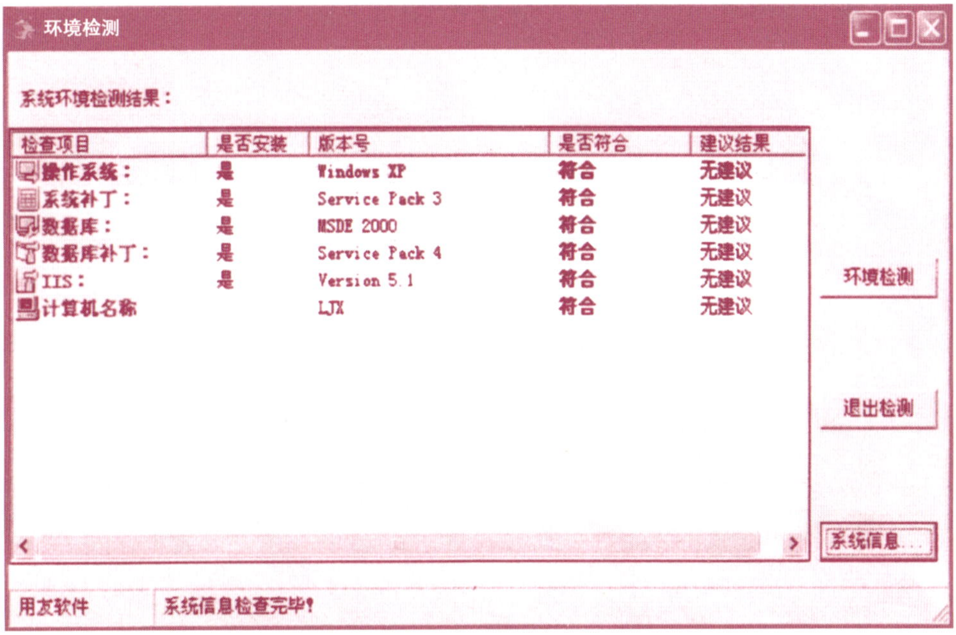

提示：

IIS 的安装可通过 Windows 控制面板→添加/删除程序→Windows 组件来进行。安装时需要插入 Windows 系统盘。

③系统环境满足后。可单击 MSDE 2000 选项，安装 MSDE 2000 数据库。

④安装 MSDE 2000 后，重新启动系统。

提示：

重新启动系统后，在屏幕右下角任务栏中会出现服务管理器图标，表明 MSDE 2000 安装成功，数据库服务已经启动。

⑤再次双击图标，在打开的窗口中，单击“用友会计信息化专版”选项，开始安装用友 T3。安装过程中，保持系统默认设置，只需单击“下一步”按钮即可。

⑥安装完成后，重新启动系统。

⑦系统启动后，会出现一个窗口，让用户新建账套或进行其他操作。桌面上会添加两个图标：系统管理、用友会计信息化专用教学软件。

⑧用户可通过双击桌面快捷图标，或从“开始”菜单中选择相应程序选项，进入用友通系统管理，进行操作。

提示：

如果安装完毕后系统提示是否执行未进行数字安全认证的程序，选择“是”继续。

如果已安装卸载过用友 T3，则会提示是否覆盖原数据库，选择“否”则保留原数据库；选择“是”，则清空原数据库中所有账套数据。

主要参考文献

1. 孙莲香：《会计电算化岗位实务（用友通标准版10.2）》，中国财政经济出版社2012年版。

2. 汪刚、王新玲：《会计信息化实用教程》，清华大学出版社2009年版。

3. 中国会计学会编写组：《初级会计电算化》，经济科学出版社2009年版。

4. 王宽：《初级会计电算化（应试指南）》，人民出版社2011年版。

5. 贵州省会计从业资格考试辅导教材编写组：《初级会计电算化》，人民出版社2012年版。

6. 彭英德：《会计电算化（用友T3版）》，高等教育出版社2010年版。

7. 赵合喜：《会计电算化基础》，电子工业出版社2008年版。

8. 龚中华、何平：《用友财务软件培训教程——用友T3中小企业版》，人民邮电出版社2009年版。

9. 孙莲香：《财务业务一体化技能实训教程》，清华大学出版社2012年版。

10. 莫绮霞：《会计电算化》，上海交通大学出版社2012年版。

11. 姚军胜、周蕾：《新编会计信息化应用实训（用友T3版）》，南京大学出版社2010年版。

网络资源：

1. 中华会计网校。

2. 用友畅捷通官方网站。